新安文化丛书 一

XINAN WENHUA CONGSHU

新安文化概论

翟屯建 著

中共淳安县委宣传部
中共淳安县委党史研究室
淳安县人民政府地方志办公室
淳安县政协文史和教文卫体委员会
编

文物出版社

图书在版编目（ＣＩＰ）数据

新安文化概论 ／ 翟屯建著．-- 北京 ：文物出版社，2024.7

(新安文化丛书．一)

ISBN 978-7-5010-8399-2

Ⅰ．①新… Ⅱ．①翟… Ⅲ．①地方文化-介绍-淳安县 Ⅳ．①G127.554

中国国家版本馆CIP数据核字(2024)第067575号

新安文化概论

新安文化丛书一

编　　者：中共淳安县委宣传部
中共淳安县委党史研究室
淳安县人民政府地方志办公室
淳安县政协文史和教文卫体委员会

著　　者：翟屯建

责任编辑：孙　霞

封面设计：方　卓

责任印制：张道奇

出版发行：文物出版社

地　　址：北京市东城区东直门内北小街2号楼

邮　　编：100007

网　　址：http: //www.wenwu.com

邮　　箱：wenwu1957@126.com

经　　销：新华书店

印　　刷：杭州富春印务有限公司

开　　本：787mm×1092mm　1/16

印　　张：417.25

版　　次：2024年7月第一版

印　　次：2024年7月第一次印刷

书　　号：ISBN 978-7-5010-8399-2

定　　价：2880.00元(全18册)

《新安文化》丛书编撰委员会

顾　问：黄海峰　杨建根　董毓民　张鸿斌　王　翀　余永青　董文吉
主　任：刘小松　郑志光　赖明诚　许海波
副主任：徐恒辉　汤燕君　卜利斌　章临凯　徐月焕　章传强　何建法
　　　　徐夏冰
成　员：朱华民　徐红星　钱尼万　徐宗强　邵红卫　余国富　方海珍
　　　　陆建育　毛善智　方必盛　邵吉明　管峰华

《新安文化》丛书编撰委员会办公室

主　任：朱华民　徐红星
副主任：钱尼万　徐宗强　邵红卫　章伶俐
执行副主任：程中青

《新安文化》丛书编撰部

主　任：翟屯建
成　员(以姓氏笔画为序)：
　　　　王振忠　卞　利　方光禄　朱　平　刘伯山　吴兆民　汪大白
　　　　张小坡　周晓光　赵懿梅　宫希成　姚昱波　倪国华　倪清华
　　　　徐　彬　徐光耿　章望南　董　建　程　硕　程极悦
编　务：刘东山　方红娟
设　计：方　卓　方家明

总　序

新安文化是指新安江流域文化。

新安江是钱塘江的正源，源头分为两大支流。南支称率水，为新安江主源，发源于安徽省休宁县五龙山脉的六股尖；北支叫横江，源于黟县五溪山主峰白顶山。两支源流在屯溪汇合，流至歙县浦口一段称渐江，歙县浦口以下至浙江省建德县与兰溪相汇处称新安江。新安江与兰溪汇合后称富春江，到萧山闻家堰称钱塘江，流至杭州湾入海。

新安江流域地处闽浙山地的北缘，黄山、天目山、白际山、五龙山、千里岗、龙门山六大山脉盘桓其间，山地及丘陵占十分之八九。新安江水呈树叶网络状，由西向东辐射，地势也是由高及低逐步下降。流域平均海拔 800 ～ 1000 米，处在山岭川谷之中。俯视江南，附近的江西、浙江、江苏、安徽，均在其下。地处新安江源头的徽州，有“吴头楚尾”之说。杜牧诗云：“溪山侵越角，风壤尽吴根。”非常准确地描写出新安江流域的地理位置。

新安江流域以黄山山脉为界，南坡有流向东南钱塘江的新安江水系，直达杭州，是前往江南的捷径；流向西南鄱阳湖的阊江水系、乐安江水系，直达饶州、九江；北坡有直接流入长江的青弋江、秋浦河水系，直达池州、安庆、芜湖长江沿线。新安江下游严州府与兰江相接，向南直达金华、衢州，是前往江西、福建的捷径。陆路虽地势高耸，山路崎岖，但由于地处皖、浙、赣三省交界，成为全国的交通网络中重要的一环。

魏晋时期，由杭州经新安江前往江西、福建的通道，是全国交通枢纽上的重点线路。宋永初三年（422）秋，谢灵运离开建康（今南京）赴任永嘉郡太守。他沿钱塘江、富春江溯流而上，经桐庐、建德、兰溪，转由婺江到永嘉，途经桐庐写下《初往新安至桐庐口》诗。唐代以前，北方通往南方的三大干线，其中两条干线经过新安江流域。一条由洛阳东行至汴州，循运河东南而下，经杭州，沿钱塘江溯流而上，经睦州、婺州、衢州、信州至江西、福建和岭南道。另一条由洛阳走陆路，经汝州、许州至陈州，过寿州、庐州，渡江至采石，经宣州、歙州到睦州，经婺州、衢州，再选择西行或南行通往福建、江西和岭南各地。宋以后，新安江流域交通线路更是呈放射状，四面通达。虽然山道崎岖，水路湍急，路途稍显艰难，但无论水路、陆路，前往江西、湖北、福建、南京、杭州都是必经的捷径。

人类逐水而居，河流是人类文明的摇篮。先秦时期，新安江流域先属吴，吴亡属越，越灭属楚。秦末，在新安江中游和上游设黟、歙二县，下游则归富春县管辖。东汉建安十三年（208），分歙地置始新、新定、黎阳、休阳四个县，加上原来的黟、歙二县，就有了六个县，以这六个县新设新都郡，郡治设在始新县治新定里（今淳安县威坪镇）。黄武四年（225），析吴郡富春县地置建德、新昌、桐庐、新城四县，建德县、新昌县（后改寿昌）地处新安江下游。其后新安江流域郡、州、府级机构，先后更名或改设为新宁郡、新安郡、东阳郡、遂安郡、婺州、睦州、歙州，最后定名为徽州和严州；县级机构先后更名或改设为新安江上游的歙县、黟县、休宁县、祁门县、绩溪县、婺源县，新安江中游的淳安县、遂安县，下游的建德县、寿昌县。

新安文化的地域范围，以新安江上游古徽州一府六县，即歙县、黟县、休宁县、祁门县、绩溪县、婺源县，以及新安江中下游古严州的淳安县、遂安县、寿昌县、建德县为核心区域。新安文化的时空概念起自史前文明，迄于1949年，根据研究需要适当后延。其内容涉及哲学、经济、社会、教育、学术、文学、艺术、工艺、建筑、医学等诸多学科，凡与新安江流域社会历史发展有关的内容，均是新安文化的范畴。

新安江流域是我国原始文化的一个独立发展单元，一步步走来，没有停留，没有断代。历经早期文明、晋唐兴起、五代至元崛起、明清鼎盛和近代转型五个发展阶段，形成新安文化的完整体系。

1974年11月，在建德县上新桥村乌龟洞发现一枚人的犬齿化石，被命名为“建德人”，属于晚期智人类型，距今约五万年。同时，新安江流域分布着大量的旧、新石器时代遗址，承继“建德人”的文化发展。1959～1975年，新安江上游的屯溪西郊奕棋村先后发现8座西周至战国早期的墓葬。出土的青铜器、原始青瓷和几何印纹硬陶，在形制、纹饰和构图风格上，具有浓厚的越文化特色。史称当地人为越族，人民性格强悍，尚武好斗，文化礼仪相对薄弱。通过地方行政治理过程中的教化，当地越人在了解和接受中原人的生产、生活方式后，道德观、价值观、文化崇尚等方面均发生变化。

晋唐时期，新安文化兴起。晋代的“永嘉之乱”和唐代的黄巢起义是中国历史上的两件大事。它不仅造成西晋和唐朝的灭亡，导致中国社会的分裂，而且对我国南方的发展产生深远的影响。“永嘉之乱”和黄巢起义期间，中原士族比较集中地迁入新安江流域，现存的徽、严二州不少姓氏族谱中，对始迁祖的追溯都上溯到这一阶段。中原士族大量迁入以后，以其自身的文化素养和生活习惯渗透民间，改变了新安江流域越族的风俗习惯，越族尚武习俗与中原儒雅之风融合，儒家思想的仁义忠孝和修身齐家理念，开始在新安江流域流行。休宁吴少微的“吴富体”在文坛崭露头角，新安江下游的“睦州诗派”更是享誉诗坛。

五代至元，新安文化崛起。这一阶段新安江流域的教育与科举得到长足发展，仅南宋时期徽州、严州二府进士就有 806 名。南宋理学大儒朱熹祖籍徽州，曾两次回徽州省墓、探亲、授课，并在严州丽泽书院、遂安瀛山书院讲学论道。新安人读朱子之书，秉朱子之教，以邹鲁之风自恃，形成新安理学学派，使得朱熹理学在新安江流域广为流传，对整个流域的文化形成和演变起到关键作用。文风郁起，留下很多脍炙人口的作品，如胡仔的《苕溪渔隐丛话》和方岳、方逢辰的诗歌，在全国诗坛都占有一席之地。徽州刻书和严州刻书，在中国刻书史上贡献卓著。制瓷技术、医学、植物学、光学、生物学等科学技术都取得一定成就，其中歙县张杲淳熙十六年（1189）写成的《医说》一书，是中国医学史上第一部医史传记。

明清时期，新安文化进入鼎盛。私学、官学和书院教育同步发展，推动新安江流域科举繁荣兴盛。淳安人商辂“三元及第”，于明宣德十年（1435）乡试、正统十年(1445)会试及殿试均为第一名。理学、心学与朴学相互融合发展,理学家们提倡“和会朱陆”,阳明心学受到欢迎。清康熙、乾隆时期,新安学者提倡实事求是的治学精神,开创朴实的学风，成为清代学术的主流，朴学领袖戴震更是中国哲学史上的唯物主义启蒙思想家。文学艺术百花齐放，新安画派是明清文人画的正统继承者，徽派版画代表了中国传统版画的最高成就，徽派篆刻成为中国文人篆刻的主流，徽剧乃京剧之母。科学技术成就斐然，新安医学所主张的“固本培元”理论，是中国传统医学中的精华；程大位是中国历史上珠算集大成者；郑复光《镜镜詅痴》集当时中西光学知识大成。

近代，新安文化开始转型。光绪二十六年（1900），歙县基督教堂在城内创办崇一学堂，迈开新安江流域兴办新式学堂的第一步。在西方近代科技和工业革命的影响下，实业救国成为潮流，培养近代农林、商业、工业人才，是教育转型过程中的重要一环。光绪三十四年（1908），戴英在休宁县隆阜珠里创办新安江流域近代第一所职业学校——休宁初等农业学堂。随后，徽州乙种商业学校、淳安县初级实业小学、建德县浙江省立甲种森林学校等相继开办。新安学术也开始向近代学术思潮转型，胡适成为近代文化转型中承上启下的关键人物。文学艺术在转型中得到提振，其中由汪渊集句成词、其夫人程淑笺注的《麝尘莲寸集》，以词集词，前无古人。黄宾虹成为近代中国绘画领域中的一座高峰；黄士陵的篆刻形成自己的艺术风格，被称为“黟山派”。“徽路徽戏”和睦剧得到全面发展。

新安江流域自古为越族领地，随着中原士族的迁入，中华儒家文化的价值观“修身齐家治国平天下”，在这里不断积淀，形成尚武自强、重教崇文、俗尚文雅、治生重商的区域特征。

新安江流域早期越人以尚武著称。明清时期，新安江流域百姓依然习武自强为常。至今民间仍留存不少延请拳师的“拳关”文书。明万历休宁程冲斗所著《耕余剩技》，是中国武术史上的名著。绩溪县张横秋更是以武术名世，在武术史上形成“豫徽武术”流派，其拳术至今仍在新安江流域流传。很多文人在习文的同时练武，明末休宁县抗清义士金声不仅文章出彩，而且武艺高强。休宁画家汪肇，喜好持矛舞剑。新安朴学后期的重要学者汪宗沂，通拳术、剑术、马术，喜谈兵。他的学生许承尧、黄宾虹，一个是著名诗人，一个是著名画家，跟着汪宗沂学习时，练剑、骑马也是必备的功课。

中原士族迁居新安江流域以后，注重文化传承。这种传承使得新安江流域重视教育，崇尚文雅。朱熹提倡读书，研究学问，从事著述，强调“穷理之要，必在于读书”。新安理学的兴起，增强了新安江流域的读书氛围。儒家思想被塾师细化在自己教学实践中，塾师编写的大量蒙学教材中，将儒家的道德观念灌输给学童。在新安理学的影响下，新安江流域读书著述之风盛行，形成“十家之村，无废诵读”的景象。宋元以来，被称为“东南邹鲁”。

随着儒家思想向民间基层渗透，礼教在老百姓中扎根。民间礼仪以朱熹《家礼》作为依据，渗透于各个家庭。休宁《茗洲吴氏家典》根据《家礼》，结合本宗族的情况，规定冠婚丧祭的礼仪，作为子孙后代遵行的法典。民国遂安《高峰朱氏宗谱》卷三《家训》对子弟的礼仪教育写得非常具体，结合家族特点，将礼教具体化，教育族人如何做人、做事，各项规范要求明确，可操作、能监督，俗向文雅，成为“礼下庶人”的典范。

新安江流域有一个异于全国其他地区的现象，就是人们以经商致富为荣，从商成为风气。新安学者提倡职业不分卑贱，引导民众经商，鼓励商人创业，提倡“廉贾”价值观。地方士绅还通过各种方式为商人代言，创造良好的经商环境。学者的倡导、士绅的鼓励，对不轻视商业、不以经商为耻社会风气的形成，起到极大的促进作用，使新安人在观念上获得解放，理直气壮去经商，造就了雄飞于中国商界三百年的新安商人集团。

新安文化不断兼收并蓄，坚持实事求是，遵循儒雅中庸的发展过程，构成以“包容、探索、和谐”为核心的人文精神。

在沉淀中原汉文化和践行儒家思想的过程中，新安江流域不断地塑造自身的人文精神，推进新安文化的发展。新安文化的形成，是中原汉文化与当地土著越文化进行融合的过程。在两种文化的融合过程中，汉文化虽然是强势文化，但具有很强的包容性，促进了越文化的自然融合，从而产生出新质的新安文化。这种包容性，在新安文化发展过程中，贯穿始终，成为新安文化特色。兼收并蓄的包容精神，体现了新安文化的博大气象，是新安文化得以发展的源泉。

在新安文化发展过程中，新安人一直遵循实事求是的原则，博学求知，努力探索规律，追求真理，勇得时代风气之先。朱熹提出“濯去旧见，以来新意”；戴震主张“不以人蔽己，不以己自蔽”；胡适要求“重新估定一切价值”，都是不懈求索、勇得时代风气的典范。实事求是的探索精神，体现了新安人的思辨能力，是新安文化得以不断创新发展的动力。

新安文化是宋以后中国儒家文化在民间社会最完整的体现和典型范例，其儒雅中庸的内质得到很好的体现。“薄利多销”成为新安商人的经营手段，自己少赚些，让消费者不吃亏，成为“中庸”思想在商业领域的一种表现，即双赢。新安宗族在“中庸”思想的指导下，和睦相处，很少发生械斗。就是宗族间有了矛盾，也是协调处理，互相谦让。在艺术上，也非常讲究中庸平和。新安篆刻中的雅逸隽秀、平和光洁；新安版画内蕴的恬静和安乐，也是儒雅中庸的一种表现。儒雅中庸的和谐精神，使得新安江流域社会平稳安定，是新安文化不断发展的基础。

新安江流域靠近越文化核心区，其文化既具有新安文化特点，又带有钱塘江流域良渚文化特色，体现出新安文化与良渚文化融合的趋势。对河系流域上下游文化碰撞、交融的研究，具有重要价值。

新安江流域至今保存下来的地面文物遗存10000多处、8000余种文献、100余万件文书，跨越千年历史，涵盖政治、经济、文化各个领域。尤其地面文物遗存、非物质文化遗产和文书档案，均为第一手资料，是人们了解中国封建社会后期农村社会实态不可多得的资料，为按历史本来面貌做综合实态研究创造了前所未有的有利条件。中国社会科学院历史研究所周绍泉先生指出："以徽州文书为代表的历史文书档案为主要资料，综合研究历史社会实态，将是我们这个时代的学术潮流。"

新安文化是中国封建社会后期传统文化的典范，独树一帜，在各自领域都处于领先位置。从新安文化中提炼出来，形成新安宗族、新安学术、新安商人、新安教育、新安建筑、新安书画、新安工艺、新安科技、新安文学、新安戏曲、新安饮食、新安民俗等文化现象，是新安文化中的精华，学术界在研究专业史时无法绕开这些课题。对新安文化展开研究，实际也就是对中国封建后期传统文化展开研究，窥一斑而见全豹，具有普遍的学术意义。

新安江流域四面环山，作为一个独立的自然地理单元，风景秀丽，人们的审美观受到山水环境的影响。新安四雕艺术、文房四宝艺术、盆景艺术、新安书画、新安文学等，都是新安江流域自然环境同新安人审美观相结合的产物。而新安饮食、方言的形成，同新安江流域独特的自然地理环境及资源有关；新安宗族社会构成和村落结构，同新安地理环境也是密切相关，具有地理文化单元的人类文化学研究价值。

新安文化是移民文化，中原士族的内迁，决定了其社会与文化的诸多现象和特点，受到中原文化的影响。同时，新安文化的昌盛与发展，还存在着一个由新安江流域再向外移民的过程，并对侨寓地的文化产生影响。如新安学术、徽剧、新安艺术、新安刻书、新安篆刻等对扬州学派、京剧、江南园林、江南版画、浙派篆刻都有渗透和影响。研究新安文化，可以获得中华大文化融合各民族文化、各地方文化的一般与个别规律，为繁荣中华大文化作出贡献。

新安江流域是宗族社会。明清时期，农村基层依靠宗族自治管理，有不少好的做法。现存不少宗族公约中有值得学习和借鉴的条文，如禁止乱砍滥伐和禁止赌博等。从内容上看，它们符合当今所提倡的环境保护和社会文明的主旨。从实施机制上看，它不是依赖于行政系统，而是靠"公约"的形式自我约束，这给建设社会主义新农村带来启示，村民自治要以农民为主体，增强农民的自觉意识，而不是靠行政手段。新安文书中的商业合同，反映了新安人市场观念的成熟；分家契约反映了新安人既遵从中国传统的伦理观，又理性地处理家庭财产等经济问题；诉讼文书，反映了古代新安江流域民间已经有较强的法治观念。新安江流域古村落人与自然和谐，以人为本的思想贯穿村落建设，村落中的防火措施、水系设计都十分讲究，科学性很强，给当代环境规划设计带来启示。

新安文化博大精深，对新安江流域上游的徽州文化研究，已经成为一门专门的学问——徽学。但对整个流域的整体研究还是一个空白，编撰《新安文化》丛书，可以填补全面涵盖新安江全流域文化的研究空白，力求科学、全面、准确、系统地展示新安文化的各个方面，对于新安文化学术研究及开发利用，是一件十分有意义的事情。

《新安文化》丛书编撰委员会

2023 年 4 月

目　录

第五章 新安文化的比较研究

余 论

参考文献

绪 论

第一节 新安文化的概念

新安文化是指新安江流域文化。

河流是人类文明的摇篮，新安江是钱塘江的正源。新安江流域从“建德人”智人时代开始，旧石器、新石器、青铜文化、原始瓷文化，以及秦代以来的各个历史时期文化，脉络传承清晰系统而完整。尤其南宋建都杭州，为新安江流域的社会经济文化发展带来极大的机遇。明清时期新安江流域的社会经济文化更是达到鼎盛，形成别具一格的徽州文化和严州文化。

1974 年，科学工作者在原寿昌县李家乡新桥村乌龟洞，发现一枚智人右上犬齿化石，经科学鉴定，距今有 4 万多年，因其时寿昌县已经并入建德县，故命名为“建德人”。流域内同时还分布着大量的旧、新石器时代遗址，承继“建德人”旧石器时代的文化发展，如上游的歙县下冯塘遗址、新州新石器遗址，中游的五龙岛新石器遗址，下游的六山岩新石器遗址等，密集分布，遗物十分丰富，表明当时新安江流域的古代文明已经具有相当规模。先秦时期，黄河中下游发育起来的华夏文明开始崛起，成为中华文明的核心。其时，新安江流域的地方文明依然保持着其自身的特色。1959 ~ 1975 年，新安江上游屯溪西郊奕棋村附近先后发现 8 座西周至战国早期的墓葬，这几座墓的形制和随葬品的特点，都和中原地区的墓葬有所不同，表现出鲜明的地方特点。与其类似的还有新安江中游淳安左口土墩墓、富德遗址等。

秦汉时期，都城位于北方，江南被视为偏远地区，而地处江南山区的新安江流域更被视为蛮夷之地。随着东汉末年和魏晋南北朝时期北方战乱，政治、经济、文化中心南移江南，处于这一中心边缘地带的新安江流域获得发展的契机。唐代以后，江南经济、文化发展的势头逐渐赶超北方，新安江流域也获得高度发展。在这一历史发展进程中，中原汉文化在新安江流域扎根，并与新安江流域土著越文化相融合。经宋元至明清，新安江流域社会经济获得高度成长，出现可以媲美任何一个区域的文化繁荣景象。

20世纪80年代以来，对新安江流域上游的徽州文化研究，已经形成气候，成为一门专门学问——徽学；新安江流域中下游的严州文化研究，也在逐步开展。但整个流域的整体研究，还是空白。为了加强新安江流域整体文化研究，揭示新安江、富春江、钱塘江的文化联系，弄清新安江流域文化与杭州湾，乃至于长江三角洲文化的关系，对整个新安江流域文化进行整体研究，建立新安文化体系是非常必要的。

新安文化是新安江流域古代物质文明和精神文明的总和。“新安江流域”是新安文化的地域范围，以新安江上游古徽州一府六县，即歙县、黟县、休宁县、祁门县、绩溪县、婺源县，[①] 以及新安江中游的淳安县、遂安县，下游的建德县、寿昌县为核心区域；根据比较研究的需要，可以包括其他一些衍生辐射区域。“古代”是新安文化的时空概念。起自史前文明，原则上迄于1949年，根据研究需要可以适当往后延。“物质文明和精神文明的总和”是新安文化包含的内容。涉及哲学、经济、社会、教育、学术、文学、艺术、工艺、建筑、医学等诸多学科，凡与新安江流域社会历史发展有关的内容，都可以归纳入新安文化的范畴。具体包括新安宗族、新安学术、新安商人、新安教育、新安建筑、新安城镇、新安村落、新安书画、新安工艺、新安文学、新安戏曲、新安饮食、新安民俗、新安方言、新安文献、新安文书等课题。

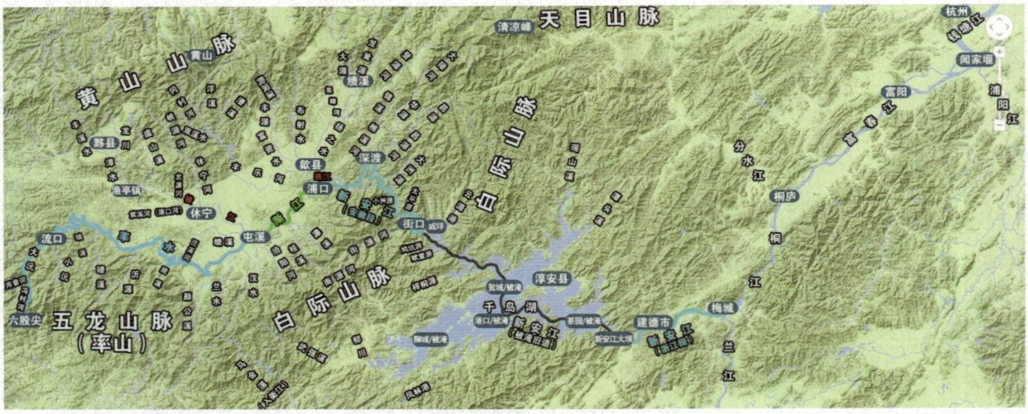

新安江流域示意图

① 现在的流域划分往往不把祁门和婺源县列入新安江流域，但历史上位于婺源县浙源乡孝悌里的浙源河，是新安江源头之一。1950年，孝悌里才划归休宁县管辖，现为休宁县板桥乡。从地域文化角度考虑，婺源县是新安江上游徽州文化的重要组成部分，至今婺源仍保留有浙源乡行政区划和浙岭头、浙源水等地名，将婺源县纳入新安江源头文化加以研究，是适宜的。同样，祁门县凫峰乡境内的凫溪河发源于率山主峰六股尖，注入率水，亦为新安江源头之一。祁门县也是新安江上游徽州文化的重要组成部分。

第二节 新安文化形成的基础

新安文化属于大文化范畴，这一文化体系的构成，建立在地理、社会、思想、经济四大基础之上。地理是新安文化形成的自然环境基础，新安宗族是新安文化形成的社会基础，新安学术是新安文化的思想基础，新安商人是新安文化的经济基础。

一、自然地理环境

新安江流域地处浙西和皖南山区，山地及丘陵占十分之九。黄山山脉盘踞于流域西北部，海拔在千米以上，山高谷深，磅礴峥嵘。驰名中外世界文化和自然遗产黄山，便耸立在这里。东南部的天目山、白际山、千里岗山脉、龙门山脉劈地摩天，峭壁林立，海拔也在千米以上。中间地段低山逶迤，峰圆坡缓，新安江支流率水、横江、扬之水、练江水、遂安港、东源港、寿昌江等奔泻冲击，形成流域上游黄山与五龙山之间的祁门盆地，黄山与天目山至白际山之间的徽州盆地（兼有黟、歙、休宁、绩溪各一部分）以及流域下游的淳安金紫尖盆地、建德盆地。

新安江流域山多地少，黄山 72 峰矗立云间，峥嵘雄奇，气势磅礴，汇奇松、怪石、云海、温泉“四绝”为一体，被世人誉为“人间仙境”。齐云山与黄山遥遥相望，融丹霞地貌、山水风光、道教文化、摩崖石刻、碑刻和恐龙遗迹化石于一体，是江南著名的道教活动中心。新安江历来有“山水画廊”之称，江流澄碧，水色如镜，像一条闪闪发亮的银链，穿行于锦峰秀岭、山乡古建筑之间，风光绮丽，娇柔妩媚。千岛湖既有可与桂林山水相媲美的秀丽风光，更有赛过太湖、洞庭湖的浩瀚气势。千岛湖国家森林公园拥有形态各异的喀斯特地貌石灰岩和色泽鲜艳的砂质沉积岩、秀美曲折的溪涧、跌宕多姿的瀑布、色彩斑斓的水潭，共同组成了地形复杂多样、景致变化万千的森林游憩景观，被誉为千岛湖的世外桃源。建德灵栖三洞以水见长，清风洞以风取胜，霭云洞以云雾称奇，灵栖石林以惟妙惟肖拟人状物的造型石景而引人入胜，被誉为“地下艺术宫殿”。

地理环境是新安文化产生的物质基础。新安书画的描绘对象就是新安江流域的大好山水，而新安山水对新安书画艺术特色的形成又具有观照作用。新安江流域独特的新安建筑艺术同新安山水特征和地域美饰倾向接合得也很密切。园林受大好山水的影响，崇尚自然，就形造景，寓情于景。尤其自然风光秀丽，处处是景，借景入园，全无人工雕饰的痕迹，是流域内建筑园林的最大特色。众多的木、竹、石、砖资源为木、竹、石、砖雕刻艺术、竹编艺术提供了优越的物资条件。从经济角度看，山多田少，入不敷食，又促进了新安江流域商业经济的发展。

二、宗族社会的构建

新安江流域社会构成的主体，是中原士族。这些士族主要来源于北方，流域内，明代以前可考的大姓有 100 多个，主要有程、汪、吴、黄、胡、王、李、方、洪、余、鲍、戴、曹、江、孙十五大姓，号称“新安十五姓”。从北方士族迁徙路线来看，从浙江沿钱塘江、富春江进入新安江下游、中游而至上游腹地，是士族迁徙的主要通道。如方氏，汉代方纮于建平元年（公元前 6 年）拜丹阳令。王莽摄政后称疾辞官，隐居歙县东乡之漕溯（今淳安进贤渡村头），为新安方氏一世祖。其孙方储，汉和帝时拜太常卿黟县侯，卒赠太常卿尚书令洛阳开国公，葬歙县东乡（今淳安，原淳安县治威坪东廓）。方纮迁居歙县东乡之后的数百年间，方氏的活动范围主要以新安江流域的中下游，即今建德、淳安段为主。方氏大规模地向新安江上游腹地移民，建立宗族定居点，则是在唐代末期。又如唐代黄巢战乱，原从北方迁徙到严陵的陈氏后裔陈禧，广明间避黄巢之乱，沿桐庐县溯流而上，至休宁县西乡藤溪里。爱其溪山清奇，安家于此，在藤溪开荒拓土，在传播农业生产技术方面做出了贡献，死后当地百姓在其墓前建庙祭祀，称他为“树艺之田祖。”

新安江流域外来士族主要来自中原，除了个别姓氏有不同的支派从不同的地点迁入以外，大多数均为同宗、同源派衍而出。这就给新安江流域这个比较独立而又较为封闭的地理单元，形成一种严密的宗族观念创造了条件。有谱、有祠、有田是南宋宗族社会形成的标志，但新安宗族社会形态在南宋时并不完备，修谱、建祠、置族产也不普遍。直到明嘉靖、万历时期，新安宗族社会才真正成熟。

三、新安学术源流

新安理学是程朱理学的重要分支，由新安理学家为主干组成，奉祖籍在新安江上游的歙县篁墩程颢、程颐和新安江源头的婺源朱熹为开山宗师，以维护继承、发扬光大程朱理学为基本宗旨。

朱熹与新安理学的发展有着直接的联系，朱熹曾两度回婺源祭扫祖墓并拜望宗族长老。淳熙三年（1176）四月，朱熹再归婺源扫墓，写有《祭告远祖墓文》。第二次回婺源，朱熹学已有成，在婺源逗留其间，常与新安学子聚会邑士汪清卿之敬斋，传授理学宗旨。此次回徽，正值朱熹中年，学术思想兴盛之际，故尽一切力量来阐明义理，培养人才。邑人程洵、滕璘、滕洪、吴昶等人，皆在此时正式师从朱熹。新安江中下游的严州地区，朱熹也曾讲学于此，先后八过建德，四次到遂安，足迹遍布严州各地。民国《遂安县志》记载：

瀛山书院在县西北四十里。宋熙宁间邑人詹安辟建于山之冈，凿方塘于麓，其孙仪之与朱晦庵往来论学于此。岁久圮。明隆庆三年，知县周恪访先贤遗迹，建书院二十四楹，龙溪王畿《记》。后为祠，祀晦庵、仪之二先生，绪山钱德洪《记》。祠后建大观亭，复方塘旧址，构一鉴亭。五年，知县吴抝谦诣其堂，作《方塘解》。邑人方应时、方世义，邑民方□□等共捐田四十余亩以供祭祀，并周令祀于祠，额曰“三先生祠”，春秋以二仲月次丁日祭。[①]

朱熹与詹仪之在遂安瀛山书院的讲论道学，对新安江中下游的学术思想产生影响。淳安名儒方镕为朱熹再传弟子，方镕二子逢辰、逢振又将其父学说发扬光大。建德赵彦肃、喻仲可、王衷纯，淳安钱时，寿昌县翁恒吉等理学家或私淑朱熹，或继承陆九渊，均有成就。

南宋是新安理学的形成时期，理学家们环护在朱熹周围，精研性理之学，著书立说，确立以朱子学为宗旨的基本原则。元代是新安理学的发展较快的时期，这一时期的主要代表人物针对朱熹之后“异说”纷起的学术界状况，致力于维护朱子之学的纯洁性，将排斥“异论”、发明朱子学本旨作为学术研究的重心。同时，元代新安理学家崇尚“气节”，不仕元朝，将精力集中于讲学授徒，培养了一批有一定建树和影响的新安理学学者。出现了人才辈出、学术研究深化和普及读物大量出现等新气象。明代是新安理学的极盛时期，主要代表人物在批评元代理学家墨守门户、死抱师门成说之弊的基础上，先后提出了求“本领”、求“真知”、求“实理”的新的治经主张，并据此指导思想进行学术研究，形成了或“旁注诸经”发明朱子之学，或“和会朱陆”弘扬本门宗旨的不同学术风格。从学术研究的成就和特色来看，这是新安学术发展史上最丰富灿烂的时期之一。而新安理学所倡导的儒家思想也成为

① 民国《遂安县志》卷5《书院》。

瀛山书院

新安人的行为指南。

如果说新安理学是新安江流域第一个学术高峰，则清代中期新安考据学的兴起推动了清代乾嘉学术的昌盛。淳安方桑如提倡汉学反对宋学，开乾嘉考据风气。乾隆十五年（1750），主讲歙县紫阳书院，对新安考据学有开创之功。戴震崛起，新安考据学家的思想浓度和学术水平达到中国 18 世纪的高峰，不仅影响新安江流域，还成为整个清代的学术风气。戴震是新安考据学的领袖，他在精严考据的基础上阐发义理，把对理学的批判与对封建特权的批判紧密地结合起来，建立起一套具有人道主义意义的人性理论。戴震以理欲问题为核心的思想体系，是中国封建社会进步思想的最高标志。其中，对“以理杀人”的揭露和批判，对“体民之情，遂民之欲”和“富民为本”的理想社会的追求，不仅集中国封建社会民主性与人民性思想之大成，同时也透露出近代民主主义思想的曙光。

清末新安学术开始向近代学术思潮转型，汪宗沂是新安学术转折期的一位重要学者。他既是朴学家，也是新式教育家。20 世纪 20 年代初，徽州革命志士与芜湖革命团体岳王会联合筹办徽州公学，汪宗沂担任名誉总理兼经学国文教员，洪泽臣为监督，中国共产党创始人之一的陈独秀为监管。在近代文化的转型中，胡适承上启下，作为五四新文化运动的一员大将、旧文化的批判家，却在五四以后倡导整理国故，依靠考据的方法对《水浒传》《儒林外史》《红楼梦》《水经注》进行研究，并且都取得重大的成就。在新文化运动中，胡适倡导和领导文学革命，成为新文化运动的干将，同时也是中国近现代学术史上重要的领军人物。

四、新安商人崛起

新安江流域境内自然条件恶劣，生产技术低下，用力甚勤，所得甚寡。唐宋以后，随着人口的增多，开始出现收不敷食的情况，百分之七十的食粮仰赖江西和江苏、浙江供给。为了获得换取食粮的货币，新安人充分利用当地山清水秀的自然地理特点，开展多种经营，植茶、造纸、制墨、制砚等，形成了土特产丰富和手工业发达的经济特色。输出特产和手工业品，换回粮食。这种经常性的交换，使新安人不断地积累从商经验。正是在这种特定的环境下，新安商人逐步成长起来。宋代，随着大量土特产品和著名手工业产品的兴盛，商品交换日趋发达。徽纸远销四川，夺得当地蜀笺的市场。南宋建都临安（杭州），大兴土木，使竹木和漆的市利百倍，对地处钱塘江上游的新安江流域商业资本的发展更加起到刺激作用。南宋时期，在新安江流域的业态中，经商已经开始占有位置，新安江流域经商风气兴起，为新安商人的成长奠定基础。元代，流域的商品经济得到进一步的发展，产生了不少大商人。

新安商人的崛起以明初盐业开中制为契机，以经营盐业为中心，开始雄飞于中国商界。明嘉靖四十年（1561），新安商人最早的集团组织——歙县会馆在北京创设，标志着新安商人活动进入了一个新的阶段。明代中叶以后至清道光年间的三百余年，是新安商人发展的黄金时代，无论营业人数、活动范围、经营行业、商业资本，都居全国各商人集团的首位。

宗族社会是在理学家们的倡导下形成的，修谱、建祠、置族产都需要钱，新安江流域各地大规模修谱、建祠、置族产同新安商人的崛起同步，新安商人是新安宗族社会形成的经济保障。同时，新安理学家们提出“贾何负于儒”，又为新安商人的崛起提供理论基础，为新安人理直气壮地开展商业经营打开思想禁锢。同样，新安商人以其充沛的资金支持教育和学术研讨，为新安学术的繁荣和壮大提供帮助。宗族也以地缘和血缘关系为商业的发展提供了帮助。

宗族社会、学术基础、商业经济三大基础的形成和成熟，以及三者完全融合，带动教育、学术、文学、艺术、工艺、建筑、医学、民俗等各方面发展，形成新安宗族、新安学术、新安商人、新安教育、新安建筑、新安村落、新安城镇、新安书画、新安工艺、新安文学、新安戏曲、新安饮食、新安医药、新安民俗、新安文献、新安文书等文化内涵，使明清时期新安文化进入一个光辉灿烂的时期。而新安文化在各个领域取得的成绩，也都与地理、宗族、理学、商业有关，深深打下这四个方面的烙印。

新安文化的社会基础、思想基础和经济基础夯实之后，促进了新安文化的全面发展。

第三节　新安文化构成的主干

一、教育的普及

人的素质提高主要依赖于教育的普及，而普及的教育大大提高新安人的素质水平。北方士族迁入新安江流域，带来发达的中原文化，以教化乡里，礼授社会，习俗由此渐变。宋罗愿《新安志》记载："其人自昔特多以材力保捍乡土为称，其后寖有文士。黄巢之乱，中原衣冠避地保于此，后或去或留，俗益向文雅，宋兴则名臣辈出。"南宋以后，一个重文重教的社会习俗已在新安江流域形成。重视教育成为新安流域千百年来的传统。

教育普及的第一个成果是人的学问水平大大提高，科举兴旺、名人辈出。明清时期，根据地方志记载统计，新安江流域上游的徽州，明代进士 434 人，[①] 清代进士 411 人。[②] 明代徽州状元 3 人。而清代 112 科 112 名状元中，徽州本籍状元 4 人，寄籍状元 15 名，共 19 人，占全国的 17%，居全国第一位（原被认为状元数最多的苏州府共有状元 24 人，但其中有 6 人为徽州籍人）。此外，歙县明清两代共取进士 623 人，居安徽省诸府首位。[③] 新安江中下游的严州府，明代进士 115 人，清代进士

① 道光《徽州府志》卷9《选举志·进士》。
② 光绪《重修安徽通志》卷150～176《选举志》。
③ 参见叶如强：《徽州文化知识读本》，黄山书社，2002年，第68页。

41人。[1] 淳安县明代状元商辂，“三元及第”（解元、会元、状元）更属罕见。

商辂画像

教育普及的第二个成果是新安人的劳动技能大大提高，百工之作皆备。新安江流域地处山区的自然环境，限制了人们单一从事农田耕作，不得不从农田以外去想办法。唐宋以来，与印刷业有关的造纸、制墨工艺一直很发达。砚雕、墨模制作和刻书行业，唐宋时期也已得到高度发展，南宋严州刻书名列全国前茅。到了明清时期，新安刻工大量涌现，尤以汪、黄、仇、刘四姓最为突出。歙县虬村黄氏一族，世代“剞劂”，从明天顺到清道光，时间长达四百余年，称得上“剞劂世家”。黄氏一族世代刻书，积累了丰富的刻书经验，特别在插图雕版上，具有很高的造诣和精湛的技艺，对徽派版画艺术的贡献功不可没。一些绘画、篆刻名家，如丁云鹏、何震、郑旼、汪肇龙等，一度也是以绘画、篆刻作为自己谋生的手段，这对促进绘画和篆刻艺术的发展都起到了一定的作用。

教育普及的第三个成果是新安人的道德观念大大提高，百姓礼让，官吏廉洁。新安人非常注重礼节，待人处世有长幼尊卑之分，尊上要行跪拜礼，坐不争上，食不争多，行不争先，称为“三不”礼节。与人交谈，书信往来，对人尊呼，对己谦称。见面互行拱手礼，互致问候。给客人端菜、送饭，用双手捧碗。登门作客或探望病人，一般都要赠送糕点食品。在新安江流域历朝历代的杰出人物中，名臣廉吏辈不乏人。如明初淳安洪堪担任监察御史期间，弹劾不畏权贵，在朝很有影响。一次，一位同事送他一对白鹇，供其把玩，洪堪当即写诗一首，将白鹇退回。其诗云：“白鹇本是山中物，何事飞来到柏台？”[2] 为官清正廉洁，可见一斑。

二、艺术的繁荣

新安艺术繁荣，促进了新安文化的影响力。

① 光绪《严州府志》卷16《选举》。
② 光绪《淳安县志》卷11《人物志·介节》。

徽剧对全国各种剧种都产生了影响，睦剧、婺剧、赣剧、滇剧、粤剧、桂剧、淮剧等，都有徽剧的成分。清乾隆年间，四大徽班进京，徽剧又同汉剧等剧种结合，逐渐演变成京剧，成就中国戏剧史上辉煌的一页。当新安人提到徽剧与京剧的关系时，无不骄傲地说，“徽剧乃京剧之母”。新安画派以遗民苍凉孤傲之情，化作笔下的峻岭奇松，悬崖峭石，疏流寒柯，作品体现出一种超尘拔俗和凛若冰霜的气质，意境深邃，是明清文人画的正统继承者。徽派版画代表了中国传统版画的最高成就，郑振铎对徽派版画代表作《十竹斋笺谱》，大为赞叹，称之“实已跻彩色版画至高之界”；[①] 鲁迅也赞誉其《十竹斋笺谱》是“明末清初士大夫清玩文化之最高成就”。[②]1933 年和 1936 年鲁迅与郑振铎二度联手翻刻此书，传为文坛佳话。同时，徽派版画所体现的套版水印法，也是我国在世界印刷史上的第二大贡献。徽派篆刻贯穿了整个中国文人篆刻史，而且在文人篆刻的每个发展阶段都有贡献，成为中国文人篆刻史上的主流派别。

三、学术的兴旺

学术兴旺，成果丰富，反映了新安人的思辨能力。

哲学领域，新安理学、徽派朴学是中国思想史上最重要的学术流派。朱熹建立了系统的理学理论，继承儒家德治主张，形成囊括天人关系的严密思想体系，继承和发展了孔子的儒家学说。戴震的《孟子字义疏证》等哲学著作，引入西方近代科学分析方法，充分利用自然科学成果，提出新的“理”论，被称为“八百年来中国思想界一大革命”“发二千年所未发”，集中体现了新安文化与时俱进、勇于创新的精神。

史学领域，程瑶田运用传统史料同博物考古结合起来的治学方法，为近代考古学的建立开启了先河。

经济学领域，王茂荫提出将官票宝钞改为可兑现钞票的理论，成为防止通货膨胀的先驱。王茂荫的主张虽然没有被清政府所采纳，但这件事被马克思得悉，在《资本论》第一卷第一编第三章的一个附注中专门提到这件事，成为《资本论》中提到的唯一中国人。

---

① 郑振铎：《中国版画史序》，载《西谛书话》，三联书店，1998年，第373页。

② 转引自解璐：《百年老店藏宝偶露峥嵘》，载《现代快报》2008年11月3日第12版。

四、科技的强盛

科技强盛，科学技术成就显著，体现了新安人的创新能力。

新安医学是中医领域中的翘楚。歙县人张杲南宋淳熙十六年（1189）撰成《医说》10卷，是我国现存最早的记载大量医学史料的书籍。明代歙县江瓘《名医类案》是我国第一部总结历代医案的专著，祁门徐春圃撰《古今医统大全》100卷与清代歙县程杏轩的《医述》16卷，同被列入中国十大古代医学著作。徐春圃于明隆庆二年（1568）发起成立“一体堂仁宅医会”，是我国最早的医学学术团体。歙县方有执撰《伤寒论条辨》8卷，首倡错简说，开医学一派之先河。新安医学注重师承、家传，形成了一些学有所传、业有所精的医学世家，所主张的“固本培元”理论，是中国传统医学中的精髓。

程大位的《算法统宗》是中国珠算学的集大成之作；而戴震致力弘扬祖国数学的历史成就，开古算研究之先河；汪莱则从数学理论本身做出了创造性的成果，他在方程论、组合论及二进制方面的研究，更是令世人瞩目。另外，在地理学、物理学、农学、生物学等方面，新安人都有很多贡献。

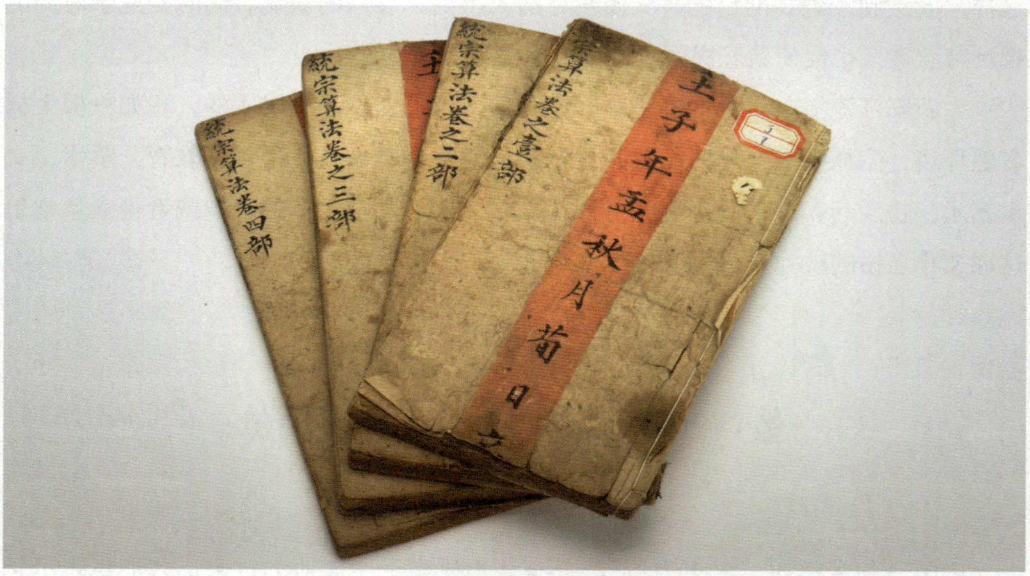

程大位著《算法统宗》书影

五、物质与精神生活的丰富

经济与文化的提高，丰富了新安人的物质与精神生活。

人们尽量享受精美雅致的物质生活，注重人居环境的营造，强调饮食的可口美味，创造出了新安江流域徽派建筑与徽菜两大居住与饮食流派。在村落建设上，或枕山傍水，或夹溪而筑，村子四周青山相峙，既得山泉溪水之便利，又有青山绿树为屏障。从宅院里推窗远眺，天然图画尽收眼底；天井洒落进阳光雨露，小院植置着花木假山。在这里，人类与大自然完全融为一体，你中有我，我中有你。宅居、祠堂、牌坊“古建三绝”，成为徽派建筑的象征。砖木石三雕艺术与建筑整体配合得极为严密稳妥，其布局之工、结构之巧、装饰之美、雕刻之精，令人叹为观止。对饮食的不断改进，促使了徽菜菜系的产生，成为与鲁菜、淮扬菜、川菜、粤菜、湘菜、闽菜、浙菜并行的八大菜系之一。

物质生活得到保障，随之而来的是对精神生活的追求。于是，民间娱乐大为盛行，穿插于生产生活礼仪、人生礼仪和岁时节日习俗之中，调节人们的精神生活。新安民间娱乐风俗表现形式多种多样，内容丰富多彩，洋溢着浓厚的乡土气息。新安人对戏曲的喜爱，更是到了无以复加的程度。当村民犯了错，一些惩罚手段也颇具文化色彩，如罚戏。谁犯了错，谁就得请戏班子来村里演出，所有的费用都由犯错者出。这样，既达到了惩罚的目的，又使全村的人得到了娱乐的欢愉。同时，业余时间的把玩与欣赏，也促使新安民间收藏和徽派盆景的大量涌现。

在新安江流域，触目的都是新安文化，但新安文化是有层次的，犹如一棵大树，自然环境、宗族社会、思想根源、经济发展四大基础是文化之根，教育、学术、文学艺术、物质与精神享受等五个方面是文化之干，各项具体的表现或者说表象则是这棵文化之树的枝叶。

第四节　新安文化的当代价值

中国有句老话叫“以史为鉴”，只有认真研究一个文明的过去，才能真正了解这个文明，借鉴其中有益部分，为当代发展提供经验。同样，研究新安文化，也有着现实意义。新安文化研究的现实意义表现在两个方面，一个是它的学术价值，一个是它的社会价值，主要体现在以下七点。

一、封建社会后期农村社会实态的范本

新安江流域保存下来的地面文物遗存达到10000多处，有8000余种文献、100余万件文书，跨越千年历史，涵盖政治、经济、文化各个领域，尤其地面文物遗存、非物质文化遗产和文书档案，均为第一手资料，是人们了解中国封建社会后期农村社会实态不可多得的资料，为按历史本来面貌做综合实态研究创造了有利条件。中国社会科学院历史研究所周绍泉指出，以徽州文书为代表的历史文书档案为主要资料，综合研究历史社会实态，将是我们这个时代的学术潮流。

二、封建社会后期传统文化的典范

新安文化是中国封建社会后期传统文化的典范，独树一帜，在各自领域都处于领先位置。从新安文化中提炼出来，形成新安宗族、新安学术、新安商人、新安教育、新安建筑、新安方言、新安书画、新安工艺、新安科技、新安文学、新安戏曲、新安饮食、新安民俗等文化现象，是新安文化中的精华，学术界在研究专业史时无法绕开这些课题。

经济史。新安商人在明代中叶后至清道光年间，无论经商人数、活动范围、经营行业、商业资本，都居全国各商人集团的首位，独领风骚三百余年。

思想史。新安理学是12世纪以后中国哲学史和学术思想史的缩影，它对中国封建社会后期历史的发展，特别是对明清时期新安社会的发展产生了巨大的影响；戴震把对理学的批判与对封建特权的批判紧密地结合起来，建立起一套具有人道主义意义的人性理论，被称为启蒙主义者。

科技史。新安医学注重师承、家传，崇尚医德，追求德艺双馨，形成了一些学有所传、业有所精的医学世家，所主张的“固本培元”理论，是中国传统医学中的精华。

艺术史。新安画派是中国山水画苑中的一朵奇葩，作品体现出的那种超尘拔俗和凛若冰霜的气质，意境深邃，是明清文人画的正统继承者；徽派版画代表了中国传统版画的最高成就；徽派篆刻是中国文人流派篆刻的主流，一部徽派篆刻史，几乎就是中国文人流派篆刻史；徽剧乃京剧之母；新安建筑精美如诗，堪称中国传统建筑中的精品，徽派传统民居营造技艺作为中国传统木结构营造技艺中的一项，列入人类非物质文化遗产代表作名录。

饮食文化。徽菜是中国八大菜系之一。

因此新安文化研究，实际也就是对中国封建后期传统文化的研究，窥一斑而见全豹，具有普遍的学术意义。

三、地理文化单元的人类文化学研究价值

新安江流域四面环山，作为一个独立的自然地理单元，风景秀丽，人们的审美观自然受到山水环境的影响。新安四雕艺术、文房四宝艺术、盆景艺术、新安书画、新安文学等，就是新安自然环境同新安人审美观相结合的产物；而菜系、方言的形成，同新安独特的自然地理环境及资源有关联；新安宗族社会构成和村落结构，同新安地理环境也有关系，具有地理文化单元的人类文化学研究价值。

四、文化融合规律的研究价值

新安江流域史前文化从40000多年前的建德“智人”，到众多的旧石器时期遗址、新石器时期遗址，大量的商周至春秋战国时期的考古发掘，自成系统且具有特色，体现了新安江流域史前文明的高度发达。尤其建德地处新安江和富春江交接带，靠近越文化核心区，其文化既具有新安文化特点，又带有良渚文化特色，体现了新安文化与良渚文化融合的趋势。对河系流域上下游文化碰撞、交融研究，具有重要价值。

新安文化是一种移民文化。首先，表现在新安江流域社会、人口、文化的本身，原就是由移民而形成，由此决定了其社会与文化的诸多现象和特点都受移民问题决定、影响。其次，是新安文化的昌盛与发展，本身还存在着一个由新安江流域再向外移民的问题，并对侨寓地的文化产生影响。如徽派朴学、徽剧、新安艺术、新安刻书、徽派篆刻等对扬州学派、京剧、江南园林、江南版画、篆刻都有渗透和影响。研究新安文化，可以获得中华大文化融合各民族文化、各地方文化的一般与个别规律，为繁荣中华大文化做出贡献。

五、社会自治管理方式的借鉴

新安是宗族社会，当地农村基础全部都是依靠宗族自治管理，现存不少宗族公约中有值得学习和借鉴的条文，如禁止乱砍滥伐和禁止赌博等。从内容上看，它们符合今天所提倡的环境保护和社会文明；从实施机制上看，它不是依赖于行政系统，而是靠“公约”的形式自我约束。这给建设社会主义新农村带来启示。

新安文书中的商业合同，反映了新安人市场观念的成熟；分家契约反映了新安人既遵从中国传统的伦理观，又理性地处理家庭财产等经济问题；诉讼文书，反映了古代新安民间已经有较强的法治观念。

新安江流域古村落人与自然和谐，一切“以人为本”的思想贯穿村落建设。村落中的防火措施、水系设计都十分讲究，科学性很强。对当下的环境规划设计有着重要的启示。

黟县西递古村落

六、经济与文化互动的借鉴

新安商人的商业奇迹，是文化软实力的成功；新安教育的发达，为新安商人发展提供了具有优势的人力资本。这也是当前经济发展中值得注重的发展模式。

新安文化是中国传统文化的重要组成部分。当前随着互联网的广泛使用，中国已融入世界。西方文化不断侵蚀和占领中国市场，一些年轻人对中国传统文化失去兴趣。如此，弘扬和宣传中国传统文化尤其显得重要，而新安文化作为中国传统文化的一部分，很多方面体现了中国传统文化的精华。对新安文化进行深入的研究，弘扬其精华，就是使中国传统文化能“永远立于世界文化之林”。

七、文化遗存的当代利用价值

对新安文化进行深入的研究，能够更好地利用这一文化资源。对黄山市而言，以旅游立市。区区一个地级市，有黄山风景区和西递·宏村两处世界遗产，世所罕见，这不能不说是新安文化的功绩。以建立新安文化博物馆为抓手，更是打造新安江流域核心旅游综合体的绝妙构思。对新安文化进行研究，有助于高水平、高质量地向世界推介新安文化，把新安文化转化成宝贵的旅游资源，促进新安江流域旅游经济的发展。

新安文化博大精深，对新安江流域上游的徽州文化研究，已经成为一门专门的学问——徽学。但对整个流域的整体研究还是一个空白，编撰《新安文化丛书》，以期填补全面涵盖新安江流域文化，力求科学、全面、准确、系统展示新安文化的各个方面，对于新安文化学术研究及开发利用，是一件十分有意义的事情。

第一章　新安江水系与新安文化

第一节　新安江水系流域

一、新安江名称的由来

休宁县海拔 1600 多米的五龙山脉六股尖，一湾清清流泉，纳天之水，倾泻而下，奔流在崇山峻岭之间。或缓缓流淌，或汹涌激荡，千回万转，起伏跌宕，留下一个个湍流急滩。在浙江建德县与兰江交汇，然后，汇合富春江，融入钱塘水，浩浩荡荡，注入大海。

这条江，名叫新安江。明代沈明臣曾发出“新安新安江水连，三百六十滩在天”[①]的感叹！

新安江最初并不叫新安江，而是叫浙江。《山海经 · 海内东经》载：“浙江出三天子都，在其（蛮）东。”“三天子都”，又称“三天子鄣山”。郭璞《山海经》注称：“今在新安歙县东，今谓之三王山，浙江出其边也。”[②]《庄子》称“浙江”为“淛河”，《庄子 · 外物篇》载：“自淛河以东，苍梧以北，莫不厌若鱼者。”宋元时期，“浙”“淛”经常通用，如秦观《游龙井记》：“龙井旧名龙泓……其地当西湖之西，淛江之北，凤凰岭之上，实深山乱石之中泉也。”[③]《汉书》《水经》称“浙江”为“渐江”，《汉书 · 地理志 · 丹阳郡》载：“黝，渐江水出南蛮夷中，东入海。”《水经》称：“渐江水出三天子都，北过于杭，东入于海。”[④]《新安志》称：“‘浙’或作‘淛’，音制；或作‘渐’，义并同。”[⑤]清段玉裁在给《说文解字》“浙”字作注时，指出：“今俗皆谓钱唐江为浙江，不知钱唐江《地理志》《水经》皆谓之渐江，江至会稽山阴，古曰浙江。《说文》浙、渐二篆分举划然，后人乃以浙名冒渐。盖由二水相合，如《吴越春秋》越王至浙江

---

① 沈明臣：《丰对楼诗选》卷8，《四库全书存目丛书》集部第144册。

② 袁珂校注：《山海经 · 海内南经 · 三天子鄣》注二，上海古籍出版社，1980年，第269页。

③ 秦观：《淮海集》卷38《记》，四库本。

④ 郦道元：《水经注》卷40《渐江水》，《四部备要》本。

⑤ 罗愿：《新安志》卷4《休宁县 · 率山》，清光绪十四年重刊本。

之上,《史记》楚威王尽取故吴地至浙江,始皇至钱唐临浙江,皆谓是也。”他在给“渐”字作注时，说得更明白，“渐江者，钱唐江源流之总称”。①

无论“浙”“渐”,均源于徽州。地方志书所载地名中,休宁县有“浙溪水”“浙江”“渐溪”,婺源县有“浙岭”,就是最好的证明。②当代的科学考察更证明了徽州是浙江正源。1983年、1985年浙江省科学技术学会组织“钱塘江河源河口考察队”对钱塘江源进行科学考察，“确定新安江是钱塘江的正源，其源头在安徽省休宁县率水上游冯村河发源地怀玉山脉主峰六股尖的东坡”。③新安江源头分为两大支流，南支称率水，为新安江正源，发源于五龙山脉的六股尖；北支叫横江，源于黟县五溪山主峰白顶山。两支在屯溪汇合后，至歙县浦口一段，称渐江。歙县浦口以下至建德县与兰江相汇处，称新安江。江水继续东流入富阳市境，曰富春江；再往东，到了萧山区的闻家堰，称钱塘江。浙江省以浙江得名。

新安江

秦始皇统一全国,在浙江上游设置黟、歙二县。汉献帝建安十三年（208）十二月，

① 段玉裁:《说文解字注》卷11《水部》,经韵楼本。
② 道光《徽州府志》卷2《舆地志·山水》。
③ 浙江省科学技术协会:《钱塘江河源河口考察报告·前言》,1985年铅印本。

孙权将原黟、歙之地分析为黟、歙、始新（淳安）、新定（遂安）、犁阳（后改为黎阳）、休阳（后改为休宁）6县，建新都郡。这便是浙江上游，后来称之为新安江流域的基本区划。西晋太康元年（280）灭吴，改新都郡为新安郡。郡名新安，一说以祁门县新安山为名，一说取其安定之意。从此，在新安郡之内的干流水域便有了新安江之称。

二、新安江源头水系

发源于六股尖的新安源头水，当地村民称之为冯源河。古人称六股尖为率山、张公山。清道光《徽州府志》记载："张公山，在休宁县西百六十里，为江南祖山，居休、婺之间，鄱阳、浙江之水出焉。"① 六股尖山腰有著名的龙井潭瀑布，从数十丈高的悬崖倾泻而下，为新安江源头第一瀑。冯源河纳千涧之水为大源河，与发源于婺源县高湖山的小源河在流口汇合成率水。率水东流，沿途纳凫溪、杭溪河、碜溪河、桐子河，长分河、沂源河、汊水河、蓝水河、回溪至屯溪与横江交汇，始称渐江。率水上游，两岸山势陡峭，河谷窄深，仅通竹筏。率水一过五城，水面渐开，溪水跌落，浅滩深潭，渐行渐急。闵滩在休宁县闵口村（今属屯溪区枧忠乡）一带，距屯溪已经不远。此滩巨石盘踞，水流湍急，舟船难行。宋代婺源学者王炎过闵口，夜宿闵滩下。傍晚，听雨声不绝，溪水上涨；半夜，闻狂风呼啸；到了清晨，朝阳又开始升起，又是一个晴天。心情豁然开朗，于是写下《夜宿闵滩下》：

歙江两岸山立壁，一水潭潭浮绀碧。
嵌空老石出中流，触碎玻璃成沸白。
滩高水落定难行，莫雨淋浪新涨生。
三更风怒山欲吼，催唤金乌回晓晴。
篙工倚柁笑相语，但上闵滩无所阻。
明日日晡过歙渚，舣船沽酒劳辛苦。②

新安江源头，除了正源率水，还有一支源头是横江，只是流径比率水稍短。横

① 道光《徽州府志》卷2《舆地志·山水·张公山》。
② 王炎：《双溪类稿》卷9，明万历二十四年王孟达刻本。

江源于黟县五溪山主峰白顶山，其上游称为漳水。漳水上段叫枧溪河，水出枧溪庙，流经碧山村，在柏山村与镜源河汇合，由北向南横穿黟县县城至横岗村汇同龙川河，至石山汇丰溪河，经十公里黟渔峡谷，往南至渔亭，汇入横江。整个漳水流域除了上述大河，还有虞山溪、羊栈河、甲溪河等支流。

漳水是黟县境内的主要河流，一水拖蓝，黄梅季节，流域两岸绿柳拂波，碧纱青草相伴，显得春光无限，更有水鸟溪鸥掠影，平添几分灵动。明代黟县屏山人舒祥专门为此写下《一水拖蓝》的诗句：

萦回绕邑静无声，一色如蓝去自平。
浸月几湾多曲折，涵天十里半澄清。
黄梅雨歇微波尽，绿柳风来细浪横。
水鸟溪鸥春树稳，碧纱青草正朝晴。①

黟县自古交通闭塞，黟县至徽州府城的古驿道，是黟县对外交通的主要孔道。漳水流经黟渔峡谷，黟徽驿道便是缘溪而开，顺着峡谷，通往黟县盆地。其间，桃花夹岸盛开，亦有溪岸壁立如削，无法通过，只好开凿山洞，打通驿道。驿道凿洞，也被美称之“桃源洞”。陶渊明《桃花源记》开篇描述之景，与漳水经过黟渔峡谷极为相似，故黟县有“小桃源”之称。也有人认为，陶渊明《桃花源记》就是以黟县为原型来记述的。桃源洞一直到20世纪50年代，修建黟县至渔亭公路时才被炸穿。

过黟渔峡谷，即到渔亭，漳水与发源于青岭山的秀清河、发源于霸王尖山的考川河在此汇合，始称横江。渔亭山势舒缓，水面逐渐开阔。清道光《徽州府志》记载：“在县南二十五里，每岁西江鱼船至祁门县，舍此登陆，止此山东水次，淹留待船，故云鱼亭焉。”②“鱼”与“渔”通假，被普遍认为是渔亭的地名来源。渔亭为新安江水运最西的码头，自古为湖广与江浙货运的中转站之一，有“七省通衢”之美誉。清代歙县曹文埴经渔亭赴黟，夜宿渔亭江船之上，即景赋诗《渔亭》，其中有句曰：

---

①《黟县四志》卷15《杂志·诗录》，民国十二年（1923）刻本。
② 道光《徽州府志》卷2《舆地志·山水·墨岭》。

水浅江路穷，岸窄石门对。
石梁通往来，云壑互向背。
竹筏与松舲，停泊各分队。
论货盐米多，问途水陆会。[①]

横江水从渔亭顺流而下到屯溪，沿途地势相对较为平缓，巉岩危崖，湍流急滩，点缀其间。溪水清澈，两岸景色宜人。齐云山是渔亭下游的较有影响的第一站。明万历四十二年（1614）九月，李流芳回徽州扫墓，游齐云山。下山后，沿流乘筏而下，观赏沿途风景，并留宿于离休宁县城三里处的落石台寺庙，写下《自齐云乘筏至落石台留宿》诗：

五里十亭子，下山忘险艰。
爱此溪山晴，故作乘筏还。
寒沙束回湍，下见文石斑。
旭日来映之，浮动水石间。
吾徒二三子，坐稳舆何闲。
方过蓝渡桥，复见落石湾。
落石势已奇，况此清流环。
松萝挂绝壁，古色照我颜。
前林正丹黄，烟郭粘远山。
我欲留此石，一杯酬潺湲。
襆被叩上方，待月同跻攀。[②]

此诗将横江两岸的美丽景色，描述得淋漓尽致。

率水、横江在屯溪交汇，从三江口处开始，到歙县浦口与练江交汇，这一段称渐江。屯溪扼守渐江水路要冲，无论休宁和黟县，以及祁门、婺源两县，如果从

① 《黟县四志》卷15《杂志·诗录》。
② 李流芳：《檀园集》卷1《五言古》，清康熙二十八年刻本。

新安江水道运输，顺流而下达杭州，入江南，都必须取道屯溪。明末清初，屯溪街已经发展到“街长四里”的规模，成为县域内最大的市镇，屯溪桥、八家栈、渔埠头一带是徽州土特产的集散地和徽商走南闯北的起始点。每当夕阳西下，远自杭州、淳安，近至渔亭、龙湾的舟船，汇集于此，出现“屯浦归帆”的盛景。江面帆樯林立，桅火与街灯相映生辉，戴启文《屯浦归帆》诗云：

一片遥帆势若奔，客舟来集比云屯。
将归巧趁秋风便，欲落尚衔夕阳痕。
山外人烟连翠霭，渡头估舶聚黄昏。
喧闹晚市明灯火，不是江南黄叶村。①

练江是除率水、横江之外的第三条新安江支流，扬之水、布射水、富资河、丰乐河四水，在歙县县城西北合流，江面如练，故称练江。经太平桥、渔梁坝、车轮湾，抵浦口，与渐江汇合称新安江。

练江

① 黄山市屯溪区地方志编纂委员会：《黄山市屯溪区志》，方志出版社，2012年，第1089页。

扬之水，发源于绩溪县尚田五亩地村东之中降山北麓，上游称扬溪源水，先后纳绩溪境内的双岭水、波川水、大源、登源河，歙县境内的双竦河、湄川，注入练江。明代绩溪人周士先有《扬之水》诗："冥鸿霄路翔，沧江复东注。天风吹波涛，月明秋欲曙。"[①] 诗人通过对鸿雁、江水、云涛、明月等景色的描写，展现了一幅绩溪山水秋景图，抒发了作者对家乡山水的热爱。

岩寺（今属黄山市徽州区）是丰乐河上最重要的集市，丰乐河源出黄山南麓的浮溪，沿途纳阮溪、漕溪、桃源河、溶溪、潀溪、伊坑水等众川，流经岩寺镇，称岩溪。岩寺之东为水口，有凤山，形如飞凤舒翼，丰乐水东注，由此回澜。凤山水口溪流湍急，风水不利，里人筑桥、塔、台、榭以为砥柱。明方弘静有《岩溪筏游》诗，描写岩寺水口景色。诗曰：

青阳舒淑景，百卉纷以蕃。
东皋何丽佳，飞甍带长川。
先圣美里仁，况乃偕群贤。
令节值熙时，异彼永和年。
倚槛泛中流，水哉清且涟。
磷磷信见底，皦若明镜牵。
层峤峻可攀，翩然据其巅。
天都去尺五，思抚洪厓肩。
谡谡松下风，蔼蔼原上烟。
剧谈竟日夕，理畅真自全。
嘉会讵云易，染翰志斯篇。[②]

此诗记载了春日上巳节时，诗人与当地群贤在凤山下丰乐河里聚会放筏游乐的情景。

练水从歙县城向东南流经1500米至渔梁，乱石淙流，水势甚急。唐代，人们

① 嘉庆《绩溪县志》卷11《艺文志》。
② 方弘静：《素园存稿》卷2，四库全书本。

便在河中垒石为梁，缓流蓄水，宋、元、明、清历代都曾对渔梁坝进行重建或修葺，成为练江上的一个重要码头。清初张光祁《渔梁观水》一诗，将练江春季洪水暴发，渔梁涨水的情景描绘得非常生动：

暴涨乘春急，奔涛下石梁。
中流谁砥柱，极目望苍茫。
石齿篙师熟，轻帆估客防。
山城资设险，六水恃金汤。

渔梁以下，河流坡降徒增，岩石裸露，水急滩多，篙师放舟如出三峡，辄令人心悸，偶一不慎，即有触礁之险。江中湍险，有西门、柜木、灵康、钟楼、分流、宫滩、三门、凌村、青石、车轮诸滩。尤以车轮滩最为险峻，乱石淙流，中无港道，行船环曲，有若车轮。练水至浦口，与渐江合，称新安江。清吴熊《徽城竹枝词》称：

渐江即是浙江源，北会练江合浦口。
并两江为新安江，趋严成浙不回首。[①]

三、新安江水系主要干流

新安江西接渐江，北会练水，左岸纳琅源、太平源、棉溪、昌溪、大洲源诸水，右岸纳瀹源、薛源、小洲源、山茶源、街源诸流。自浦口流经南源口、坑口、漳潭、绵潭、深渡、小川、山港、新溪口、街口，入浙江淳安县境。这一段为新安江上游。

新安江上滩石林立，清吴熊《徽城竹枝词》写道：

浦口上船出街口，经过梅口及坑口。
三潭以下更多滩，辛苦篙工忙着手。
三百六十有名滩，上水滩多人仰望。

① 吴熊：《徽州竹枝词》，歙县博物馆藏抄本。

一滩只算一丈高，徽州真正在天上。[①]

新安江在徽州境内，梅口与坑口为较大码头。妹滩、绵潭滩都是著名的险滩，瀹潭、漳潭、绵潭三潭以下，激流险滩更多，如米滩、梅花滩等，更是性命攸关。艄公长年累月往来水上，异常艰辛苦，步步凶险，步步为营。激流险滩，稍不注意，即有触礁的危险。

乳滩东连街口，落差颇大，水流湍急。宋绍兴二十九年（1159）暮春，范成大过乳滩，见乳滩溪流湍急，滩石磊磊，水石交相冲击发出雷鸣般的响声，汹涌地卷起雪白的水花。坐在船上，小舟如同高山滚石般跌落而下，颇觉惊心动魄。于是写下《乳滩》诗：

清溪可怖亦可喜，造化于人真虐戏。
轰雷卷雪鬓成丝，一掷平生来此试。
险绝无双是乳滩，舟如滚石下高山。
画楼正倚黄昏雨，岂识江间行路难。[②]

明代诗人沈明臣数次来徽州，对江滩难行也有切身体会。尤其秋冬季节，从钱塘江溯流而上，更是十步退九步，纤夫嘶哑着口号，拉着舟船前行，触目惊心。曾写有一首《上滩行》，描写了新安江上航行的艰辛。诗曰：

新安新安江水连，三百六十滩在天，新都缥缈高若悬。
上滩三老分青钱，雇值百丈牵紫烟。
狼牙虎踞刀剑全，巨者利齿小亦拳。
雪浪溅人雷并船，篙师看篙篙欲千，一尺一步寸莫前。
白日欲黑眼欲穿，啼猿断壁闻哀弦。
谁家独住青嶂边，十月花开红可怜，一声鸡叫层云颠。[③]

---

① 吴熊：《徽州竹枝词》，歙县博物馆藏抄本。
② 范成大：《石湖诗集》卷7，四库全书本。
③ 沈明臣：《丰对楼诗选》卷8，《四库全书存目丛书》集部第144册。

此诗描写新安江落差非常大，滩石多且凶险，溪流从滩石上往下冲，激起巨大的漩涡，篙师全神贯注地把着船篙，看准地方再落下，可船篙漩涡中到处乱跑，使得舟船不得前行，别说一步一尺，就是一寸也走不动。稍不细心，就将船儿打翻，可见上滩之艰难。

清乾隆三十八年（1773）秋，黄景仁从杭州出发，溯钱塘、富春江而入徽州。进入徽州大山以后，江岸山耸岭峻，水石相激，轰然如雷鸣，卷起千堆雪。逆流而上，数人拉纤，沿着凿在山岩崖壁上的纤道，爬伏而行，极尽艰辛。黄景仁为之发出动人心魄的惊呼：

> 一滩复一滩，一滩高十丈。
> 三百六十滩，新安在天上。①

歙县街口是徽州与浙江交界最重要的市镇，为徽州通往浙江的水上咽喉，历有歙县东南门户之称，朝廷在这里设有巡检司，检查过境商贾。明末歙县知县傅岩《舟行至街口》一诗，对街口扼守新安江通道，犹如关隘般的地理位置，是这样描述的：

> 比屋沿流耸，雄关扼巘临。
> 人声连浪杂，草色带江深。
> 潭聚鱼龙影，树邀鸟雀音。
> 细湍能啮石，绝壁亦施林。
> 岸断波分浦，云飞水度阴。
> 回看苍树合，前指白沙侵。
> 乱岛通帆曲，低舂截渡沉。②

新安江进入淳安县境，先后接纳桐溪、云源港、东源港、遂安港、进贤溪、百

① 黄仲则：《两当轩集》卷9，清咸丰八年黄氏家塾刻本。
② 傅岩：《歙纪》卷之四《诗》，陈春秀校点本，黄山书社，2007年，第27页。

亩畈等支流，流至芹坑进入建德县境，为新安江中游。淳安境内的新安江同样艰险，范成大《淳安》诗曰：

篙师叫怒破涛泷，水石如钟自击撞。
欲识人间奇险处，但从歙浦过桐江。①

清淳安人程玉麟生活在新安江畔，常常看见纤夫和篙师撑船的艰辛，尤其船行上水，更为险阻。他曾在《上滩行》一诗中写道："忽闻地轴轰轰起蛰雷，恍睹长鲸倒吸百川回。两崖突兀溪心窄，滚滚白浪声喧豗。岸脚崎岖打纤急，一滩初上一滩逼。篙师骇视石嵯峨，客子窥篷忧思集。"

虽然新安江中游在平常看来"波澄碧色如镜里"，一旦遇到暴风骤雨或"两崖突兀溪心窄"的地段，仍然会令篙师紧张，舟客担心。上滩之路不比蜀道难，想必瞿塘巫峡也不过如此。

如果说上滩之船艰难险阻，在诗人的笔下总是气势磅礴，令人惊心动魄。而下水舟船，相对平稳轻快，诗人站在船头，瞭望两岸景色，显得悠闲惬意。元代方回《出歙港入睦界》，体现的就是这样一种心情：

岚气湿征衣，千滩落翠微。
悬崖樵屋小，破庙祭人稀。
岸犬看船立，溪禽贴水飞。
乡心与客思，向晚重依依。②

武强溪发源于休宁县黄尖，全长约50公里，是新安江中游遂安港主流。其水至中洲霞源山断崖处，飞流直下，落水为渊。瀑高千尺，水势浩大，名百丈漈，引得历代文人骚客前往观览。清余联翩有《百丈漈》诗：

① 方韦、李新富：《严州诗词》（上），天津古籍出版社，2011年，第148页。
② 方韦、李新富：《严州诗词》（上），天津古籍出版社，2011年，第204页。

悬崖雪浪飞千尺，砰訇激射无休息。
下有深潭怒吼之蛟螭，上有猿啸鸟惊之绝壁。
玉龙鼓鬣挂长空，随风旋舞深壑中。
空濛杳冥阅今古，烟蜚云结互吞吐。
有时日射白云飞，金虬闪灼摇晴辉。
或逢霖雨滂沱久，雷奔电掣山魑走。
我闻雁荡庐山之奇天下少，霞源倾注落天表；
不知何时分得龙湫一脉泉，遂与灵岩称二好。①

此诗将百丈漈的霸凌气势表露无遗。明代遂安知县韩晟也有《武强溪水》诗句："激春无缓濑，迸石有高滩。最喜风波定，临流强自宽。"②春潮水涨，溪流湍急，碰撞到滩石之上，溅起高高的浪花。遇到这种山洪暴发，也是作为地方官最为担心的时候，唯恐给百姓带来生命财产损失，所以"最喜风波定"。

总体来说，新安江中游算是比较平稳。从新安江入淳安境后至县城（贺城）一带，山清水秀，清澈见底，景色明秀。因此，新安江在淳安境内，又有青溪之称。唐宋时期，县名一度称为青溪县。不少文学家写下诗篇，赞美青溪。张旭《青溪泛舟》："旅人倚征棹，薄暮起劳歌。笑揽青溪月，清辉不厌多。"③宋代梅尧臣《青溪行》："山色碧于溪，扁舟泛落晖。水烟帆界破，沙鹭桨惊飞。岛屿随流曲，渔灯隔岸微。月明何处宿？待访子陵矶。"④朱熹也在淳安留下赞美新安江的诗句："青溪时过碧山头，空水澄鲜一色秋。隔断红尘三十里，白云黄叶两悠悠。"⑤描写新安江秋色，色彩丰富，意趣横生。

明代崇祯年间，曾任淳安县教谕的余敷中，写有一篇《新安山水歌》，将新安江大好山水进行了概括。诗曰：

---

① 民国《遂安县志》卷10《艺文·诗》。
② 民国《遂安县志》卷10《艺文·诗》。
③ 淳安县志编纂委员会：《淳安县志》，汉语大辞典出版社，1990年，第815页。
④ 淳安县志编纂委员会：《淳安县志》，汉语大辞典出版社，1990年，第819页。
⑤ 淳安县志编纂委员会：《淳安县志》，汉语大辞典出版社，1990年，第816页。

君不见：
新安山水天下稀，金山绣壑锦为溪。
层峦复嶂隔尘滓，灵秀歃欲钟神奇。
双溪环回清彻底，白石粼粼堪砺齿。
当年擿老此盘桓，雅好此中好山水。
高人仕隐非慕荣，廊庙恒兼丘壑情。
好山好水看不足，不知此处多要津。
此去天都九咫尺，浮盖层层插天碧。
青莲浮水出龙宫，日照云蒙巧相射。
曾闻灏气开芝山，相业科名今第一。
我来访古兼询今，寻仙几误桃源行。
沧浪有清还有浊，何如此水常澄清。
青溪得名本应此，时时取涤缨上尘。①

1960年4月，一座雄伟的大坝横亘在建德县境内铜官峡里，将新安江拦腰截断，在大坝上游形成一个面积为580平方公里人工湖面。湖面淹没了海拔108米以下所有的山峰，同时另有1078个大大小小的山峰突兀耸立在湖面上，形成1078个岛屿，人称“千岛湖”。湖面随山势曲折顺势而成，极不规则，星罗棋布。湖水清澈如碧，

千岛湖

① 光绪《淳安县志》卷15《艺文志·七言古诗》。

岛屿散落如珠，青山起伏连绵，碧水倒影如镜，湖光山色美如画。当年的水道危途，如今已成为国家5A级旅游景区。

新安江进入建德境内，接纳寿昌溪、羊溪、下涯溪等支流，至梅城与兰江汇合，为新安江下游。比起中上游地势险隘，这里更接近杭州、江南的如画风景，因此受文人的咏赞。

宋永初三年（422）秋，谢灵运离开建康（今南京）赴任永嘉郡太守。他沿钱塘江、富春江溯流而上，经桐庐、兰溪，转由婺江到永嘉，途经桐庐写下《初往新安至桐庐口》诗：

絺绤虽凄其，授衣尚未至。
感节良已深，怀古亦云思。
不有千里棹，孰申百代意。
远协向子心，遥得许生计。
既及泠风善，又即秋水驶。
江山共开旷，云日相照媚。
景夕群物清，对玩咸可憙。①

这首诗是现存最早的有关新安江山水的诗篇，诗中的“江山共开旷，云日相照媚”，体现了作者对自然景物的独特赏悟，鲜明地展现出新安江水天辉映、空明澄澈的美景，表现出高超的描摹技巧，语言精练，境界自然清新。

南齐隆昌元年（494），沈约除吏部郎，出为东阳太守，赴东阳途中过新安江，也留下《新安江至清浅深见底贻京邑同好》诗：

眷言访舟客，兹川信可珍。
洞澈随清浅，皎镜无冬春。
千仞写乔树，万丈见游鳞。
沧浪有时浊，清济涸无津。

① 道光《徽州府志》卷2《舆地志·水·新安江》。

岂若乘斯去，俯映石磷磷。
纷吾隔嚣滓，宁假濯衣巾？
愿以潺湲水，沾君缨上尘。①

此诗中的“洞澈随深浅，皎镜无冬春。千仞写乔树，百丈见游鳞”四句，称得上是对新安江水之美的定评，对后世写新安江的文学作品影响较大。

唐代权德舆《新安江路》，更是古代吟咏新安江的著名诗篇。诗曰：

深潭与浅滩，万转出新安。
人远禽鱼净，山深水木寒。
啸起青苹末，吟瞩白云端。
即事遂幽赏，何心挂儒冠。②

此诗描绘了新安江下游幽谧的意境，表现了一种优游自然、寄迹山水的人生情趣，言浅近而意深长。

寿昌溪是新安江在建德境内最大的支流，滩多堨多，水流湍急，山洪暴发时，会携带大量泥沙冲入新安江中。在寿昌溪汇入新安江的罗桐埠以下江水，呈现半江青碧半江黄的景色。而且日久天长，泥沙逐步堆积形成洲，称白沙洲。白沙洲在建德县西端，与原寿昌、淳安二县毗邻。其渡口在白沙洲东下沿，称之为白沙渡。白沙渡两岸屏山相峙，水流湍急，往年一发山洪，往来交通断绝，所以古谚说：“走尽天下路，难过白沙渡。”清代严州府教谕许正绶，曾为暴雨所困，过不了渡，因作《白沙渡》长歌，说尽此途的艰险：

我生恨不长双翼，飞过村南到村北。
众口劝我无渡河，水云压天天坠黑。
端阳节后日盆倾，丁字江头滩鼓鸣。

① 冯惟讷：《古诗纪》卷83，《知不足斋从书本》。
② 道光《徽州府志》卷2《舆地志·水·新安江》。

我驾笋舆冒险出，滂沱一路随征程。
曹潭逾岭洋溪绕，弥漫白光腾树杪。
陷淖不知穴浅深，买舟遑计钱多少。
暂息惊魂心口商，千金古训戒垂堂。
捕风捉影成何用，履薄临深盍自防。
白沙登岸复行陆，夹岸狂澜攒箭镞。
耳听更楼鸡犬号，眼看于合舟桥覆。
利济中流索一壶，短长亭畔重踟蹰。
佳期未许填灵鹊，神策无能跃的卢。
四顾茫茫真束手，多言藉藉争开口。
界划鸿沟无奈何，身葬鱼腹莫须有。
枝栖老屋望冥蒙，扉板横陈曲枕同。
馈我烹鲜厮养卒，劳君进酒主人翁。
彻夜群儿斗叶戏，一堆破絮屠沽厕。
似伴孤檠寂寞眠，频挥歧路英雄泪。
向曙彷徨问水滨，沧胥依旧阻行尘。
掉头欲去不能去，此是关山失路人。[①]

新安江在梅城与兰江交汇。乌龙山屹立两江口上，高近千米，俯视两江，显得异常雄伟。山上有亭，名合江亭。文人骚客常聚亭中，览两江气势，观梅城景色。清戴雪访《合江亭》诗咏两江曰：

天目新安派合流，危亭分占两江秋。
千峰环抱青成阕，二水交萦碧绕楼。
烟际鸟还帆影转，海门潮上曙光浮。
奔涛溅沫趋秦望，灵境居然控上游。[②]

---

① 罗嘉许：《严陵山水》（上），天津古籍出版社，2009年，第63页。
② 罗嘉许：《严陵山水》（下），天津古籍出版社，2009年，第373页。

新安江从海拔1600多米的六股尖发源，奔腾373公里，流域面积1.1万平方公里。在徽州境内干流长242.3公里，流域面积6500平方公里；在淳安、建德境内干流长128公里，流域面积为5718平方公里。

第二节　新安江流域的地理环境

一、山脉地势

新安江流域的地理环境以山势为骨架，以水流为脉络，山势雄浑，水流灵动。黄山、天目山、白际山、五龙山、千里岗、龙门山六大山脉盘桓其间，山地及丘陵占十分之九。新安江水呈树叶网络状，由西向东辐射，地势也是由高及低逐步下降。整个流域都处在山岭川谷之中。宋王安石称："徽之为郡，在山岭川谷崎岖之中。"[①] 万历《严州府志》自称为"山水之乡"，描写淳安县城"青溪环其前，蛟峰镇其后，不郭而山呈雉堞，不凿而水捍其隍"。[②]

新安江流域地理环境

黄山山脉是新安江与长江水系的分水岭，主干沿北东向南西展布，绵延150公里，东接皖浙交界的天目山，西南蜿蜒至江西境内，北与九华山相连，南至屯溪盆地。主要分布于歙县、黟县和太平县（今黄山区）之间。主峰区（黄山风景区）横亘在

① 顾炎武：《天下郡国利病书》卷32《江南二》引《王荆公孙抗墓碑》，商务印书馆民国二十五年《四部丛刊三编》影印本。

② 万历《严州府志》卷1《方舆志·形胜》。

太平县（今黄山区）、歙县、黟县和休宁县之间。黄山有三大支脉：一是牯牛降支脉。位于祁门、石台两县交界地带，从祁门县赤岭口向西南延伸，界于祁门县彭龙乡与池州市石台县占大镇、大演乡之间；二是大会山支脉，以高岭脚至谭家桥断裂为界。西南抵休宁县南塘乡，东北达歙县桂林镇，地跨休宁县、歙县和太平县（今黄山区）。最高峰上阳尖，海拔 1402 米；三是仙严岩支脉。以漳前至旌德县方向断裂与大会山为界，东部以歙县至绩溪、宁国方向断裂与天目山脉隔断。唐李白有《黄山》诗曰：

黄山四千仞，三十二莲峰。
丹崖夹古柱，菡萏金芙蓉。
伊昔升绝顶，下窥天目松。
仙人炼玉处，羽化留余踪。
亦闻温白雪，独往今相逢。
采秀辞五岳，攀岩历万重。
归休白鹅岭，渴饮丹砂井。
风吹时时来，云车尔当整。
去去陵阳东，行行芳桂丛。
回溪十六度，碧嶂画晴空。
他日还相访，乘跷蹑彩虹。①

天目山脉位于流域东北部的绩溪县、歙县与浙江省临安交界处，由东北向西南带状展布。最高峰鄣峰（1954 年改称清凉峰）海拔 1787 米，位于歙县竹铺乡与绩溪县、浙江省临安县交界处。天目山脉在绩溪县境称为大鄣山山脉，属于天目山脉中段，其中有海拔千米以上山峰 30 多座。清嘉庆《绩溪县志》称大鄣山“耸起岿然而特尊”，并指出：“《祥符图经》云：即三天子鄣山，在新安歙县东，今谓之三王山，浙江出其边。《寰宇记》：大鄣山，吴越于此分界。”② 天目山脉延歙县与浙江临安界向南，经昱岭关折东行至淳安排岭一线，入淳安境称昱岭山脉。主要山峰有雨伞岗、千亩田、燕

① 道光《徽州府志》卷2《舆地志·黄山》。
② 徐子超等点校：清嘉庆《绩溪县志》，黄山书社，2010年，第59页。

山、天井尖、羡山等。其中，牵牛岗最高，海拔 1489.8 米；羡山最低，海拔 594.5 米。昱岭山脉继续向东延展至新安江下游，在淳安、建德、桐庐县交界的白石岩，分为分东、南、北三支。东支与南支尽于新安江北岸，北支，入桐庐县境，尽于清渚溪之曲。

白际山脉由北东向南西延伸，长约 100 公里。东北端在歙县竹铺乡与天目山交会，西南抵休宁县岭南乡与五龙山相接。最高峰搁船尖海拔 1482 米，位于歙县金川乡与淳安县交界处。白际山脉斜贯休宁县与淳安县边界，经歙岭顶入歙县境内，从昱岭关、搁船尖入淳安县境。白际山脉在淳安县境长约 50 公里，有大小支脉 30 余座，主峰有搁船尖、猫鹰尖、灵庵尖、青山头、歙岭顶、啸天龙、连岭、麻油尖、千金塔，是歙县、休宁县与淳安县的分界山。海拔都在 1000 米左右。《方舆纪要》称："其山由婺源五岭而来，连起大峰，相续不断，东接歙县之危峰、方吴诸岭，以界于睦之遂安、衢之开化，盖群山之纲领也。"[①] 休宁县汪若楫有诗曰：

白际摩天秀，秋光满蓼汀。
山呈金字面，田画井文形。
夜出萤相照，更阑鸡可听。
松杉柯不改，点染四时青。[②]

五龙山脉属于怀玉山脉支脉，是怀玉山脉向西北延伸部分。西迄祁门县芦溪乡与黄山山脉相接，东至休宁县、婺源县（今属江西省）、浙江省开化县交界处与白际山交汇，东西两端转折为南东向北西展布，全长约 76 公里，是新安江水系与鄱阳湖水系的分水岭，也是祁门县、休宁县与婺源县的界山。五龙山脉古称"率山"，《新安志》记载："率山，在县东南四十里，高五十七仞，周二十一里，率水出焉。"[③] 又称张公山，康熙《徽州府志》称其为"江南祖山，鄱阳、浙江之水出焉"。[④] 其主要高峰有 16 座，最高峰六股尖，海拔 1629.8 米，位于休宁县冯村乡与婺源县交界处，

① 道光《徽州府志》卷2《舆地志·白际山》。
② 道光《徽州府志》卷2《舆地志·白际山》。
③ 罗愿：《新安志》卷4《休宁县·率山》，清光绪刊本。
④ 康熙《徽州府志》卷2《休宁·山川·张公山》。

是新安江源头。

千里岗山脉也是怀玉山脉的支脉，沿淳安、开化界南行，经磨心尖北折，又沿淳安、常山、衢州界至三尖井，再沿淳安、建德界向东北行，直至里尖坞，是淳安与建德的天然屏障。千里岗山脉比较著名的高峰有白石尖（1453.7 米）、龙树坞尖（1404.3 米），平均海拔 800 米，长达 100 多公里，是武强溪、与常山港、衢江的分水岭。千里岗山脉北坡东段组成淳安县南部主要山体，主要山峰有白石岩、紫高尖、黄岩尖、曲源山、磨心尖等。千里岗山脉从三井尖入建德开始，分东北、东南二支。东北走向沿着淳安、建德县界逶迤，尽于寿昌溪北，主要高峰有百罗坪、金鸡岭、马鞍山等。东南一支入衢州境，折东行至衢州、建德界，尽于寿昌溪南岸。上为阴山尖、宝光岩，走入龙游县至黄梅尖，折北至建德为猴子山、盘山，尽于寿昌溪南岸，主要高峰有猴子山、龙门山、乌龟尖、仰天池、黄尖山等。千里岗山脉自州衢州、淳安界上上灰岭，东走至衢州、淳安、建德三地交界处为三井尖，分东北、东南二支。东北支沿着淳安、建德界走向，尽于新安江南岸。东南支进入衢州境，蜿蜒于衢州、建德县交界，尽于新安江与兰江交汇口。千里岗山脉在古代被称为婺山，明代遂安县人姚睿有诗曰：

婺峰何岧荛，叠巘撑云天。
地势岂不高，下瞰蛟龙渊。
我来披荆棘，飞步游其颠。
回首望八极，俗物都茫然。
长风自西来，为我扫云烟。
天地忽空阔，万象分媸妍。
俯视污下者，汩汩谁与怜。[①]

龙门山脉位处建德县与浦江县交界，西南接千里岗山脉，西临天目山脉与白际山脉，是富春江和浦阳江的分水岭，山地自西南至东北走向，组成山体的岩石主要为火山熔岩和火山碎屑岩。龙门山脉自西南而东北绵亘于建德、浦江、桐庐、诸暨、

① 民国《遂安县志》卷10《艺文·诗》。

千里岗山脉

富阳、萧山之间，最后没入富春江南岸萧山平原地带。龙门山脉发脉于金华，由南而北走至兰溪东北部的铁甲山，分西、北二支：西支走于建德、兰溪界上为大青尖、将军岩，尽于兰江东岸；北支走向兰溪、浦江界上为枝岭，又有西分支走兰溪、建德界上为肇峰山。明戴庭槐写有《登龙山绝顶》诗：

名山蜿蜒势犹龙，兰若高临远近峰。
向晚亭台留宿雾，报晴钟鼓破云封。
灵岩隔地知千里，下界环溪有二重。
薄领公余双屐迅，何妨物外寄游踪。[①]

新安江流域整体地势西高东低，逐步下降。西北部黄山山脉最高，平均海拔在

① 方韦、李新富：《严州诗词》（下），天津古籍出版社，2021年，第311页。

1300米，山高谷深，磅礴峥嵘。中南部的天目山、白际山和五龙山（率山）山脉劈地摩天，峭壁林立，海拔也在千米以上。东南部千里岗山脉和东部的龙门山脉稍低，平均海拔800米。中间地段低山逶迤，峰圆坡缓，新安江支流率水、横江、扬之水、布射水、富资水、武强溪、纳桐溪、云源港、东源港、遂安港、进贤溪、百亩畈等新安江支流冲刷期间，形成一块块山间谷地和盆地，成为各县境域。

道光《徽州府志》记载：

歙之为邑，东有昱岭之固，西有黄牢之塞，南有陔口之险，北有箬岭之阨。陔口，歙睦要津，溯流而上，悬滩狼石九十余里。浦口，嵌岩峭峙，两港合流，僻处一隅，屹如保障。

休宁之为邑，东有古城岩之固，西有黄竹岭之塞，南有白际山之险，北有石坼山之阨。高山浚川，长林沃野，民居之稠，物产之伙。

婺源之为邑，东有五岭之固，西有梅源山之塞，南有大冲山之险，北有回岭石门之阨，穷僻斗入，重山复岭，百年以来，异材间出。

祁门之为邑，东有榔木岭之固，西有历山之塞，南有梅南山之险，北有大共山之阨。重冈列岫，隐隐隆隆，四外缭绕，扶舆蜿蜒，清淑之气融结其中。

黟之为邑，东有石门山之固，西有顶游峰之塞，南有鱼亭山之险，北有牛泉山之阨。自墨岭两石对峙，如蜀剑门地利，坡陇左袤，壑谷右浚。

绩溪之为邑，东有大鄣山之固，西有大獒山之塞，南有石照山之险，北有丛山关之阨。境界宣徽，丛岩复岭，四顾渺然，几不可穷。①

光绪《严州府志》记载：

建德县：析富春，区分越嶂。建苍环翠，丁水回澜。城池开畿甸之先，地理附严陵之盛。舟航辐辏，一郡之都会也。

淳安县：东连建德，西接新安。青溪环其前，蛟峰镇其后。不郭而山呈雉堞，不凿而水捍池隍。吴越封疆，从此交汇。

① 道光《徽州府志》卷1《舆地志·形胜》。

遂安县：婺峰萃嵂，当牛女之墟；义山嵯峨，据五强之胜。南呈织宿，西拱石英。介万山以析封，为一郡之良邑。

寿昌县：严岗后镇，艾水前临。湖光上彻城头，松翠近连屋角。群峰回合，永奠花封。

桐庐县：桐君拱左，斗山居右。襟大江而趋吴会，带两浙而赴钱塘。濑水清深，帆樯上下，东南之要津也。

分水县：紫逻东连玉华，北拱萃庆。云之五色，应列宿之双峰，分桐庐水而环天目之溪，镇肴山而据地形之险。[①]

以上可见，徽州、严州两府各县地理形势。

二、气候与自然资源

新安江流域属于亚热带季风湿润气候。主要特点是四季分明，春秋短（各占2个月），夏冬长（各占4个月）；热量丰富，雨水充沛，3～7月雨热同期，7～10月光温互补；光能资源偏少，日照时数和日照百分率偏低；云雾多，湿度大；夏洪秋旱，低温寒潮，对农业影响较大。

民国《遂安县志》载：

邑地处温带气候，适宜生殖蕃茂。冬虽严寒，无降至华氏表三十度以下。夏虽酷暑，无升至华氏表九十五度以上者。岁二三月多雨，四五月间梅雨连旬，地气潮湿，山洪暴发，易成水灾。九十月间天气渐凉，雨量减少。十二月至翌年一月，恒降大雪，池塘皆冰。风则春季多东西风，夏季多西南风，秋冬则西北风。[②]

流域年平均降水量在1395～1702毫米之间。黄山南坡的祁门县西部、黟县东北部和歙县西北部是降水量最多的地带，年平均为1900～2000毫米，绩溪县西部为降水量最少的地带，年平均为1400～1500毫米，流域年平均降水不少于0.1

---

① 光绪《严州府志》卷3《封域·形胜》。

② 民国《遂安县志》卷1《方舆·气候》。

毫米的日数达150～170天，黄山南坡和皖浙、皖赣边界中低山区的降水日数在170天以上，平均降水强度为9．3～11毫米/日，大雨和大暴雨日数为30天左右。流域降水季节长，分布不均。3月下旬至7月中旬为雨季，降水量842～1134毫米，占全年的60%～67%；11月、12月和1月是降水量最少的月份，降水量146～172毫米，仅占全年的10.5%左右。

流域年平均日照时数为1731～1972小时，夏季最多，春秋次之，冬季最少，日照百分率为39%～45%。由于日照时数少，百分率低，加上雨日多、云雾重、湿度大等原因，全区太阳年辐射总量为105.6～113.2千卡/平方厘米，低于江南地区的平均值。

流域内中山为变质岩类和花岗岩类，土壤均呈酸性反应。海拔千米以下为山地黄壤，土层厚度多在50厘米上下，有机质层较厚，含量一般在4%～8%；海拔千米以上主要为山地黄棕壤，土层厚度多在50～80厘米，有机质含量8%以上。分布在中山山顶平面和缓坡上的山地草甸土，多为花岗岩类风化发育而成，土层较薄，但腐殖质层较厚，表层有机质含量高达17%。低山主要为黄红壤、黄壤、石灰土等，呈酸性，土壤质地较轻，保水、保肥性能良好。土层厚度一般在30～60厘米，有机质含量2%～4%。其中棕色石灰土，岗石石灰土和灰质石灰土，呈中性或微碱性，有机质中等，土层浅薄，保水，保肥性能较差。

黄山山脉以北主要是常绿与落叶阔叶混交林以及针阔混交林，以南主要是次生的常绿与落叶阔叶混交林和沟谷常绿林。灌丛多属次生植被类型，高草灌丛和草丛多零星分布。草甸只在中山顶部及河滩外侧有少量分布。祁门县、休宁县、淳安县南部人迹罕至处有小块原始森林植被。此外，还有多树种相混杂的松杉、松杂、杉杂林等。植被垂直分布情况是，海拔400米以下的山地，多是垦殖栽培带，主要有法梧、白杨、刺槐、柳树，樟树、银杏等树种，以及大量马尾松、杉树人工林，油桐、油茶，干果等经济林，茶、桑、果，麻等经济作物和竹类；400～700米主要有杉木、马尾松、毛竹、园竹、三尖杉、领春木、枫香、甜楮、木荷等用材树种和山苍子，香榧、猕猴桃等经济树种；700～1000米主要有马尾松、麻栎、栓皮栎、锥栗、苦槠、化香、青冈栎、大叶榉、猕猴桃等，1000～1300米主要有黄山松，华东黄杉、黄山木兰、山毛榉、黄山杜鹃和猕猴桃等；1300～1600米主要有卫茅、小叶黄杨、都支杜鹃、黄山松、华东箬竹、天女花等。

黄山杜鹃花

野生植物资源丰富，各类植物有3000多种。淀粉类有锥栗、毛栗、蕨根、拔葜根和多种橡子等，果品类有猕猴桃、杨梅、山楂、玫瑰草莓等，芳香油类有山苍子、桂花、九里香、薄荷、蔷薇、玉兰、桂皮油等，树脂类有松脂、桃胶、羊桃胶、椿树胶等，纤维类有三椏皮、山棉皮、杨树皮等，鞣料烤胶用的有红根、杨梅，栎树、橡树等。药用类尤为丰富，达1403种，主要有黄连、贡菊、天麻、白术、杜仲、厚朴、木瓜、乌药、山萸肉、石槲、七叶一支花、黄精、半夏、首乌、百部、丹参、覆盆子、前胡、半边莲、辛夷花、百蕊草、猫爪草、水晶兰、三棵针、蛇蒜、银粉、背蕨、鹿含草等。祁门县、休宁县和屯溪发现的绞股蓝含有人参皂甙，与人参有同等功效。此外，花卉植物有50余科、350余种，果树有雪梨、枇杷、柑橘、猕猴桃、青枣、黄桃、李、杏、柿、杨梅、花红、葡萄等。

水生植物有莲藕、菱角、茭白、荸荠、水浮莲、水葫芦、水花生等，浮游植物有马来眼子菜等。

流域内有野生兽类47种，鸟类129种，两栖类17种，爬行类33种。属国家保护的鸟、兽有14种，比较珍贵的有梅花鹿、黑麂、云豹、金钱豹、短尾猴、青猴、小灵猫、大黑熊、苏门羚、水獭、大鲵（娃娃鱼）、白颈长尾雉、鸳鸯、红嘴相思鸟、音乐鸟、蕲蛇、棘胸蛙（石鸡）、蟾蜍、穿山甲等。鱼类有136种，隶属17科、75属。其中，新安江及其支流有鱼类102种，主要有青、草，鲢、鳙、鲤、鲫、鳊等。定居性经济鱼类有鳗、鲂、鲶、鲌、南方异华鲮、黄尾密、黄鳝、泥鳅等30多种，溪涧性鱼类有刺鲃、鳜鱼、圆吻鲷，条、南方马口等，龟、鳖为常见水生动物。

探明储量的金属和非金属矿产有27种。钨矿分布于绩溪县际下、巧川、逍遥及歙县竹铺等地；钼矿分布于歙县古祝和休宁县里东坑等地；铜矿分布于歙县水竹坑、休宁县黄土岭、淳安县郭村；铅、锌矿分布广泛，祁门、休宁、绩溪、歙、黟、淳安、建德等县均有出产，并伴生银矿；锑矿分布在休宁、绩溪、黟、祁门等县。具有矿化显示的其他金属矿，还有歙县、绩溪县、淳安县、建德县的金矿、锡矿、铌矿、铍矿，钽矿和砂金矿等。

非金属矿有8种。砩石矿资源丰富，分布于绩溪、歙、休宁等县；瓷土矿主要分布于祁门县，其次是休宁县、淳安县；膨润土矿集中分布于屯溪市及其邻近的休宁县，歙县一带；蛇纹岩矿分布于歙县伏川；优质水泥灰岩分布于休宁县、歙县局部地区，劣质水泥灰岩分布广泛，除屯溪市外，各县、市均有出露；重晶石矿分布于绩溪县石榴村、和尚村等地；黄铁矿产于歙县东部，储量很少；砷矿产于休宁县，与铅、锌矿共生。

具有一定规模的非金属矿产，还有黟县西递、绩溪县浩寨的黑色大理石，绩溪县、休宁县的石英岩，以及花岗石，水晶石、砚石等。建德县石灰石储量最大，出露面积约85平方公里，估计储量143亿吨。

能源矿产有劣质燃料石煤，除屯溪外，各县市均有分布。歙县梅岭和休宁县流塘的煤矿以及绩溪县的铀矿，规模均不大。

三、自然灾害

流域内发生雹、风、雪、震等灾害仅限于局部地区，危害程度不大。主要是水旱灾害频繁，涉及面广，危害程度大。据《徽州地区简志》的记载：

> 1471～1987年的516年间，全区出现旱灾136年，占全部年份的26.4%，其中5～9月降水量低于526.3毫米的大旱20年；水灾176年，占全部年份的34.1%，其中5～9月降水量高于1130.7毫米的大水42年。水旱灾害共发

生312次，平均每10年就有9个灾年。涉及3个县以上的旱灾平均25年一遇，水灾平均12年一遇；涉及5个县以上的严重旱灾平均34年一遇，严重水灾平均17年一遇。[①]

陈元铭记清康熙二十一年（1682）严州郡城遭受水灾：

严郡居万山之中，地势为最高，而往往受水之患者，何以故？盖由省会视严陵，则据浙西之上游，而形居其亢；自新安视严陵，则为休歙之下臂，而形处乎卑，此西港水所由来也。而南复为八闽三衢之门户，金华瀫江之水，尽会于城东，二水合而放乎七里之泷，两山对峙如屏，旁无所泻，单悬一线，如喉吞不及吐，是以逆流而上，泛滥怀襄，故或有西港之水，而无横港以阻之，则犹未至于浸淫也。惟西有奔溢之势，而南复狂澜澎湃，以益其怒，由是冲逸排击之患，往往中于城市，泛滥民居。然其小者，不过及阶而止，大或四五尺，或更数岁而一遇，从未有如康熙二十一年五月十七夜之水之大且怪也。其水迅发，人不及措手足……水势汹涌，人心彷徨，暴露乏食，或避城上，或避县学署以及高阜处，而避府城隍庙者为最多。始于十七，退于二十一日，上而城郭公廨崩颓，下而居民庐舍倾圮，若城外沿溪一带，漂没不可胜数。至四乡冲坏田地，堰碣徙荡，古穴攒基，更有不忍言者。噫！此甲子后未有之天灾也。[②]

明嘉靖二十三年（1544）以来，涉及全域发生严重旱灾的有15年，分别是1501年、1580年、1608年、1648年、1708年、1773年、1778年、1848年、1849年、1866年、1901年、1954年、1973年、1983年，流域内旱灾多见于夏秋，水灾多以夏季为重，春秋淫雨致灾的不多。旱灾首推伏秋，局部秋旱几乎年年出现，夏旱或夏秋连旱也多次发生，而春旱则很少。当地有谚："旱灾一大片，水灾一条线。"旱灾少则两县以上，多则全区俱旱。水灾多因暴雨造成山洪暴发，顺江河倾泻而下，来势猛，退洪快。

① 何警吾等：《徽州地区简志》，黄山书社，1989年，第69页。
② 陈元铭：《(康熙)壬戌水患纪实》，光绪《严州府志卷》卷28《艺文·建·疏记序杂著》。

第三节 新安江流域行政区划沿革

一、先秦时期的行政归属

春秋战国之际，新安江流域四周的行政归属为：东北属吴，有쭬黄（宁国）、桐汭（广德）；东南属于越，有晉（临安）、姑蔑（衢州）；西北属楚，有陵阳（青阳）、鹊岸（铜陵）；西南属干国（后并入吴），有余干。[①] 独新安江流域不见经传，《史记》《汉书》亦不言所属。唯唐时张守节作《史记正义》称："袁、吉、虔、抚、歙、宣并越西境，属越也。"[②]《元和郡县图志》亦载："春秋时迭入吴、越。"[③] 此后，历代方志沿用此说，称新安地区"春秋属吴，吴亡属越，越灭属楚"。[④] 其实，这种说法是值得商榷的。

从新安江流域的地理环境来考察，在生产力水平十分低下的先秦时期，开发陆路通道比较困难。从水路来看，"天目于浙江之山最高，然仅与新安之平地等"，[⑤] 出去容易进来难。清代诗人黄仲则描写新安江，说是"一滩复一滩，一滩高十丈，三百六十滩，新安在天上。"[⑥] 把新安江水道的艰难描写得淋漓尽致。因此，无论吴或越或楚想用军事手段来占领和统治新安江流域，都不大有可能。春秋战国时吴、楚、越之间战争频繁，吴、楚之战的路线，水路为长江，陆路北为舒、巢，潜，六，南在桐汭、쭬黄、鄱阳一线；吴、越之战主要发生在太湖流域，均同新安江流域无关。如果新安江流域属吴或越或楚，又处于吴、楚、越交界之地，在那互相吞并的争霸之秋，不发生战斗，实在是不可思议的。另外，秦始皇二十三年（公元前 224 年），秦灭楚后，发动对"百越"的战争，在原来越国地区置会稽郡。但无论是正史，还是早期方志，均不载新安江流域属会稽郡，说明彼时新安江流域核心区域并不属吴或越或楚。[⑦] 但新安江下游地区接近越国地域，先秦时期越国的势力范围

① 谭其骧：《中国历史地图集》第1册，地图出版社，1982年；国学保存会：《安徽乡土历史教科书》第1册，清光绪三十二年铅印本。

② 司马迁：《史记》，中华书局点校本，1982年，第1751页。

③ 李吉甫：《元和郡县志》卷25，景印文渊阁四库全书本，台湾商务印书馆，1986年。

④ 罗愿：《新安志》卷1《州郡沿革》，清光绪十四年重刊本。

⑤ 归有光：《震川先生集·汉口志序》，上海古籍出版社，1981年，第36页。

⑥ 黄仲则：《两当轩集》卷九，上海图书馆藏清咸丰八年黄氏家塾刻本。

⑦ 翟屯建：《徽州先秦史初探》，徽州地区徽州学研究会：《徽学》1986年第1期，第6～15页。

已经达到新安江流域下游，秦始皇所设置的富春县包括今新安江下游区域的建德县，便是证明。①

二、黟、歙二县的设置

新安江流域最早的行政设置是黟、歙二县，但黟、歙二县建于何时，史无确载。《汉书·地理志》最早提到黟、歙二县，属丹阳郡，但没有说设于何时。《宋书·州郡志》《旧唐书·地理志》都把黟、歙二县记载为“汉县”，即汉代设置的县。《元和郡县图志》把歙县记载为秦代设置，把黟县记载为汉代设置。《新安志·州郡沿革》称：“秦并天下，置黟、歙二县，属鄣郡。汉武帝元封二年，改鄣郡曰丹阳，而使都尉分治于歙。”这就与《汉书·地理志》相吻合，历代府志沿用《新安志》的说法。但是鄣郡究竟是秦代设置，还是汉代设置，史籍上也没有准确的记载，众说纷纭，有的说置于秦，

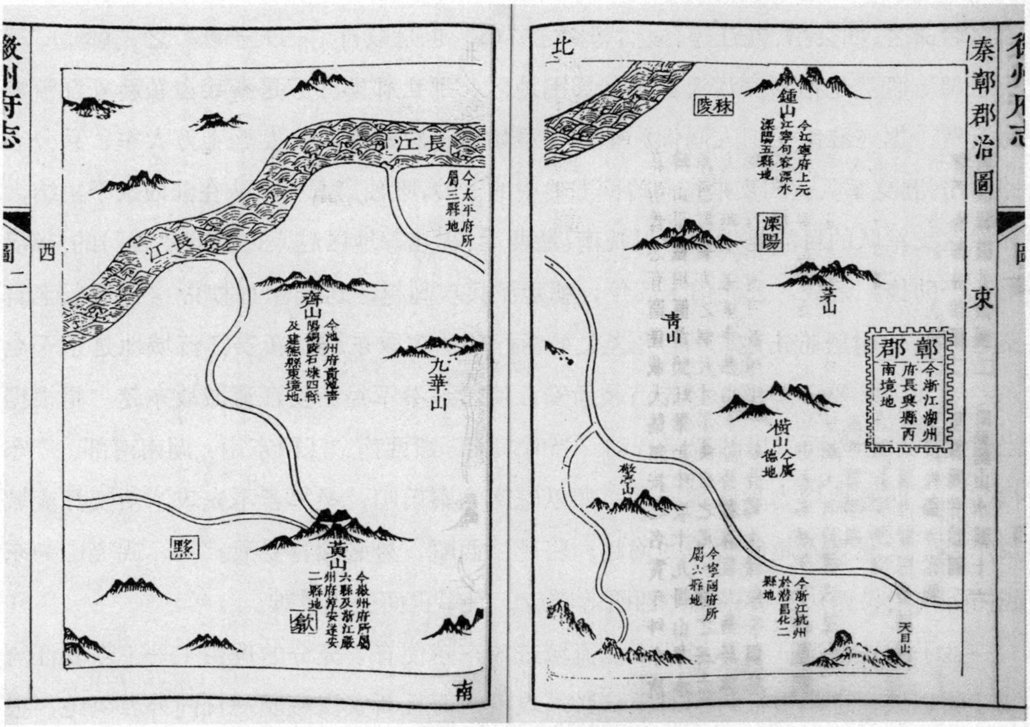

康熙《徽州府志》鄣郡治图

① 光绪《富阳县志》卷1《沿革表》：“秦始皇二十六年，并六国设郡国，富春治县自此始……吴黄武四年析置建德、桐庐、新昌三县。”

有的说置于汉。由于鄣郡设置的时间无法确定，黟、歙二县建于何时也就无法确定，所以就有了以上不同的说法。清道光《徽州府志·舆地志》为了解决矛盾，不说黟、歙二县属鄣郡，而是将黟、歙二县置于会稽郡的名下。会稽郡设于秦始皇二十五年（公元前222年），于是便有了黟、歙二县建于秦始皇二十五年的说法。

历史考证必须以最早的记载为依据，《汉书·地理志》最早提到黟、歙二县，属丹阳郡。丹阳郡的前身是鄣郡，弄清黟、歙二县建于何时，必须先要弄清鄣郡建于何时才是关键。

秦始皇二十六年（公元前221年）秦王政兼并六国，自称始皇帝。他把全国分为36个郡，郡下面设县，实行中央集权统治。然而，史学界一般都认为："秦始皇二十六年的三十六郡中是不可能有鄣郡的，但汉高帝六年已确有鄣郡，则鄣郡之置，必在三十六郡之后，高帝六年之前，但无法确定在哪一年。"[①]秦立郡往往取某地最古之名命名，如会稽、九江等，显然鄣郡之"鄣"，也是取自"三天子鄣"之"鄣"。"三天子鄣"既然是指新安江流域及其周围地区，那么鄣郡亦应是秦兵占领新安江流域时所置。据《淮南子·人间训》记载，秦始皇进攻岭南时，发五十万大军，兵分五路出击，五支军队有四支是指向岭南五岭中的一岭，唯独第五支军队在江西余干集结，[②]显然这支军队的目的是用来对付皖南、浙西南、福建等地区越人（史称"东越"）的。《汉书·严助传》记载，公元前135年，朝廷派兵攻闽越，刘安曾上书说："臣闻长老言，秦之时尝使尉屠睢击越。"证明这次军事行动曾攻取东越。新安江流域地是余干至东越要冲，既要灭东越，必先占领新安江流域。秦军经新安江流域攻东越，是根据当时的军事态势而做出的战略行动。当时皖南、浙西南、江西东南、湖南南部、广东、福建、广西等地均为越族聚居区，尤以皖南为秦前哨，秦军若不先攻下新安江流域及东越，长驱直入越族腹地的南越、骆越、西瓯，势必腹背受敌。另，武夷山为东越防御前沿，西边又有南越、西瓯等呼应，秦军正面进攻较难。

鉴于上述情况，秦军经新安江流域进攻东越便有了充分的理由：一、新安江流域亦属越族，也是被征讨的对象，必须攻占，而且新安江流域一直同外界隔绝，很

① 《谭其骧、杨国宜二教授答鄣郡建置问题》，《马鞍山市志通讯》1983年第6期。

② 刘安等：《淮南子》卷18《人间训》，原文为："又利越之犀角象齿翡翠珠玑，乃使尉屠睢发五十万为五军：一军塞镡城之岭，一军守九嶷之塞，一军处番禺之都，一军守南野之界，一军结余干之水，三年不解甲驰弩。"商务印书馆四部丛刊景宋本。

少用兵，军备不强，易于攻克；二、从阊江溯流而上，进入新安江流域，然后经浙西南出兵东越，可以达到出其不意，攻其不备的军事效果；三、避免了在武夷山方面遭到东越、西瓯或南越的钳形夹击。笔者对秦始皇统一百越战争的进程推断是：公元前217年秦兵分五路集结，四路从湖南、江西向广东、广西正面推进；一路在江西余干集结，于当年底或次年初沿阊江而上占领新安江流域，在这里设置了黟、歙二县，加强统治。继而占领江苏长江以南、安徽水阳江流域以东、江苏茅山、浙江天目山广大地区，公元前216年置鄣郡（治所在故鄣，今浙江安吉西北），管辖黟、歙和现在的浙江西部地区。公元前215年占领东越置闽中郡。公元前214年出兵南越与正面进攻“三年不解甲驰弩”的另四路大军汇合，灭南越、骆越、西瓯等，完成统一百越的战争。并于当年置桂林、南海、象郡。[①]《越绝书》说：“乌程、余杭、黝、歙、芜湖、石城县以南，皆故大越徙民也。秦始皇刻石徙之。”[②]这里说的“大越徙民”指的是秦灭南越、骆越、西瓯以后，徙当地越民于新安江流域。可见，秦灭东越、南越以前，新安江流域已属秦王朝，黟、歙二县和鄣郡也已经建立。

黟县因县城坐落在黟山之阳而得名，黟，古写为“黝”，是黑色的样子。歙，又可写作“翕”，合在一起的意思。歙县城东南15里为新安江与练江汇合的地方，名歙浦，歙县即以此取名。

秦汉时期，黟、歙二县县境究竟有多大？至今仍是个史学难题。最初设县，并不明确划分地界，而是在一个政治、经济中心设立县治，县治势力达到的地方就归它管辖，两个县或几个县势力碰头处，就是它们的分界线，任何县的势力都没有达到之处，称荒蛮之地，哪个县去开发，就归哪个县。秦代整个皖南只设有黟、歙二县，它们的势力究竟达到了哪里，是个未知数。不过，黟、歙二县的历史地理沿革透露了一些线索，对秦汉时期二县的地域范围，基本交代了一个轮廓。

歙县的范围大概包括现在新安江流域上游和中游的黄山市黄山区汤口镇、休宁县全部和婺源县的大部分地区，歙县、绩溪县、黄山市徽州区、屯溪区，以及淳安县全境和建德市的一部分（原寿昌地界）；黟县的范围大概包括祁门县的大部分地区，以及休宁县的一部分地区、黟县全境。黟、歙二县统辖的区域，是新安江流域的核

---

①《史记·秦始皇本纪》载：“三十三年(前214)，发诸尝逋亡人、赘土胥、贾人略取陆梁地，为桂林、象郡、南海，以适遣戍。”结合《淮南子》所载“三年不解甲驰弩”，故推知统一百越的战争始于公元前217年，结束于公元前214年。

②《越绝书》卷2《越绝外传吴地传第三》，商务印书馆四部丛刊本。

心地区。

至于新安江下游流域则归富春县，隶属于会稽郡。

三、从新都郡到新安郡

汉代，汉高祖五年（公元前202年），黟、歙二县属楚国。后相继属荆国、吴国、江都国。武帝元狩二年（公元前121年）改鄣郡为丹阳郡，黟、歙二县属之。成帝鸿嘉二年（公元前19年）改黟县为广德王国，广德王城在今黟县城东五里。歙县属丹阳郡。次年国废，复置黟县。平帝元始二年（公元2年）又置广德王国。新王莽始建国元年（公元9年），王莽贬广德王为公。翌年废其国，改黟县为愬虏。东汉光武帝时期，恢复黟县名，黟、歙二县仍属丹阳郡。

汉末，三国鼎立，战争不断。此时新安江流域并没有归附东吴，歙县山越首领金奇率领万户驻扎在安勒山、毛甘率万户驻扎在乌聊山，黟县山越首领陈仆、祖山率两万户驻扎林沥山，对孙吴集团形成了极大的威胁。

汉建安十三年（208），孙权派吴威武中郎将贺齐进攻黟、歙山越。贺齐从新安江下游的建德县向新安江上游推进，首先占领歙县武疆、叶乡、东阳、丰浦四乡，随后挥兵直入歙、黟腹地，安勒山、乌聊山先后被攻破。林沥山位于黟县城西南10公里，高数十丈，方圆30余里，四面陡壁，仅有几条狭小的通道。吴兵来到山下，山越居高临下，以巨石抗击，吴兵久攻不下。贺齐暗中观察地形，以精锐士卒为前锋，选择隐蔽险要的地方，砍伐林木开道，天黑以后偷偷地潜摸上山。然后用布绳悬挂下来，数百名兵士缘绳而上。贺齐率大部队从正面强攻，潜登上山的兵卒则从四处呐喊，击鼓吹响号角。陈仆等从梦中惊醒，突然听到震耳的鼓角之声，以为五兵已经攻上山了，一时军心动乱，指挥失措，驻扎山口要道的山越士兵也纷纷回防大营。吴兵乘机攻上山来，残杀山越士兵7000余人。

贺齐镇压了黟、歙山越以后，为了加强对黟、歙的统治，上表奏请孙权同意，划歙县东乡地置始新县，南乡地置新定县，西乡地置黎阳、休阳县。始新县和新定县即现在新安江中游的淳安县境地。“休”同“鸺”，休阳县城因设在鸺山（今凤凰山）之阳而得名，后相继改名海阳、海宁、休宁。黎阳县城设在今黄山市屯溪区黎阳至率口一带，“黎”为“众”的意思，即众水之阳，后并入休宁县。原来新安江中上游只有黟、歙二县，建安十三年（208）多出了始新、新定、黎阳、休阳四个县，加上原来的黟、歙二县，就有了六个县，孙权于是便以这六个县新设新都郡，郡治设在始新县（今淳安县威坪镇），立贺齐为第一任太守。次年，新都郡治迁入贺城，始新县治随迁城东附廓。新都郡是新安江流域郡府一级最早的行政建置。其后，陈表、诸葛融、沈宪、沈矫等相继任新都郡太守。陈表在新都郡三年，广开降纳，得兵万余人。当时中郎将周祗到波阳招募兵士，波阳百姓不愿当兵，以吴遽为首造反，杀死周祗，攻占城郭。新都郡各县邻近波阳，均出现动荡，陈表主动越界派兵征讨吴遽，并打败吴遽。吴遽等相继投降。

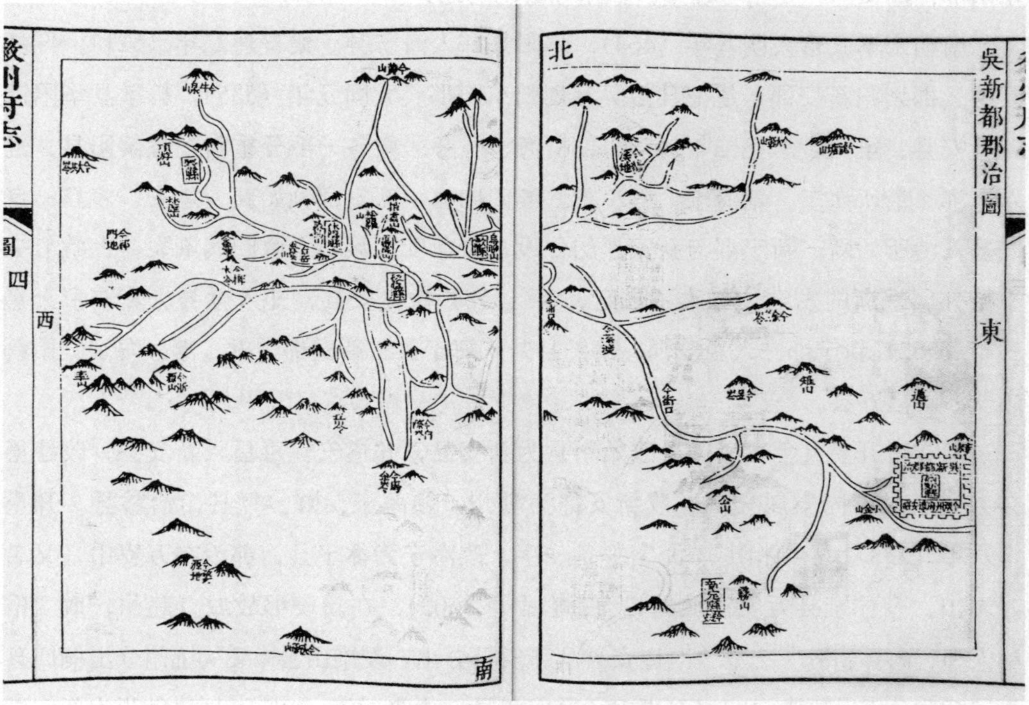

康熙《徽州府志》新都郡治图

黄武四年（225），析吴郡富春县地域置建德县、桐庐、新昌县、新城4县。[①] 次年，富春、钱唐、建德、桐庐、新昌、临水、新城7县移属东安郡。黄武七年（228），郡废复归吴郡，新安江下游纳入吴郡统治。三国吴永安元年（258），讳吴主孙休名，改休阳县为海阳县。

西晋武帝太康元年（280）吴灭，改新都郡为新安郡，所属新定县改遂安县，海

① 光绪《建德县志》卷1《方舆·沿革表》称，黄武四年，析吴郡富春县置建德县，隶属于新都郡。

阳县改海宁县，新昌县改名寿昌县。新安郡郡领始新、黟、歙、遂安、黎阳、海宁县，治始新。郡名新安，一说以祁门县新安山为名，一说取其安定之美意。这一段时期，新安江下游的建德县、新昌县隶属于吴郡。

四、新宁郡、新安郡、东阳郡、遂安郡、婺州、睦州、歙州

进入南北朝时期以后，直至宋宣和三年，设置徽州、严州，新安江流域的行政建置撤并频繁，不仅县级建置时有变动，就是郡一级，也先后经历新宁郡、新安郡、东阳郡、遂安郡、婺州、睦州、歙州等不同的建置。

南朝宋孝武帝大明八年（464），黎阳县并入海宁县。梁普通二年（521），寿昌县由吴郡划归新安郡，建德县由吴县划归东阳郡。大同元年（535），析歙县华阳镇置良安县。梁元帝承圣二年（553），析海宁、黟、歙各一部分重新设置黎阳县，置新宁郡，治所海宁，辖海宁、黟、歙、黎阳四县；新安郡领始新、遂安、寿昌、良安县，治所始新。新宁郡与新安郡的分设，是新安江流域行政归属割裂，上游与中下游分属皖浙的发端。陈武帝永定二年（558）撤良安县，并入歙县。陈文帝天嘉三年（562）新宁郡并入新安郡，黎阳县并入海宁县。新安郡领歙、黟、海宁、始新、遂安、寿昌6县。

隋文帝开皇九年（589），改始新县为新安县，并遂安、寿昌入新安县，改建德县为吴宁县，同隶属婺州。改新安郡为歙州，领海宁、黟、歙县，治黟县。开皇十八年（598）取“休阳”“海宁”各一字，改海宁为休宁县，郡治在万岁山（又名万寿山，今休宁县万安古城岩）。仁寿三年（603），在新安郡故城置睦州，取“俗阜人和，内外辑睦”之意。[①] 遂安县从新安县分出，设雉山县；又从杭州分出桐庐县，隶属睦州；睦州领雉山、新安、桐庐、吴宁四县。大业三年（607），复改歙州为新安郡，辖休宁、黟、歙县，郡治休宁县。改新安县为雉山县，改睦州为遂安郡，郡治雉山县。大业十二年（616），歙县人汪华起兵保郡，据郡治，占领原歙州及宣、杭、遂安、婺、饶共六州郡之地，号称吴王。次年郡治迁歙县乌聊山。在隋朝，建德县一直属婺州。

唐高祖武德四年（621），汪华归附唐朝，封越国公，复改新安郡为歙州，州治歙县。[②] 改遂安郡为睦州，州治雉山县。并在歙县设总管府，越国公汪华为总管府使，持节

① 乐史：《太平寰宇记》卷95《睦州》，中华书局，2007年，第1009页。

② 乾隆《建德县志》卷1《方舆·沿革》称：“武德四年，改遂安郡为睦州；吴宁县为建德县，隶歙州。永徽四年，复以建德县隶睦州。”

总管歙、宣、杭、睦、婺、饶六州诸军事。武德七年（624），撤建德县，其辖地分别并入雉山、桐庐县。永徽五年（654），平睦州女子陈硕真起义，析歙县地置北野县。永淳二年（683），建德以原辖地，重新置县，隶属睦州。文明元年（684），复改雉山县为新安县，仍为睦州治所。如意元年（692），分桐庐县，置武盛县。武周神功元年（697），睦州州治从新安县贺城迁建德县梅城。新安县治从贺城附廓移入城内。神龙元年（705），寿昌以原辖地从新安县析出，重新置县。改武盛县为分水县。开元二十年（732），改新安县为还淳县。开元二十八年（740），平休宁人洪贞起义，划休宁回玉乡及乐平怀金乡置婺源县。天宝元年（742）改歙州为新安郡，领歙、休宁、黟、北野、婺源县；改睦州为新定郡，领建德、桐庐、还淳、寿昌、分水县。乾元元年（759），新安郡复改为歙州，新定郡复改为睦州。宝应二年（763），析分水县，增置昭德县，隶属睦州。大历元年（766），平方清起义，析歙、休宁地置归德县，析黟县赤山镇和饶州浮梁地置祁门县，划歙县华阳镇置绩溪县。大历五年（770），废北野县入歙，废归德县入休宁，歙州领歙、休宁、黟、绩溪、婺源、祁门县。永贞元年（805），避宪宗李纯名讳，改还淳县为青溪县。

五代十国时期，新安江上游的歙州先后属吴、南唐；下游的睦州属吴越。州、县建置隶属不变。

五、徽州与严州

宋徽宗宣和三年（1121），平定方腊起义，改歙州为徽州，领歙、休宁、黟、绩溪、婺源、祁门县，州治歙县。改青溪县为淳化县，改睦州为严州，淳化、遂安属严州。此后新安江流域上游归属徽州，中下游归属严州的基本格局不变。南宋绍兴元年（1131），改淳化县为淳安县。① 咸淳元年（1265），升严州为建德府，淳安、遂安属之。

元至元十三年（1276），徽州入元。翌年升徽州为徽州路。次年（1277），改建德府为建德路，淳安、遂安属之。元贞元年（1295）升婺源县为州，徽州路领歙、休宁、黟、绩溪、祁门县和婺源州。至正十七年（1357），朱元璋部攻克徽州，改徽州路为兴安府。次年（1358），朱元璋占据建德路，改为建德路为建安府，淳安、遂安属之。至正二十四年（1364），改兴安府为徽州府。

① 《舆地纪胜》“淳安县条”记：“宣和三年平方腊，改为淳安。”中华书局，2003年，第456页。

严州古城

明洪武元年（1368），曾经是朱元璋重要根据地的徽州府直隶中书省。同年，改建安府为严州府，[①] 淳安、遂安属之。洪武二年（1369），降婺源州为县。洪武十三年（1381），徽州府直隶六部。永乐元年（1403）改隶南京，不久改称南直隶。

清世祖二年（1645），徽州府隶属江南省。顺治十八年（1661），属江南左布政使司。康熙六年（1667）七月，康熙帝批准建立安徽省，省名即取“安庆”“徽州”二府首字。徽州府改属安徽省，后属安徽省徽宁道、徽宁池太道。乾隆二十六年（1761）隶安徽布政使司。咸丰五年（1855），改属徽宁池太广道及皖南镇，因清军与太平军在这一带争战激烈，徽州府由浙江巡抚兼辖。同治四年（1865），复归安徽省管辖。光绪三十四年（1908）五月，改属皖南道。

中华民国元年（1912）裁府留县，徽州府所属各县直属安徽省，严州所属各县直属浙江省。民国三年（1914），重建道，原徽州所属 6 县归芜湖道。淳安、遂安属金华道。民国十六年（1927），废道制，属县归原省管辖。民国二十年（1931），设

① 《明史·地理志》《大清一统志》《方舆纪要》，均作洪武八年改，

“首席县长”制，徽州首席县长驻歙县。民国二十一年（1932）10月，设安徽省第十行政督察区，辖休宁、婺源、祁门、黟、歙、绩溪6县，治所休宁。民国二十三年（1934）7月，婺源县划属江西省，婺源县和原属徽州各县士民随即掀起“婺源回皖运动”。民国二十四年（1935），浙江省设置行政督察区，淳安、遂安属第五行政督察区。民国二十七年（1938）4月，成立皖南行政公署，治所屯溪，第十行政督察区隶之。民国二十九年（1940）3月，撤销第十区机构，保留名义，各县直属皖南行署。同年8月原第十区改为第七区，辖休宁、黟、歙、祁门、绩溪、旌德六县。民国三十二年（1943），淳安属浙江省第十一行政督察区，并为该区专员公署驻地，遂安仍属浙江省第五行政督察区。民国三十五年（1946），浙江省第十一行政督察区署治移建德。次年，撤第十一行政督察区，淳安直属浙江省，遂安仍属第五行政督察区。民国三十六年（1947）6月，经过原属徽州各县士民及胡适等旅外知名人士的不懈努力，婺源县划归安徽省，属第七区。民国三十七年（1948），淳安、遂安属浙江省第四行政督察区，署治设淳安。民国三十八年（1949）4～5月，新安江流域各县全境解放。5月成立徽州专署，隶属皖南区人民行政公署。治所初置歙县，后迁屯溪，领屯溪市和绩溪、旌德、歙、休宁、黟、祁门6县，婺源县再次划属江西省。浙江成立第四专署，后改建德专署，淳安、遂安隶属建德专署。

中华人民共和国成立后，1950年，撤建德专署，淳安、遂安改属金华专署，隶属浙江省。1952年2月，太平、石埭、宁国3县划属徽州专署。8月，撤销皖南、皖北区，设安徽省，徽州专署改属安徽省。1953年12月，屯溪市直隶安徽省，专区领9县。1955年，复设浙江省建德专署，淳安、遂安隶属建德专署。1955年，屯溪市改属徽州专区。1956年1月，徽州专区并入芜湖专区。1958年10月，撤销遂安县建制，与淳安县合并，县城迁排岭镇。是年底，撤销建德专署，淳安县属金华专署。1961年4月，重设徽州专署，领绩溪、旌德、太平、歙、休宁、黟、祁门七县和屯溪市。8月，宁国县划属徽州专署。1963年，淳安县划属杭州市。

1971年3月，改徽州专署为徽州地区。1974年3月，太平县划属池州地区。1980年1月，宁国县改属宣城地区，太平、石台二县划归徽州地区。1983年12月，撤销太平县，所辖区域与歙县黄山公社、石台县广阳公社合并成立黄山市（县级），由省直辖。1986年6月，黄山市改由徽州地区代管，徽州地区辖屯溪、黄山两市和歙、休宁、黟、祁门、石台、绩溪、旌德7县。1987年11月，国务院发出《关于安徽省调整徽州地区行政区划的批复》，撤销徽州地区、屯溪市和县级黄山市，设立地级黄山市。原属徽州地区的石台县划属池州地区，绩溪、旌德 2 县划属宣城地区。1988 年 4 月，地级黄山市正式成立，辖屯溪、黄山、徽州 3 区和歙、休宁、祁门、黟 4 县。

第四节　新安江流域的农耕文化

河流文明一直是人类文明的源头，新安江流域气候温暖湿润，干流和支流夹带的泥沙沉积下来，形成山间盆地丘陵区，为植物的生长、动物的生存和人类的活动创造了条件。新安人的祖先在这片土地上生息繁衍，进行了艰苦卓绝、顽强辛勤的劳动和工作，用他们的智慧和聪明才智，创造了辉煌的农耕文化，在人类的文明史上写下了绚丽的篇章。

一、渔猎农耕

新安江流域的土著先民利用新安江流域的山水自然环境，采取因地制宜的原始自然经济方式，使用双肩石斧、有段石锛和几何印纹陶器，住"干栏式"房屋。农渔采集兼行，"饭稻羹鱼，或火耕而水耨，果隋蠃蛤，不待贾而足。"[①] 在整个新安江流域分布着大量的旧石器和新石器时期遗址，承继"建德人"时代的文化发展，如歙县下冯塘旧石器遗址、桐子山新石器遗址、新州新石器遗址，绩溪方家园新石器遗址、龟山新石器遗址、胡家村新石器遗址，屯溪下林塘新石器遗址，淳安五龙岛新石器遗址、建德六山岩新石器遗址、青龙头新石器遗址、久山湖新石器遗址等。

淳安五龙岛新石器遗址出土的玉钺

① 司马迁：《史记》卷129《货殖列传》，中华书局，1982年。

淳安五龙岛新石器遗址出土的玉琮

遗址出土的文物证明，新安江流域先民已经发明了直刃砍砸器、镐、锤、凸刃砍砸器、斧、铲、锛、镞、斧（斤）、犁、镰、陶纺轮、网坠等生产工具，发明了纺织业。其中，下冯塘遗址位于歙县富竭镇冯塘村南约200米处，1994年、2010年曾两度对下冯塘遗址进行发掘。发掘出土遗物分为陶器石器两大类，其中石器120件（不包括石坯、石料废料），陶片9000余片。下冯塘遗址出土石器，以石镞的种类形态最为丰富，其次为石锛和石刀。陶器多夹砂红陶与夹砂红褐陶，陶质疏松易碎，火候较低。从石器、陶器的功能组合看，下冯塘先民们的主要食物来源为狩猎与捕鱼，同时农业生产和采集是重要的补充，纺织也是当时的一项生产活动。下冯塘遗址所代表的文化，从旧石器一直延续到铜石并用时代。1994年发掘的歙县新州遗址，获得石器500多件。根据初步统计，工具中数量最多的为镞、网坠、刀、锛，捕鱼工具的数量超过狩猎工具，反映出渔猎尤其是捕鱼活动在当时的经济生活中占有重要地位。[①]说明新石器时代晚期，新安江流域的渔猎经济已经比较发达，农业也具备了一定规模。

到了商周和春秋战国时期，新安江流域的渔猎经济向以农耕为主的生产方式转变。1959～1975年，屯溪西郊奕棋村附近先后发现8座西周至战国早期的墓葬，

① 房迎三、宫希成：《新安江中上游流域的史前遗存调查》，《东南文化》2000年第1期，第56～64页。

其中二号墓出土的102件遗物中，生活用具占百分之九十，有碗、盂、钵、尊、盘、罐、鼎、卣等。1979年秋，浙江省文物考古所会同淳安县文管会，对淳安左口小塘坞遗址进行考古发掘。清理出西周晚期至春秋早期墓葬5座，发掘随葬器物44件，多为生活用器，以原始青瓷器占多数。器种有双耳罐、筒形罐、单耳罐、碗、盏、盘、碟、豆、盂、盅等。如果当时的农业生产没有一定的发展水平，人们是不至于如此讲究的。

秦和西汉时期，相对于中原地区，新安江流域经济还很落后。由于地处山区，只有新安江及其主要支流在盆地中间形成一条带状的冲积平原，耕作面积狭窄，而且土质也远远不如北方松软，易于耕种；农业技术上，新安江流域与农业发展一直走在全国前列的中原地区差距很大，如西汉元始二年（公元2年），北方人口是南方的3.2倍；牛耕技术直到东汉时期才传播到淮南地区，新安江流域接受辐射还在其后；同时，新安江流域卑湿，男子的寿命较短，也在一定程度上制约了人们发展农业的热情。但在新安人的努力下，新安江流域的经济状况处在发展过程中。在农业社会中，人是最重要的生产力要素，人口数量是最重要的衡量生产和社会进步程度的指标。一方面，大量的人口能够养活，说明生活物质的生产能够得到保障；另一方面，增加的人口成年后，其生产的物质财富除了供应其自身消耗之外，还能够有所节余，对于整个社会而言，也是财富的增加。就丹阳郡而言，西汉平帝时期（公元1～5年），全郡有107541户、405171口；东汉顺帝时期（126～144），就增长到136518户、630545口。

同在江南，相对于长江沿岸和太湖流域开发较早的其他县份，新安江流域更显偏僻、荒凉。如东汉时期，曾任会稽太守的上虞人陈业，“洁身清行，志怀霜雪，贞亮之信，同操柳下，遭汉中微，委官弃禄，遁迹黟歙，以求其志，高邈妙踪，天下所闻。”[①] 由此可见，在时人看来，新安江流域似乎真是远离尘世的“世外桃源”。山越经济还是随地所宜的原始自然经济，劳动时，男子聚群入山，“呼邪”相唱；妇女则在家纺织，“同巷夜相从”。不重积聚，原因在“地势饶食，无饥馑之患”，从而“无冻饿之人，亦无千金之家”，与当时地广人稀相关。

中原士族迁入新安江流域以后，他们带来财富、学问经验和劳动技能，这些都

---

① 罗愿：《新安志》卷10《人事》。

是他们帮助新安江流域发展经济的资本。如休宁程灵洗，爱好播种耕植，亲自下田割稻上山打柴，就是老农也不如他。家中女眷也没有一个闲着的，灵洗督促他们纺纱织布。乐善好施，对贫寒人家乐于施舍，丝毫不吝啬。另外，官府帮助和鼓励人民发展生产，对新安江流域的经济开发也起了举足轻重的作用。南朝齐建武二年(495)，诏令“严课农桑”。永泰元年（498），沈瑀担任建德县令，教导老百姓种植桑果林，男丁种十五株桑、四株柿和梨、栗，女丁减半。老百姓都非常欢迎，很快就在建德县形成了大片桑果林。[①] 梁大通三年（529)，徐摛担任新安太守，为政清净，教民礼义，劝课农桑。一个月之间，风俗改变。[②] 男耕女织成为新安江流域农耕文化的美好画面，宋代淳安邵定翁《插田》《缫车》诗曰：

插田

明朝蚤蚤起插田，东方未明云漫漫。

阿婆拊床呼阿三，阿三莫学阿五眠。

汝起烧火烧破铛，麦饭杂菽炮蘁羹，邱嫂拔秧哥去耕。

田家何待春禽劝，一朝蚤起一年饭。

饭箩空，愁杀侬。

缫车

缫作锁作急急作，东家煮茧玉满镬，西家卷丝雪满箩。

汝家蚕迟犹未箔，小满已过枣花落。

夏叶食多银瓮薄，待得女缫渠已着。

懒妇儿，听禽言，一步落人后，百步输人先。

秋风寒，衣衫单。[③]

新安江流域发展农业生产面临的另一个压力，便是使稻种适应当地山高谷深，山坞田日照短等不利于农作物生长的自然环境。他们选择了一种叫作“桃花米”的

① 姚思廉：《梁书》卷53《沈瑀传》，中华书局点校本，1983年。

② 罗愿：《新安志》卷9《牧守》。

③ 光绪《淳安县志》卷15《艺文志·吟》。

早熟籼稻种，作为主要耕作品种。[①]这种稻种耐旱保收，其生长期同新安地区的雨季相一致，靠雨水的滋养就能收获，所以在一般山坞和坡地上就可以耕种。在食用上，桃花米也颇受人们欢迎，它为饭香软，出饭率高，是古太守们的奉秩之粮。[②]一度桃花米还作为贡粮输入朝廷，宋武帝刘裕就曾以桃花米为食。[③]正由于稻花米具有以上播种和食用上的优点，在新安江流域一直比较普及，11世纪占城稻输入新安江流域以后，桃花米仍占有极大市场。[④]除桃花米早稻外，新安江流域还有一种晚熟的粳稻，产量较桃花米为高，也是当地的优良品种，农民也喜耕种。

作物的品种增多，优良的品种得到推广。仅稻种，《新安志》记载的旱稻就有大白归生、小白归生、红归生、桃花米、冷水白、笔头白、肥田跋、早十日、中归生、晚归生、占城禾，粳稻则有大栗黄、小栗黄、芦黄、珠子稻、乌须稻、婺州青、叶里青、斧脑白、赤芒稻、九里香、马头红、万年陈、沙田白、寒青，糯稻有青秆、羊脂、白矮、牛虱糯、早归生、交秋糯、七月熟、秧田糯等32种之多。[⑤]方岳也有记载当时稻种的诗句："秧田多种八月白，草树初开九里香。但得有牛横短笛，一蓑春雨自农桑。"[⑥]诗中的"八月白"大概指的是《新安志》中所说的"晚归生"，按照《新安志》的说法，晚归生"近八月社熟"。优良品种的培育和耕作技术的进步，促进了水稻单位面积产量的提高。高宗时，上田亩产米达到二石。作为土地贫瘠的山区，同土地肥沃的平原地区相比，也不遑多让。

南宋淳熙年间，时任严州知州的陆游先后于淳熙十四年（1187）和淳熙十五年（1188），两度写下《丁未严州劝农书》与《戊申严州劝农书》。绍兴十二年（1142），宋高宗派两浙路转运副使李椿年措置"经界"，在各地清丈土地，明确土地的数字，以达到官府增加赋税收入的目的。徽州在经界前只有151.62万亩，经界后增加到300多万亩。经过南宋后期的进一步开发，至元延祐二年（1315），达到335.9278万亩。[⑦]新安江流域地处山区，开发田土只能依山势开辟梯田。南宋祁门诗人方岳就记载了

① 罗愿：《新安志》卷2《物产》。
② 罗愿：《新安志》卷9《任昉传》："卒子官舍，唯有桃花米二十石，无以为敛。"
③ 李延寿：《南史》卷47《崔祖思传》，中华书局点校本，1982年。
④ 乐史：《太平寰宇记》卷140《土产》："桃花米……今休宁县尤为饭香软。"
⑤ 罗愿：《新安志》卷2《物产·谷粟》。
⑥ 方岳：《秋崖集》卷3《田头》，文渊阁四库全书影印本，台湾商务印书馆，1986年。
⑦ 汪舜民：《徽州府志》卷2《食货·田地》。

当时徽州人开山造田的壮举，称“徽民凿山而田高，耕入云者十半”。[①] 淳安学者方逢辰《田父吟》一诗，更是将淳安山区开辟土地极为困难的境况，描写得栩栩如生。诗曰：

清溪眇如斗大吧，万山壁立土硗瘠。
百分地无一分田，九十九分如剑脊。
一亩之地高复低，节节级级如横梯。
畈心一畦可一亩，边旁一亩分数畦。[②]

歙县高山梯田

农耕制度是促进农业发展的重要手段，明清时期，新安江流域流行永佃权，佃户对所租佃的土地，有永远耕种的权力，也就是说有永远使用的权力。如果土地所有权变更了，但使用权不能变。土地所有权一般通称为“田骨”，使用权称之为“田皮”，涉及山林土地经营时，田皮也称为“力坌”。田皮可以转让典卖，而田主仅保留称为田骨的土地所有权（实质上这种所有权已不是完整的所有权）。田皮的转卖称“小卖”，田骨的转卖称“大卖”。拥有田皮的人还可以将耕种权转租给别人，使自己也

① 方岳：《秋崖集》卷36《徽州平粜仓记》，文渊阁四库全书影印本，台湾商务印书馆，1986年。
② 光绪《淳安县志》卷15《艺文志四·诗》。

成为收租者，从而又出现了“大租”（田骨之租）和“小租”（田皮之租）。根据现有的资料，新安江流域永佃权产生于元明之际。明洪武二十六年（1393），休宁朱宋寿卖田契就说明了当时土地换主不换佃的情况存在。

休宁县朱宋寿卖田赤契

十二都九保住人朱宋寿，同母亲吴氏商议，今将故父户下有田壹号，坐落本都九保，土名前岩，系乙字六百六十五号田，共二亩三分六厘三毫内，取壹亩壹分七厘九毫，东至塝，西至水坑，南至朱德田，北至朱德来田。每年硬上租籼谷壹拾贰秤，上田租（砠）。今来缺少钱物用度，情愿将前项字号四至内田，尽行立契出卖于同都人汪猷干名下，面议时值价钞九贯文整，当用籼谷折还。其价当成契日一并收足。其田今从出卖之后，一任买人自行闻官受税、收苗，永远管业为定。如有内外人占拦，四至不明，重叠交易，并是出卖人自行祇当，不及买人之事。所有上手来脚，别产相连，缴付不便，日后要用，本家索出参照不词。今恐无凭，立此卖契为用。

洪武三十年二月初十日出产人朱宋寿契

同母亲吴氏

见人朱舟保依口代书人汪克忠保名族长朱胜右

今就领去前项价钱并收足讫。同时再批。①

使用权与所有权的分立表现在各种地产上，山、地、田、塘皆有骨、皮之分。同时，小卖田的价格上升的幅度很大，到清嘉庆、道光年间，已达到并超过大卖田的价格。永佃权的存在和买卖，对传统的封建地主垄断土地所有权和经营权的制度有所触动，这无疑有助于农业经济中新的生产经营方式的出现。

在流行永佃权的同时，新安江流域盛行佃仆制。佃仆有时被称作地仆、庄仆、庄人、住佃、庄佃、世佃、火（伙）佃、佃民、伴当、佃童等。佃仆，是一种特殊身份，它不是奴隶，但却有一般农奴所没有的特殊从属性。佃仆与地主之间存在着主仆名分，没有迁徙的自由，婚配受到干涉，没有科举入仕的资格，甚至言谈、服

① 安徽省博物馆：《明清徽州社会经济资料丛编》，中国社会科学出版社，1988年，第3页。

饰等日常小节也受到束缚与干涉。在法律地位上佃仆等同于奴仆，日常生活中同样遭到歧视。但是佃仆与奴仆存在性质上的区别。地主对奴仆的控制是无限制的，对佃仆则有限制，驱使佃仆是有条件的；奴仆以口为单位计算，没有任何私有财产，佃仆则有家庭，有一定的私有财产，以户来计算。

佃仆同佃农的区别，在于佃农对地主只承担种田纳租的义务，而没有任何其他附带条件。佃仆除了种田纳租之外，还必须为主人承担固定的劳役义务。如承担守卫主家历代坟墓，管理坟墓和山场，并对主人方面的冠婚葬祭，以及主人赴京科举应试等服劳役的义务。佃仆又以所承担的劳役而赋予不同的名称，诸如守坟庄、包袱庄、抬棺木庄、龙灯庄、吹打庄、火把庄、挑担庄、抬轿庄、粮食庄、拳头庄、守夜庄、守木庄、修房庄、搭戏台庄等，庄是“庄仆”的省略称呼。

佃仆是由于种主田、住主房、葬主山而以契约或宗规家法形式确定与主人的关系，其来源有多种形式，或由家内奴仆释放而来，或因佃种地主或祠堂的土地而来，或因无处栖身而被迫居住地主庄屋以致沦为佃仆，或因先人葬于地主山场而沦为佃仆，或因入赘、婚配佃仆的妻女而沦为佃仆，或因生活所迫卖身为佃仆。佃仆制在新安江流域特别盛行，是中原大族南迁，部曲、佃客、奴隶制残余和乡绅势力特别强的缘故，清朝中后期开始衰落。

鸟田习俗体现新安江流域农耕文化特色，《水经注》记载“渐江水”时称：“昔大禹即位十年，东巡狩，崩于会稽，因而葬之。有鸟来，为之耘，春拔草根，秋啄其秽。是以县官禁民不得妄害此鸟，犯则刑，无赦。”[①] 清代，严州专门建有先农坛，行耕耤礼。

> 雍正七年，奉建先农坛于典仁门外碧溪坞，坛前置耤田九分。每岁奉颁日期，知府率僚属于前二日致斋。至日诣坛，穿朝服，同武职官祀先农之神，行三奠礼毕，知府及知县易采服，行耕耤礼。农官牵犊前导，知府扶犁，知县播种，绕田三匝乃毕。仍易朝服，向阙谢恩。[②]

① 《水经注》卷40《渐江水》，《四部备要》本。

② 光绪《严州府志》卷7《典礼·耕耤礼》。

开秧门是带有地域特色的农事习俗，每年早稻第一次插秧为“开秧门”。这天一早，由当家人去秧田选定“门向”，然后带泥拔出一块秧田，置入茶盘，捧送回家放在供桌上，祭拜天地后，将带泥秧苗甩上阁板，以全部粘上为无灾无害生长良好的兆头。大家吃点心、面食之后下田，从已“开”的“秧门”处，拔秧莳田。歙县这天要设宴拜请“田公、田母”。朝拜时，先燃三根香于田埂，然后虔诚跪拜，并念祈祷歌：“田公、田母、田伯伯，上丘不长禾，下丘不出蔷，保佑我家田里长满蔷；喜坏种田人，挑坏割稻客。”黟县、祁门于这一天天不亮下田拔秧，拔好秧方回家吃早饭，于晚间设宴款待帮忙栽秧的亲邻。

山区春种“开秧门”

牛是农家宝，是中国农耕社会农业生产中的好的帮手，新安人对牛有着特殊的感情。新安江流域水牛色黑力大，其角如环，古称“吴牛”。农俗养牛户遇母牛生小牛，要用米粉做成小牛粿，到野外岔路口敬“山神土地”，祈保小牛平安，并以粿为礼品散给各户，庆小牛出生。农历四月初八日为浴佛节，是日，农家祭牛。老百姓有不吃耕牛的习俗，当耕牛年老不能再耕作时，便将耕牛养起来，直到耕牛老死，然后埋葬。在民间往往建有“悯牛会”“牛福会”厚待耕牛。牛福会专为耕牛保安祈福的，每当春耕之前，或是秋收之后，凡有耕牛之家，均带上祭品，牵着耕牛到祭坛祭祀牛神，并在牛角上挂几条红布，以为避祸就福的标志。有的牛福会在秋收后，行祭时，还选班唱戏酬谢牛神。休宁县临溪旧时“牛福会”会址有联：“十月天，农事毕，谱一曲阳春白雪，歌舞升平；三舍人，神通灵，祐二图物阜民康，馨香报献。”歙县郑村河埠头清代设有《禁止私宰耕牛碑》。在府县志人物志中，往往有记载“埋瘗耕牛”的善举。

立春有“鞭春牛”习俗，明嘉靖《徽州府志》载：

正月，立春司牧氏迎温青郊，出土牛以逆寒气，田家市新历占满斗之宿，立春前后五日莳松，早则寒袭，迟则脉张，栽杂木，木神不知；元日雨以卜芒种；是月也，修田畛，端径路。①

正月立春日，各府县官员要到东郊去迎春，将芒神和土牛抬到衙门。届时往往陈鼓吹，演杂剧，沿途观看者人山人海，热闹非凡。迎春后，官员还要象征性地鞭牛“打春”，即拿着纸鞭鞭牛几下。打春时往往有说词，希望风调雨顺、国泰民安的吉祥话，比如“一打风调雨顺，二打国泰民安，三打大人连升三级，四打四季平安，五打五谷丰登，六打合属官民人等一体鞭春”等。严州立春前一天行鞭春礼。

每岁建德县承值各事，预期造土牛、芒神。春前一日，知府率僚属常服，具鼓乐，出东关。更衣簪花，诣芒神，前行一揖礼，导至府仪门外。芒神安东位，土牛安西位。官至府堂宴春酒。至日，先时率僚属具告文，致祭，鞭春。②

二、水利建设

河流文化中，治水用水是重要的环节。新安江流域山势高峻，梯山而耕，兴灌溉之利尤难。《新安志》称，“其地险陋而不夷，其土骍刚而不化。水湍悍，少潴蓄。自其郡邑，固已践山为城，至于四郊都鄙，则又可知也。大山之所落，深谷之所穷，民之田其间者，层累而上，指十数级，不能为一亩。快牛剡耜，不得旋其间。刀耕而火种之十日夕不雨则仰天而呼。一遇雨泽，山水暴出，则粪壤与禾荡然一空。”③水利二字，尤系民生。诚如光绪《淳安县志》所言：“淳居万山之中，惟一江受纳而千流派分，霖雨浃旬则沟塍莫辨，暵干累日则桔槔为劳致烦。圣王嗟洚洞之儆余，效桑林之自责，吾侪小人何以为颜也。惟蓄泄之以时，庶有备而无患。”④

新安江流域人民开展水利建设，因势利导，就近兴灌溉之利。凡靠近溪河的农田，拦河筑堤（堨），开渠引灌；丘陵山谷之间，开凿山塘蓄水灌溉；受自然制约而人力

① 嘉靖《徽州府志》卷2《风俗》。
② 光绪《严州府志》卷7《典礼·鞭春礼》。
③ 罗愿：《新安志》卷2《叙贡赋》。
④ 光绪《淳安县志》卷3《水利》。

所不及的，只能依靠雨水，俗称“张天田”。按照文献记载，新安江流域的水利建设，最早始于汉代新都郡建立之初。郡守贺齐在郡治始新县（今淳安县威坪镇）西开凿一条沟渠，引西山泉水，横贯县城中心，往东注入新安江，方便县城百姓用水。宋元丰、淳熙，明嘉靖、万历，清雍正年间，数次疏浚。宋方有开《修古渠记》载：“淳熙五年，令尹陈公为邑，决意开导，必复旧乃已。乃辟乃理，且为三闸，以节其出纳，油然泓渟，锵然宏放，有琅玕色，有琴筑声。于是邑人欢欣相告，如胸臆开而耳目明，徊翔渠上，乐公之德不能已。”① 东晋咸和二年（327），鲍宏在歙县岩寺潜虬山下建造大型水利工程鲍南堨，坝长160丈，引丰乐河水入，灌田3700余亩。梁普通六年（525），黟人胡明星倾资募工，修建江柏山堨，疏筑二渠，长10余里，引城北溪水入竭，灌田10万余亩。梁大通元年（527），原齐新安内使吕文达率领岩寺四乡之民，筑吕堨，坝高五丈，阔20余丈，疏浚10余里，造南北二渠，引水入堨，灌田3万余亩。以上三例是新安江流域见于史载的较大水利工程。②

新安江流域的水利灌溉设施主要有塘、陂、池、堨、渠、坝、堤、堰、圩等。塘、陂、池性质接近，都是指蓄水工程，规模稍有差异，塘比较大，陂、池相对较小一些。堨、坝、堰、圩、堤意思相同，指引水工程，同样规模也有差别，堨、坝、堰大些，圩、堤小一些。到了宋代，随着新安江流域经济的发展，水利也得到充分开发。嘉靖《徽州府志》引用南宋时编纂的《新安广录》称：嘉定年间（1208 ~ 1224），“邑令王柟木叔，尝开陂、塘三十六所。其大者古塘，在杨山乡，广三十余亩。”王柟在短短几年就开筑塘堨36处，可见当时农田水利建设的用心之勤。③ 根据官方的统计，南宋淳熙二年（1175）新安江上游徽州的水利工程有3941处。④ 新安江中下游严州府水利工程没有具体的记载，但据嘉靖《淳安县志》载：淳安县永平乡堨村，原来有山涧流水，不足以灌溉田地。汉代方储指地为堨，拦水溉田，乡民感其恩德，立庙祭祀方储，并将村名改为堨村。⑤ 这带有神话色彩，但也说明，汉代当地百姓已经修筑水利工程灌溉田地。另据万历《严州府志》记载：遂安县马仪当地人很早

① 光绪《淳安县志》卷4《古渠》
② 道光《徽州府志》卷4《水利》。
③ 明嘉靖《徽州府志》卷10《水利》。
④ 罗愿：《新安志》卷3、4、5。
⑤ 嘉靖《淳安县志》卷5《坊乡·堨村》。

就建有新墅堰，溉田700多亩，后来堰圮，良田变荒地。吴越国时，朝廷派人疏浚，建5里长渠，引水灌溉，使得1000多亩田地收益。[①] 寿昌县马公堤为宋时知县马势荣所筑。[②] 可见，新安江中下游的水利工程也很多。

宋代利用水利进行农业生产的技术也都有了较大的进步，如，在灌溉中使用水车，在稻米加工时使用水舂。水车有一种是筒车，利用水力推动水轮，带动轮上的水筒旋转，把水引到高处。当地人称水车为“龙骨”，方岳淳祐二年至四年（1242 ~ 1244）遭史嵩之罢职，闲居祁门老家时，时值大旱，[③] 当地农民用水车抽取藕塘里的水用于抗旱，破坏了藕塘里的满塘莲花景色。方岳很是感慨，写下即事诗：“龙骨翻翻水倒流，藕花借于稻花秋。鱼兼熊掌不可得，宁负风光救口休。”[④] 水舂则是利用水力将稻米或其他农作物放在石臼捣掉皮壳或捣碎，效率大大提高。方岳的即事诗中也有自己割稻舂米的叙述，使人能够体验当时新安人的劳动场景。诗曰：“自刈香秔税水舂，旋篘新酒搦泥封。晚菘种已无余地，不枉归田学老农。”[⑤]

明洪武二十七年（1394），工部遣官在淳安县修筑堰坝9条，古塘19口，其中最大的堰坝可灌田千亩以上。遂安县至明洪武二十七年（1394）已有堰坝62条，古塘26口。[⑥] 清光绪年间，严州府共有塘堰圩538处，其中建德县湖渠堤4处、塘24口、堰圩碶13处，淳安县湖渠井池10处、塘18口、堨坝10处，遂安县塘34处、堰62处，寿昌县湖堤井6处、塘111口、堰坝20处，桐庐县湖井4处、塘81口、堰91处、澳16处，分水县湖池2处、塘18口、堰坝14处。[⑦]

清道光年间，徽州府有塘708口，堨840处，陂124处，堤5处，坝5处，水射1处。其中歙县塘149口、堨63处、堤3处、坝2处、水射1处，休宁县塘295口、堨百72处、堤2处、坝1处、陂2处，婺源县塘70口、堨185处、陂122处，祁门县塘40口、堨185处、坝4处，黟县塘111处、堨127处，绩溪县塘43口、堨108处、坝2处。

---

① 陈泌：《马仪新墅堰记》；见万历《严州府志》卷25《艺文志》，日本藏中国罕见地方志丛刊本，书目文献出版社，1990年，第545页。

② 万历《严州府志》卷7《水利》，日本藏中国罕见地方志丛刊本，书目文献出版社，1990年，第167页。

③ 方岳：《秋崖集》卷28《答洪宗谕》，曾记载当时徽州大旱的情况：“旱既太甚，山邑盖连四五年如是。归耕望一稔，又堕渺茫。”文渊阁四库全书影印本，台湾商务印书馆，1986年。

④ 方岳：《秋崖集》卷3《即事》，文渊阁四库全书影印本，台湾商务印书馆，1986年。

⑤ 方岳：《秋崖集》卷1《即事》，文渊阁四库全书影印本，台湾商务印书馆，1986年。

⑥《淳安县志》，汉语大辞典出版社，1990年，第250页。

⑦ 光绪《严州府志》卷4《水利》。

歙县西溪南村雷堨

三、茶叶生产

魏晋南北朝时期，新安江流域人口很少，刘宋大明八年（464），新安郡共有12058户，36651口，[①]虽然整个流域中缺少建德县、寿昌县户口数，但基本能够保证粮食自给，所以才有张率贩运三千石米归吴的事。到了唐代，新安江流域人口剧增，天宝元年（742）歙州人口达到38330户，269109口；睦州人口达到54961户，32513口。[②]出现了田少人多，收不敷食的矛盾。[③]为了解决这一矛盾，新安江流域人民充分利用当地山多而田少，水清而地沃的自然地理优势，开展多种经营，种植茶叶。以致于"高下无遗土，千里之内，业于茶者七八矣。"[④]唐乾元元年（758）左右，陆羽在他撰写的《茶经》里，明确提出"歙州茶""睦州茶"。唐贞元年间，王敷在《茶酒论》中载有"浮梁歙州，万国来求"，体现出茶在唐代社会、经济、文化中的地位，

---

①《宋书》卷35《州郡一》，文渊阁四库全书影印本，台湾商务印书馆，1986年。

②《旧唐书》卷40《地理志·江南东道》，文渊阁四库全书影印本，台湾商务印书馆，1986年。

③《新安志》卷10《杂说》载："元和三年(808)秋，以右庶子卢坦为宣歙观察使，坦到宣，值旱饥，谷价日增，或请抑其价。坦曰：'宣歙土狭谷少，所仰四方之来者，若价贱，则商船不复来，民益困矣。'既而米斗二百，商旅辐辏，民赖以生。"

④ 张途《祁门县新修阊门溪记》，《全唐文》802卷，文渊阁四库全书影印本，台湾商务印书馆，1986年。

也反映出歙州茶叶的影响。

茶叶是商品化的农产品，大规模地种植生产茶叶，必然会吸引和产生出大量从事茶叶贸易的商人。歙州马张途在唐咸通三年（862）写的《祁门县新修阊门溪记》记载了祁门县茶叶受茶商的欢迎盛况："祁之茗，色黄而香，贾客咸议，逾于诸方，每定二三月赍银缗缯素求市，将货他郡者，摩肩接迹而至。虽然其路广市多，载不果遂也。或乘负，或肩荷，或小辙而陆也。"[①] 张途在同篇文章中还记述了，为了改建阊门溪河道，"因召土客商人、船户接助"。这是文献记载较早，也较明确的新安商人情况。唐大中年间，唐人杨晔《膳夫经手录》记载了歙州、浮梁、祁门、婺源等地茶叶制作精良，"赋税所收，商贾所赍，数千里不绝于道路"的畅销情景。

由于新安人看准时机发展茶叶生产，遂以致富，"由是给衣食、供赋役悉持此"。[②] 同时，由于商人的来往信息传递，新安江上游的歙州富名也响遍宇内。韩愈称歙州是"富州"。[③] 杜宣猷为了求得一个宣歙观察使的肥缺，竟然去走内宦的后门。[④] 薛邕自左丞贬歙州刺史，"家中恨降谪之晚"。[⑤]

茶叶的利用，开始是生煮羹饮或晒干收藏，后来采用捣叶做成饼茶，或蒸叶捣碎制成团茶。宋时茶叶制作方法改为洗涤、蒸青、压榨、烘干，名为散茶。《宋史》说："茶有两类，曰片茶，曰散茶。"[⑥] 片茶仍是饼茶，散茶则是经蒸青后直接烘干呈松散状的茶。《新安志》记载："茶则有胜金、嫩桑、仙芝、来泉、先春、运合、华英之品；又有片茶八种。散茶通称茗茶。"[⑦] 胜金、嫩桑、仙芝、来泉、先春、运合、华英都是片茶中的名品。建炎初（1127），婺源还出产一种谢源茶，被称为"绝品"。[⑧] 绍兴年间（1131～1162），严州每年产茶2355920斤；[⑨] 隆兴年间，徽州每年产茶210万斤。[⑩] 淳熙《严州图经》指出严州："谷食不足，仰给他州，惟蚕桑是务，更烝茶

---

① 张途：《祁门县新修阊门溪记》，《全唐文》802卷，文渊阁四库全书影印本，台湾商务印书馆，1986年。
② 张途：《祁门县新修阊门溪记》，《全唐文》802卷，文渊阁四库全书影印本，台湾商务印书馆，1986年。
③ 韩愈：《送陆歙州诗序》，《全唐文》卷555。
④《新唐书·食货志》。
⑤《陔余丛考》卷17。
⑥ 脱脱等：《宋史》卷183《食货志·食货下五》，中华书局，1977年。
⑦ 罗愿：《新安志》卷2《货贿》，清光绪十四年重刊本。
⑧ 脱脱等：《宋史》卷184《食货志·食货下六》，中华书局，1977年。
⑨ 陈公亮：《严州图经》卷1《课利·茶》，天津古籍出版社，2008年。
⑩ 李心传：《建炎以来朝野杂记》卷14《江茶》，文渊阁四库全书影印本，台湾商务印书馆，1986年。

割漆。”[①] 范仲淹有诗曰：“潇洒桐庐郡，春山半是茶。轻雷何好事？惊起雨前芽。”[②] 可见，茶叶在新安江流域经济中的分量。

当时，休宁齐云山还出产一种香风茶，民间称之为“香风草”。生长于齐云山一带的旷野山坡溪边，属于蜡梅科落叶灌木，树高一般 2 ~ 4 米，树叶粗糙，叶面深绿，背面粉绿，形似茶而非茶。用这种树叶按照茶叶制作方式做起来的茶，碧绿芳香，冲泡后味醇带甜，别有风味，且有解表祛风、理气化痰之功效，是齐云山的特产。由于香风茶原料不是真正的茶类品种，产量不大，所以在史籍上并无记载。但“齐云山香风茶”名声在外，以致流传久远，至今不衰，一直在生产。

明清以来，新安江流域成为中国茶业重镇，休宁松萝茶、黄山毛峰、祁门安茶、祁门红茶、屯溪绿茶、建德苞茶风靡国际国内市场，在茶业界享有盛誉。

炒青是绿茶制作方法之一，这种方法，最早始于中唐时代，大诗人刘禹锡《西山兰若试茶歌》中有句“斯须炒成满室香，便酌砌下金沙水”[③] 可以为证。但唐代炒青并不普遍，茶叶制作主要是蒸青。对制茶炒青制作技艺完善，并推向市场的是徽州松萝茶。

明代中叶，苏州虎丘寺高僧大方来到休宁松萝山，结庵制茶。他一改过去传统的茶叶制作模式，创制出新型的炒青制法——松萝茶。道光《徽州府志》载：“茶产于松萝，而松萝茶乃绝少，近岁茶名细者有雀舌、莲心、金芽，次者为芽下白，为走林，为罗公，又其次者为开园，为软枝，为大方，制名号多端，实皆松萝种也。”[④] 僧大方创制的松萝茶，制作精良，品质优异，是中国早期优质炒青绿茶。湖南武陵人龙膺于万历八年(1580)任徽州府推官，曾亲入松萝山考察松萝茶制法。其所著《蒙史》记载：

> 松萝茶产休宁松萝山，僧大方所创制。予理新安时，入松萝亲见之。为学茶僧卷其制法：用铛磨擦光净，以干松枝为薪炊热；候微炙手，将嫩茶一握置铛中，札札有声，急手炒匀，出之箕上。箕用细竹为之，薄摊箕中，用扇扇冷，

---

① 陈公亮：《严州图经》卷1《风俗》，天津古籍出版社，2008年。

② 范仲淹：《潇洒桐庐郡十绝》，转引自吴觉农《皖浙新安江流域之茶叶》，民国二十三年铅印本，第44页。

③《全唐诗》卷356，景印文渊阁四库全书，台湾商务印书馆，1986年。

④ 道光《徽州府志》卷5《食货志·货贿》。

略加揉挼，再略炒，另入文火铛焙干。色如翡翠。[①]

松萝茶一经问世，立刻获得市场的青睐。一些外地茶区，为了市场利益，对外也打松萝茶的品牌，福建、湖南、江西、浙江等各大茶区纷纷效仿，成为中国炒青型绿茶的鼻祖。以致一段时间以来，松萝茶成为中国绿茶的代称。周亮工《闽小纪》记载："崇安殷令，招黄山僧，以松萝法制建茶，堪并驾。今年余分得数两，甚珍重之，时有武夷松萝之目。"[②]《万历野获编》亦有"奇味薏米酒对绝顶松萝茶"的记载。[③]在西方人的眼中，松萝茶更是中国绿茶的代名词。1875 年，英国皇家学会对中国茶区进行了一次全面调查。在绿茶"(Green Tea)"部分的开篇这样写道："Green Tea，在汉语中被称为绿茶和松萝茶，松萝是一座山的名字，据说那里是绿茶首次被发现的地方。"[④]

新安山区茶园

① 龙膺：《蒙史》，《茶书全集》，万历癸丑刊本。

② 周亮工：《闽小纪》卷1《闽茶》，清乾隆刊龙咸秘书本。

③ 沈德符：《万历野获编》卷24《京城俗对》，中华书局，1997年，第614页。

④ 卢杉：《西湖龙井真假难辨　中国茶品牌乱象何时休？》新浪财经_新浪网http://finance.sina.com.cn/roll/2018-01-08/doc-ifyqiwuw7837716.shtml.

除了松萝茶，明清时期徽州生产的黄山毛峰，也颇受市场欢迎。黄山毛峰前身是黄山云雾茶，明人许楚《黄山游记》记载："石缝养茶，多清香冷韵，袭人断腭不去，所谓黄山云雾茶是也。"[①] 清光绪年间，歙县茶商谢正安开办谢裕大茶行，为迎合市场需求，清明前后，率人到黄山充川、汤口等高山名园选采肥嫩芽叶，经精细炒焙，创制出风味俱佳的优质茶，因"白毫披身，芽尖似峰"，取名黄山毛峰，经多年发展，后成为蜚声中外的极品名茶。

"安茶"，徽州民间称为"软枝茶"。明弘治《徽州府志》记载："其散茶号茗茶……又其次者为开园、为软枝、为大号，名虽殊而实则一。"[②] 地方志记载的"软枝茶"是否就是安茶，并不是很明确。安茶属黑茶类，是一种半发酵紧压茶，介于红绿茶之间，色泽乌黑，汤浓微红，味香而涩，别有风味，产于祁门南乡一带。具体创制时间无考，从现存安茶茶票来看，清道光年间肯定已经有了安茶。其制作分初制和精制两部分，初制有晒青、杀青、揉捻、干燥四道工序，精制有筛分、撼簸、拣剔、复烘、装篓五道工序。成品茶装于小竹篓内，每篓装茶一斤，内衬箬叶，一般存放两至三年方可出售。因是陈茶上市，茶性温良，有祛湿解暑功能，被尊为"圣茶"。

"祁红"是祁门工夫红茶的简称，为发酵茶中的条形红茶。祁红首创者为黟县人余干臣。余干臣原在福建为官，后罢官返籍经商，于清光绪元年（1875）先到至德（今东至县）尧渡街仿照闽红制法试制红茶，又在祁门历口设庄，改制红茶。光绪八年（1882），祁红进入国外市场。另有一说，祁红是祁门人胡元龙于光绪六年（1880）始创，还有说是胡元龙与余干臣分别试制。"祁红"产区在安徽祁门县，历史上包括东至、贵池、黟、石台、太平和江西的浮梁县（今景德镇市）。"祁红"因选用的茶树品种得当，茶树生长的自然环境得天独厚，工艺精益求精，制成的红茶有天然的香气，很快独树一帜，著称于世界，在国际市场上经久不衰，与印度大吉岭茶，斯里兰卡乌代季节茶并列为世界公认的三大高香红茶之一。国际市场上称这种地域香气为"祁门香"，被誉为"王子茶"。民国四年（1915），获巴拿马万国商品博览会"金质奖"，"祁红"外形条索细紧苗秀，大小粗细匀整一致，锋苗显露，色泽乌黑泛光，俗称"宝光"；内质香郁似蜜糖香，汤色红亮，滋味醇厚，回味隽永，叶底嫩匀红亮。

---

① 转引自《黄山志》，黄山书社，1988年，第156页。

② 弘治《徽州府志》卷2《货物》。

"屯绿"是屯溪绿茶的简称，但屯溪并非茶叶产地。"五口通商"后，徽州绿茶外销日益扩大，徽州各县及毗邻地区浙江开化、淳安、遂安、建德，江西德兴、玉山等地的绿茶，均汇集于屯溪茶市加工精制，故有"屯绿"之称。清末民初，屯溪码头空前繁忙，整个屯溪茶风浓郁，不绝如缕，乃至民谚有"未见屯溪面，十里闻茶香"，被誉为"茶务都会"。光绪十五年（1889）屯溪有茶号137家，茶栈7家，茶行7家，茶庄6家，形成婺源、歙县、休宁三大茶商商帮。在以后的十多年间，是"屯绿"外销的鼎盛期。屯绿在中国眉茶中，品质最优，其品质特征是条索紧结壮实，色泽灰绿光润；内质香气带板栗香，香高而持久、鲜爽；滋味醇浓、鲜爽、回味甘甜；汤色黄绿明亮，叶底嫩厚。

建德苞茶产于梅城、三都一带山岭峡谷中，创制于清同治九年（1870）。苞茶在清明和谷雨之间采摘，按茶叶嫩度，分制"顶苞""次苞"两种。"顶苞"为一芽一叶，特别幼嫩，人称"麦颗"；"次苞"嫩叶稍展，为一芽二叶。苞茶采摘时，往往将鱼叶和蒂头一起采，制成的干茶，鱼叶金黄色，蒂头顶端呈微红色，苞裹芽间，是为苞茶品质的重要特征。苞茶芽叶成朵，叶子披满茸毛，色泽黛绿，以外形独特、品质优异、香气清幽而著称。冲泡后水色橙黄，叶柄朝下，芽尖朝上，如兰花般。从20世纪初到民国二十七年（1938）抗日战争前夕，年产均在400担左右，销往杭州、上海、汉口、营口及天津等大中城市。据杭州庄源丰茶庄记载，此茶在民国八年（1919）就已远销苏联等国。①

遂安县茶产以武强溪、连溪沿河两岸最多，南乡次之。十三都大小两源，品质最为优越，民国二十三年（1934），各处年产4000担。十三都地接休宁白际岭，地势高峻，云雾润渥，茶味浓厚，香气芬芳。如大源之太厦、小洞，小源之樟村、扎源，制法与徽州相同，为洋庄茶（外销茶）中的佳品。其他如七都枫树岭、半岛坑、高庄、君石后，约500担，八都衍昌、西园约400担。叶身细嫩，每年开采也早。杭、沪茶庄每年先期派员入山，争相抢购，并放高价。选拔嫩尖，快摘快制，顿成风气。九都鲁家田、西坑、大源、半家源等地，约产1500担，茶身甚好。如制珍眉，非常适当，可惜该地茶农制法欠佳。西北乡的连岭脚、马石桥等地，可产1000余担，制作方法也差，坯色乌黑，难得高价。若制洋庄茶非重用色料不可，是为美中不足。

---

① 钟森水：《建德经济》，天津古籍出版社，2012年，第6页。

西北乡连岭脚、马石桥等地可产1000余担，制法尚可，茶条也很紧结，比十三都之大小两源还要好，只是茶的味道稍逊。郭村、沉畈、章村地接歙县，受歙县大方茶的熏染，多做烘青，或输往歙县璜蔚，茶与歙县相同。每年可得800余担，在华北很有声誉，与歙县街源大方并驾齐驱。

淳安茶品以南乡商家源及西乡鸠源，品质最优。民国二十三年（1934），南乡年产2000余担，西乡亦有4500担。该地所产大部分做内销茶，待茶芽稍大，则做外销茶销往威坪。东乡赋德源、茶园产量约1500担以上，只是制茶技术不高，色多乌黑。九龙源则较为翠禄，产量有800余担。北乡之隐将、佛岭后、浪洞源、石处等地，可产2000余担。地势高峻，且为褐色砂质壤土，故茶产品质佳，淳茶之上品。内销茶有毛尖、雨前两种，产鸠坑一带之毛尖，品质极优味亦隽永，每担高价可售七八十元。雨前分清明雨前及谷雨前两种。前者清明前之制者，品高价昂。后者为清明节前后及谷雨前所制，品质较次，价亦稍廉。再次者为普通烘青，价每斤约四五角。综计全县可产本庄茶（内销茶）5000余篓。①

新安江流域为全国主要产茶区，一到产茶季节，出嫁女儿均纷纷以探娘家（俗称归宁）名义帮助娘家采茶。未嫁小姑也借机脱离深闺大宅，借采茶交友谈心唱山歌。采茶本来是一件辛苦的劳作，却成为大姑娘、小媳妇最为开心的事。届时，茶区上一片红绿花衫和采茶歌声，成为新安农事一景。新安江流域以谷雨、清明以前采制的茶叶为上品；入夏茶不佳。采茶习惯一年两季，有“春茶一担，夏茶一头，卖儿卖女，不摘三暑”之说。清歙人方士畴亦有《新安竹枝词》称：“清明灵草遍生芽、入夏松萝味便差，多少归宁红袖女，也随阿母摘新茶。”歙县、淳安、建德、祁门农家重栽桑养蚕，村前屋后，山脚河边，遍栽桑树。每年春节，蚕户家家薰香沐浴，清心洁身，洗净蚕匾，方始养蚕。至今一些农事习俗仍保存在民间。

四、手工业生产

早在先秦时期，新安江流域的手工业已经达到较高的水平，上游屯溪西周一二号墓葬出土陶瓷器77件，釉陶器占71件。中游淳安左口西周晚期5座土墩墓，出土44件随葬器物，多为生活用器，釉陶器占绝大多数，器种有双耳罐、筒形罐、单

---

① 上述民国期间遂安、淳安茶叶的情况，参见吴觉农：《皖浙新安江流域之茶叶》，民国二十三年铅印本。

耳罐、碗、盏、盘、碟、豆、盂、盅等。[1] 这些釉陶器大部分质地坚硬，细腻，吸水弱，烧成温度在1200℃左右，击之有铿锵之声，已经属于原始瓷器，其化学成分和陶瓷胎的显微结构都具有后来南方青瓷的特征。这批原始瓷器的制作技术已经达到相当成熟的阶段，器表的纹饰整齐精美，造型与印纹和谐美观。据安徽省文化局文物工作队鉴定："屯溪釉陶工业的胎土取于祁门，烧制釉陶的地方也应在祁门邻近地区。"[2]

青铜器的冶铸技艺也很高。淳安左口土墩墓遗址中发现有青铜冶炼遗迹，而屯溪西周土墩墓出土的青铜器颜色青灰发亮，经中国科学院安徽分院化学研究所光谱分析表明，合金成分与《考工记》所载"六分其金而锡居一"的含量相近，[3] 证明当时的工匠已经掌握了铜锡合金的比仍与硬度、熔点的关系。从铜器本身两相对称的

屯溪西周墓葬出土的青铜器

① 安徽文化局文物工作队：《安徽屯溪西周墓葬发掘报告》，《考古学报》1959年第4期；浙江省文物考古所：《浙江淳安左口土墩墓》，《文物》1987年第5期。

② 安徽文化局文物工作队：《安徽屯溪西周墓葬发掘报告》，《考古学报》1959年第4期。

③ 安徽文化局文物工作队：《安徽屯溪西周墓葬发掘报告》，《考古学报》1959年第4期。

范痕，以及器内平滑，器外表铸花浮于器面等特点看，这批铜器采用的是陶范，也比邻近的江西铸铜采用石范有显著进步。铜器的纹饰多样，既有中原商文化的特征，又有浓郁的地方色彩，是在当地冶铸出来的。

安徽文物工作队在《安徽屯溪西周墓葬发掘报告》中还指出："盂(1∶33)下底的黑书'十'字符号(图版拾贰，5)，其墨迹中还有明显的刷子遗迹，刷痕的形式和现代毛笔写的笔锋完全一样，可见其时已经使用刷笔。"从新安江流域地理条件看，制造笔管用的竹子和笔毛的兔毫都很多，宋代歙人工匠汪伯立制的笔，曾为贡笔。因此，完全有可能在西周时就有了早期制笔业。其他手工业，如纺织、漆业等，在西周时期也有发展。屯溪西周墓中出土有陶纺轮、漆皮(残迹)等，便是明证。

到了南北朝时期，手工业生产相应得到发展。竹簟，是以竹篾编成的卧用席，为新安江流域特产，梁时列为贡品。天监年间(502～519)，仲文秀为歙县令，首令民输六尺簟四十领进贡。沈约担任太守后，认为增加老百姓负担，予以取消。[④] 南北朝时期，新安江流域已经成为一个非常富足的地区。《隋书·地理志》对当时新安江流域的情况曾有记载："其君子善居室，小人勤耕稼。衣冠之人，多有数妇，暴面市廛，竞分铢以给其夫。及举孝廉，更要富者，前妻虽有积年之勤，子女盈室，犹见放逐，以避后人。俗少争讼，而尚歌舞。一年蚕四五熟，勤于纺绩，亦有夜浣纱而旦成布者，俗呼为鸡鸣布。"[⑤] 唐代，睦州"贡交绫、簟、白石英、银花、细茶"。[⑥] 南宋淳熙年间(1174～1189)，徽州每年都要上供绸4598匹、绢83377匹、绵102226两、丝200两。同时，每年还要征收夏税物帛，品种主要是绸、绢、绵，说明当时蚕桑和棉麻的种植也相当发达。[⑦] 绍兴年间(1131～1162)，严州每年只是上贡白苎布10匹、绢20匹。[⑧] 南宋时期，徽州与严州同属新安江流域，上贡物品差距如此之大，令人费解。

五代、北宋时期，是新安江流域手工艺生产兴盛的阶段，尤以造纸、制墨、制砚、制笔文房四宝手工生产最为发达，形成特色。造纸、制墨、制砚、制笔虽有"新安四宝"

---

④ 道光《徽州府志》卷5《食货志·货贿》："梁沈约弹歙令仲文秀横诈，吏黄法先输六尺笙四十领。笙，即簟也。"

⑤《隋书》并没有直接记徽州的情况，而是在记了豫章郡情况之后，为节省篇幅计，称新安流域"俗又颇同豫章"，引文为《隋书》记豫章语。

⑥ 陈公亮：《严州图经》卷1《土贡》。

⑦ 罗愿：《新安志》卷2《货贿》。

⑧ 陈公亮：《严州图经》卷1《土贡》。

之名，但主要产地在徽州地区。

唐代，纸为歙州贡品之一。到了五代，造纸工艺不断提高，所制纸，长的可以五十尺一幅，首尾匀薄如一。一些山民甚至以纸为衣。南唐后主李煜擅诗词书画，长期视歙州进贡的纸如至宝，特辟“澄心堂”来贮藏。南唐覆亡，澄心堂纸落至北宋一些诗人、画家和文学家手中，一时名声大噪，梅尧臣赋诗称赞“滑如春冰密如茧”。① 北宋时期，歙州已经成为全国的造纸中心之一，仅上贡纸每年就需 448632 张，其中还不包括学士院和右漕要纸，以及盐、茶、钞引用纸。元代以后，徽纸的声誉逐渐被宣纸所取代，但造纸工艺一直得到传承，并有所发展。元代，著名的品牌有团花笺、碧云笺、春树笺、龙凤笺，以其卓越的工艺受到社会的普遍好评。元代奎章阁广成局副使杨元成到徽州征纸，诗人傅若金作诗为其送行。诗中写道：

新安江水清见底，水边作纸明于水。兔臼霜残晓月空，鲛官练出秋风起。五云高阁染宸章，最忆吴笺照墨光。明朝驿使江南去，诏许千番贡玉堂。②

对徽纸评价很高。明清的徽纸品牌有宣德贡纸、五色粉笺、金花五色笺、五色大帘笺、磁青纸、罗纹笺、月白笺、花格之白鹿笺、蜡砑五色笺、仿澄心堂、棉料、净皮、皮料、单宣、云母纸、楮棰纸、蝉翼纸、夹贡纸、虎皮纸、泥金纸、珊瑚纸，以及由宋代匹纸派生的丈二匹、丈六匹等。明代科举发榜纸，既要开张大，又须坚韧，朝廷下摊歙县每月解纳榜纸 4800 张，休宁和绩溪每月分别解纳 3800 张和 1000 张。道光《徽州府志》记载，每年的“上供纸，有赴北纸、行台纸、廉访司纸。其纸有三色，曰夹纸、线纸、检纸，岁额无虑二十万张。又有诸衙门和买纸、常课日纸，或和买经文纸，动以百万计，不在常数造纸之法”。③

制墨起始于唐末，河北易水名墨工奚超率子廷珪南渡至歙县，见地灵松郁水质好，遂留居重操墨业。奚氏父子所制松烟墨质量上乘，受南唐后主李煜赏识，赐其国姓李，擢廷珪为墨务官。《墨史》载李廷珪墨“其坚如玉，其文如犀，写数十幅不逾一二分也。常侍徐铉为太简言：幼年尝得李超墨一挺，长不过尺，细裁如筋，

① 梅尧臣：《永叔寄澄心堂纸二副》，《宋诗钞》卷8，中华书局点校本，1984年。
② 顾嗣立：《元诗选·二集》卷10。
③ 道光《徽州府志》卷5《食货志·土贡》。

与弟锴共用之，日书不下五千字，凡十年乃尽。磨处边际有刃，可以裁纸。”[①]宋代，制墨高手激增。元陶宗仪《辍耕录》及明麻三衡《墨志》两书载宋熙宁至宣和年间，制墨业风头甚健的人物有60余人，其中制墨艺术成就更为引人瞩目的有张遇、潘谷、吴滋、戴彦衡、高景修、张谷、沈珪等人。明代，是徽墨发展最为辉煌的时期。明末麻三衡《墨志》记载，当时徽州墨工和名家多达120余家，其中邵格之、罗小华、程大约、方于鲁，号称明代徽墨四大名家。明代徽墨制作的主要特色是广泛采用“桐油烟”“漆烟”，并在其中加入麝香、冰片、金箔等十几种贵重原料，使墨的品质不断提高。而且在墨谱的图式、墨模的雕刻方面也各尽其美，徽墨制作达到了历史的最高水平。清代，徽墨进一步发展，形成曹素功、汪近圣、汪节庵、胡开文四大制墨名家。尤其曹素功、胡开文两家，代代相传，至今这两块招牌依然在上海和徽州两地保留，可见其影响深远。

歙砚的发现，一般依据唐积《歙州砚谱》的说法。说是唐开元年间，歙县猎人叶氏追逐野兽来到长城里，见一叠一叠的石头，垒得如同城墙一般。石质莹洁可爱，于是捡了一块拿回家。回来以后，粗粗地将这块石头制成砚的形状，使用过程中，发现这方砚的细腻温润程度竟然超过端砚。后来，叶氏的裔孙将这方砚献给了县令，县令非常喜爱。请了当时著名的砚雕名匠，将这块砚石精心雕琢成砚台。从此，这里的砚石就传开了。南唐元宗李璟精意翰墨，雅爱文房，见歙州太守所呈歙砚，石色青莹，石理缜密，坚润如玉，发墨如油，十分喜爱，于是在歙州设置砚务，擢砚工李少微为砚务官。帝王新设置砚务官督理采制歙石歙砚，当是前无古人的盛举。《砚谱》记载李后主一方青石歙砚，墨池中有黄石如弹丸，水常满，终日用之不耗。到了北宋，歙砚进入大发展的时期。宋景裕（1034 ~ 1038）年间和嘉祐（1056 ~ 1063）年间，钱仙芝、王君玉前后任歙州太守，督理采石雕刻歙砚。罗愿《新安志》记载：“旧别有四宝堂，以郡出文房四宝为义。”[②]南宋宝祐年间（1253 ~ 1258），徽州知府谢堲与宋理宗赵昀有亲戚关系，每年都要向理宗进贡徽州生产的“澄心堂纸”“李廷珪墨”“汪伯立笔”和“羊头岭古坑砚”四种文房珍品，被称作“新安四宝”。

汪伯立笔制作精细，以精挑的毫毛作笔头，锋长腰直，锐利如锥。羊毫以细嫩

① 陆友：《墨史》卷上，文渊阁四库全书影印本，台湾商务印书馆，1986年。

② 罗愿：《新安志》卷1《官府》。

尖锋为好；兔毫长而锐，秋取健，冬取坚；黄鼠狼尾毫以冬尾为最，尤以北尾见长。用作笔杆的原料也很讲究，一般以竹木制成，亦有以象牙、犀角为之。笔杆长约五寸，前端制成空管，将制好的笔头嵌于笔管中。制成的笔，锋长、毫细、管小、跗齐。元代以后，湖笔崛起，徽笔一度被湖笔所掩。但经营徽墨、歙砚的商号，同时也经营纸和毛笔，制笔名工代不乏人。尤其明清时期，徽州人开设的笔庄墨肆遍及全国各大城市，有的笔庄老店直到民国年间还在经营。作为清代徽州制墨四大名家之一的胡开文墨店，就一直自制徽笔业务。婺源县詹斗山墨庄，同样也制作经营毛笔业务。

砖、木、石三雕，是新安江流域最为著名的手工业制品，其产地主要在徽州地区。广义上来讲，凡是砖、木、石三种质材的工艺雕刻，有的属于石质的砚雕、碑雕等，有的属于木质的墨模、木板刻书等。这里的“三雕”，只是指主要用于民居、祠堂、牌坊、庙宇、园林等建筑物的装饰雕刻。

徽州砖雕始于何时，由于缺乏建筑遗存，已经很难考证。从徽州砚雕、书版雕刻和墨模雕刻的历史来看，应该不会迟于唐代，北宋可以肯定已经有了砖雕，因为徽州目前保留下来的最早建筑北宋时期的祁门伟溪塔，就有砖雕。徽州砖雕的真正

歙县蜀源砖雕门楼

弘扬，是在明清时期，相传由明代中期的徽州窑匠鲍四首创。屯溪程氏三宅6号楼建于明代中期，内门楼上的“凤戏牡丹”砖雕采用高浮雕手法，画面清晰异常，一凤一凰，一雌一雄，形态各异，十分精美。到了清代，砖雕工艺已经发展成为一个独立的工种，由专人制作，制作者称为雕花匠。砖雕作为一种独特的壁饰，被广泛运用于徽州建筑的门楼和门罩，以及官邸或宗祠的八字门墙上。徽州民宅的门楼由“楼”和“罩”两部分构成，统称门罩门楼，下方以砖雕图像嵌镶在花边图案的框内。徽州砖雕的用料极为考究，是采用经特殊技艺烧制出的、掷地有声的水磨青砖。从原料的选取到出窑，要经过选土、制泥、制模、脱坯、凉坯、入窑、看火、上水、出窑九道工序。砖雕有平雕、浮雕、立体雕刻，题材包括翎毛花卉、龙虎狮象、林园山水、戏剧人物等，具有浓郁的民间色彩。明代早期砖雕的风格粗犷、稚拙而朴素；明末清初以后，砖雕的风格渐趋细腻繁复，注重情节和构图，透雕层次加深。在见方尺余，厚不及寸的砖坯上雕出情节复杂，多层镂空的画面，从近景到远景，前后透视，层次分明，最多约有九个层面，令人产生精妙无比的美感。

徽州建筑木雕主要从明代开始，明代初期，雕风雅拙粗犷，以平面浅浮雕手法为主。明代中叶以后，随着徽商财力的增强，秀丽精美，清新淡雅的木雕就应运而生，并得到蓬勃发展。从明代后期开始直到清代，木雕逐渐向精雕细刻发展，越来越精致。木雕在“三雕”中数量最多，遍布民居、祠堂等建筑物木结构的各个部位，如梁架、隔扇、槛窗栏板、栏轩、挂落等，艺术质量也最精。明中叶以后，木雕艺术也逐渐向精雕细刻过渡，多层透雕取代平面浅雕成为主流。入清以后，对木雕装饰美感的追求更强，鎏金涂彩，透空雕镂，穷极华丽，极为精工。木雕取材以柏、梓、椿、榧、银杏和高等杉树为主，家具木雕则以红木、乌木和楠木为贵。题材内容以江南民间吉祥图案、历史人物、戏曲故事、山水、花鸟虫鱼等为多，少数由艺术家参与的木雕在选材上显示出较鲜明的文人绘画情调。木雕的制作程序包括取料、放样、打粗坯、打中坯、打细坯、打磨、揩油上漆等环节，传统工具主要有小斧头、硬木锤、凿、雕刀、钢丝锯、磨石、砂布等。

徽州目前最早的石雕遗存，也是宋代佛塔。一处是歙县的长庆寺塔，建于重和二年（1119）。歙县县城北郊（今歙县第二中学校园内），还保留有一座南宋建炎三年（1129）建的石塔，原名大圣菩萨宝塔，现在大家都称为新州石塔。最早的单体建筑石雕为元代祭堂石雕，原来放置在元统二年（1334）年修建的苏氏家墓祭堂内，

1976年在歙县下天堂村发现。石雕大部分是在石结构的建筑物上，如牌坊、桥梁、庭院、民宅的基础部位或祠堂的石栏板、云鼓、须弥座上，以及墓葬建筑上。石雕艺术重在以“刀”代笔，立足于一个“雕”字。因此，工匠在立意构思时，要对造型构图方法、技巧以及视觉效果等，作一个全盘考虑。石雕艺人不仅要具有浓厚的传统技艺功底，而且要具有一定的“模式化”造型能力，对呼应、对称、疏密、虚实、明暗、刚柔，以及立体感、空间感、节奏感、韵律感等技巧和形式美的规律，都要有所权衡，然后才能分层次奏刀。从雕刻手法上看，石雕有浅浮雕、高浮雕、透雕、圆雕及镂空雕等。随时代的发展，石雕艺术越注重情节和构图，追求细腻和繁复。石雕的制作程序，包括石料加工、起稿、打荒、打糙、掏挖空当、打细等环节；传统工具主要有錾子、楔、扁錾、刻刀、锤、斧、剁斧、哈子、剁子、磨头等。

在淳安县八都源（今严家、王阜、郑中乡）一带，至今流传一种麻绣，以粗麻布和麻、棉线、为原料，用手工挑绣出青白相间、粗犷古朴的图案，当地人称之为山越麻绣。麻绣用的麻布，制作工序十分原始，种苎麻、剥麻皮、捻线，软化漂白、染色等，均靠手工操作。织麻布用的是简单的脚踏手穿梭的木质织机，染色是用自己种的土靛青，漂白是用炉灰或桐碱煮漂等。麻绣的图案，大多由简单的“十字花”组织成。飞禽、走兽、花草等颇似古代象形文字，有的变形图案由二方或四方联合组成，与秦汉时期的一些器皿花纹相似。有的还绣上“吉祥如意”“福禄寿禧”等美术字样。图案或蓝底白花，或白底蓝花，清静古朴，端庄大方。更为独特的是，整幅图案均是用一根线挑成，中间无间断或系结，且正反面的图案相同。

另外，新安手工业技艺还有墨模雕刻、版画雕刻、竹雕刻、碑刻、罗盘制作、漆器制作、盆景制作、纸扎等。

新安江流域手工业从业人员都有神秘的行业信仰，沿袭先师的技艺操作经营。因此，行业性的祭祖和师徒之间的技艺传授成为手工业习俗中的重要内容。学徒拜师，要由人介绍，俗称“荐保”，担保人称“保头”。砖工学艺，一般一年出师，拜师前要办“拜师酒”。木工学徒期一般三年，无工资，师傅只供给伙食；学徒期满还要当一年至三年“伴作”（即伙计），由师傅给一定生活费，然后才可以单独营生。铁工和裁缝学徒期及伴作期与木工相同，待遇也大体差不多。投师学艺合同格式大致如下：

投师学艺合同

立投师契人某人，情因家无生理，自愿托中，送到某姓某师务边为徒，习学手艺，荣身议定：面言，三年内听凭师父训教，三年正言定，辛力工钱几千文正。之后习艺已成，任谢师取还原契，不留阻。倘有不测伤风、咳嗽，各安天命，亦须工报。今恐无凭，立此投师契为用。①

学徒学业期满，叫“满师”。要举行满师仪式，表示徒弟已学好技艺，可以独立谋生了。届时办“满师酒”，宴请师傅、师母、师伯、师叔及亲朋好友等。首先祭祀行业祖师，然后向师傅、师母行三拜九叩之礼；师傅当众介绍徒弟已经学到全部技艺，同时师傅赠送一套工具给徒弟。

其他行业习俗有：民间请工匠上工，东家除请吃三餐外，还要在下午四时左右加点心，多为面条、包子、米粉粿等。凡建房、砌灶、安葬事，动工时要给工匠送红纸包（内装钱币）；建房架梁竖柱要给双份工钱。婴儿剃满月头、男子结婚理新郎发，也要给理发师送红纸包。请裁缝做结婚服或做死人穿的“寿衣”，亦要送红纸包或给双份工钱。

第五节　新安江流域的交通

一、新安江流域在全国交通中的位置

新安江流域地处皖、浙、赣三省交界，上游属于高台盆地，附近的江西、浙江、江苏、安徽，均在其下。新安江水系网络的存在，使得这一地区在更大区域中的交通地位得以凸显。以黄山山脉为界，南坡有流向东南钱塘江流域的新安江水系，直达杭州，是前往江南的捷径；流向西南鄱阳湖流域的阊江水系、乐安江水系，直达饶州、九江；北坡有直接流入长江的青弋江、秋浦河水系，直达池州、安庆、芜湖长江沿线；新安江下游严州府与兰江相接，向南直达金华、衢州，是前往江西、福

① 引自叶志衡：《新叶古村落研究》（建德县），浙江工业大学出版社，2016年，第46页。

建的捷径。陆路虽地势高耸，山路崎岖，由于地处皖、浙、赣三省交界，成为全国的交通网络中重要的一环。

唐代以前，南方有三大干线。一条从长安东行，经襄州、荆州至岭南道；第二条由洛阳东行至汴州，循运河东南而下，经杭州，沿钱塘江溯流而上，经睦州、婺州、衢州、信州至江西、福建和岭南道。[①] 唐元和四年（809），李翱由洛阳前往岭南，走的就是经过睦州这条水道。[②] 第三条由洛阳走陆路，经汝州、许州至陈州，过寿州、庐州，渡江至采石，经宣州、歙州，到睦州，经婺州、衢州，再选择西行或南行再通到福建、江西和岭南各地，这条道几乎贯穿整个新安江流域。

唐代两浙驿路其中干线北起今江苏镇江市，南沿江南运河经今丹徒县、丹阳市、常州市、吴县市、苏州市，横穿吴江市，进入今浙江境内，经今嘉兴市、桐乡市、海宁市、余杭市、杭州市。再往南就分为两路，一路沿钱塘江溯流而上，过今富阳市、桐庐县、建德市而至衢州市；另一路则在杭州渡过钱塘江后，经今萧山市，又南经今诸暨市、义乌市、金华市，西至衢州市与睦州路汇合，再往西进入江南西道境内。睦州与婺州分别属于新安江流域和金衢盆地，二者又分别是钱塘江的上游和其最大的支流流经地，从杭州往南，走婺州路线，要溯浦阳江和衢江，至金衢盆地各处和江西，其路线比较迂回，而且不能水路一贯，中间要有陆路相连接。而从杭州往南，走新安江路线，则从建德转入兰江，然后转向衢江和金华江、东阳江。一路都是水路贯通，相对更加便捷，是杭州通往江西信州、洪

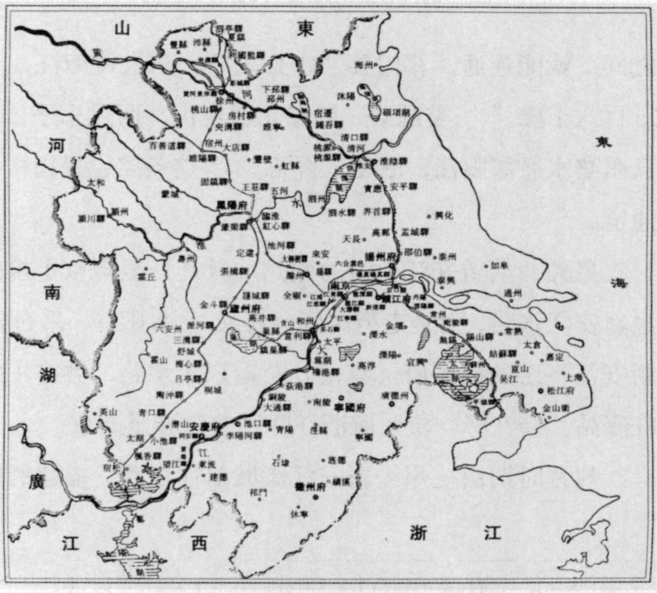

明代南京驿站分布示意图（1587年）

① 曹家齐：《唐宋时期南方地区交通研究》，华夏文化艺术出版社，2005年。
② 李翱：《李文公集·来南录》，四部丛刊影印明成化本。

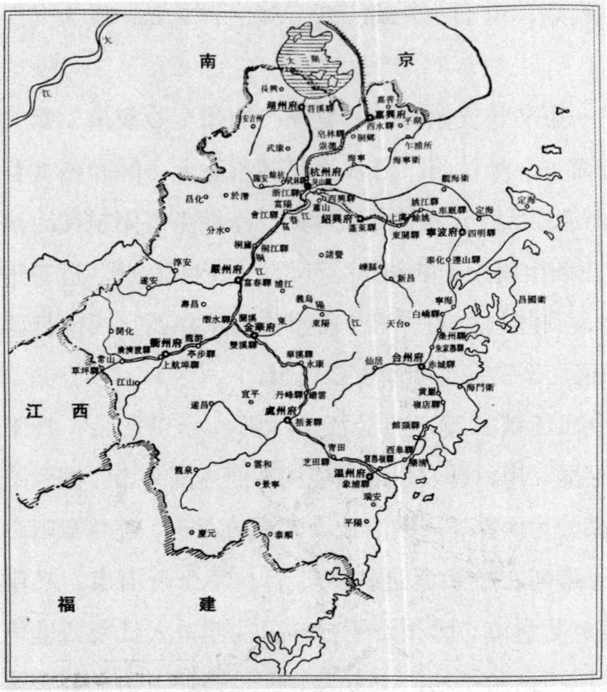

明代浙江驿站分布示意图(1587年)

州（南昌）的主要通道。①

宋代，新安江上游的徽州，“驿路东出绩溪，由宁国、宣城、南陵、青阳、贵池至池州，凡七百里。小路北逾箬岭，经太平、石埭、青阳界经至池州，才三百七十五里。”② 下游以严州城（建德）为基点，溯新安江干流而上，直通淳安。沿途新安江主要支流武强溪连通遂安县、寿昌溪连通寿昌县；练江及其上游扬之水连通歙县、绩溪县；横江及其上游漳水连通休宁县、黟县。通过新安江支流或干流水系，流域内县际之间，就能连通。祁门县“水分东西，东入钱塘江，三百六十滩；西入彭蠡湖，亦三百六十滩。”③ 婺源县“陆路东通常山，西通乐平，南通德兴，北通休宁。水行自县东婺水通鄱阳江，胜船二百石。”④ 这条路也是由杭州通往江西鄱阳湖地区的便捷通道。

另外，从新安江上游的徽州（歙县）至南京走水路，共有 5 个驿站 720 里，不经新安江水路，而是走宛陵驿（宣城）、水阳驿、采石驿、大胜驿、龙江驿至南京。⑤ 新安江下游的严州府（建德）至南京走水路，共有 18 个驿站 1330 里：富春驿、桐江驿站、会江驿、杭州府浙江驿、龙江驿至南京。⑥

魏晋时期由杭州经新安江流域前往江西、福建的通道，就已经成为全国交通枢

① 华林甫：《唐代两浙驿路考》，《浙江社会科学》1999年第5期。

② 罗愿：《新安志》卷3《歙县·道路》。

③ 康熙《徽州府志》卷2《祁门山川·榔木岭》。

④ 罗愿：《新安志》卷5《婺源·道路》。

⑤《寰宇通衢》，杨正泰：《明代驿站考·附录一》，上海古籍出版社，2006年，第141页。

⑥《寰宇通衢》，杨正泰：《明代驿站考·附录一》，上海古籍出版社，2006年，第142页。

纽上的重要交通线。宋永初三年（422）秋，谢灵运离开建康（今南京）赴任永嘉郡太守。他沿钱塘江、富春江溯流而上，经桐庐、兰溪，转由婺江到永嘉，途经桐庐写下《初往新安至桐庐口》诗。南齐隆昌元年（494），沈约除吏部郎，出为东阳太守，赴东阳途中过新安江，也留下《新安江至清浅深见底贻京邑同好》。唐德宗贞元二年（786），权德舆赴任江西观察使判官，自丹阳练湖出发，经嘉兴、临平、湖墅（今杭州市北部湖墅路一带）、富阳、严子陵钓台、桐庐、七里泷等地，过衢州经玉山岭，而赴洪州，沿途均有诗作。[①] 元和四年（809），李翱奉使南下，二月丁卯至扬州，第四天渡过长江到达润州，以下的行程依次为：常州、苏州、杭州、富春、七里滩、睦州、盈川、衢州、常山、玉山、信州、洪州。[②]

北宋嘉祐三年（1058），王安石任江东提刑（宋代的江东专指皖南、赣东及江宁府等地区），巡按各地。王安石从家乡江西临川出发，沿阊江溯流而上，经祁门县。然后顺率水而下，经过休宁县藤溪村（今陈村）、月潭、瑶溪、高枧，到阳湖，进入浙江。经篁墩、雄村到浦口，然后溯练江而上，到歙州郡城，复溯扬之水到绩溪，由绩溪至宣州。

南宋嘉定六年（1213）以前，从新安江至杭州的重要水路驿站富春驿并无驿馆，往来官员和客商多借助宫观佛寺。休宁人程珌任富阳知县，于是年构筑驿馆以方便往来官员客商，所著《富春驿记》载：

> 富春据钱塘上游，千车辚辚，百帆隐隐，日过其前，而征舍才数椽。客至无所馆，往往躏老子之官，践浮屠之室，其来尘轶，其去水空。公私交病，不知几春秋。予弹丝稍间，筑驿江渚，至者如归，越山如画，金刹参差其旁，绝类草堂所诗。旦夕代去，系舟驿下，收吴烟越雨，尽入毫端，继公之诗于数百年后，亦一快也。癸酉冬记。[③]

从程珌《富春驿记》可以看出，富春江水路之繁忙。

总之，整个新安江流域交通线路呈放射状，四面通达。虽然路途稍显艰难，但

① 《权德舆诗集》，唐五十家诗集本。
② 李翱：《来南录》，《全唐文》卷638。
③ 程珌：《富春驿记》，《全宋文》第298册6790卷，上海辞书出版社，2006年，第84页。

无论水路、陆路，前往江西、湖北、福建、南京、杭州都非常便捷。

二、新安江流域的主要通道

(一)水路

从徽州走水路到杭州，民间流传着一首歌谣：

一自渔梁坝，百里至街口。
八十淳安县，茶园六十有。
九十严州府，钓台桐庐守。
檀梓关富阳，三浙垅江口，
徽郡至杭州，水程六百走。①

这是指从徽州府城歙县出发，当然“六百走”，即600里只是一个大约的说法。如果从新安江最上游的休宁县走，需从县城出发，沿横江经万安、梅林至屯溪，沿新安江过篁墩、浦口、深渡、街口、淳安县城、遂安河口至严州府城（建德县）共420里，然后顺富春江至杭州270里。② 徽州府城（歙县）走水路到杭州，只需增加从府城经练江到浦口10里路程即可。

休宁县率水航道，从流口至屯溪航程123公里。其中流口至上溪口68公里，明清时期主要流放木排竹筏；上溪口至龙湾37公里，季节性通木帆船；龙湾至屯溪18公里常年通木帆船。横江航道从黟县渔亭至屯溪镇海桥（即老大桥）航程46公里，河宽50～100米，枯水期最宽处50米，最窄处9米，水深0.5米左右，除能流放木竹外，可通木帆船。休宁县水运以屯溪为中心，由东港（即横江）上溯，小篷船可达渔亭，自渔亭以上只能行筏；自南港（即率水）上溯，小篷船可通上溪口，溪口以上也只能行竹筏。两港上水（逆水）船筏均需纤拉，每日行20公里，下水较便。上水多以载货为主，乘客极少，下水附带少量乘客。屯溪以下水深河宽，经长干、篁墩、柘林朱家村至浦口与练江相合。东下经深渡、街口，直入浙江，可行大篷船。所有

① 憺漪子：《天下路程图引》卷1，转引自杨正泰校注：《天下水陆路程、天下路程图引、客商一览醒迷》，山西人民出版社，1992年，第361～362页。

② 黄汴：《一统路程图记》卷7《江南水路》，见杨正泰：《明代驿站考·附录二》，上海古籍出版社，2006年，第278页。

徽州各县货物、旅客，均取道于此。民国期间，有12仓大篷船4艘，专门行驶于屯溪深渡之间，为乘客服务，每日上、下午行船各1艘，下水一天、上水一天半至两天。沿途各大村镇，均可停靠上下。县内大多是小篷船，大篷船较少。小篷船装载量不过四五十担，往来于屯溪与歙县、屯溪与上溪口及渔亭之间。大篷船装载量达200担左右，往来于屯溪与杭州之间，水位低时只到歙县朱家村，另由小篷船代运。自杭到屯，水大时七八天，水小时须半个月。自屯到杭，水大时约二三天，水小时五六天。①

歙县境内主要航线有渐江航线（从南溪南至朱家村）19公里，新安江航线（从朱家村至街口）69公里，练江航线（从徽城至朱家村）8公里。练江、新安江的许多支流皆能通航。唐代，曾对练江航道进行疏通。《新唐书·地理志》记载，歙县"东南十二里有吕公滩，本车轮滩，湍悍善覆舟，刺史吕季重以俸募工，凿之，遂成安流"。南宋理宗绍定四年（1231），徽州城南筑渔梁坝，练江航线分为坝上航线和坝下线。清光绪年间，练江航线坝上，2～5吨木帆船，由丰乐河上溯可至西溪南、石桥村，由富资水上溯可至丰口桥下，由扬之水上溯可至绩溪县柳村。民国二十三年（1934），练江航线坝上，2～5吨木帆船，由丰乐河上溯可至岩寺（20里），由富资水上溯可至富堨（20里），由扬之水上溯可至绩溪县临溪（40里）；木筏，沿丰乐河上溯至容溪，沿富资水上溯至太尉殿，沿扬之水上溯至绩溪上游数十里；遇山洪水涨，丰乐河黄山芳村以下，富资水丰口以下，扬之水绩溪虹溪以下，均可放流木筏。②

黟县横江航道，自渔亭桥起，东行经休宁县东亭、岩脚、环居、兰渡、休宁大桥、万安潜阜、梅林至屯溪镇海桥，航道里程53公里，黟县境内4公里。江宽50～100米，枯水期水面宽处约50米，窄处约9米，水深0.8米左右。自古通行客、货木船。民国期间，江中仍可通行1.5吨木船。境内漳河、虞山溪、漳溪、清溪、柯村河等河道，上游河面多狭窄，水流湍急，直道有滩，弯道有潭，河中多巨石；下游水流平缓，河道弯曲，河面较宽，多为40～50米自古以来，木竹多从以上河道运至新安江、青弋江。渔亭镇为黟县古代唯一水陆码头，每日有百余艘木船靠岸停泊。时

① 休宁县水上交通，参见《休宁县志》，黄山书社，2011年，第597、598页。
② 歙县水上交通，参见《歙县志》，黄山书社，2010年，第228、229页。

渔亭桥上方，有用石料铺砌而成的踏步码头四座，水域面积1000平方米，陆域面积200平方米，前沿水深0.9米，日有百艘木船停泊，年吞吐量万吨左右。时黟县、祁门、太平、青阳、石埭、东流等县与屯溪、浙江、江西的物流，均由木船装载经渔屯航道（即横江航道）输入、输出，在渔亭镇落行中转。木船一般载重1.5吨上下，船上设客铺4～6张。下水，渔亭至屯溪，一般水位航期1～2天，大水半天；上水，从屯溪至渔亭，一般水位航期4～5天，枯水期半月以上。上水船只需结帮同行，6～10艘船为一帮，逢险滩、过急流，劳力、纤绳集中使用，一艘一艘通行。浅水河道，还得拦水过船。①

绩溪县练江上游临溪至歙县渔梁称临渔航道，全程22.5公里，县境内3公里石河底，水流急，续航可达淳安、杭州。明弘治十二年（1499）重建渔梁坝后，河道渐淤砂石。清中叶上水抵临溪，通10吨木船。民国初期，平均水深2米，河宽30至100米，窄处3～5米。上水背纤，通1.5吨木船，2～3天抵临溪。下水可载3吨，半日到渔梁。登源河下游湖里至临溪，水程10余公里，通航至清末。民国迄建国初，小船通至荸显，约6公里。扬之河下游华阳镇杨柳村至临溪，水程10余公里，通航至民国初年。历代县人流、物产及百货进出，多由登源河、扬之河下游，或临溪码头船运。临溪民船，俗称坝上船。木质构造，两头尖翘，身长约10米，宽1.6米，底扁平，深0.6米，吃水0.2米越渔梁坝，可上达屯溪，下抵淳安、杭州诸地，无定期航班。扬之河的城郊杨柳村、埠头上与登源河的仁里、湖里、荸显及临溪码头为转运点。明迄清初，船、筏往来，商旅络绎。清中叶后河道淤塞，上水航程逐减，临溪遂成商埠重镇。清道光前，临溪至渔梁有百余船只往来，民国十五年（1926）前后仍有数十艘进出，上行湖里、县城、埠头上的民船已不常见，当时临溪码头年运费数万金，为县内和旌德、泾县榔桥、宁国胡乐、歙县南乡与东乡昌化岛石坞等地“商货出入之总汇”。②

淳安县境内新安江自西向东横贯县境，与境内东源港、武强溪、风林港相连接，形成淳安县的水上运输网，航道总长201.5公里。新安江航道，由黄江潭入县境，在芹坑口出县境，县境内全长74公里。河宽平均150米，河床深平均30米，水深

① 黟县水上交通，参见《黟县志》，黄山书社，2012年，第277页。

② 绩溪县的水上交通，参见《绩溪县志》，黄山书社，1998年，第320、336页。

平均 35 米，回线 100 ～ 120°，水流湍急，天然障碍多滩、礁石，人工障碍多小坝。每年春夏山洪暴发时，水位陡涨，能行驶 30 吨帆船，秋冬水落仅能行驶 10 余吨船只。新安江上可到屯溪，下可达杭州，是淳安县物资流通的主要渠道。东源港航道，流经航头、桥西、渡市，至塔底入新安江。临岐至塔底 45 公里，可通行竹筏，其中航头至塔底 225 公里，河宽平均 100 米，水深平均 1.5 米，回线 100 ～ 120°，可通行 4 吨船只。武强溪航道，流经樟村、余家、中洲、汾口、简门、仙里、狮城，至寺前与风林港汇合，经下山边至港口入新安江。余家至狮城 35 公里，可通行竹筏；狮城至港口 30 公里，可通行 3 吨船只。凤林港航道，自山后王家至寺前 17.5 公里，可通行竹筏。其中，安阳至寺前 10 公里，可通行小船。①

明洪武初期，建德县在梅城东关设立严州富春驿，在南门设建德县新定驿。沿至康熙六年（1667），两驿有水驿船 13 艘（府驿 9 艘。县驿 4 艘），驿丞 1 名（主持府驿），驿皂 2 名，舆夫 16 名，纤夫 170 名，水夫 8 名，水手 19 名。民国初期废驿改为“卡子船”，稽查上、下航船行商，并收税。从梅城始发，有建（德）桐（庐）、建（德）兰（溪）、建（德）淳（安）三条县际航线，当天到达桐庐、兰溪，四天到达淳安。

淳安茶园段新安江水道

① 淳安县的水上交通，参见《淳安县志》，汉语大辞典出版社，1990年，第344页。

寿昌境内没有大河，载运物资全凭流入寿昌溪的几条溪流，唯一水运工具则是竹筏。寿昌溪，源于三尖井，全长57公里，经罗桐埠入新安江，可通竹筏41.5公里；曹溪，源于玳瑁岭，全长17公里，于航头大山畈入寿昌溪，可通竹筏10公里；爽溪，上游为清潭溪，下至南浦与童源水合，从河南里入寿昌溪，全长10公里，可通竹筏4公里；交溪；原自李家魏驮山，至大同入寿昌溪，全长13公里，可通竹筏7公里。上述四溪的河床都很浅，最深水处2.5米，浅水不足一米，只能行驶竹筏。从新安江运入寿昌的物资，也靠竹筏先运抵寿昌，再由竹筏转运到石屏、大同、陈家等地。[①]

(二)陆路

陆路通道，由新安江上游的休宁县城前往杭州，从县城出发，经张山铺、长衮铺、茆田铺、岩寺镇、冷水铺至徽州府（歙县）；过稠木岭、瞻祁铺、大佛岭、七贤铺、山后铺、蛇坑、苏村、杞梓里、中岭铺、王干、老竹岭、新桥铺、车盘岭、义纲岭、朱柳铺、手孛岭、白日桥到达昌化县；然后经芦岭铺、太阳铺、方员铺、镇角头、戴石铺、藻溪铺、化龙铺、淩村、西市、五柳铺、青山谱、丁桥铺到达余杭县；经观音桥到达杭州府。[②]

徽州府（歙县）往扬州仪真县的道路，水陆均有。从徽州府（歙县）至绩溪县，过丛山关，逾沙岭，经胡乐司、尘岭、周易铺、甲路、云门、桥头铺、十里瓦窑、竹下铺至宁国府，再经水阳、唐沟、红南埠到溧水县，过望湖冈、句容县、河口到达仪真县，全程约740里。[③]

徽州府（歙县）往福建崇安县，走陆路，从府城出发，经潜阜渡、五城、黄茆、三保桥、大阪、大容田、下坞、方村、孝塘、升口、堨埠、夜溪岭、毬里、三版桥至江西玉山县，过沙溪、龙溪至广信府，过铅山县、紫溪、车盘驿、乌石、分水关（江西、福建界）、大安，到达崇安县，全程也约740里。[④]

由徽州府城（歙县）向北经富堨、许村，越箬岭关，经太平县，东达宁国府，

① 建德、寿昌水上交通，参见钟森水：《建德经济》，天津古籍出版社，2011年，第79、82页。

② 黄汴：《一统路程图记》卷8《江南陆路》，见杨正泰：《明代驿站考·附录二》，上海古籍出版社，2006年，第285页。

③ 黄汴：《一统路程图记》卷8《江南陆路》，见杨正泰：《明代驿站考·附录二》，上海古籍出版社，2006年，第285页。

④ 黄汴：《一统路程图记》卷8《江南陆路》，见杨正泰：《明代驿站考·附录二》，上海古籍出版社，2006年，第285页。

西至池州府。此道纵贯歙县北部及绩溪、宁国中部南北，为古徽州、宁国、池州三府通衢。箬岭是这条道路最为艰难的一段，《徽州府志》记载，箬岭“黄山之东，上多箬竹，唐越国公汪华在隋末起兵时，凿山开道，一通旌德，一入太平，为郡要冲”。①《新安志》称：“驿路东出绩溪，由宁国、宣城、南陵、青阳、贵池至池州，凡七百里。小路北逾箬岭，经太平、石埭、青阳界经至池州，才三百七十五里。”②

由徽州府城（歙县）至浙江昌化县，出歙县南门，东北经渔梁、鲍家庄、呈村降、大阜，霞坑、苏村、杞梓里、三阳、昱岭关至昌化，通杭州，又称“徽杭古道”。其间歙县城至昱岭关62公里。三阳之东，从竹铺至昱岭关为高山地带，岭峻路险。其余路段依山傍河，形似走廊。《徽州府志》记载昱岭：“境接昌化，为趋杭通衢。元常置关，以遏寇乱。”③昱岭关路段，相传为宋绍兴元年（1131）岳飞提兵讨杨么过此而建。郑玉《横山记》载：

> 歙东南境接杭之昌化，自昱岭关至郡城百里。而远出入山谷间，无跬步夷旷者。其间自小坑口至溪子里，旧路山溪下，崎岖坑涧中，厉揭二三十，度行者以为病。其险绝处，高则架木为栈，低则叠石为塘，修葺无时，官民劳费至不可胜计。会宋岳武穆王飞提兵过郡境，至则溪水大涨，军不可前。王命大众伐山开道，由三岭出，遂为康庄，且省其程三之一焉。④

北宋末，方腊义军曾在昱岭关一带与宋军大战。元末，农民起义军亦在此与元军反复争夺。民国二十一年（1932），此道改建为公路。

由徽州府城至安庆府城，从歙县沿徽浮古道至祁门县城，北经胥岭、大坦、大洪岭、雷湖；转西北经琅田、古楼墩至金汉培，入石埭县境；再经横渡、七里、矶滩、沿鸿陵北行，过唐家渡，经塔坑、九里冲入贵池县境；经十字路、牌楼、吴田、黄溢至安庆。全程210公里。此道以祁门县境内大洪岭段最为难行。明万历年间，祁门县有孀妇郑氏，曾捐银修辟。其后，年久失修，洪水冲刷，山崩道塞，石磴剥蚀，

① 康熙《徽州府志》卷2《歙·山川》。
② 罗愿：《新安志》卷3《歙县·道路》。
③ 康熙《徽州府志》卷2《歙·山川》。
④ 康熙《徽州府志》卷2《歙·山川·昱岭》附。

几至断绝交通。清道光年间，复由地方人士捐款修整，凿山平路，改善弯道，加铺石板，路况遂有改观。整段岭路上七里下八里，岭头有石碑两幅，一刻修路经过及捐款、开支情况；一刻养护道路规定。

由徽州府城至泾县，出歙县城东北行，经吴山铺、牌头、新管、上新入绩溪县境；经临溪、雄路至绩溪县城；折西北行，经高村、翚岭、镇头、浩寨，分界山（绩溪、旌德县界）、七里铺至旌德县城；又西北行，经新桥、柳山铺、高口铺、三溪铺至浙溪入泾县境；再北经榔桥至泾县城。全程94公里。此道歙绩段30公里，路平坦，宽2～3米；绩溪、旌德段亘有翚岭，陡峻难行，宋代设有翚岭关，明嘉靖三十四年（1555）重建城堞，为年事要塞。此段为往来宣、徽间重要官道之一。宋王安石为江东提刑时过此道，有“夜过翚岭月明中”诗；清施润章入徽州亦有《过翚岭》诗。

绩溪逍遥岩古道，是古代绩溪县通达杭州的捷径。该道从绩溪登源虹溪桥头往东出“江南第一关”，经黄茅培，越雪堂岭，经大坦至岭脚下村，过阴山、银龙坞，出栈岭界碑，入浙江昌化接徽杭大道。全程35公里，绩溪境内20公里，大部分为石板、石阶路，宽1.5～2米。逍遥岩段依岩傍水，十分险峻。南宋宝祐五年（1257），大石门人胡旦削石为磴；元大德年间程氏伐石为阶；明成化年间汪以茂重修，共成140余级，宛若天梯。太平军侍王李世贤率部过此，赞为天险。清同治二年（1863），张洪凹筑关隘，西面楣石刻额“江南第一关”，东西楣石刻额“徽杭锁”。民国十一年（1922），旅沪徽商邵在炳、邵之华、程彦卿等筹银3000余元修险段石级；民国十九年，邵在炳建石拱亭于关隘东；民国三十二年，旅沪徽馆业主胡元堂、邵叔伟、程克藩等集资2.2万元修磨盘石段，半坞亭段和岩口亭。民国年间，上庄人胡卓霖独资重建雪堂茶亭。

黟县章岭古道，是黟县城通石台、太平县远及池州和宁国府要道。此道起于黟县县城临漳门，经江柏山、石亭、水磨岭、枧溪，越章岭后至石栏杆分两道：左道经宏潭、溪下至石台大河口，全长47.5公里，可达青阳、贵池以远；右道经余溪、越余岭至太平，可达芜湖、江宁以远。

陆路交通上游以徽州府城（歙县）为中心，西南方向通往各县城的陆路如下：出府城、岩寺镇、茆田铺、长衮铺至休宁县城；然后从休宁县城出发，经岩脚、渔亭、西递至黟县县城；从渔亭分岔，经金字牌至祁门县城；从岩寺分岔，经篁墩、屯溪、五城、璜茅、塔坑、湖村、汪口、渔潭，至婺源县城；从屯溪分岔，经横关、石门、大连岭，至遂安县城。[①]

徽杭古道

下游各县则各自以县城为中心向严州府城（建德）聚拢：遂安县城出东门，经十里铺、东亭镇、范家、杏林桥、界首，进入淳安县境，走通往淳安县城和严州府城（建德）大路；遂安县城出南门，经末头、田蓝村、严村、湖村、候岭、湖边，进入淳安县境，为通往港口大路；从末头南行，经儒琅坑、安阳镇、下楼梧、陈家门里，入寿昌县境。[②]寿昌县至府城（建德）的主要干道，出东圈门，经七里亭、乌龙庙、新市桥、新市村、撒纲山麓、罗桐埠，进入建德县境大路。[③]从淳安县城到府城（建德），陆路140里，走水路要180里。

《徽州文化大辞典》的记载，新安江上游的徽州府走出大山的陆路有八条，分别是歙县老竹岭路，通往昌化、桐庐、杭州；绩溪余杭路，绩溪逍遥岩，通昌化、于潜、余杭、杭州各埠，道路险峻有栈道；绩溪丛山关路，通宁国、宣城、芜湖及沿江各埠；绩溪新岭路，通旌德、泾县、南陵、芜湖及沿江各埠；歙县箬岭路，通太平、泾县、南陵、芜湖以达沿江各埠；黟县羊栈岭路，通太平、石埭、青阳、大通以达沿江各埠；祁门大洪岭路，经石埭县、贵池县境，以达殷家汇、安庆及沿江各埠；马金岭路，通开化、遂安、常山、衢州等处。

① 陈琪：《徽州古道研究》第一章《徽州部分古道示意图》，安徽师范大学出版社，2016年，第5页。
② 民国《遂安县志》卷1《方舆志·交通》。
③ 民国《寿昌县志》卷2《疆域志·水陆道里附》。

第二章　新安文化的发展阶段

第一节　汉以前的新安文化

一、先秦遗迹及其文化归属

新安江流域是我国原始文化的一个独立发展单元，历经智人时代、旧石器、新石器、青铜器和封建时期发展阶段，一步步走来，没有停留，没有断代。

1962年10月至1963年6月，浙江省地质局区域地质测量队黄正维和孟子江在调查浙江石炭、二叠纪灰岩区喀斯特地貌时，在寿昌李家乡上新桥村乌龟洞内发现动物群和古人类遗物、遗迹，为新安江流域第四纪地质和哺乳化石的研究提供了可靠的资料，但这批遗物在“文革”中遗失，颇为可惜。

1974年11月，中国科学院古脊椎动物与古人类研究所的韩德芬、张森水、戴尔俭，浙江博物馆魏丰、徐玉彬、张明华等再次对上新桥村乌龟洞进行了试掘。乌龟洞在山丘中极不显眼，洞穴发育于船山灰岩中，洞口朝向南西30°，高约0.6米，宽约4米，高出当地河面约32米。洞深5.2米。原洞顶在很早以前曾遭严重破坏，大部

“建德人”遗址

分已经坍塌，以致大多堆积已无顶掩盖。

试掘结果表明，含化石的地层分上、下两部分，上部出土猕猴、最后斑鬣狗、猪獾、大熊猫、剑齿象、水牛、羊、鹿、麂、猪和中国犀等11种哺乳动物化石，并意外地找到一枚人的犬齿化石。这枚人的犬齿化标本为右上犬齿化石，齿冠高11.6毫米，中径为8.5毫米，唇舌径为9.5毫米。与已知的国内人类化相比，如与中国猿人比，缺少中国猿人犬齿的诸多原始性，而有许多进步性；若与同属晚期智人的柳江人和山顶洞人的犬齿对比，在形态上十分相像。故把它归入晚期智人类型，是猿向人进化过程中的一个重要阶段，距今约五万年。其时原寿昌县已划归建德，因命名为“建德人”。[①] 李家乡新桥村乌龟洞毗邻淳安与淳安县赋溪乡遥岭相望，秦时寿昌和淳安二县同属古歙东域，故论文化属性，“建德人”是新安江流域土著文化的重要组成部分。

2000年4月，在新安江下游的桐庐县印渚镇延村发现一枚人类头骨化石和人类砸击加工的“骨器”“骨凿”。经铀系法年代测试，大致年代当距今二万至一万年，按文化年代分，应属旧石器时代晚期。由于钟乳石在头盖骨表层，顺头盖骨形状发育，头盖骨的年代应早于钟乳石年代由此推测，头盖骨年代也大致属于旧石器时代晚期或更早。这与“建德人”是否有承续关系，也是值得探讨的课题。

在新安江流域，分布着大量的旧、新石器时代遗址，承继“建德人”的文化发展，如歙县下冯塘遗址、新州遗址、桐子山遗址，绩溪方家园遗址、龟山遗址、胡家村遗址，屯溪下林塘遗址，淳安五龙岛遗址、富德遗址，建德六山岩新石器遗址、久山湖新石器遗址等。

下冯塘遗址位于新安江上游的歙县富堨镇下冯塘村南200米，新石器时代、周代遗址，1988年发现。分布于高约5米的二阶台地，东西宽约150米，南北长约200米，遗存面积5000平方米，文化堆积厚约1米。遗址南部曾作窑场，北部为耕地。出土石器120件（不包括石坯、石料和废料），陶片9000余片。石器有砍砸器、尖状器、石矛、石斧、石镞、石锛、石凿、刮削器，陶片有杯形器、豆及10数种陶器口沿，少量印纹硬陶。大型石器多用卵石稍事加工而成，其中有直径5厘米左右的圆饼状

① 王海明：《浙江洞穴遗址的考古学观察与思考》，《第八届中国古脊椎动物学学术年会论文集》，北京，海洋出版社，2001年，第229页。

河卵石刻有类似表示半径的沟槽。1994年试掘，出土有新石器时代遗物陶片、石镞、刀、锛等。陶片以夹砂红陶为主，另有泥质灰黑陶、红陶等，纹饰有篮纹、附加堆纹、绳纹和弦纹，器形有罐、豆、钵、瓮、盆等。周代陶片多夹砂灰陶，也有印纹硬陶，纹饰有方格网纹、折线纹、米字纹等，器形有罐等。从石器、陶器的功能组合上看，下冯塘先民们的主要食物来源为狩猎与捕鱼，同时农业生产和采集是重要的补充，纺织也是当时的一项生产活动。①

五龙岛遗址位于新安江中游千岛湖镇西2公里的五龙岛南侧。1987年3月，千岛湖水位降至90米以下高程时，五龙岛地表裸露出古器物，面积2000平方米。县文管部门组织人员上岛采集到石器20件，有斧、钺、凿、镰、镞、网坠等，还有数量较多的陶片，胎质以夹砂红陶、夹砂黑胎红陶、泥质黑陶、泥质灰陶为多。可辨器形有釜、鼎、罐、杯、壶、盂、盏等。并采集到大小不一的鱼鳍形、扁凿形、丁字形鼎足及陶纺轮，另有玉玦1件。②

六山岩遗址位于新安江下游建德县航头镇沿村六山岩。1982年2月，杭州市文物普查工作队试掘了一个2平方米的小探方，揭去20～43厘米的褐红色农耕土后，即发现文化层，面积1500平方米。文化层出土的器物有陶片、陶器和石器。文化层分为两层：第一层中出土的陶片有泥质黑陶，可辨认器有罐、壶、盘、盆、钵、豆、鼎足和纺轮等。其中有三片夹沙黑陶，为釜片；还有红色夹沙陶，大多为鼎足，其形有鱼形、扁尖足形、凿形足。石器有镞、钺、网坠、有孔小石刀、石斧、砺石；第二层中出土的陶片中有泥质灰陶，可辨认器形有罐和豆。有红色夹砂陶，亦为鼎足，其形与第一层的大致相同。还有少量的白陶片，夹炭黑陶片和黑衣陶片。石器有镞、锛、管、砺石。③

另外，淳安进贤高祭台遗址发现大量石器、夹砂陶、印纹硬陶和原始青瓷片，歙县的新州遗址出土有瓷器、瓦块、陶器、石器和玉器，历新石器时代、商周、两汉和两宋，延续时间长达数千年。这种连续的时间跨度，印证了当时的新安江流域处在一个长期稳定的发展环境。新安江水系交通，促进流域内土著先民的相互交往，已发现的遗址在文化面貌上有相似之处，存在一定联系。各遗址出土遗物中，用于

① 歙县地方志编纂委员会：《歙县志》(2005)，黄山书社，2010年，第992～993页。
② 《淳安县文化志》编委会：《淳安县文化志》，浙江工商大学出版社，2016年，第519页。
③ 罗道平、尧志刚：《建德文物》，天津古籍出版社，2011年，第5页。

生产生活的工具类占绝大多数。其中出土的石器种类较少，以用于狩猎、捕鱼的石镞数量最大。各遗址四周群山环绕，又与新安江支流水系相邻，渔猎资源较为丰富，狩猎和捕鱼成为当时人们获得食物的一个重要途径。其次是用于谷物生产与谷物加工的石锛与石刀，可见当时农业已在本地发展起来，但从出土数量的比例来看，渔猎和农业生产在当时都发展到一定的程度，而先民们或许对渔猎的依赖性更大。

从陶器的种类上看，用于烹饪谷物的炊器较少，出土陶器数量最多的是罐类盛器。可见，当时人们的主要烹饪方式仍然是烧烤，用炊器烹饪谷物不及直接烧烤，这也说明了人们当时的主要食物来源是渔猎，原始农业谷物生产虽然已经出现了，但还处于初期阶段，不是人们生产生活的重心。出土陶器中除了盛器、食器和炊器外，最多的是陶网坠，这也从另一方面反映了当时人们对渔猎的依赖性远远大于农业生产。

1959 ~ 1975 年，新安江上游的屯溪西郊奕棋村先后发现 8 座西周至战国早期的墓葬。[①] 出土的青铜器、原始青瓷和几何印纹硬陶，在形制、纹饰和构图风格上，具有浓厚的越文化特色。从 1 号墓和 2 号墓中发掘的 20 件成组的青铜器，到目前为止，在江南地区还属罕见，体现了新安江流域土著先民善铸铜的古越民族特点。其中一只铜鼎上绘满饕餮纹，与良渚徽记风格十分相近。1979 年秋，在新安江中游的浙江淳安县左口小塘坞出土 5 座墓葬，发现一批石器、陶器与原始青瓷器。随葬品多为生活用具，以原始瓷器占绝大多数，豆的造型与屯溪西周墓釉陶豆几乎全同，双耳罐在屯溪也有类似器物出土。碟、盏都与屯溪西周墓出土的釉陶碗相似。

屯溪奕棋西周土墩墓遗址出土的青铜器，铜色鲜丽，纹饰细腻，器体偏于单薄，质地疏松，且锈蚀物较多，与安徽沿江的铜陵等地差异较大。在淳安进贤高祭台遗址的考古发掘中，发现了“商代的炼铜遗址，出土了坩埚、铜炼渣和一些青铜产品”，[②] 从出土的有柄曲刃和铜口锛 2 件青铜器实物可以看出，淳安的青铜冶炼和铸造水平已达相当高度，能够冶炼合金和铸造较为复杂的器型。淳安、建德两地文物部门收藏的商周青铜兵器，其形制、化学成分、现存状况，也与屯溪出土的器物相类。这些遗存为屯溪出土的西周青铜器提供了联系线索，揭示了流域的青铜文化发展状况。

---

① 安徽文化局文物工作队：《安徽屯溪西周墓葬发掘报告》，《考古学报》1959年第4期，第62～93、115～133页；李国梁：《屯溪土墩墓发掘报告》，安徽人民出版社，2006年。

② 倪士毅：《浙江古代史》，浙江人民出版社，1987年，第18页。

在淳安县赋溪村周围（今淹没在水库中）发现的印纹陶与原始青瓷器和小塘坞所见略同，而施家凸采集的印纹陶尊与江山县及屯溪所出相同；屯溪尊与衢州、江山、遂昌等县所出类似，进贤遗址的泥质灰陶小盂和硬灰陶盂与屯溪二号墓及左口五墓的盂相同或近似；与屯溪相似的部分器物，在浙江省的义乌、东阳、武义、江山、衢州等地也有出土。更重要的是，这种以鹅卵石铺垫成石床的墓葬形式，除屯溪外，在浙江省江山、衢州、武义等县也有发现。考古界认为地处钱塘江上游的金(华)衢（州）盆地，与皖南山区的屯溪一带，当时的文化面貌基本相同。[①]

屯溪西周3号墓出土的原始青瓷盉

二、山越与社会风尚

秦汉时期，新安江流域设有黟、歙二县，史称当地人为“山越”。所谓山越，按照胡三省的解释：“山越本亦越人，依阻山险，不纳王租，故曰山越。”[②]认为山越是越族，其实是不对的。当时新安江流域的居民有六个方面的来源。(1) 土著：早在秦以前这里就居住着土著先民，他们在禹以前属三苗族，禹以后属古越族。[③] (2) 大越徙民：《越绝书》载：“乌程、余杭、黝、歙、芜湖、石城县以南，皆故大越徙

① 浙江省文物考古所：《浙江淳安左口土墩墓》，《文物》1987年第5期，第36～40页。
②《资治通鉴·汉纪》，胡三省注。
③ 翟屯建：《徽州文化史(先秦至元代卷)》，安徽人民出版社，2015年，第19、20页。

民。秦始皇刻石徙之。”（3）遗留下来的粤兵和汉兵：秦末，番阳令吴芮部将梅铜率百粤之兵，从高祖伐秦，以功封烈侯，食邑十万户，居祁门县西十五里。[①]另据《汉书·功臣表》载，汉将陈婴定豫章、浙江，拥兵浙地。浙地就是现在的休宁屯溪一带。梅铜定居祁西，陈婴拥兵休宁屯溪，必然有大量的粤兵和汉兵滞留徽州。（4）北方迁徽居民：春秋战国，楚汉之争，中原战乱，很多北方居民为避祸乱，举家迁居徽州。例如汉新莽间，司马长史方纮因王莽篡汉，为避祸，从河南迁居歙县东乡，[②]也就是现在的淳安县境。东汉建安二年（197），龙骧将军汪文和为避乱，渡江南迁，安家于歙。[③]南宋罗愿《新安志》亦载：“昔有人山行七日，至一斜穴，入穴廓然，周三十里，土甚平沃。中有十余家，云是秦时离乱入此避地。”[④]（5）流民：不少中原居民为逃避赋役，进入徽州。《后汉书·李忠传》载：“建武六年（30），迁丹阳太守……垦田增多，三岁间流民占著者五万余。”黟、歙为丹阳郡属县，并设有都尉，5万流民中必有不少定居黟、歙。（6）留恋新安大好山水的仕宦：如西汉元朔间丹阳太守舒骏，迨其裔舒许出任新安太守，见山川秀丽，遂家于此。[⑤]其中，既有土著，也有大越徙民，还有北方南迁中原士族。

“不纳王租”是胡三省解释“山越”一词的关键，当时的文献将山越与“山贼”“山寇”“山夷”“山民”等同使用，交叉称呼，[⑥]可见，当时的统治阶层认为“山越”是一群生活在底层的“贱民”。这种“寇”“贼”“夷”在中央政权没有公开征伐，文献尚未记载之前，就已经存在。《新安志》记载：“汉末零陵黄盖为之（按：指任丹阳都尉，治歙县），抑强扶弱，山越怀附。”[⑦]说明了地主阶级与农民阶级之间的斗争由来已久。《新安志》还记载了黟县山越宗帅陈仆，每逢节、社出来打击地主贵族的事迹，[⑧]明确记载山越并不包括地主贵族。笼统地以地区划分，将当时属于两种对立阶级的新安江流域居民都称之为“山越”，或者不分阶级属性，把先秦百越居住区的居民都说成是“山越”，是不准确的。其实“山越”只是统治阶级对居住在先秦百越地区，

① 罗愿：《新安志》卷4《祁门·古迹》。
② 戴廷明、程尚宽撰，朱万曙等点校：《新安名族志》前集《方氏》，黄山书社，2004年，第98页。
③ 戴廷明、程尚宽撰，朱万曙等点校：《新安名族志》前集《汪氏》，黄山书社，2004年，第182页。
④ 罗愿：《新安志》卷5《黟县·古迹》。
⑤ 舒应鸾：《京兆舒氏统宗谱》，明成化刻本。
⑥《资治通鉴》建安八年，大和二年胡三省注，《三国志·诸葛恪传》等。
⑦ 罗愿：《新安志》卷9《叙牧守》。
⑧ 罗愿：《新安志》卷5《黟县·古迹》。

以山区为根据地，反抗地主阶层和封建统治的山寨式武装集团的一种称呼。

山越人性格强悍，“其幽邃民人，未尝入城邑，对长吏，皆仗兵野逸，白首于林莽。逋亡宿恶，咸共逃窜。山出铜铁，自铸甲兵。俗好武习战，高尚气力，其升山赴险，抵突丛棘，若鱼之走渊，猨狖之腾木也。时观闲隙，出为寇盗。每致兵征伐，寻其窟藏。其战则蜂至，败则鸟窜。自前世以来，不能羁也。”① 出于生存需要，他们以武力与横征暴敛的官府抗争，形成“以材力保捍乡土为称”② 的尚武习性。山越人尚武，具有天生的好斗精神。建安二年（197）夏，孙策受封为明汉将军。当时，陈瑀军驻海西（今江苏东海），孙策按诏书要求，整顿兵马，要去与吕布、陈瑀会面，谋划军机，参同形势。但他率军走到钱塘时，情况却发生了变化。原来陈瑀想要乘机夺取孙策的地盘。他派人秘密渡江，拿着三十多个印信给各地占据险要的山越首领，让他们做内应，等孙策的部队一开拔，马上攻取他的郡县。陈瑀所颁发的印信中就有歙、黟的山越首领。孙策发现这一阴谋，大怒，派吕范、徐逸统兵直扑海西，大破陈瑀，俘获他的将士、妻儿等共4000多人。陈瑀往北逃奔袁绍。在这次未遂的军事行动中，黟、歙两县的山越首领参与了反叛与袭杀孙策的活动，一方面表明了黟、歙越人势力的强大，另一方面也说明他们对孙氏政权的不信任。鉴于当时江南山越的反抗，使得占据长江中下游的孙吴集团如鲠在喉，决定予以武力征服。贺齐征讨歙、黟山越陈仆、祖山、金奇、毛甘的战争就是发生在这一背景之下。经过半个多世纪的征战，山越人或被杀，或被俘，或躲避，人口损失严重。以致在西晋初年的人口统计中，新安郡六县仅有5000户，县均约833户；与邻近的宣城县均2136户、扬州县均2272户相比，差距巨大。同时，山越原有的社会组织、社会关系也出现较大变动，在很大程度上削弱了山越抗衡朝廷的力量。

春秋战国时期，新安江流域的越族部落崇尚祖宗崇拜，仍然保留着图腾崇拜的痕迹，“鸟田”习俗便是其标志。《禹贡·扬州》载：“鸟夷卉服。”“鸟夷”据童业书考释，就是指“以鸟为图腾的部落”。③ 新安江流域与江浙同为一体，鸟图腾崇拜的习俗绵延不断。直到汉代，上虞县官还特地下令，“禁民不得妄害此鸟，犯则无赦”。④

① 陈寿：《三国志》卷64，中华书局，1964年，第1431页。
② 罗愿：《新安志》卷2《风俗》。
③ 童业书：《“鸟夷”说》，《中国古代地理考证论文集》，中华书局，1962年。
④ 郦道元：《水经注》卷40《渐江水》，《四部备要》本。

新安江流域社会风尚，以“鸟田”习俗最富特色。《水经注》记载“渐江水”时称：“昔大禹即位十年，东巡狩，崩于会稽，因而葬之。有鸟来，为之耘，春拔草根，秋啄其秽。是以县官禁民不得妄害此鸟，犯则刑，无赦。”① 屯溪西周墓葬出土文物中有一件铜鸟饰，作伫立待飞之状，翼翘上嵌有绿松石，造型新颖美观，形态生动逼真，体现了新安先民对鸟的尊崇，抑或是“鸟田”风俗的体现。

越人有裸体之俗，屯溪奕棋西周3号墓葬出土四尊形态相同的铜塑裸俑。裸俑乳房微实，臀部丰满，呈女性特征。造型为屈膝跪坐，上肢弯曲，手心平举向上，作托举姿势，面部表情愁苦，耳垂有缕孔，头顶一长方形牌，牌中剔一缕子，似为奴隶俑，应该就是当地裸俗的体现。

屯溪西周墓葬出土的跽坐裸俑铜人

三、王权统治与士族迁入对当地文化的影响

新安江流域自古为越族居住地，在中央王权的统治尚未达到，中原士族迁入之前，文化礼仪相对薄弱。故汉李忠“为丹阳太守，以越俗不学，嫁娶仪礼衰于中国，乃为起学校，习礼容，春秋乡饮，选用明经，郡中向慕之”。② 通过地方行政治理过程中的教化，当地越人在了解和接受中原人的生产、生活方式后，道德观、价值观、文化崇尚等方面发生变化，以不断调整自己与社会、环境的关系，为更大规模的民族融合奠定心理基础。需要指出的是，李忠“以文化人”也是建立在征服的基础之上的。《后汉书·李忠传》就明确指出：“忠到郡，招怀降附，其不服者悉诛之，旬月皆平。”可见，政府同化政策的强制性十分明显。

同时，统治阶层向歙、黟强行迁入外族人，使之与当地居民混杂居住，借以瓦解当地越人的内部组织，弱化土著力量。《越绝书·外传·记地传》记载，秦始皇在统一于越后，“徙大越民置余杭、伊攻、故障，而乌程、余杭、黟、歙、芜湖、

① 《水经注》卷40《渐江水》，《四部备要》本。
② 范晔：《后汉书》卷21《李忠传》，中华书局，1965年。

石城以南，皆故大越民也”。另一种移民虽然只是近距离的，但也同样出于同化的目的。东汉时，抗徐“初试守宣城长，悉移深林远薮椎髻鸟语之人置于县下”。[①] 在来自中原的政府官员看来，居住在“深林远薮”，有着“椎髻鸟语”之类特殊习惯的人，显然是“不够开化”的土著，强行将其移至县城附近，既便于管理，也利于促其汉化。这样的做法，不仅仅出现在宣城地区，同样在新安江流域也是一样。

历经秦汉四百多年的统治，歙、黟的越人依然与中央保持一定的心理距离，这从东汉之后山越与孙吴及晋朝的对立中可以清楚地看出。当然，中原文化的渗透也是颇有成效的，在歙县的潭渡、西溪南和金鸡石出土的刻有“永建”“永和”“永寿”年号的东汉残砖，表明在歙、黟民众的日常生活中，都已经打上了中央政权的烙印。

中原士族的迁入，开始带来文雅之风。两汉之间的新朝时期，方纮从河南南迁歙县东乡（今淳安境），是后世中原士族南迁新安江流域繁衍为当地强宗大族之始。方纮的孙子方储，字圣明，一字颐真。从小丧父，对母亲极为孝顺。聪颖博学，曾精研《易经》，通晓图谶占卜之学。东汉建初四年（公元 79 年），被举孝廉和贤良方正。章帝召考对策，方储得第一名。

一次，章帝让人抱来一捆乱丝麻，对各位大臣说，如果国事像这些乱丝麻一样，你们看怎么办？站立两边的文臣武将面面相觑，有点不知所措。这时，只见方储沉毅镇定，迈出班列，在乱丝麻前，拔出佩刀，毫不犹豫地将乱丝麻一刀挥成两段，从容向汉章帝施礼禀告 ：“凡乱者，翦之而后理。”[②] 章帝器重方储的胆识，委以郎中，不久出任句章（今慈溪西南）令。又历任阳翟（今河南禹县）令、阜陵（今安徽全椒县）令。

建初六年（公元 81 年），方储的母亲去世，当时方储在阜陵任上，回家奔丧。为了尽孝，方储亲自负土成坟，并在坟墓周边栽了一千多株奇树，庐墓守孝，每天陪母亲谈心。元和初年（公元 84 年），再次被举为贤良方正，考对策，又得第一名，拜授议郎，改任洛阳令，升迁太常。

永元五年（公元 93 年）六月，和帝定日子举行郊祭，召问方储天气状况，方储说那天天气不好，劝和帝不要去。到了郊祭那天，天朗气清，于是和帝遣使责备方储妄言欺君。方储对使者说 ：臣从先师那里得到书籍，能推知事物发生的征兆，

① 范晔 ：《后汉书》卷68《度尚传》，中华书局，1965年。
② 道光《徽州府志》卷12《人物志 · 方储》。

现在坏天气就要降临，希望皇上立即乘车返回。使者去后，方储认为自己以诚相告，反而见责，自叹：“为人臣耻蒙不忠之名！”[①]于是愤然饮毒酒自尽。

和帝郊祭回归途中，天气突变，洛阳一片昏暗，降冰雹大如雁蛋，死者千计。和帝大惊，这才觉悟方储有先见之明，深为内疚。派人去找方储，知方储已死，非常感伤，追封方储为太常尚书令、黟县侯。命官护尸，归葬歙县东乡（今淳安县境）。方储作为新安江流域历史上第一位在朝廷名声显赫的人物，对扩大新安江流域的文化影响起到重要的作用。

方储画像

方储死后即被逐渐神化，唐监察御史张鷟撰《后汉开国公方储碑记》云：方储“生平之日，羽驾乘空，仙游之时，蝉脱而去。咸以公为仙化，莫知所归。共建祠堂，以时祭享”。[②]所谓“仙化”，其实是对方储的神化。淳安县当地传说，无论大旱或是洪涝，也不管是官府还是民间，只要到方储祠堂去祈祷，无不感应。每年春夏之交，邻近的地区都有瘟疫，唯有淳安没有疾病，都是因为方储护佑的功劳。方储祠堂后被称为方仙翁庙。宋政和七年（1117），徽宗赐以“真应庙”额。《敕赐黟侯真应庙额》载道：方储“号仙翁，遂立庙，系在祀典今千余岁，前后灵迹不少。近年以来或因久旱，或苦淋雨，公私所祈，无不感应。所勘青溪县初乃歙之东乡，因储父子避地始为州县，故其庙正当县郭冲要之处，远近祈祷必会集其下。每岁春夏之交，虽邻近有疫疠，惟此无一疾病，实神以安也，委是功德及民最为深远”。[③]生前显赫，死后神化的方储，虽然不是方氏始迁江南的第一人，但由于仙翁庙、真应庙逐渐成为方氏子孙结集的场所，“每岁仲春三日诞辰，子孙陈祭行三奠礼，读祝升歌，罗拜其下，祭毕聚饮欢洽而散。”[④]方储成为宗族崇拜的偶像，方氏认同的标识。

---

① 道光《徽州府志》卷12《人物志·方储》。
② 张鷟：《后汉开国公方储碑记》，见光绪《淳安县志》卷13《艺文志》。
③ 方善祖：《方氏会宗统谱》卷17《庙额·敕赐黟县侯庙额》，乾隆十八年刻本。
④ 方善祖：《方氏会宗统谱》卷17《庙额·敕赐黟县侯庙额》，乾隆十八年刻本。

汉末，三国鼎立，战争不断，新安山越为了保护自己，于是组织起来抗拒控扼江南一带的孙吴集团。歙县山越首领金奇率领万户驻扎在安勒山、毛甘率万户驻扎在乌聊山，黟县山越首领陈仆、祖山率两万户驻扎林沥山，对孙吴集团形成了极大的威胁。汉建安十三年（208），孙权派吴威武中郎将贺齐进攻黟、歙山越。贺齐从新安江下游攻入，首先占领武疆、叶乡、东阳、丰浦四乡，随后挥兵直入歙、黟腹地，安勒山、乌聊山林沥山先后被攻破。贺齐镇压了黟、歙山越之后，为了加强统治，上表奏请孙权同意，划歙县东乡地置始新县，南乡地置新定县，西乡地置黎阳、休阳县。始新县和新定县，即现在浙江省淳安县境地。原来徽州境内只有黟、歙二县，多出了始新、新定、黎阳、休阳四个县，加上原来的黟、歙二县，就有了六个县，孙权便以这六个县新设新都郡，郡治设在始新县，立贺齐为第一任太守。

在始新县设立郡治以后，为了对付经常作乱的山越人，建安十四年（209）开始在郡治筑城。由于郡城是贺齐所筑，当地人便称此城为“贺城”。贺齐在新都郡当了三年太守，维护治安，发展生产，受到当地老百姓的称赞。建安十六年（211），贺齐卸任回京。因为镇压山越有功，孙权亲自出城迎接，作乐舞象，赐贺齐軿车骏马，并停住车驾，等贺齐上车，贺齐称谢不敢上车。孙权便命左右扶贺齐上车，叫吏卒兵骑在前引导，仍用新都郡郡守出行时的礼仪。孙权笑曰 ：“人当努力，非积功累勤，此不可得。”①

由于贺齐是第一任新安江流域郡级行政机构的太守，更是淳安县、遂安县的开创者，当地百姓为了纪念他，形成延续千年的“贺齐庙会”。每年正月十二，淳安、遂安作为贺齐祭祀日，从正月初五起，先在东、西两庙举行“牵马牌”仪式，宣告贺老爷出巡。正月十二日，两庙的贺老爷才正式出巡。这一天，东、西两庙同时出动巡游队伍，各以“贺”字大旗、十面大锣和 4 块牙牌做前导，牙牌上分别写着“肃静”“回避”的大黑字，贺齐塑像分别由 16 人从东、西两庙抬出。十八般兵器队、火铳队、香炉队、高跷队、大头和尚戏媒婆队、土地菩萨队、百子灯队、秋千队、南丝竹吹奏队、青狮队、抬戏队、拉狮队等各种表演队紧跟其后，整个出巡的队伍约有 200 米长。沿途响铳迎候，其声震天动地。巡游队伍先至县前街，接受知县及县衙属员的焚香拜，然后绕城一周。

---

① 罗愿 :《新安志》卷九《贺齐传》。

孙吴统治时期，孙权的第三个儿子孙和曾被贬新都郡。孙和19岁时，在长兄孙登病死后被立为太子。孙和的生母王夫人与孙和的姊妹全公主不和。不久，孙和因在入庙祭祀时拜访妻子的叔父，被全公主陷害他无礼，又诬陷王夫人对当时病倒的孙权幸灾乐祸。孙权最后把孙和废掉，并把他放逐到长沙，改立孙亮为太子。很多为孙和抱不平的大臣都被孙权责备或惩罚，一些据理力争的大臣更被杀死。孙权死后，诸葛恪执政，孙和的妃子张夫人是诸葛恪的外甥女，而诸葛恪被指有意拥立孙和为帝，被宗室孙峻杀死。孙和也被牵连，被贬到新都郡，接着又派人赐孙和死，孙和遂自杀，享年30岁。张夫人亦跟随丈夫自杀。孙和的死据称令全国很多人都十分哀痛。后来孙和的儿子孙皓登基做了皇帝，追谥父孙和为文皇帝，并将孙和的遗体迁回建业改葬明陵。至今新安江流域还留存不少有关孙和的遗迹和传说，《新安志》就记载有歙县阶村为孙和谪居之处，民间求雨往往祭祀孙和。①淳安县也有关于孙和的记载：

> 时里石门在县西十里。舆地志云：石门关者，神门也。常为雾塞，无人得见。孙和太子避难至此，逢大雨，平地尽没，即以白牛白马祠祭天地神祇，三日雨歇，见有石门俨然。今迹见存。②

与新安江流域有关的还有一位孙氏名人，名叫孙韶。孙韶（188 ~ 241），吴郡富春（今杭州市富阳区）人。孙韶的伯父孙河，本姓俞，孙策很喜爱他，便赐姓孙，将他列名孙氏家族之中。建安九年（204），孙河被杀，孙韶统帅孙河的军队，被孙权任命为镇北将军。魏黄初二年（221），孙权授封为吴王，升任孙韶为扬威将军，封建德侯。黄武四年（225），划出富春县的一部分，设立建德县，作为孙韶的食邑。黄龙元年(229)，孙权称帝，封孙韶为镇北将军。后加任孙韶领幽州牧，持皇帝符信。③

---

① 罗愿：《新安志》卷3《歙县 · 丘墓》，卷五《婺源 · 古迹》。

② 光绪《淳安县志》卷4《故迹 · 时里石门》。

③ 光绪《严州府志》卷12《遗爱》。

第二节　晋唐时期新安文化的兴起

一、晋唐中原士族移民

晋代的“永嘉之乱”和唐代“黄巢起义”是中国历史上的两件大事。它们不仅造成西晋和唐朝的灭亡，导致中国社会的分裂，而且对我国南方的发展产生深远的影响。即便是地处偏僻的新安江流域，也未能避免。许承尧曾就歙县大族来源与时局的关系问题作过这样的阐述：“半皆由北迁南，略举其时，则晋、宋两南渡及唐末避黄巢之乱，此三朝为最盛。”[①]

永嘉以后，北方士族大量南迁，使以黄河流域为中心的中国文化第一次移向长江流域，改变了以前重北轻南的文化格局。谭其骧先生指出：永嘉以后，“中原遗黎南渡，虽为民族一般之趋势，然其间要以冠冕缙绅之流尤盛”。[②]唐代的“安史之乱”和黄巢农民起义引起的战乱，更加促进了中原士族南迁和文化重心南移。新安江流域紧邻长江，同样受到这一大趋势的影响，宋罗愿《新安志》记载：“黄巢之乱，中原衣冠避地保于此。”[③]“永嘉之乱”和“黄巢起义”期间，中原士族比较集中地迁入新安江流域，现存的徽、严二州不少姓氏族谱中，对始迁祖的追溯，都上溯到这一阶段。

新安程氏始祖程元谭画像

晋永嘉之乱，程元谭辅佐琅琊王有功，后担任新安太守。在新安有善政，老百姓纷纷请其留下。被赐宅第于郡西黄墩（今黄山市屯溪区篁墩），于是世居于此。东晋咸和年间（326 ~ 334），鲍弘任新安郡守，后留居郡城（今淳安县威坪镇）西门。鲍弘在郡城西门居住不久，又迁居歙县西十五里牌营。俞氏的先人是河北河间人，名叫俞纵，在晋朝担任征西大将军，永嘉末始迁新安。西晋永嘉年间，余祥迁遂安，后改迁歙南余岸。朱氏

① 许承尧：《歙县志·风土》，民国二十六年铅印本。
② 谭其骧：《晋永嘉丧乱后之民族迁徙》，《长水集》(上)，人民出版社，2009年。
③ 罗愿：《新安志》卷1《风俗》。

迁新安始祖为唐末朱涔，历官至殿中丞，居姑苏洗马桥。生有四个儿子，朱瑋、朱驯、朱瑰、朱重。朱瑋历官至银青光禄大夫大宪御史爵授江南领将歙州开国亭英侯，晚年隐居休宁鬲山。其弟朱瓌避黄巢之乱，道经歙之黄墩，爱其山水之胜，遂家于此。天祐中，歙州刺史陶雅命朱瓌领兵戍守婺源，官制置茶院，后世奉朱涔为新安朱氏始祖。陈氏的迁新安江流域也与黄巢农民战争有关，但其迁移路径则显得繁杂一些，呈现为诸支从新安外围地区齐进的态势。休宁陈村（一名藤溪）的一支，其先世为浙江严陵人。唐广明间，陈禧为躲避黄巢农民起义战争之乱，始迁于此。祁门县西之石墅陈氏，也是在唐广明期间避战乱，从浙江桐庐迁歙县黄墩，始迁祖为陈秀。传二世陈贵，乾祐戊申始迁于此。

新安江流域这一闭塞的自然地理单元，自古为越族居住地，在中原士族迁入之前，文化礼仪相对薄弱。故汉李忠“为丹阳太守，以越俗不学，嫁娶仪礼衰于中国，乃为起学校，习礼容，春秋乡饮，选用明经，郡中向慕之”。[①] 但中原官吏的倡导，影响力有限，一旦其任期到，就要离开。加上郡、县地域辽阔，很难深入基层。只有当中原居民大量迁入以后，以其自身的生活习惯渗透民间，才真正改变越族的风俗习气。

春秋战国时期，中原地区的文明程度大大超过越族山区，出现了统一的礼乐器系统、文字系统、占卜习俗，及上下有序的等级化的聚落建筑、墓葬制度，形成一整套“礼乐文化”。祖先崇拜的对象不再是虚幻中的保护神龙图腾，而是血缘亲族集团中的已故家长或族长，是实实在在的人，他们代替龙成为神灵。世俗人对这些祖先神祇进行祭祀，奉献美酒牺牲，祖先神祇则给其后代以福佑。世俗之人因祖先神祇的功勋地位及他与祖先神祇的血缘关系的远近而决定其宗法政治地位，反之，祖先神祇又因其后代政治地位、经济实力的不同而享受不同的受祭规格。两者互相联系、互为依凭。随着宗法制的进一步发展，祖先崇拜也被纳入宗法系统，成为维系族人关系的重要纽带，也是对族人进行教育的一个重要手段。《礼记·丧服小记》谓“尊祖故敬宗，敬宗所以尊祖祢也”；《礼记·大传》谓“尊祖故敬宗，敬宗尊祖之义也”，又谓“人道亲亲也，亲亲故尊祖，尊祖故敬宗”。这些言论都反映了春秋时期祖先

---

① 范晔：《后汉书》卷21《李忠传》，中华书局，1965年。

崇拜与宗法的密切关系。“无祖则无天也”，[①]可以说是对这种关系的一个概括。

魏晋至唐代，中原士族的规模迁入新安江流域，将中原的“礼乐文化”带入新安江流域，他们聚族而居，提倡尊祖敬宗，改变了当地的风俗习气。既然祖宗崇拜由虚幻中的神，转换为有真实血缘关系的人。新安江流域中原士族始迁祖及其世系，是宋代近世宗族制度兴起以后重新构建产生的，是否符合历史真实已经不重要。重要的是他们尊祖敬宗，把他们的一整套“礼乐文化”带入新安江流域，从而影响了新安江流域的世俗礼仪。以他们的强大文化影响力，带动当地土著强宗向他们靠拢。

二、土著尚武习俗与中原儒雅之风的融合

新安江流域土著好武习战，长期居住山区，登山越险，穿越丛棘，一遇战事蜂拥而至，如若战败则四处逃窜。[②]孙吴政权在设置新都郡后，土著多次起来反抗，延续出这种好武习战之风。进入晋南北朝以后，依然如故，经常反抗朝廷。

东晋咸和三年（328），大司农苏峻起兵反晋，攻入建康（今南京），大肆杀掠并专擅朝政。派遣部将韩晃攻陷宣城，新安郡山民纷纷响应，[③]同时反叛朝廷。后被会稽内史王舒出兵征讨，才被镇压下来。刘宋大明八年（464），黟、歙山民叛乱，集众二千余人，攻破县城，杀死官长。朝廷派遣数千精兵讨伐多次，都大败而回。后孝武帝遣殿中御史吴喜带了几十人去“诱说群贼”，[④]山民这才归降。梁天监时（502 ~ 519），谢览以明威将军出任新安太守，在郡贪婪敛财，民众十分怨恨。天监九年（510），宣城郡吏吴承伯聚众杀死太守，并率众进入新安郡，郡吏鲍叙等响应，攻陷黟、歙诸县，谢览逃跑。[⑤]

但中原士族进入新安江流域以后，传播中原文化，使得新安江流域的社会风尚由尚武向崇文方面发展。晋时，孔愉避居歙县（今绩溪县孔灵）期间，“以稼穑读书为务，信著乡里”。[⑥]所谓“信著乡里”，也就是说他以中原文化的礼仪处事待人，获得当地越人的信任。魏晋南北朝时期，是教育制度趋向多样化、细致化的发展时期。朝廷设置国子学、太学并立的双轨教育制度，广招贵族子弟入学。梁代，休宁

---

① 吕本中：《春秋集解》卷13，文渊阁四库全书影印本，台湾商务印书馆，1986年。
② 《三国志·吴书》。
③ 房玄龄等：《晋书》卷76《王舒传》，中华书局，1974年。
④ 沈约：《宋书》卷83《吴喜传》，中华书局，1974年。
⑤ 司马光：《资治通鉴》卷147《梁记三》，中华书局，1956年。
⑥ 席存泰：嘉庆《绩溪县志》卷10《人物志·流寓》，清嘉庆十五年刻本。

县黄墩（今属黄山市屯溪区）人程督从小善学能文，在县学成绩优秀，以诸生选为司徒左长史，后来成为文学家。黟县横冈胡明星，南齐天监元年（502）为国子生，被选参与定正雅乐。完成以后，授太学博士。后来，治修五礼，五礼各置学士一人，山阴贺场举荐胡明星协助。天监十三年（514），梁武帝祀先农，耕籍田，由胡明星奉引，深有礼容，迁太常卿。梁武帝晚年信奉佛教，祭祀宗庙的牲品不用猪牛等血食，而是面食代替，引起朝野喧哗。胡明星上奏力争，不能改变历代朝仪祭典，没有被采纳，于是辞职归隐乡里。从胡明星坚持儒家传统伦理道德和祭祀典礼的行为，也可以看出儒学输入对新安江流域民风的影响。正如罗愿所说："中原衣冠避地保于此，后或去或留，俗益向文雅，宋兴则名臣辈出。"[①]

隋、唐两代都非常注重教育。隋开皇三年（583），朝廷下《劝学行礼诏》，强调："建国重道，莫先于学，尊主庇民，莫先于礼。"[②]要求全国州县皆置博士习礼，京师国子寺也扩充规模，一时出现儒学繁荣的局面。唐代亦然，李渊建立唐王朝后，于武德七年（624）颁《兴学敕》，申明"自古为政，莫不以学为先，学则仁、义、礼、智、信五者俱备，故能为利深博。朕今敦本息末，崇尚儒宗，开后生之耳目，行先王之典训。"[③]由于朝廷的提倡，官学、私学都已有很大的发展。新安江流域随着中央政府行政管制能力的加强，以及中原士族的融入，教育也有了发展。

隋唐时期，歙州学在歙城东北隅。隋朝，谢杰任歙州教职，由会稽迁歙县中鹄乡，后迁居地被命名为谢村。[④]唐代州学课目除经学外，还设有律、书、算三学。歙州设经学博士一人，经学助教一人；医学博士一人，医学助教一人；各县均设置经学博士、助教各一人。开元二十六年（738），朝廷又诏令各州县，每乡都要设学校，择聘师资教授。这种乡学，相当于后来的村塾义馆（义学）。

政治统一和文化繁荣为儒学的复兴创造了条件，早先迁来的中原士族，很多人入朝为官，而后迁来的人本身就是朝廷文官，精通儒学。来到歙州后，更是以儒学思想，身传言教，影响着当地民风。如晋代就已迁居歙县的余氏后裔，歙县余岸村

---

① 罗愿：《新安志》卷1《风俗》。
② 王钦若等：《册府元龟》卷49《帝王部·崇儒术》，中华书局，1985年影印本。
③ 宋敏求：《唐大诏令集》卷150，文渊阁四库全书影印本，台湾商务印书馆，1986年。
④ 戴廷明、程尚宽撰，朱万曙等点校：《新安名族志》前卷《谢》，黄山书社，2004年，第259页。

余钦，唐上元期间，为国子博士。[1] 另一位余氏后裔余远，唐肃宗时，也是国子博士，后来迁居歙县蓝田，在蓝田建“蓝田书屋”，教育乡里。[2] 唐时，程建从黄墩迁居歙县十亩丘，建“黄卷堂”，贮书教子。[3] 这些士族，不仅教育乡里。同时还以身作则，以自身的行为影响民风。隋末大业年间（605 ~ 618），鲍安国定居歙县棠樾，家业庞大，有良田千顷，金银珠宝无数，富甲江南。鲍安国兄弟十人，全家300余口同灶，时人称其居处谓“十安堂”。

睦州芦茨源方氏唐末避乱，从迁居歙县瀹潭“义居七世，子姓蕃衍”[4] 这种聚居一村，累世同居的行为，正是以儒家伦理为规范，突出宗族血缘和地缘关系，强调家族政治、经济地位和族众凝聚力的典型中原文化。这种儒家伦理、和睦之风深深影响着当地的土著居民，促使当地剽悍尚武的民族习性向着儒家的文雅之气转化。休宁巴氏，梁代迁入，其始迁祖巴播死后葬在晽田蜻蜓头，后世20代也都陆陆续续葬在这里。每位去世的巴氏先人，都设置了守墓人，守墓人一代一代传下来，历经数百年不断。这些守墓人子孙见了巴氏族人，依然行仆妾之礼。如此等级森严、讲究礼节的儒家伦理，深深震撼着当地人。明嘉靖时，“其土人凡祀祖必先设祭于中堂，祭原地主人巴公毕，方行祀祖之礼”。[5]

儒家思想的核心是仁义忠孝，在朝廷的提倡和士族的践行之下，唐代歙州百姓的孝义故事也被载入史册。贞元时（785 ~ 804），歙县人黄芮，父亲去世，庐墓期间，昼夜痛哭，哀声不绝。最后就在坟旁盖房居住，终身不离开。在他的孝心感动下，墓旁长出十四枝灵芝，四株木连理树。刺史得知黄芮的孝义事迹以后，上奏朝廷予以旌表，《新唐书》列其名，[6]《新安志》专门为其立传。又有歙县人章氏二女，与母亲程氏一起上山采桑，突遇猛虎，母亲被猛虎所咬。二女不顾性命，与虎搏斗，老虎被二女的拼命精神所镇住，放弃了程氏，逃窜而去，母亲得以保住生命。刺史刘赞获知情况，大为嘉奖，蠲免章氏一家的户税，并改所居合阳乡为孝女乡，以旌表章氏二女的孝义精神。观察使韩滉听了刘赞旌表二女事情，认

---

① 戴廷明、程尚宽撰，朱万曙等点校：《新安名族志》前卷《余·余岸》，黄山书社，2004年，第146页。
② 戴廷明、程尚宽撰，朱万曙等点校：《新安名族志》前卷《余·蓝田》，黄山书社，2004年，第148页。
③ 戴廷明、程尚宽撰，朱万曙等点校：《新安名族志》前卷《程·潜口》，黄山书社，2004年，第21页。
④ 戴廷明、程尚宽撰，朱万曙等点校：《新安名族志》前卷《方·瀹潭》，黄山书社，2004年，第116页。
⑤ 戴廷明、程尚宽撰，朱万曙等点校：《新安名族志》后卷《巴·河西》，黄山书社，2004年，第429页。
⑥ 欧阳修等：《新唐书》卷195《孝友》，中华书局，1975年。

为刘赞治理有方，对教化乡里有榜样效应，上奏朝廷，将刘赞升迁。这件美谈也被收入《新唐书》。[①]

三、新安文风的兴起

晋唐时期，随着朝廷对新安江流域的重视，一批文人官吏来到新安地区治理施政，促进和带动了新安地区文风萌生。这时期任职新安的文人主要有萧几、任昉、徐摛等，都是颇有声誉的文学家。

萧几为齐皇室宗亲，梁文学家，曾任新安太守，在任上去世，死于淳安。在任期间，尤为喜欢新安大好山水，经常到处游览，并一一写下游记，完成了一部《新安山水记》，是新安山水游记作品的最早篇章，可惜该游记已经失传。任昉仕宋、齐、梁三代，以表奏书启诸体散文擅名，梁天监六年（507）春出为宁朔将军、新安太守。曾隐居淳安凤凰山，[②]至今留下凤凰桥、昌亭等与任昉有关的遗迹。另外相传任昉曾在歙县许村溪畔垂钓冶情，后人于是将流经许村的小溪称为“昉溪”。徐摛为宫廷诗

任昉逗留过的歙县许村昉溪

① 欧阳修等：《新唐书》卷132《刘子元附刘赞传》，中华书局，1975年。
② 光绪《淳安县志》卷1《方舆志·山川》：“凤凰山在县东十里，员秀矗立。相传为任昉寓居。”

代表作家之一，中大通三年（531）担任新安太守。在任期间，教民礼仪，劝课农桑，没有多长时间，当地风俗为之一变。随着与外界的联系的增多，新安大好山水也吸引了不少文人骚客。谢灵运写有《初往新安至桐庐口》五言古诗，这是今存最早的第一首吟咏新安山水的诗篇。沈约是梁代著名的文学家，写有《新安江水至清浅深见底贻京邑游好》一诗。

这些文学家和诗人在新安地区的施政和咏唱，带动新安地区文风的兴起。如休宁篁墩人程茂与其子程督，都能写出一手好文章，程茂的《责萧衍犯顺书》全文收于《新安文献志》，程督与诗人柳恽齐名，所作《东天竺赋》叙写了他与柳恽共同赏鉴东天竺的情景，文笔婉致，极具才情。

唐代新安文风大兴，作家队伍加大，文学作品质量提高，文学影响日益增强。特别是本土文学家吴少微凭借自己的实力，赢得全国性的地位和声誉。吴少微（659 ~ 743），又名远，字仲芳，号遂谷。休宁县人。周长安元年（701）进士，任晋阳县尉。当时，文坛上崇尚南朝浮靡文风，赋诗撰文都以模仿“徐庾体”（徐陵和庾信）为正宗，文辞华美而骨气不振。有鉴于此，吴少微与同事富嘉谟独树一帜，倡导以儒家经典作为撰写文章的样板，强调内容充实，气格高迈，一时蔚为风尚，对文风的转变起了扭转方向的作用，时人称为“吴富体”。其中，吴少微所撰《崇福寺钟铭》、富嘉谟所撰《双龙泉颂》等是体现新风的代表性作品。《旧唐书》和《新唐书》把吴少微分别列入《文苑传》和《文艺传》来评定他的历史地位，称吴、富两人的创作，以经典为本，词调高雅，被人倾慕和推重。吴少微的儿子吴巩（742年前后在世）唐开元中为中书舍人，以文章道德闻名乡里，有《白云溪》诗收入《全唐诗》。

值得提及的是，唐代新安江流域产生了一批本土诗人，形成“睦州诗派”。谢翱《睦州诗派序》云：

> 惟新定自元和至咸通间，以诗名凡十人，视他郡为最。施处士肩吾、方先生干、李建州频、喻校书凫，世并有集。翁征君洮，有集，藏于家。章协律八元、徐处士凝、周生朴、喻生坦之，并有诗，见唐《间气》及《文苑》诸书。皇甫推官以文章受业韩门。翱客睦，与学为诗者，推唐人以至魏汉，或解或否，无以答。友人翁衡取十先生编为集，名曰睦州诗派，以示翱。翱曰：“子，睦人也，

请归而求之，毋贻皇甫氏。所云舍近而寻远，则诗或在是矣。”癸巳夏五书双褂精舍。①

“睦州诗派”大多以山水田园诗为主，多写景和赠别之作，以写实为主，不求奇险而务以平直浅近，大多风格清淡，其清苦者近贾岛，通俗者近白居易。“睦州诗派”的代表性作家有如下九人：

施肩吾（780 ~ 861），字希盛，号栖真子，睦州分水县桐岘乡施家村。唐元和十五年（820）进士。一生与诗歌同行，他的诗歌及道教著作极为丰富，有诗集《西山集》十卷传世，《万首唐人绝句》诗集中收入其诗 151 首，后人评论他的诗作“新奇瑰丽，格高似陶，韵胜似谢，其品格当不在李杜下”。

方干（809 ~ 888），字雄飞，号玄英，青溪（今淳安县）人。擅长律诗，清润小巧，且多警句。其诗有的反映社会动乱，同情人民疾苦；有的抒发怀才不遇，求名未遂的感怀。逝后门人搜集他的遗诗 370 余篇，编成《方干诗集》传世。《全唐诗》编有方干诗 6 卷 348 篇。宋景佑年间，范仲淹守睦州，绘方干像于严陵祠配享。

李频（818 ~ 876），字德新，寿昌县长汀源（今建德李家镇）人。幼读诗书，博览强记，领悟颇多。大中八年（854）进士，曾任建州知州，以礼法治下，深受百姓爱戴。一生诗作甚多，大多散佚。《全唐诗》载李诗 208 首。历代评李诗“清新警拔”“清逸精深”。

喻凫（生卒年不详），昆陵（今江苏常州）人，寓居睦州。唐开成五年（840）进士，曾担任乌程县令。与姚合、贾岛、李商隐、方干等人交往唱和，后辈诗人皆称为“喻先辈”。一生创作甚丰，但《全唐诗》仅收录喻凫诗一卷又一首，计 65 首。

翁洮（生卒年不详），字子平，号青山，寿昌人，唐光启三年（887）进士，授礼部主客司员外郎兼殿中侍御史。后辞官归隐，征召不起。所写山水景物诗歌，休闲散淡；反映乡村生活的诗歌，清新自然，充满生活气息。《全唐诗》收录翁洮诗一卷 13 首。

章八元（生卒年不详），字虞贤，桐庐县常乐乡章邑里（今横村镇）人。唐大历六年（771）进士，贞元中调句容（今江苏句容县）主簿，后升迁协律郎（掌校正乐律）。

① 谢翱：《晞发集》卷10《睦州诗派序》，影印文渊阁四库全书本，台湾商务印书馆，1986年。

其诗写景状物，功夫独到。在《新安江行》诗中，有“雪晴山脊露，沙浅浪痕交”之句，高仲武读至此，称其诗善于描摹山水状貌。有诗集一卷传世。

徐凝（生卒年不详），分水县（今桐庐县分水镇柏山村）人。白居易任杭州刺史时，曾于杭州开元寺观牡丹，见徐凝题牡丹诗一首，大为赞赏，邀与同饮，尽醉而归。流传诗102首，五七言绝句占了96首，其中五言绝句16首，七言绝句80首，七绝亦高手。代表作有《忆扬州》《奉酬元相公上元》等。诗朴实无华，意境高远，笔墨流畅、自然。

喻坦之（生卒年不详），建德人。咸通中举进士不第，久寓长安，名列“咸通十哲”寒士诗人群体。唐咸通年间屡试不中，后久居长安，与同乡建州刺史李频为友。其诗题材狭窄，多旅游、送别之作，间有佳篇，《全唐诗》收其诗18首。

皇甫湜（777 ~ 835），字持正，淳安人。从韩愈学古文，为文奇僻险奥。与白居易互相往来，友情甚笃。曾任东都留守府从事，东都留守裴度重修福先寺，欲请白居易作碑文。湜闻讯大怒，说：“近舍湜而远取居易，请从此辞。”裴度于是请皇甫湜作碑文，“湜即酣饮，援笔立就”，裴度重酬之。[①] 此后，他写了最后一篇文章《谕业》，总结了文学创作的基本原理和经验，便归故里。死后葬县南30里。有《皇甫先生文集》传世。今传有《皇甫持正文集》6卷，文30多篇。

第三节　五代至元新安文化的崛起

一、教育与科举的发展

五代时期新安江流域属于两个不同的政权，上游的歙州隶属南唐，中下游的睦州隶属吴越，但两个政权的教育体系基本仿自唐朝，州县设官学，教育向民间基层普及。北宋庆历四年（1044），诏令天下郡县建学，并更定科举法。

徽州的官学设置的时间较早，唐代就有，一直延续到宋初，没有受到战乱的影响。弘治《徽州府志》记载：“本府在唐，郡县皆置学，故前志载州之庙学自唐

① 晁公武：《郡斋读书志》卷18八《皇甫湜文六卷》，《四部丛刊》三编本。

及宋在城东北隅是已。”[①] 太平兴国三年（978），知州苏德祥迁州学于罗城东门内街乌聊山上，景德三年（1006）曾经修葺。由于乌聊山山高地狭，嘉祐四年（1059）将州学迁到城南门内。熙宁四年（1071），又因为城南门内靠近练江边上，地势低洼，每当洪水季节，常常遭水淹，又将州学迁回乌聊山。元祐初，再次将州学迁回城南门内。绍圣二年（1095），州学迁城东北隅。宣和二年（1120），方腊起义，州学被焚毁。南宋绍兴十一年（1141），知州汪藻按“左庙右学”的规制复建州学。除州学外，六县县学也相继设立。歙县县学建于南唐保大八年（950），学址在县南。宋初，因歙县是州治所在地，县学附于州学，不另立。黟县在宋初就有学。祁门县学建于端拱年间（988～989），知县张式建。婺源县学原来在县城西，休宁县学原在县城南一里。庆历四年（1044），诏令建学时，均在县城东重建。绩溪县学也建于此时。

严州府学设置稍迟，其先有文庙，不知建于何时。北宋雍熙二年（985），知州田锡迁西北隅，即庙兴学，并上表奏请国子学，印经籍给诸生。景祐中，范仲淹以右司谏秘书阁校理知睦州，兴建堂宇斋庑。庆历中，知州向侯扩大州学规模。嘉祐中，知州赵抃设置学田。大观中，知州李升重修庙学。宣和中，徽宗御书学宫正殿曰“大成”。嗣后，南宋绍兴、乾道五年、绍定、淳祐年间，相继增葺。[②] 严州各县县学亦于北宋年间先后设置，建德县学初设于县城东南隅，后圮于水灾。南宋嘉定间，知县陈德一迁建县内。淳祐时知县惠德夫兴建门、堂、庑。元朝大德年间县尹张纪重修。淳安县建于宋至道三年（997），方腊起义时被毁，直至南宋绍兴九年（1139）重修。遂安县学初在县南，北宋嘉祐、熙宁、元丰、绍兴时增加设施，均有修葺。

书院是中国封建社会特有的教育组织形式，书院数量的多少成为衡量一个地区教育程度和学术发展水平的标志之一。北宋新安江流域官学教育兴起之时，书院也同样建立起来。北宋时期，徽州建有 4 所书院，绩溪县、婺源县各 2 所。民国《明经胡氏龙井派宗谱》记载，北宋开宝八年（975），绩溪县令胡延进曾经将自己的儿子胡忠送到龙井村开蒙读书，可见当时龙井村的教育风气浓郁，教育水平也较高。南宋开始，书院教育在新安江流域得到快速发展。淳祐六年（1240），徽州知州韩补

---

① 汪舜民：《徽州府志》卷5《学校》，明弘治十五年影印本，上海古籍书店，1964年。

② 陈公亮：《严州图经》卷1《学校》，《严州史话·附录》，天津古籍书店，2008年，第248页。

歙县紫阳书院

在州城南门外建紫阳书院，理宗赐匾“紫阳书院”。淳安方逢辰南宋淳熙年间创建石峡书院，作为讲学之所。遂安詹安南宋熙宁间在县西北四十里辟建瀛山书院，詹安南孙子詹仪之与朱熹在此论学。①

隋朝开始，科举取代九品中正制，成为选拔官吏的制度。唐代官吏选拔制度被科举制度所取代，北宋经学、教育和科举三位一体紧密结合，将教育的功能简单地

① 民国《遂安县志》卷5《文治志·书院》。

与仕途相联系，使教育成为科举培养人才的过程，通过科举入仕也成为读书人的唯一出路。而通过科举跃入龙门，以光大门楣，重现世家大族昔日的光辉，也成了士人孜孜以求的目标。科举有赖于教育，这是新安江流域教育在南唐、北宋得到迅速发展的重要原因之一。教育的发展，使徽严二州参加科举考试的人数大增。

唐代的科举选官途径主要有三种，即生徒、乡贡和科考。其中地方各州县学馆的学生，皆为生徒，经学校考试合格后，便可直接参加朝廷于尚书省举行的科举考试。唐代徽州的进士有吴少微、吴巩、程谏、胡学、黄益逊、汪极、黄叔宏、王希羽8人，①严州进士有章八元、皇甫湜、章孝标、施肩吾、陈谷、李频、翁洮7人。②五代时期，徽州考中进士的有6人，胡昌翼、王震、舒雅、查陶、吕文仲、吴逸；严州没有记载。北宋进士徽州247人，其中婺源县96人，歙县47人，黟县38人，祁门县26人，绩溪县19人，休宁县16人，县份不明5人；严州进士140人，其中寿昌县30人，淳安县23人，建德县19人，桐庐县15人，遂安县12人，分水县2人，县份不明39人。南宋徽州进士536名，比北宋多出一倍有余，其中婺源县193名，休宁县138名，歙县83名，黟县48名，祁门县52名，绩溪县14名，县份不明8名；严州进士270人，其中淳安县84人，建德县59人，寿昌县26人，桐庐县18人，遂安县10人，分水县3人，县份不明70人。元代徽州进士10人，其中婺源县6人、休宁县2人、黟县1人、祁门县1人；严州进士10人，其中淳安县4人、寿昌县4人、分水县1人，遂安县1人。

从进士分布的县域来看，婺源最多，歙县次之。婺源籍进士最多，与婺源独特的地理位置、经济发达、文风昌盛关联密切。婺源地处连接新安江流域和鄱阳湖水系的要冲之地，是唐末、五代、北宋时期茶叶生产重要集散地。经济发达以后，人们将一部分资金投入教育，资助子弟从学，为婺源士子顺利登第提供了一定的经济基础。新安江流域最早的义塾“四友堂”，就出现在婺源。北宋江西是全国经济文化发达地区，出现了欧阳修、王安石为代表的一批文化名人。受其影响，毗邻江西的婺源得风气之先，文风较徽州其他诸县更为浓厚。歙县为徽州首县，是徽州政治、经济、文化中心，进士仅次于婺源理所当然。处于新安江中下游的严州，科举人数

① 道光《徽州府志》卷9《选举志·进士》。

② 万历《严州府志》卷11《选举志·甲科》，《严州府志》同时著录吴少微、吴巩为严州进士。以下所涉及徽州进士人数，见道光《徽州府志》卷9《选举志·进士》；严州进士人数，见万历《严州府志》卷11《选举志·甲科》。

比起上游徽州，就少很多。

二、新安理学的兴起

理学是中国古代哲学中的重要派别，理学家们认为“理”是永恒的、先于世界而存在的精神实体，世界万物只能由“理”派生，故称“理学”。新安理学是朱熹理学的重要分支之一，该学派由新安籍理学家为主干组成，奉祖籍婺源的朱熹为开山宗师，以维护继承、发扬光大朱熹学说为基本宗旨。

朱熹的父亲朱松，宋政和八年（1118）同上舍出身，以迪功郎调建州政和县尉。朱熹的祖父朱森随朱松到任，卒时逢方腊起义，道路梗阻，遂葬政和县护国院侧。朱松守父丧，为庐墓计，入籍建州。守丧服满，调南剑州尤溪县尉监泉州石井镇。建炎四年（1130）九月，朱熹生于尤溪寓所。

朱松曾在歙州学宫读书，常往徽城南门紫阳山游玩。朱松到福建以后，曾刻一枚“紫阳书堂”的印章。朱熹牢记父亲的新安情结，将“紫阳书堂”作为自己住宅之名，还写了一篇《名堂室记》。因此，后人都以“紫阳”称朱熹，朱子之学也称“紫阳之学”。朱熹在其序、跋和论著中，也自称“紫阳朱熹”，或“新安朱熹”。

朱熹曾两次回徽州省墓、探亲，第一次是绍兴二十年（1150）春，回婺源省墓，到歙县紫阳山拜见外祖父祝确。第二次是淳熙三年（1176）二月，回徽州祭祀先祖，撰有《归新安祭墓文》。朱熹第一次回婺源期间，年龄还轻，学术尚未大成，但对徽州的学风和徽州学人非常关心。他在《书徽州婺源县〈中庸集解〉版本后》中说：“熹故县人，尝病乡里晚学见闻单浅，不过溺心于科举程式之学。其秀异者，又颇驰骛乎文字纂组之工而不克专其业于圣门也。是以儒风虽盛而美俗未纯，父子兄弟之间其不能无愧于古者多矣。”[①] 朱熹对当时徽州儒风虽盛而不能致力于圣贤之学，深表遗憾。因此，在他第二次回徽州省墓时，从事讲学活动，阐述自己的思想，理学由此在徽州广为传播。

乾道、淳熙年间，朱熹曾与吕祖谦讲学于严州的丽泽书院，还曾在遂安的瀛山书院与詹仪之论道和讲学，在当地形成了浓厚的朱子学氛围，引领了当地的学术思潮，并影响其学术思想的发展。在瀛山书院论道讲学时，写下著名的《题方塘诗》：

---

① 程敏政：《新安文献志》卷22。

瀛山书院遗址

“半亩方塘一鉴开，天光云影共徘徊。问渠那得清如许？为有源头活水来。”[①] 严州的知名理学家詹仪之、方逢辰、赵彦肃、喻仲可都是朱熹的及门或再传弟子，在他们的传承与传播之下，朱学在该地区渐趋隆盛，严州也一度被称为“理学名邦”。

朱熹继承和发展了二程思想，建立了一个完整而精致的客观唯心主义的思想体系，故又简称为朱子学，或程朱理学。程朱理学在南宋后期开始为统治阶级所接受和推崇，经元到明、清正式成为国家的统治思想。新安理学直接传承二程，作为新安理学宗师的朱熹曾正式拜李侗为师。李侗师从于罗从彦，罗从彦受学于杨时，而杨时是二程的得意门生，被称为得二程“不传之学”的弟子之一。也正是这个杨时将理学传至江南，并最终形成以朱熹学术为主体的新儒学，开启儒学史上的新篇章，这便有了其后的新安理学。从狭义的概念而论，“新安理学”单指徽州地域的朱子学术流派。但严州理学与徽州理学一脉相承，从新安江流域这一概念出发，新安理学亦可涵盖整个新安江流域。

新安理学家继承北宋理学大家们的学风，治学与汉唐古文经学重训诂义疏的传统背道而驰，抛开传注，直接从经文中寻求义理。如吴昶的《易论》《书说》，程永奇的《六经疑义》《四书疑义》，程大昌的《演繁露》《易原》，方逢辰的《孝经解》《易外传》，赵彦肃的《广杂学辨》《士冠礼婚礼馈食图》等，都明显地体现了这种学风。他们撇开汉唐古文经学家所注重的训诂义疏，借助经文，并参以个人体会和见解，从中探求性命义理之说。

朱熹理学是南宋以后封建社会的统治思想，是客观唯心主义体系，统治中国思想界数百年，影响深远。新安人读朱子之书，秉朱子之教，以邹鲁之风自恃。加之，新安商人崇朱好儒，不惜投入巨资建书院，兴义学，因此，朱熹理学在新安江流域流传之广、影响之深，远非其他地方可比。朱熹理学在新安地区广为流传，对整个流域的社会形态的形成和演变起到了关键的作用。

在新安理学盛行时，理学的另一学派陆九渊心学也在新安江流域流行。淳安人钱时，人称融堂先生，对理学很感兴趣，“游慈湖之门，为高第弟子”。[②]“慈湖”是陆九渊弟子杨简的号，钱时则是陆九渊再传弟子。陆九渊把“心”作为世界的本

① 民国《遂安县志》卷10，民国十九年铅印本。
② 光绪《严州府志》卷19《人物·儒林》。

体。他的认识论，是以“心即理”这一个基本命题作为出发点的，属于主观唯心主义。钱时在接受陆九渊心学的同时，将心的内涵无限扩充，使得人心、万物之心、天地之心同时包括在一个总的“心”的概念之中，致使天地万物同体。在本体论上，钱时虽然继承了陆九渊的心本论思想，但他也不反对张载的气本说、周敦颐的太极说。在功夫修养论上，钱时的“格物致知穷理”是建立在立心的基础之上的，这里的“心”是一种先验的道德意识和道德原则。在认识论上，钱时主张知行结合，重知亦重行的思想。钱时对“道”“理”概念的阐述，是与他对“心”这一概念的阐述相通的。“道”“理”包含着先验的道德意识和后天的道德修为，同时“道”还是行为准则、法则的同义词。从钱时对各种理学概念的发明，可以看出他的学问宗旨是对陆氏心学的一脉相承。

三、新安文风的兴盛

北宋太宗和真宗时期曾编纂《太平广记》《太平御览》《文苑英华》《册府元龟》四部官方史书，辑录保存了北宋以前大量的历史资料和文化成就，是北宋的重要文化工程。在这四大文化工程中，新安人就参与了其中的三项。舒雅参与编纂《文苑英华》，吕文仲则参与了《太平御览》《太平广记》《文苑英华》三部书的编纂。景祐年间，聂冠卿参与编纂《广乐记》；崇宁年间，胡伸参与编纂《神宗日历》及《礼书》；元丰年间，汪藻参与编纂《元丰九域志》等，体现了当时新安江流域文人在全国文化领域的重要作用和影响力。

五代至元代，新安江流域文风郁起，留下很多脍炙人口的作品。歙县人聂冠卿所作《多丽·李良定公席上赋》词被收于朱彝尊所编《词综》第 4 卷《宋词》，该词才情富丽，北宋慢词始于此篇，在词史上有重要地位。朱熹之父朱松著有《韦斋集》12 卷传世。傅自得《韦斋集序》称：“其诗高远而幽洁，其文温婉而典裁”，《四库全书提要》亦称其“学识本殊于俗，故其发为文章，气格高远而自得”。

胡仔生活在南宋初期，是中国文学史上著名的文艺理论家。胡仔是绩溪县城东人，迁居浙江苕溪，日以渔钓自适，因自称“苕溪渔隐”。在隐居苕溪期间，开始《苕溪渔隐丛话》（以下简称《丛话》）的编纂工作。胡仔所编《丛话》是一部综合性的诗话汇编，又是一部诗论著作，为北宋诗话总集。它采撷各家诗话之长，搜集大量自国风、汉、魏、六朝以至南渡之初，近百位诗家名作的内容、艺术技巧、格律、掌故等历史资料，汇集成一部简明而形象的诗歌发展史。具有丰富的文献价值和珍贵的诗学意义，对后人的诗学研究裨益匪浅。

朱熹在文道观上，继承了北宋理学家“文以载道”的传统，认为文道一体，他的文论观念对当时和后世的文学创作都有深远影响。由于朱熹学力宏肆，见识高远，他的文学成就远远超出其他理学家。朱熹保存下来的诗 1150 首，词 18 首。从诗歌创作数量上说，这在同时代作家中也是很大的，从创作质量上说，在理学家中成就是最高的。朱熹诗歌创作，语言净洁简丽，自然平易，句法巧妙纯熟，如行云流水，一气贯注。在遂安瀛山书院所作《观书有感》是借景喻理的名诗。诗曰：

半亩方塘一鉴开，天光云影共徘徊。
问渠那得清如许？为有源头活水来。
昨夜江边春水生，蒙冲巨舰一毛轻。
向来枉费推移力，此日中流自在行。

全诗以方塘作比，形象表达了一种微妙难言的读书感受。池塘并不是一泓死水，而是常有活水注入，因此像明镜一样，清澈见底，映照着天光云影。这种情景同一个人在读书中贯通问题、获得新知、提高认识时的情形颇为相似。这里所表现的读书有悟、有得时的那种灵气流动、思路明畅、精神清新活泼而自得自在的境界，正是作者作为一位大学问家切身的读书感受。表达的这种感受虽仅就读书而言，却寓意深刻，内涵丰富。特别是“问渠那得清如许，为有源头活水来”两句，因源头活水不断注入造成水之清澈，暗喻人要心灵澄明就得认真读书、时时补充新知。人们常用此来比喻不断学习新知识才能达到新境界，也用来赞美一个人的学问或艺术成就自有其深厚渊源。它给我们的启发是，只有思想永远活跃，以开明宽阔的胸襟，接受种种不同思想和鲜活知识，方能才思不断，与时俱进。

祁门县城北人方岳擅诗，受杨万里、范成大影响，以疏朗淡远见长。洪焱祖说他“诗文与四六，不用古律令，以意为之，语或天出”。[1] 所作表、奏、启、策，用典精切，文气纡徐畅达，为当时人所称道。议政论事的文章，流畅平易，且颇有见地。方岳的诗多反映他罢职乡居时的心情和感慨，以疏朗淡远见长。词作属辛弃疾

① 洪焱祖：《方吏部岳传》，《新安文献志》卷79。

派。善用长调抒写国仇家恨，往往能于祝寿或自励之中抒发爱国情怀。词风慨慷悲壮，豪气不减辛弃疾与刘过，散文化及用经史语入词的倾向也与辛、刘相近。方岳对故乡怀有深厚感情，写有《休宁县休学记》《荷嘉坞记》等散文和《婺源道中》和《入歙》等诗篇。

淳安县方逢辰以近体诗创作见长，擅长写作七言绝句与七言律诗，其绝句语言简练、风格豪健刚劲，其律诗对仗工稳，属对精切。所作《石峡山茶盛开》：[①]

其一

冰崖赤骨物俱老，火树生阳我不孤。
铁叶几经寒暑战，丹心不为雪霜枯。
托根峡里老居士，加号花中烈丈夫。
颜色不淫枝干古，洛阳牡药只为奴。

其二

凡舟春妍夸国色，此花阴极抱阳明。
人疑芝草非时出，我谓丹砂托树生。
可惜洛中忻富贵，不知霜里蓄精英。
老夫诗若宋初出，牡药如何得盛行。

在诗中，方逢辰用“冰崖”“雪霜”“寒暑”三组词刻画山茶花的生长环境。在如此恶劣的自然环境下，依然伫立，不因外界而枯萎，“丹心不改”，与雍容华贵的牡丹相比，可谓花中“烈丈夫”。方逢辰采用正面描写以及对比、衬托的手法刻画了不屈不挠的山茶花形象，看似写物，实则自比，虽为咏物，实则遗貌取神，借物抒怀。

① 傅镟琮等：《全宋诗》第66册，北京大学出版社，1998年，第4195页。

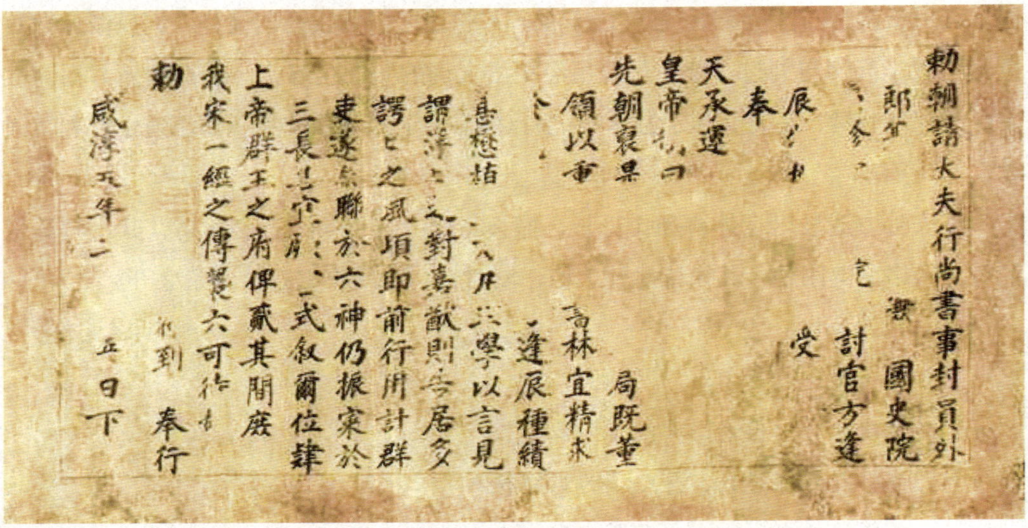

方逢辰敕封诰书

方逢辰的族侄方一夔，幼承庭训，与同县诗人何梦桂诸友善。因屡举不第，退隐富山，自号知非子，授徒讲学，门人称为“富山先生”。工诗，尤长五言，《全宋诗》收其诗歌486首。《四库全书总目提要》评价：“商辂尝称其诗纡徐浑厚，弗事雕琢，可见其冲雅之操。周瑄亦称其发之声律，不为体裁音节之所拘。盖夔遇兴挥毫，颇乏研炼，故辂等云然。要其情致缠绵，机趣活泼，自有不衫不履之致。五言一体，气势苍莽，尤胜于七言。”入元以后，与洪震老、吴暾、夏溥、徐夔叟、翁民瞻、余炎叟六先生友善，编所倡和诗为《七子韵语集》。

元代汉族文人已完全失去像宋朝那样的地位，整个中国的诗文发展与当时新兴的戏曲相比显得暗淡无光。新安文学顺着宋代文学的发展，呈现惯性前进的趋势，出现了以方回、吴龙翰、胡炳文、汪泽民、汪克宽等为代表的文学作品。歙县人方回编著有《瀛奎律髓》一书，在理论上标榜“江西诗派”的主张，并对“江西诗派”进行了全面系统化的总结，首倡“一祖三宗”论，以杜甫为一祖，黄庭坚、陈师道、陈与义为三宗。

四、新安刻书的贡献

原始的徽州山民“始愿而朴”，[①] 随着南朝以来大量北方士族的迁入和经济发展，

① 王世贞：《重修文学记》，见道光《徽州府志》卷2《舆地志·风俗》。

风俗由质趋文。从宋代开始，文化发展起来，衣冠之族注重谈吐、风仪、识鉴，“以诗书训子弟”。[①]于是，科举登第者日众。自从出了朱熹，学风更炽，读书、著述、刻书之风盛行。

据《天禄琳琅书目》记载，两宋有七大私人刻书家，分别为赵、韩、陈、岳、廖、余、汪，汪即新安汪纲，[②]刻有《越绝书》《吴越春秋》《参同契分章通真义》等。绍兴末，洪皓《松漠纪闻》，“锓板歙越”。[③]端平间（1234 ～ 1236），婺源人游克敬“谓《狐首经》为地理书之祖，肆笔笺释，数年而成，端明程珌、侍郎王与欢、左史吕午见，咸称善，为引跋刊布之”。[④]咸淳四年（1268），绩溪汪梦斗刻其父汪晫所辑《曾子思子全书》，“印造二部四册，黄绫装褙，黄罗夹复，封内全一部二册乞留中，一部二册乞降付尚书省”。[⑤]咸淳六年（1270），徽州郡斋刊刻罗愿《尔雅翼》。[⑥]陈振孙《直斋书录解题》亦曾著录宋版徽刻图书两种，一种是《忘筌书》2 卷，陈氏《解题》称：“潘植子醇撰，新安所刻本，凡八十二篇，与《馆阁书目》《诸儒鸣道集》及余家写本篇数皆不同。”第二种是《中兴登科小录》三卷《姓类》一卷，《解题》曰：“通判徽州江都李椿撰，新安旧有《登科记》，但遂榜全录姓名而已。椿家藏《小录》，自建炎戊申至嘉熙戊戌，节次取名字、乡贯、三代讳刊之，后以韵类其姓，凡一万五千八百人有奇。太守吴兴倪祖常子武刻之，以备前记之阙文。”宋末婺源人的鲍宜翁，更是广刻图书，“凡先民之言可为世劝者，则刻之以授四方之来者”，[⑦]已带有谋利性质。

南宋一朝，朱熹的著作曾屡次在徽州刊刻，《新安学系录》记载，朱熹知南康军时，致书休宁杨伟：“熹昨日面恳寝罢锓板事，未蒙深察。……近闻婺源有人刻熹《西铭》等说，方移书毁之。”[⑧]朱熹在给婺源汪会之的《答书》中也提到：“所寄《大学》，愧烦刊刻，跋语尤见留意，千圣相传，门户路径不过如此。”[⑨]宋末，婺源程致

① 汪藻：《浮溪集》卷19，四库本。
② 毛春翔：《古今版本常谈》，上海人民出版社，1977年，第26页。
③ 洪遵：《松漠纪闻跋》，四库本。
④ 嘉靖《徽州府志》卷20。
⑤ 乾隆《绩溪县志》卷9《艺文·书籍》。
⑥ 王应麟：《尔雅翼后序》，见《四库全书总目·经部·小学类》。
⑦ 嘉靖《徽州府志》卷20。
⑧ 程瞳：《新安学系录》卷6、卷7、卷16。
⑨ 程瞳：《新安学系录》卷6、卷7、卷16。

和亦尝刻朱熹《孝经刊误》。[①]

又，宋代，《黄山图经》先后四次被刊刻，据明人许楚考证：

吾歙《黄山图经》肇闻北宋景祐间，通守李序云："因考旧胜，聊缀非文及阅《图经》，尽识英华。"则《图经》之见自景祐，不自景祐始也。前此荒邈无稽。又五十九年嗣镌于县尉，雁荡周公为，哲宗元符庚辰；又五十七年三刻于知州，彦国胡公为，南宋高宗绍兴丙子；又五十三年四刻于中山，焦公东之为，宁宗嘉定戊辰。[②]

其他见于文献著录和流传至今的宋刻徽版图书还有：《皇朝文鉴》150卷《目录》3卷，吕祖谦编，嘉泰四年（1204）新安郡斋沈有开刻；《云麓漫钞》15卷，赵彦卫撰，开禧二年（1206）新安郡斋赵彦卫自刻；《晦庵先生朱文公语录》40卷，王佖编，淳祐十二年（1252）刻于徽州；《习学记言》50卷，叶适撰，嘉定十六年（1223年）新安郡斋刻；《仪礼要义》50卷，魏了翁撰，淳祐十二年（1252）新安郡斋魏克愚刻；《方舆胜览》《前集》43卷、《后集》7卷、《续集》20卷，祝穆撰，嘉熙三年（1239）祝太傅（穆）宅刻。此外，还有婺源张氏所刻《中庸集解》3卷，新安尤氏（藻）所刻尤袤的《梁溪遗稿》15卷等。[③]

宋代严州刻书，在中国刻书史上的贡献则更为卓著。

严州地处杭州近邻，是当时京师钱塘江上游门户。临安的官刻、坊刻、私刻和佛寺刊本等机构众多，规模、数量均为全国之首，带动了严州的刻书业。同时，南宋严州刻书的兴起，与著名诗人陆游的提倡有关。淳熙十三年（1186），陆游担任严州知州。陆游是诗人，却极喜欢刻书。乾道九年（1173）任职于蜀州、嘉州时，就刻孟郊、欧阳询等画像于嘉州官舍月榭，又刻家藏前辈笔札于荔枝楼下。他喜欢岑参诗作，于是刊刻了《岑嘉州集》。淳熙七年（1180）任江西路常平茶盐公事时，利用抚州良好刻书条件，刊刻了他所收藏的医药验方《陆氏续集验方》。到严州府任事后的次年，就刻了《江谏议奏议书》一书。江谏议即江公望，睦州人。陆游乾道

---

① 程瞳：《新安学系录》卷6、卷7、卷16。
② 许楚：《黄山历代图经考》，见民国《歙县志》卷16《艺文志·考辨》。
③ 刘尚恒：《安徽古代出版史述要》，刊《安徽出版资料选辑〈第一辑〉》。

年间在临安曾得其奏议书，到严州后，拜访其家，“复得三表及赠告墓志，因并刻之，以致平生尊仰之意”。[①] 在严州，除刻上述书籍及《剑南诗稿》外，陆游还刊刻《南史》80 卷，《大字刘宾客集》30 卷，《世说新语》10 卷等。他自己所著的《剑南诗前集》，也是在严州任上所刻。担任严州知州 20 多年，能刊登如此多的书，可见陆游刻书之勤。绍定元年（1228）陆游之子陆子遹知严州，先后刻印其曾祖父陆佃的《陶山集》《尔雅新义》及陆佃校注的《鬻子》《鹖冠子》，其父陆游的《剑南续稿》《老学庵笔记》等。

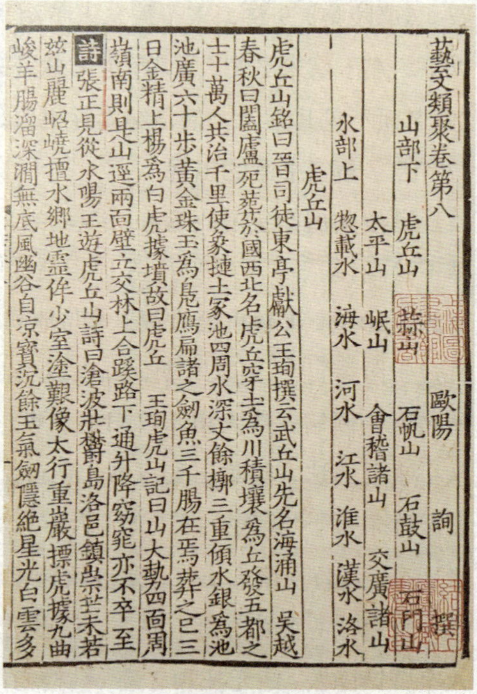
藝文類聚卷第八　歐陽　詢　撰
山部下　虎丘山　茅山　石帆山　石鼓山　石門山
太平山　岷山　會稽諸山　交廣諸山
水部上　總載水　海水　河水　江水　淮水　漢水　洛水
虎丘山
虎丘山銘曰晉司徒東亭獻公王珣撰云武丘山先名海涌山　吴越
春秋曰闔廬死葬於國西北名虎丘穿土為川積壤為丘發五都之
士十萬人共治千里使象摙土冢池四周水深丈餘槨三重傾水銀為池
池廣六十步黃金珠玉為鳧鴈扁諸之劍魚腸三千在焉葬之已三
日金精上揚為白虎據墳故曰虎丘　王珣虎丘山記曰山大勢四面周
嶺南則是山逕兩面壁立交林上合蹊路下通升降窈窕亦不卒至
詩　張正見從永陽王遊虎丘山詩曰滄波壯鬱島洛邑鎮崇芒未若
兹山麗岹嶢擅水鄉地靈侔少室塗艱像太行重巖標虎據九曲
峻羊腸溜深澗無底風幽谷自涼寶沉餘玉氣劍隱絕星光白雲多

南宋严州刻本《艺文类聚》

在陆游父子的带动下，南宋时期严州刻书不断，并形成墨黑如漆，字大如钱，校雠精良，刻印精细的特色，至今留存下来的宋版严州刻本不下 80 种。[②] 兹举数种介绍如下：

《老学庵笔记》10 卷，陆游编纂。“老学庵”系陆游晚年归居故里山阴所筑书屋之名。该书所记多为遗闻轶事，亦考订诗文，其中有不少关于严州的史料，可补正史之不足。《老学庵笔记》为初刻本，也是宋代唯一刻本，十分珍贵。

《艺文类聚》100 卷。《艺文类聚》为国内编纂较早而又完整保存至今的大型书籍之一，由唐代欧阳询撰写。严州刻本是现存最古老的刻本，刻印于南宋绍兴年间，是存世《艺文类聚》唯一的宋刻本，现藏上海图书馆。

《通鉴纪事本末》42 卷，袁枢撰写。刊成于严州州学，系官刊初刻本。杨万里曾途经严州，袁枢将书稿给他看，杨万里读后评价很高，并欣然为之作序，认为此书是治国治学者必读之书。这部书仅在严州就刻印了四次，这在古书刊刻史上是很少见的。它还开创了一种新的历书体裁——纪事本末体，与编年体、纪传体共同构

① 陆游：《陆放翁全集》，中国书店，1986年，第421页。
② 具体书目参见方韦：《严州史话》，天津古籍出版社，2008年，第133～136页。

成了中国传统史书的三大体裁，在中国史学史上有着深远影响。

《新刊剑南诗稿》20卷，陆游撰写并刻印，建德知县眉山苏林编次，成都酒务括苍郑师尹作序。陆游诗集由《新刊剑南诗稿》和《剑南诗稿》两部分组成。

《礼记集说》160卷，卫湜编纂并刻印。他历时20年搜集了144家《礼记》集注，汇成《礼记集说》一书，许多已经失传的古籍赖以此书得以流传，被誉为“礼家之渊海”。该书初刻于江东曹院，再刻于严州，是为定本。

《严陵集》9卷，宋董编。宋董绍兴间知严州，因辑严州诗文，自谢灵运、沈约以下，迄于南宋之初。《四库全书总目提要》认为该书收入许多未出集子的宋人作品，“知名而不见其集者，借是编尚存更改。是亦谈艺者所资也”。由此可见该书的价值。

五、新安书画的出现

徽州文房四宝的兴盛和文风勃兴，带动书法绘画艺术的发展，北宋歙县舒雅就精于绘画，咸平二年（999）在他担任秘阁校理期间，整理馆阁图书，见梁张繇所画《山海图》10卷，于是重绘收藏。[①] 与他同时的休宁人查道篆书，也被誉为“其劲健端妙，又过于阳冰”。[②] 南宋时期，新安以书画知名于世的艺术家，并未见载于史籍。但一些名臣、硕儒、诗人虽不以书画名世，但他们的书画造诣都很高。朱熹的父亲朱松，从小喜爱书法，临摹王安石书，几可乱真。[③] 朱熹本人的书画造诣也很高，《书史会要》称朱熹：“善正行书，尤工大字。尝评诸家书，以谓蔡忠惠以前皆有典刑，及至米元章、黄鲁直诸人出来，便自欹斜放纵，世态衰下，其为人亦然。”[④] 书法初学汉魏，崇尚晋唐，主张复古而不泥古，独出已意。下笔点画圆润，善用中锋，运转沉着顺畅，入笔藏锋隐芒，绝无狂躁之迹；结构稳健典雅，行气连贯，不刻意工整，风格洒脱自然。书法代表作有《城南唱和诗》等。黄宾虹《黄山丹青志》专写有《朱熹画学》一章，称其“画法衣褶深得吴道子家数，落笔迅疾，无意求工，寻其点画波饥礫，无一不合书家矩度”。[⑤]

元代是文人画兴起的时代，随着新安文化的发展，文人涌现，书画方面也产生

---

①《御定佩文斋书画谱》卷11《论画一》。

② 董更：《书录》卷中。

③ 朱熹说：“先君少好学荆公书，家藏遗墨数纸伪作者，率能辨之，临写荆公本恐后数十年未，必有能辨之者。”见《御定佩文斋书画谱》卷13《书家传》。

④ 陶宗仪：《书史会要》卷6。

⑤《黄宾虹文集·书画编》（下），上海书画出版社，1999年，第225页。

一批书画家。其中，戴仲德是新安本土以画著名的第一人，程政的绘画技法与“元四家”[①]相仿，朱璟得宋人笔法，邵孜注重师法自然。戴仲德是市绩溪大石门人，汪克宽称其：“博洽而画马尤工，几夺造化。”[②]有一次，他在驿站旁古祠的墙壁上画了一匹骏马，由于太过于逼真，以致过往的马匹见了都纷纷躲避。黄宾虹称戴仲德的技法是以书法中的笔法为之，“此近于吴兴赵松雪画者”。[③]

绩溪县市东人程政，能诗，工书，善画山水、人物，兼画花草、翎毛。绘画笔墨技法与当时的著名画家黄镇相似，黄宾虹曾见过程政所绘的山水画，“水墨纸本，圆笔攒点，墨气浑厚，雅似梅沙弥笔”。[④]新安画派的绘画技法，大多师承“元四家”，而与“元四家”同时的程政就已经具有与他们相似的笔墨功夫，足见新安画派与“元四家”的渊源。歙县人朱璟曾在大雪天独坐空山之巅，有人问他为什么这样，他回答说：“吾将以增吾胸中之丘壑耳。”[⑤]徽郡江氏曾藏有朱璟绢本雪景，笔致疏朗，林木秀劲。黄宾虹曾见其雪景山水，并藏有其山水竹石画册，认为“笔墨挥洒，洵得宋人矩矱而超出其樊篱”。[⑥]另有歙县郑琮，书法得钟繇笔意，以善书法而名于当时；歙县郑以进，字成德，善画墨竹；绩溪舒頔，字道原，学者称素贞先生，善篆隶，习字尤喜朴拙；黟县僧石隐，善诗画；绩溪杨鉴泉，善写真，尤工山水；休宁程均敬，工画山水；歙县金汝霖善画龙，兼画梅。

王绎人物画

睦州（今建德）人王绎，少年时代就喜欢绘画，擅长人物写真，多线描，少晕染，往往在与对方谈笑间，就默记下对方的情态音容，然后动笔绘像，既貌似，又传神。据

① “元四家”是元代黄公望、王蒙、倪瓒、吴镇四位山水画代表画家的合称，四人画风虽各有特点，但主要都从五代董源、北宋巨然的基础上发展而来，重笔墨，尚意趣，并结合书法诗文，是元代山水画的主流，对明清两代影响很大。

② 康熙《徽州府志》卷17《人物志·方技》。

③《黄宾虹文集·书画编》(下)，上海书画出版社，1999年，第227页。

④《黄宾虹文集·书画编》(下)，上海书画出版社，1999年，第227页。

⑤ 郑玉：《师山集》卷7《碑铭·朱爱梅墓志铭》。

⑥《黄宾虹文集·书画编》(下)，上海书画出版社，1999年，第228页。

记载，曾为倪瓒画过肖像。其传世作品有至正二十三年(1363)作《杨竹西小像》肖像画卷，故宫博物院藏。纸本水墨，纵27.7厘米，横86.8厘米。倪瓒补松石并题记："杨竹西高士小像，岩陵王绎写。句吴倪瓒补作松石。癸卯二月。"又有元代诸家题跋。人物面部用细笔勾描，略染淡墨，形象刻画细致入微。衣纹线条洗练，突出画中人物曳杖而行，寄情诗酒，放浪松竹坡石间的高洁不凡气度。王绎还绘有《良常张先生像》，倪瓒《良常张先生像》云：

钱塘王生思善画，德常时年四十二矣。德常高情虚夷，意度闲雅，顾非顾长康之丘壑置身，曹将军之凌烟润色，又那缘得其气韵耶？王生盖亦见其善者几耳。今日因过德常草堂，出此图求赞，且欲作树石其旁，乃先缀数语像上，树石俟它日补为之。[①]

淳安人邵亨贞擅书法，与杨维桢、钱惟善等与之亦过从甚密。传世有行书《诗帖》，纸本，纵24.5厘米，横58.9厘米，故宫博物院藏。帖云"敬次东维内翰先生寄示答延英诸公移馈严韵，唯赐教乃幸"。东维，即指杨维桢，其别号东维子。此帖笔画遒劲有力，间架端庄大方。书风有赵孟頫特征，兼具宋人意味。《诗帖》写于元至正二十三年（1363），邵亨贞时年55岁。诗帖落款："至正癸卯暮春既望，契生严陵邵亨贞顿首再拜书于野处堂。"

六、新安科技的成就

(一)制瓷技术

新安江流域的制瓷技术早在西周时期就比较先进，屯溪西周墓葬、淳安富德遗址中出土的大量原始瓷器，就是最好的证明。到了五代北宋时期，徽州制瓷技术有了明显提高，20世纪50年代之后，先后发现绩溪霞间、十亩园、仁里巷口、湖里，歙县竦口，休宁岩前，黟县下九都等窑址，时间大约都在唐末至五代北宋年间，均属龙窑系统。其中，绩溪县十亩园窑址、仁里巷口窑址、湖里窑址与霞间窑址最具特色。霞间窑址位于绩溪县华阳镇花根培村，1958年夏在村西发现散布有大片的古窑群。1985年2月，经安徽省文物管理部门的专家考察，鉴定为五代北宋年间的窑址。

---

① 倪瓒：《清閟阁集》，西泠印社出版社，2010年，第295页。

青瓷器有碎瓷、胎薄，烧结度很高。部分盘碗口沿呈葵瓣状，壶身呈瓜棱形，执壶把手有模印纹饰。黑釉瓷器主要为盏类器物，还发现一些器型较大、胎体较厚重的黑釉筒状器物，因标本破碎无法复原，难以确定其器形。同期，产品也相差不大。

新安江流域地处“南青北白”两大瓷系交结点，古窑产品主流为越窑系，并融入北方文化要素，五代至北宋中期最为鼎盛。绩溪窑黑釉瓷器的生产，反映了北宋中晚期社会上斗茶风盛行，黑釉瓷器需求量大增的历史真实。当时中国瓷器大宗销往日本、东南亚、西亚，远至非洲东部诸国，尤其日本最为崇尚中国文化，屡派僧人来天目山各个寺庙进修，回国时带回黑釉茶具，被视为珍宝，因不知产地，统称“天目瓷”。宋代斗茶以黑瓷茶盏为最佳盛器，福建建窑兔毫盏为帝王喜爱，在黑瓷中名气最大，故大家都认为“天目瓷”产于建窑。但天目山不在福建，而在皖浙交界。绩溪仁里巷口窑、湖里窑就在天目山脉，霞间窑、十亩园窑处在天目山北侧，其产品陆路可由徽杭古道入浙；水路可经练江、新安江、钱塘江至杭州或宁波出海。无论陆路还是水路，均要经过天目山。霞间诸窑都产黑釉瓷器，天目山是绩溪窑瓷器外销的必经之地，产品留在天目山各个寺庙，并被日本僧人带往国内完全合乎情理。建窑产品运来天目山，无论水路都不方便，也不合理。对此，首先日本学者产生怀疑，奥田直荣就指出：“‘天目’这个词最初意味着建盏或什么呢？实际上是不明确的……日本在中世纪似乎输入了大量非建窑的黑釉天目，建盏的出土似乎意料得少。”[①] 因此，《绩溪县志》认为：“宋代天目山寺庙中使用的黑釉瓷器及日本僧人带回国的黑釉盏，当是绩溪窑产品。”[②]

(二)医学

新安医学知名医学家首推张扩，张扩是北宋中期歙县人，幼承家学，研习医理，成年后远游湖北、四川等地，拜名医庞安时和王朴为师。著有《伤寒彻要》手稿本，另有《医流论》一书，只见于著录，未见流传。张扩的次子张师孟继承父学，医术也很著名。张扩弟张挥跟从张扩习医，张挥的儿子张彦仁，得父传授，亦以医名世。张彦仁之子张杲，医名更著。专心致志研究医学50余年，平素广征博采诸子百家的著作，凡是议论养生、治病，以及古往今来的医学传记，都予以采录。淳熙十六年

① [日]奥田直荣著，丁炯淳译：《天目》，中国古外销陶瓷研究会：《中国古外销陶瓷资料》第3辑，内部资料，1983年6月厦门大学印；转引自《绩溪县志》，黄山书社，1998年，第839～840页。

② 绩溪县地方志编纂委员会：《绩溪县志》，黄山书社，1998年，第840页。

(1189)，写成《医说》一书，计10卷，全书共47门，前七门记叙了自三皇一直到唐代的名医110多人；其次是杂症28门，杂论6门，妇儿科2门，疮疡及五绝、痹、疝三门，最后是医德报应等杂说。该书是中国现存最早的医案、医话、医学传说和有关医史文献资料的汇编本，是后世研究疾病史的良好参考书，也是中国医学史上第一部医史传记。

元代婺源王国瑞，以一部《扁鹊神应针灸玉龙经》奠定其在中国医学史上的地位。金朝时期，著名医家窦汉卿将针灸之术传给王国瑞之父王开镜。王国瑞自幼跟从父亲学医，成为当时显赫的针灸名家。王国瑞在继承窦氏针法的基础上，发展了子午流注针法。他在深刻认识奇经八脉气血盛衰与时间的内在关系的基础上，另创一种逐日按时取穴的针法，这种针法是以八脉交会八穴为基础，与九宫八卦的数字相配合，再根据日、时干支的数字变化而进行推演，这就是首载《扁鹊神应针灸玉龙经》中的“飞腾八法”。王氏的“飞腾八法”与灵龟八法有诸多相近之处，是明代灵龟八法的先驱。明代徐凤《针灸大全》中“灵龟取法飞腾针图”就是在深刻认识了奇经八脉气血盛衰与时间的相互关系后，受王氏“飞腾八法”之启发而创制出来的。

(三)植物学

五代北宋时期，随着印刷术的普及，编辑出版了一批植物谱录，黟县人邱濬编撰的《牡丹荣辱志》就是其中之一。植物谱录的大量出现，体现了着植物学的发展。邱濬，字道源，别署迂愚叟，天圣五年（1027）进士。《牡丹荣辱志》品题牡丹，以姚黄为王，魏红为妃，又列“九嫔”9种，“世妇”10种，“御妻”81种（具品名者仅18种）。另将其他诸花名目分别列入“花师傅”至“花丛脞”等10个等第中，有的花还标注了产地，最后还列有“花君子”“花小人”“花亭泰”“花屯难”等四目。[①]该书虽然文同游戏，但记载了当时有关牡丹品种和其他花卉名目、产地，从植物学角度来看，具有一定价值。另据《文献通考》农家类著录，邱濬还有《牡丹贵尚录》一卷，专为牡丹而作，未见传世。

(四)光学与生物学成就

光学成就主要体现在程大昌《演繁露》一书中，该书中记载的光学知识，包括关于日食观察中的光学知识和关于色散现象的见解，很有真知灼见。《演繁露》卷

① 吴瑞：《日用本草·李汛序》，转引自《中国医籍考》，人民卫生出版社，1983年，第177页。

一记载，淳熙丙申三月朔日（1176年4月11日），作者在开封观测日食时，用油盆照映的方法，观测出食分不到十分之一的日食。这是由于油面对可见光的反射率比水面更低，而且油的透明度差，可以减小盆底的漫反射光线，增大象的反衬度。再加上油的黏度大，反射面比较平稳，所以人们可以更清晰、更持久，从而也就更能准确地对日食进行观测。对于月光的成因，程大昌在沈括关于“月如银圜”的类比基础上，充分说明了月面明暗与其离日远近和日光向背的关系，揭示了月面变化的本质，认识正确。对于小水珠反射折射日光之后的色散现象，程大昌认识到，日光通过液滴的色散现象，同日光通过自然晶体（菩萨石、水晶）的色散现象同出一理。明确提出了“五色”光的生成来源于日光，批判了对于色散现象的神秘传说，表现出科学的态度和精神。

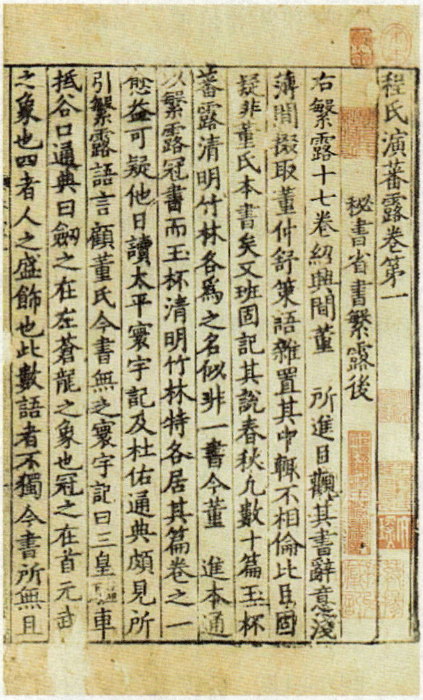
程氏演蕃露卷第一
秘書省書繁露後
右繁露十七卷紹興間董 所進臣觀其書辭意淺
薄間掇取董仲舒策語雜置其中輙不相倫比臣固
疑非董氏本書矣又班固記其說春秋九數十篇玉杯
蕃露清明竹林各爲之名似非一書今董 進本通
以繁露冠書而玉杯清明竹林特各居其篇卷之一
愈益可疑他日讀太平寰宇記及杜佑通典頗見所
引繁露語言顧董氏今書無之寰宇記曰三皇驅車
抵谷口通典曰劍之在左蒼龍之象也冠之在首元武
之象也四者人之盛飾也此數語者不獨今書所無且

程大昌宋刻本《程氏演繁露》书影

生物学上，罗愿所著《尔雅翼》32卷，专述动、植物，解释各物，考据精博，包含了很多生物学方面的知识，被学术界称为博物之书，罗愿本人也被誉为博物学家。《尔雅翼》共32卷，记述植物180种，动物230余种。《释草》8卷，120种，以记述草本植物为主，兼及灌木、丛木；《释木》4卷，记60种木本植物；《释鸟》5卷，述58种鸟类；《释兽》6卷，皆记哺乳动物；《释虫》4卷，记述40种昆虫；《释鱼》5卷，55种，以鱼类为主，兼及哺乳类之鲸，爬行动物之蛇类、龟鳖、鳄、湾鳄，两栖类之蛙，以及贝类，节肢动物之虾、蟹等。每类之下将形状、生境或功能（用途）相同者排在一起，以示其同类。草本之下有粮食植物、染料植物、瓜类、纤维植物、水生草本植物、葱韭蒜类植物等。每种植物，又列出不同品种（变种）之名目，如黍有赤、白、黑、黏、不黏之分；稻有水、旱、早、晚、有芒、无芒，以及从东南亚引进的“占城稻”。

中国古代并无动物学和植物学之分，但民以食为天，自古以来，人们对可供食用的动植物从未停止过探索。不但要认识它们有毒无毒，哪些可食，而且要研究它们的性味和营养价值，出现了一批食用本草之类的著作，其中含有丰富的动植物知识。元代休宁人吴瑞所著《日用本草》，就是其中最有价值的一部。根据李时珍的著录，《日用本草》共有 8 卷，是吴瑞根据人们日常食用的动植物和菌类，分八门编纂而成。① 八门分别为米谷、菜、果、禽、兽、鱼、虫、五味，共记可食用动植物和菌类 540 种；每种除名称外，多有性味和烹煮方法，兼有形状描述和药用价值，间附处方；是按本草学体例而专记可供食用的动植物和菌类的系统著作。李时珍《本草纲目》多次引用《日用本草》内容，在一定程度上反映了《日用本草》在明代的影响和价值。

第四节　明清时期新安文化的鼎盛

一、教育与科举的鼎盛

明清时期，新安江流域的教育与科举达到鼎盛，私学、官学和书院教育同步兴起。

明初，社学发展兴盛。社学属于官办性质，洪武八年（1375）由朝廷推动，徽州六县共设立社学 462 所，其中，歙县 112 所，休宁 140 所，婺源 140 所，祁门 27 所，黟县 13 所，绩溪 30 所。② 严州缺乏资料，社学情况不清楚。嘉靖《淳安县志》记载："社学，在坊二所，每都一所，洪武十八年设。"③ 可见洪武八年朝廷推行开办社学时，严州的动静并不大。明中期以后，由于官府对社学的支持减弱，社学式微。但以新安商人为代表的民间力量的崛起，私人创办的义学、塾学等逐渐成为蒙学教育的主导力量。如歙县商人洪世沧，为宗祠捐资二千金，"以其息设两义塾"④；黟县商人汪廷兴"捐白金三百立义学"；⑤ 淳安商人黄居蔼，"稍营什一，赀累千金，新开义塾，教贫子弟"。⑥ 为使善举能延续久远，在捐办义田的同时购置学田。明代淳安

① 李时珍：《本草纲目》卷1上："《日用本草》，时珍曰：书凡八卷，元海宁医士吴瑞取本草之切于饮食者，分为八门，间增数品而已。瑞，字瑞卿，元文宗时人。"上海科学技术出版社，1993年影印本。

② 弘治《徽州府志》卷5《学校》。

③ 嘉靖《淳安县志》卷6学校。

④ 民国《歙县志》卷9《人物志·义行》。

⑤ 嘉庆《黟县志》卷7《人物志·尚义》。

⑥ 光绪《淳安县志》卷10《人物志二·笃行》。

人唐廷礼，创义塾的同时就捐置了义田，[①]塾以育人，田以养塾。

官学是指府县学，清代歙县人军机大臣兼上书房总师傅曹振镛曾说："新安于宋太师徽国文公为桑梓地，文公之化衣被天下，自宋元明迄今数百年，江以南士之私淑文公，能于学校中自表见者，必推我新安。"[②]明清两代，新安江流域官学一直保持着相对稳定的不断发展的态势，到清中叶更是达到鼎盛。兴盛起来的新安商人凭借其雄厚的财力优势，不断地资助和发展教育事业，资助官学更是商人的首选。嘉庆十二年（1807），歙县盐商鲍漱芳重修府学学宫，其用去白银多达14000余两；十六年（1811），鲍漱芳之子鲍均又捐巨资重建府学尊经阁及教授、训导两衙署；十九年（1814），鲍均再次呈请重修学宫，"自大成殿以下无处不加修整，所费不赀，向来重修学宫未有若斯之美盛也"。[③]歙县县学也是在乾隆五十五年(1790)时,由"两淮商人捐资重建,名古紫阳书院,邑人曹文埴倡其议,鲍志道协其筹,程光国董其事"。[④]嘉庆二年（1797），休宁商人汪秩、汪稌、汪谷、汪瑗等捐赀，重建休宁县学明伦堂；五年（1800），徽商刘启伦、程昌龄、程濂、丁俊、汪阁等再倡同合邑绅商，重建休宁县学大成殿。嘉庆八年（1803），建德乾潭节妇汪吴氏捐田40亩为建德岁试文元膏火田，其租每三年轮挨岁试新进第一名文生收作膏火；同年，建德乾潭监生汪峰山捐田20亩为建德科试泮首膏火田，其租每三年轮挨科试新进第一名文生收作膏火。[⑤]

书院教育是中国传统教育中的重要一环。北宋开宝年间，婺源人胡延政出任绩溪县令。景德四年（1007），其子胡忠在龙井（今宅坦村）创建桂枝书院，以训育乡族子弟，这是新安江流域最早出现的书院。其后，新安地区书院迅速勃兴。清代徽州有书院（含书屋、精舍）74所，其中，歙县21所，休宁12所，黟县8所，绩溪21所，祁门1所，婺源11所；[⑥]严州有书院31所，其中，建德县4所，淳安县13所，遂安县3所，寿昌县4所，桐庐县5所，分水县2所。[⑦]

---

① 光绪《淳安县志》卷5《食货志·蠲恤(眉寿附)》。

② 曹振镛:《鲍氏重修府学记》,载道光《徽州府志》卷3《营建志·学校》。

③ 道光《徽州府志》卷3《营建志·学校》。

④ 民国《歙县志》卷2《营建志·学校》。

⑤ 民国《建德县志》卷7《学校》。

⑥ 道光《徽州府志》卷3《营建志·学校》。

⑦ 光绪《严州府志》卷六《学校·书院》。

教育的高度发达，推动了新安江流域科举业的繁盛。明代淳安人商辂，于宣德十年（1435）乡试、正统十年（1445）会试及殿试均为第一名，是明代近300年科举考试中第二个“三元及第”的人。① 民间颇为轰动，好事者专门编有《商辂三元记》传奇，广为宣传。清代，徽州、严州两府共考取进士452名，其中徽州府411名，② 严州府41名。③ 据研究者统计，清代全国文进士总数为26815人。④ 而新安地区两府就有452人，约占有清一代全国进士总数的2.5%，清代新安科第之盛可见一斑！由于“科名最盛”，清代新安江流域有“连科三殿撰，十里四翰林”之说，所谓三殿撰，即是指乾隆三十六年（1771）辛卯科状元休宁人黄轩，乾隆三十七年壬辰科状元歙县人金榜和乾隆四十年乙未科状元休宁人吴锡龄。还有如“兄弟九进士、四尚书者，一榜十九进士者”“一科同郡两元者”“同胞翰林”等说法。

歙县“同胞翰林”坊

① 另一人为池州府黄观，明洪武二十四年(1391)状元。靖难之役后，朱棣将其名从登科录上划去，剥去其状元名号。在万历年间才得以平反。

② 光绪《重修安徽通志》。

③ 光绪《严州府志》卷十五《选举·进士》。

④ 范金民：《明清江南进士数量、地域分布及其特色分析》，《南京大学学报》1997年第2期。

二、理学、心学与朴学的融合与传承

明代新安理学进入一个变革求新的时期。这一时期的新安理学家，不满足于墨守门户，认为元代新安理学家死抱师门成说，不利于发扬光大“朱子之学”，他们致力于学风的转变，力倡独立思考的新学风。

自从程朱理学在元代被列入官学，作为科举考试的依据之后，朱熹学说成为“显学”。在朱熹的盛名之下，元代学者中出现了盲目迷信的风气。学者们对朱熹学说从不怀疑，死抱一字一义的说教。凡有悖于朱熹学说的言论，不遗余力予以排斥，容不得半点争鸣与不同理解。这种唯“朱”是归的治学指导思想和学风，导致了学者墨守成说而难以创新。针对元代学者的弊端，以及唯“朱”是归的治经指导思想所带来的严重后果，明代新安理学家开始反思，提出了新的治经指导思想，其中，“和会朱陆”便是其中的一种途径，以郑玉、赵汸、程敏政为代表。

元末明初歙县理学家郑玉认为，朱熹、陆九渊二人因气质不同，导致其学问功夫有明显差异。但二人学说“同是尧舜，同非桀纣，同尊周孔，同排佛老，同以天理为公，同以人欲为私，大本达道，无有不同者乎！”[①] 郑玉还指出朱、陆两家学说都有弊端，陆学之弊在空谈而无致知功夫，朱学之弊在支离泛滥而不能收实际效果。所以，郑玉主张两家唯有摒弃门户之见，才可以避免各自的不足。休宁赵汸自幼接受程朱理学教育，深受朱熹那套由读书而穷理的方法影响。但他对陆九渊发明本心的治学方法也很赞同，主张将澄心默坐、涵养本源与诵习经训、读书穷理的治学方法有机结合起来，体现了“和会朱陆”的特色。休宁县程敏政提出朱熹与陆九渊之学“始异而终同”，认为朱熹与陆九渊两家所求的“道”，是同一的，并无二样，两家的学说和为学之道，最终归于一致。郑玉、赵汸、程敏政虽然提倡“和会朱陆”，但总体倾向于程朱理学的宗旨。

明中叶以后，王阳明承续陆九渊“心即理”这一个基本命题，与陈献章、湛若水师徒相唱和，以“致良知”之学取代朱熹“格物穷理”之学，受到当时思想界的欢迎。新安学者也翕然响应。如歙县人洪启蒙，潜心阳明之学，曾经在紫阳书院主讲心学的一些观点；毕珊正德年间，得知王阳明在南京讲学，徒步前往南京拜王阳明为师。祁门人郑烛、谢显，婺源人方瓘拜入湛若水门下，学习明性理之学。黟县

① 郑玉：《师山集》卷7《洪本一先生墓志铭》，景印文渊阁四库全书，台湾商务印书馆，1986年。

人李希士，则与邹守益、湛若水共同创办中天书院讲学；晚年在黟县创办桃源书院，接待四方学者。嘉靖间，湛若水更是亲临徽州，先后在斗山、天泉、中天等书院讲学，并为其弟子祁门谢显所建神交馆作铭作记。王阳明的高足王艮、钱德洪、王畿、邹守益、刘邦采、罗汝芳等也先后来到徽州，主讲盟会。一边是徽州的王、湛门人自觉传播，一边是王、湛二家的主动出击，心学迅速在徽州流布开来，新安后学遂纷纷转向"致良知"一途。[①]其中宣传阳明心学最为得力是休宁还古书院。据《还古书院志》记载：明万历二十五年（1597）十月大会，听讲数百人；万历三十一年（1603）十月大会，听讲几千人；万历四十三年（1615）九月大会，本地学者150余人，外府外省共30余人；天启元年（1621）大会，听讲者外郡共27人、本郡共178人。可见，当时阳明心学在徽州流行的盛况。

明亡之后，思想界反思当时的社会问题，对泛滥于晚明的心学进行批判，出现复兴朱子之学的潮流。在此社会与学术背景之下，清初新安学术文化有过短暂的回归朱子之学一统的运动。康熙八年（1669），杨泗祥、施璜等人制订《紫阳讲堂会约》，会约核心是"崇正学"，其中规定：

> 务经明行修，宗尚周程张朱之学，讲论悉符于践履，著述必本乎躬行，德孚闾闬，望重学林者，会长敦请赍院，阐印圣宗，以为后学标准。如侈谈二氏家言，为三教归一之说，及阳儒阴佛者，不得入会。[②]

这是复兴朱子之学的一道宣言。嗣后，各书院"春秋集讲，文物衣冠，彬彬一堂，尽去旧习，化为尊孔宗朱坛席"。[③]

到了清康熙、乾隆时期，新安地区学者方棨如、江永、戴震、程瑶田等人提倡实事求是的治学精神，反对理学空谈，倡导经世致用，力纠宋明学术之弊，并对新安理学家的"求真是之归"的学术主张加以改造。治学侧重于文字音韵、天文地理、名物典章制度的考证，鄙弃凿空之言，开创朴学的求实风气。此后，朴学取代理学，成为清代学术的主流。

---

① 《紫阳书院志》卷16。
② 施璜等：《紫阳书院志》卷15《会规》。
③ 施璜等：《紫阳书院志》卷12《列传》。

淳安方楘如曾受业于毛奇龄，毛奇龄是清初反对理学最激烈的人物之一，他的观念影响到了方楘如，而方又跟校勘家何焯的关系密切，方从何焯处接受校勘学的理念。这些观念汇集一起，使得方楘如开始提倡汉学反对宋学，开乾嘉风气之先。刘墨在《乾嘉学术十论》中说："方楘如是较早意识到汉人学说中郑玄的重要性，他甚至亲自动手编成《郑注拾渖》一书以收罗郑玄的遗著，而这要比孔广森、黄奭、袁钧诸人早得多。"乾隆二年(1737)，以经学被推举，钦召纂修三礼，固辞不就。自是闭户著书，深究经学。乾隆十五年（1750），主讲歙县紫阳书院。方楘如虽以科举制艺时文著名，但他主张以古文来作时文。认为做文章要根抵于经史、熔裁于百家，而不仅仅是株守几本制艺课本。朴学家程瑶田、汪梧凤、金榜、胡赓善等，均出其门下。

朴学重证据，故不遗余力地搜集资料，扩大资料的研究范围，用实物整理史料，开启了传统史料学同博物考古相结合的新路子。歙县程瑶田为了搜集资料，曾四次到全国各地调查访问，用实物证实文献，又用文献考证实物。有一次在河北丰润县，见文庙中有一只牛鼎，县志记载为赵宋时的物品。程瑶田从形制上看认为不应该是赵宋时的东西，于是博检《宋书》《周官》《春秋》等诸多文献，又从各代祠祀制度上考察，终于弄清为刘宋时物。他把史料同考古结合起来的治学方法，是一种十分客观的科学方法，为近代考古学的建立开启了先河。

三、文学艺术百花齐放

(一)新安文学

明清时期，新安文学的作家群体主要分为三大类：一类作家，如汪克宽、赵汸、朱升等人，他们既是造诣颇深的理学家，又有着数量可观的诗文作品传世；另一类作家，如詹同、朱同、程通等人，他们在统治集团内部有着较高的政治地位，诗文创作具有很强的政治色彩；第三类作家，其文学思想与文学创作虽也深受传统的束缚、关注道德内容，但在某种程度上比较重视文学作品的艺术形式，因而所取得的文学成就相对来说大一些，如唐桂芳、徐楚等。

明代重要的文学家，非程敏政莫属。其倾向于文学的艺术性与审美功能不可或缺，主张诗歌创作应以自然为宗。他的诗歌作品重在表现自我内心深沉真挚的感情，对人的欲望加以肯定。这些作品中，程敏政用清新自然的笔触描绘自然界美丽的景色，或在叙述中善于制造悬念与波澜，或于描写时注重场景的展示与人物心理的刻画，而不涉及政治与伦理道德的内容，具有纯文学性散文的特征，如《夜度两关记》

《游齐云岩记》，以及《松萝山游诗序》等。[①]

明代中后期，随着商品经济的发达，社会风气与思想观念由质朴节俭、知足常乐转向奢靡、贪婪与竞争，由重利轻名转向名利兼重。作家主体也日益市民化，越来越多的商人参与文学活动。有的人“先贾后儒”，从商人转变为名士、作家；有的人“先儒后贾”，在从商的同时进行文学创作。作家群体和商人之间的复杂联系，给文学的世俗化带来深远影响，出现不少突破自我，不受羁绊和桎梏、向往个性自由发展的诗歌作品。诗人们极力抓住有限的生命去尽情享受，有些人以宴居为乐，如方扬的《吴生行》；有的则要日饮美酒畅游名山，如方宏静的《赠五溪子》；有的是聚友开宴纵情行乐，如黄生的《凤巢群女引》。还有不少作家为商人树碑立传，譬如，在汪道昆的《太函集》中，半数以上的传记文都是为商人及其家庭成员而作，此外还有33篇为商人或其父母所写的寿序和赠序，中间也涉及商人的生平事迹。在这些作品中，表现出强烈的平等思想，极力为商人争取应有的社会地位。

明中叶以后，还涌现出大批文言小说，小说家们将历代传奇小说改编汇纂成书，或根据本朝时事进行创作，有的既编辑他人之作，又根据街谈巷议、口耳相传自己撰写。小说的题材从婚姻爱情、神仙鬼怪、里巷新闻、科举轶事，到人生奇遇、珍宝的传说，以及侠客的故事、公案故事等，无所不有，内容十分丰富。[②] 其中比较知名的有吴大震的《广艳异编》，程时用的《风世类编》，潘士藻的《闇然堂类纂》和汪云程的《逸史搜奇》等。同时，新安江流域的作家群体也努力融入全国的文学潮流，徽州人郑作、程诰、王寅、佘育等人都曾向“前七子”的领袖人物李梦阳学习文学创作的技巧，汪道昆与“后七子”等文坛名流交往甚密，休宁人吴兆也与当时的知名文人频繁举行社集，这些举措都促进了新安文学与全国文学的整体融合。

歙县汪道昆是明代隆庆、万历年间的文人领袖，为文简而有法，作诗风骨俱佳，有《太函集》120卷，收散文106卷，诗歌1520首，堪称多产作家。他的诗歌带有复古倾向，而内容却富有时代现实感。所作《查八十传》《汪处士传》《王仲房传》《吴子钦传》《朱介夫传》《詹处士传》等，传主地位都是卑微者，笔调清新。万历十七年（1589），托名“天都外臣”撰写的《水浒传序》，充分肯定《水浒传》小说的同

① 韩结根：《明代徽州文学研究》，复旦大学出版社，2006年，第122～123页。
② 韩结根：《明代徽州文学研究》，复旦大学出版社，2006年，第261页。

时，表达了对梁山英雄的深刻同情和对权奸误国的无比痛恨。精通音律，在戏曲创作方面有较高水准，所作杂剧清新俊逸、诙谐多姿，影响很大。嘉靖三十九年（1560），在襄阳知府任上创作《高唐记》《洛神记》《五湖记》和《京兆记》，合称《大雅堂杂剧》。这四折杂剧，既可以独立演出，又可合成一本。

淳安蜀阜人徐楚，以“青溪”为号，并自称吾溪主人、蜀阜山长。广泛收集历代诗人讴歌淳安的诗词作品327首，编纂刻印《青溪诗集》。《青溪诗集》共6卷，卷首有序文、目录、作者姓氏爵里和诗歌作品；卷一五言古诗，卷二七言古诗并歌行，卷三乐府宫词，卷四五言律诗，卷五七言律诗，卷六五言七言绝句。《青溪诗集》作为淳安历史上第一部诗歌总集，具有重要的历史价值和文献价值，对淳安地域文学的发展具有积极影响。

清代新安文坛，张潮成就最大。张潮是歙县柔岭下村人，编有文言小说集《虞初新志》20卷、杂著丛书《昭代丛书》150卷、《檀几丛书》50卷等，著有《聊复集》《幽梦影》《青泪痕》《忆闻录》《奚囊寸锦》《心斋杂俎》《咏物诗》《笔歌》等。《虞初新志》所收多为明末清初一代文人的文言小说，把传记、志怪、游记、寓言、随笔等大多难登大雅之堂的文字熔于一炉，不分门类地聚集起来。《虞初新志》刊行之后，很快成为畅销书，并且远播到日本等国。于是，黄承增又编了《广虞初新志》40卷，郑澍若则编了《虞初续志》12卷，到民国间又有人编了《虞初近志》。由此可见，该书对文坛的影响。

清代新安小说的代表作当属《希夷梦》（又名《海国春秋》），全书40回，约40万字。不题撰人，据序知为新安人汪寄所作，成书于乾隆年间。此书叙述赵匡胤黄袍加身，举朝归顺。唯韩通全家殉难，李筠起兵讨逆而兵败自杀。韩通弟韩速，李筠幕宾丘仲卿，为复仇而投南唐。南唐君臣不思谋国，反思媚敌，韩、吕离唐往西蜀，途经黄山，被引入希夷老祖洞府。二人安寝石上，乃得一梦，仲卿到海国浮石，韩速到海国浮金，二人各为其主，既立军功又肃吏治。然才过五十年，却遇陆秀夫抱幼主投海，知中原已历三百载，赵氏国亡，元人入主中原。韩、吕惊梦，遂从希夷仙去。全书结构、布局比较新颖，故事情节也颇曲折。

遂安县毛家（今属淳安县）人毛际可，是清初著名的文学家。擅长古文，与清初知名文人毛先舒、毛奇龄、施闰章、洪昇、徐汾等人友善，毛奇龄、毛先舒皆浙江人，因而有“浙中三毛，文中三豪”之称。晚年在家乡主持书院，远近前来求教的人不计其数。所作诗词，直抒胸臆，不假雕饰，运用比兴手法，寄寓胸襟，善于用组词形式传情达意，抒情性强，具有浓郁的文人情怀，在清初词坛占有一定的地位。毛际可传记文也很有艺术特色，善于通过细节描写来刻画、塑造人物形象，通过对比映衬手法来完善人物形象，通过直录人物语言彰显人物的性格。

清代新安江流域有一个引人注意的现象，就是女性诗词创作出现了较为繁荣的局面。据不完全统计，清代徽州府六县女性作家近100人（含外籍嫁入），其中，歙县49人，休宁28人，婺源11人，绩溪2人，黟县3人，泛称“新安”者4人。[①]从整体风貌上看，女性诗词创作的内容和情绪相对狭窄，主要表现独处的离愁别恨、闲愁闺怨，或家族成员之间的互相酬唱，与传统女性诗词相比，题材上并没有取得重大突破；而对于相思和性爱的表达方式，女性诗词更为内敛、含蓄；妇女对于宗法社会之压抑的反抗，意识不明显、程度也不激烈，而这很大程度上归根于程朱理学和宗族制度在新安社会意识形态领域的绝对控制地位。

建德人章燮注疏的蘅塘退士孙洙所编《唐诗三百首》，在原有注解，旁批之外，广征博引，源流分明，兼及诸家诗话，内容相当周备。且能注意辞义贯串，深入浅出，简要不烦，颇有特色，堪称唐诗注本中最详尽、最严谨的版本，被誉为“注释《唐诗三百首》第一人”。

（二）绘画书法

新安江流域山峦迭嶂，河溪纵横。黄山、白岳矗立云间，峥嵘挺拔，锦绣连绵；新安江奔流于山谷盆地之间，波光潋滟，晶莹如玉，素有“大好山水”之誉。新安大好山水为当地画家提供了很好的范本。元代，程政以新安大好山水入画，为新安山水画先声。

明嘉靖时，休宁丁瓒用米友仁、倪瓒简洁清淡的笔法描绘新安山水，或许这种导源于宋元大家米友仁、倪瓒的简洁笔法更易于表现黄山石质岩体的层峦叠嶂，一直被明清新安画家所继承，为新安画派的形成奠定笔墨基础。

明崇祯时期，是新安山水画蓬勃发展的时期，涌现出一大批山水画家，他们纷纷以倪瓒为师，以新安大好山水为描绘对象，形成了一个画家阵营。根据崇祯九年

① 陈晨：《清代徽州女性诗词创作综论》，安徽大学硕士论文，2006年。

(1636)歙县人罗周旦《古今画鉴》和清初《古今画鉴续》的记载,[①]明末清初新安山水画家有126人,体现了新安山水画家创作阵营的雄厚实力。并由此产生一个由地域命名的山水画流派——新安画派,以渐江、查士标、孙逸、汪之瑞"海阳四家"为代表人物。[②]

清代康、乾盛世,歌舞升平。大批侨居扬州的新安盐商富可敌国,然而常年在外,终免不了对故土的怀念,他们大肆购藏新安画派画家所画的家乡真山真水作品,以解乡恋。这样便带动了整个社会对新安画派作品的重视,使收藏新安画派作品成为时尚,以至于江南富人以有无渐江为代表的新安画派的作品定雅俗。

新安商人不仅高价购画家的作品,画家本人也得到商人们的至高礼遇。渐江、程邃、孙逸、汪之瑞、查士标等众多的新安画家都曾旅居扬州,成为商人家中的座上宾。其中,查士标长期住在扬州,客死扬州,最终葬在扬州西山余家桥。查士标的画在扬州产生巨大影响,当时有句谚语"户户杯盘江千里,家家画轴查二瞻"。陈传席认为"'扬州八怪'们的率汰三笔和五笔的粗率画风,正是从查士标的风神散懒、气韵荒寒画风中变来的,对照二者作品,因果关系一目了然。"[③]清康熙、乾隆时期的歙县人程士镳,远追李唐、马远,近学渐江等新安画派各家画风,笔墨粗壮豪迈,同时又有工细挺秀的特色,布局开阔,意境爽朗,与新安画派枯涩简淡,寂寥苍凉的风格稍异。其他一些著名的画家,如"扬州八怪"中的汪士慎、罗聘,浙派中的奚冈,海派中的虚谷也都是新安人,他们的根在新安,或多或少也都曾受到新安画派的影响,只不过是他们已经别具风格,自成一家。

查士标山水画卷

书法是以汉字为载体的书写艺术,在汉字发展的漫长历史过程中,书法以篆、隶、

① 罗周旦:《古今画鉴》5卷附《古今画鉴续》,稿本,安徽省博物院藏。
② 关于"新安画派"的具体论述,放在下一章讨论。
③ 陈传席:《黄山画人录序》,黄山书社,1991年。

真、行、草各体发展出一个丰富的审美体系，它与书、画艺术相结合，融汇文学上形文、声文的高度美，最终成就了蔚为大观的艺术世界。新安书法艺术在中国书法艺术领域成就不算太高，但在篆、隶、真、行、草各体书艺上，也产生了一批大家。如胡澍的篆书、汪士慎的隶书、王由敦的楷书、詹景凤草书、商辂的行楷，在中国书法史上也都占有一席之地。

绩溪县胡澍精训诂之学，擅长篆书、篆刻，曾与赵之谦、吴昌硕合著《篆体书法集》。他的篆书个性色彩明显，线条遒丽而严整，挺拔开张，富有装饰性。歙县汪士慎为“扬州八怪”之一，书法自成家数，尤善隶书，方整端庄，受《西狭》《礼器》润泽，功力深厚。休宁县王由敦楷书端秀醇正，颇受乾隆皇帝赞赏，称其书法可与张照相比。汪由敦谢世后，乾隆特命词臣仿摹汪氏书体摹勒上石，这就是著名的《时晴斋帖》10卷。休宁县詹景凤书法师承王羲之、王献之父子，后杂采诸家，逐渐形成自己的风格，与明代书法家祝允明并称于书坛。《书史会要》说他“深于书学，用笔不凡，如冠冕之士，端庄可敬。狂草若有神助，变化百出，不失传统古法，论者谓可与祝京兆狎主当代。”有手书狂草《千字文》传世，齐云山上也留有多处他的石刻镌题。淳安县商辂深受晋唐书家浸淫，钟繇及王羲之、王献之诸家为其筑基，又深受赵孟頫的影响。所作《浙藩送行诗序》绢本行楷（今藏浙江省博物馆），清净古朴，稳健雅致，飒爽磊落。结体既讲平稳又求险劲，沉着中不乏灵动，有赵孟頫《胆巴碑》书风，清丽刚健尤胜。翁方纲跋云：“此册若掩去文毅之名，以为吴兴真迹，识者也难以辨。”

(三)版画篆刻

所谓版画，就是木板雕刻的图画。中国古代散件印刷品和书籍都是雕版印刷，版画也就是散件印刷品和书籍中的插图，用来帮助读者形象化地了解书籍所记载的内容。新安地区版画也是伴随着刻书而产生。早期新安刻书中有“图经”一类的书籍，就是最早的版画作品。“图”是图画，“经”是文字。唐代，徽州有《新安图经》《新安图》，宋代有《黄山图经》。可惜的是，这些早期的版画作品都已经遗失，不存在了。现存最早的《黄山图经》是明天顺六年（1462）的辑刻本从中得见唐宋徽州版画的一些影子。现存最早的新安地区版画有三幅：一幅是《□武威源流世家朝代忠良报功图》，原藏于绩溪旺川石氏宗祠，现被安徽省博物馆收藏；第二幅是《新安胡氏历代报功图》，收藏于上海博物馆；第三幅是《胡延庆克服城都报功图》，收藏于上海博物馆。这三幅版画，都是属于元末明初的作品。

明万历至崇祯时期，是中国版画史上划时代的时期，绘图、雕刻、印刷都有重大突破，把版画艺术提高到一个新的境界，郑振铎称此是中国版画“光芒万丈”的时代。而这一“光芒万丈”的时代,就是以新安地区版画的崛起为标志的。万历时期，北京、建安（福建）、金陵（南京）版画，基本上都是采取上图下文的形式，线条粗壮，构图简略；徽派版画则一扫粗壮雄健之风，形成工整、秀丽、缜密而妩媚的情调，其插图形式也趋多样化。

万历年间，歙县岩寺（今属徽州区）方于鲁美荫堂的《方氏墨谱》，雕刻精美，线纹细入毫发，飘如游丝，造型效果纤丽逼真，具有极强的装饰美感；程大约滋兰堂的《程氏墨苑》，图稿精丽绝伦，刻工勾凝断顿，线条细若胎毛、柔如绢丝，曲尽其妙，同时首创四、五色套色印刷，精美绝伦。崇祯年间，休宁胡正言《十竹斋笺谱》，有 289 幅图画，包括清供、华石、博古、画诗、奇石、隐逸、写生等内容，画面匀称工整；所有图画都赋彩套印，并用拱花技法印刷，显现出浓淡分明的效果，给人以简朴、典雅的印象。郑振铎先生评价《十竹斋笺谱》“雅丽工致，旷古无伦”。清乾隆年间，歙县潜口（今属黄山市徽州区）汪氏水香园刊刻的《古歙山川图》，全部都是歙县境内实景。绘刻者模仿国画技法和布局，或以大面积的黑白对比，或以劲涩的线条皴擦，刀笔纵横动流畅，书法、印章俱全，可称为清代徽派版画的杰出代表。

明清时期，新安流域的篆刻艺术异军突起，成为中国文人篆刻的主流。新安江流域文人篆刻地位的确立，以何震为标志。何震，字主臣，一字长卿，号雪渔。休宁县前街人，晚年寓居南京。一生以刻印为生，刀法娴熟，并率先对先秦刻石、金文进行研究，从其中汲取印学营养。他以刻工“指节通灵”之妙，以刀代笔，再现秦汉印章中的凿、铸、镂、琢之美，气韵流畅，成为明末印坛的领军之人，被誉为“海内推第一”的印人。与何震同时的苏宣、朱简、汪关，也是明末印坛上赫赫有名的人物。苏宣，歙县人，曾经跟从文彭学习六书、篆刻；又在顾从德、项元汴等收藏家处博览秦汉玺印，曾摹汉印近千纽，他师古而不泥古，创新求变，所刻作品气势雄强，布局严正。朱简，休宁县北门人，篆刻不拘泥于时尚，别开蹊径，以草篆入印，自成一格。汪关，歙县人，寓居娄东，原名东阳，后来得到一枚“汪关”汉代铜印，遂改名“关”。所刻印章沉稳安详，篆法精严，有雍容华贵气象。这些印家在印坛的崛起，影响和造就了徽州大批篆刻人才。根据现有资料统计，明嘉靖至崇祯时期，徽州一府六县共有印人 50 余名，以何震为旗手，吴良止、罗南斗、苏宣、金光先、朱简、汪关、李流芳、吴正旸、汪徽等为中坚，构成了一个印人群体，他们互相学习，互相提高，震动当时的印坛，成为印坛上最早的篆刻流派。

清代印人同明代相比，有一个显著的特征，就是文人气息更浓。清乾隆、嘉庆年间的汪肇龙、巴慰祖、胡唐、程邃，时称“歙四子”，是清代早中期徽州印坛上的中坚力量。程邃，歙县岩镇人，生于云间（今属上海市）；明末在歙县县学读书，入清后寓居扬州，以书画篆刻自娱。他的朱文印学习先秦玺印文字样式，以钟鼎款识入印；白文印精心研究汉代印章的样式，刀法凝重。清顺治时，辑钤有《程穆倩印薮》行世。汪肇龙是一名考据学家，对文字学有着很深的研究，朱文印多以小玺及钟鼎款识入印，秀雅多趣；白文印效法秦、汉印章，苍茫浑厚，印风同程邃接近。巴慰祖是商人，家藏法书名画、金石文字、钟鼎尊彝很多，擅长篆隶摹印；浸淫秦汉印章，旁及钟鼎款识，功力深厚。早期印作趋于雅妍细润、端整纯正，晚期印作风貌朴茂古拙。胡唐精通篆书，善于刻印，风格婉约清丽，所著行书边款尤为精绝。

清乾隆、嘉庆时期，淳安人胡熙陈（字柏坡），善绘画、篆隶，尤擅篆刻，有《胡柏坡印谱》。清代经学家张惠言曾为之作序：

> 淳安胡柏坡，好古有文，善篆隶，喜刻石印。其始，仿秦汉之制，以入古印中，莫能辨也。歙人巴慰祖尝叹以为工。其后为之益精，乃斟酌古法，一以圆转流动、自然朴美为宗。其生平可意者甚多，或散失，稍稍汇印成帙，凡若干方，为印谱。盖柏坡之好之也笃，其为之也久而勤，纯纯于古而不苟出新意，故能不谬于古若此。柏坡非以艺名，然而世有名此艺者，其必有取乎此也！”[①]

胡柏坡能学秦汉，又以“自然茂美为宗”而“不谬于古”，是其可贵处。遂安人姜夔鼎，工书画，尤精篆刻，传世有“愧此白发身”朱文印，风格工稳，双刀边款雅正。

---

① 张惠言：《张惠言文选》，苏州大学出版社，2001年，第187页。

（四）新安戏曲

戏曲融音乐、舞蹈、曲艺为一体，是人类生活的一部分。早在西周时期，新安土著居民就有了戏曲活动。屯溪奕棋西周墓葬中，出土两件“钟形五柱乐器”，一件铜鼎上绘有舞蹈图。“钟形五柱乐器”是作为歌舞伴奏用的，舞蹈图上两人轻盈起舞，并作回首对语状，形象而生动。晋太元六年（381），晋元帝四子武陵王司马晞被放逐到徽州。期间，他经常举办宴会，叫倡伎作新安人歌舞离别之辞，语调极为悲切。这说明新安土著居民善于歌舞的文化习性。

明清时期，歌舞曲艺活动渗透到当地老百姓的生活中，充满了生活气息。新安民间乐舞表现形式多种多样，内容丰富多彩，有优美抒情的山歌，节奏强烈的劳动号子和流丽畅达的小调，表达了老百姓的思想、感情、意志、要求和愿望。尤其流传在新安江上的《放排 · 上滩号子》，一唱众和，曲调委婉高亢。民间婚礼中的《哭轿》歌、《敬酒》歌、《交杯》歌、《撒帐》歌等，与婚礼仪式紧密配合，成套演唱，丰富多彩、饶有兴味。民间吹打乐，新安人统称为“鼓吹”，是新安民俗活动的重要组成部分，诸如红白喜事、舞龙迎灯、生日做寿，都离不开它。

戏剧活动同样来源于生活，对鬼神的信仰，一直融合于新安地区的原始土著生活中。远古时腊月里，土著居民经常举行驱鬼逐疫的祭仪，跳着一种原始巫舞——傩舞。明清时期，立春这一天，各县地方官吏都要祭祀太岁，行傩驱邪。在民间迎神赛会中出现的傩，则纯粹是一种娱乐。嘉靖《徽州府志》记载，二月二十八日，歙县、休宁民间祭祀汪华时，“设俳优、狄鞮、胡舞、假面之戏，飞纤垂髾，偏诸革鞳，仪卫前导，旄旄成行，震于乡井，以为奇隽”。所谓“假面之戏”，就是戴着傩面具的傩戏。这里虽以“戏”相称，但它夹在游行队伍中，应该还是舞蹈的形式。傩的早期表演形式是边走边舞，沿村行傩，保持着古代傩祭的原始风貌。大约从清中叶开始，傩舞向傩戏方面演变。清光绪年间，休宁县茗州村吴氏春秋祭祖活动，都要请傩戏演员前来演戏，成为宗族的一项固定活动，并把佃仆搭戏台的工钱写入《葆和堂需役给工定例》。通过“搭戏台”的记载，可以知道茗州吴氏傩，已经是舞台表演，成为傩戏。

徽州傩舞

如果说傩戏源于中国古老的祭祀巫舞，目连戏则是来自佛教传说。目连戏最早的演出本，是北宋末年在汴梁（今开封）的《目连救母》杂剧。《目连救母》杂剧一直在民间流传，但一直没有系统的文字剧本。明嘉靖至万历年间，祁门人郑之珍对民间流传的《目连救母》戏文进行系统的整理，编写完成《新编目连救母劝善戏文》三册，于万历十一年（1583）刻成行世。这样一来，目连戏才算是有了正式的文字剧本。据原遂安县文化馆搜集整理的《遂安目连戏及其音乐简述》记载，明清时期目连戏在遂安、淳安一带也非常流行，著名的目连戏戏班有淳安日春班和遂安的彩林班、天福班等，这些班子能演的戏有徽戏、乱弹、目连戏。

新安戏曲与南戏的渊源深厚，淳安人徐畛早在明初即写有“四大南戏”作品《荆钗记》《刘知远白兔记》《拜月亭》《杀狗记》之一的《杀狗记》。又有《传奇江考标目》《王文举月夜追倩魂》《杵蓝田裴航遇仙》《柳文直元旦贺升平》等，可惜均已亡佚。明正德年间，毕尚忠编写有《七国志》《红笺记》传奇两种，汪道昆亦著有《高唐梦》《五湖游》《远山戏》《落水悲》，南戏短剧，合为《大雅堂乐府》刊行。

明代正德、嘉靖年间，正当新安地区各种娱乐活动兴盛之时，当时全国颇有影响的余姚、海盐、弋阳、昆山四大声腔相继流入新安。尤其弋阳腔用金鼓饶钹按节拍，以人声帮腔，唱腔洪亮，适合在山区空旷的场地演唱，贴近普通老百姓，受到大众的欢迎。为了使弋阳腔的唱法更适合新安江流域村镇平民的口味，艺人在演出时往往杂入土语，并在剧本中增加大量解释性字句，连唱带念，使声调如诵，通俗易懂。同时，删除一些晦涩难懂的文言道白，给观众以更多的戏剧性，扩大和增强原作表现生活的能力。这种保持徽州语音声调，吸收弋阳腔特点，增加念白（“滚”）所创造出来的新戏声腔，当时称为“徽调”或“徽州腔”，成为徽剧声腔特色。

其后，徽州腔同昆腔的交流，使徽调又有了新的创造。首先在唱腔的节奏和旋律上起了变化，产生像昆曲那样“一波三折”的演唱效果；其次徽州腔又学习昆山腔，改用笛子（或唢呐）伴奏，取消了靠锣鼓和人声帮腔，使腔调变得柔缓平稳，颇有“四平八稳”之感，故徽州艺人称之为“四平腔”，后又形成昆弋腔。由于四平腔、昆弋腔雅俗共赏，在当时民间影响很大，迅速从徽州向四邻流传。当昆弋腔传到安庆、枞阳、桐城、石牌（今怀宁）一带时，与大量南来的秦腔相汇，两者互相影响，产生了另一种新的腔调，即“吹腔”。相反秦腔受昆弋腔的影响，则演变成“拔子”。后来在“拔子”的基础上，徽班艺人又创造了一种新腔叫“二黄腔”，并随后演变成二黄平板、老二黄、正二黄、反二黄四种腔调，形成比较完整的徽剧声腔体系。

清康熙、乾隆时期，是徽剧发展的黄金时期。在当时东南经济和文化中心扬州，徽州盐商拥资巨万，竞尚奢丽，鼓乐笙歌，终年不断。蓄养戏班成为徽商摆阔气，讲排场，迎来送往的需要。《扬州画舫录》记载，仅乾隆年间，扬州就有江春的德音班、春台班，徐尚志老徐班，黄德、汪启源、程谦德等众多家班。徽班占据扬州戏坛以后，兼收并蓄，博采众长，四方招聘名角加入，先后吸纳秦腔、吹腔、高拨子、梆子腔、罗罗腔等声腔艺术和剧本优点，形成以徽调为主，融合众长，唱、念、做、打、舞并重的完美剧种徽剧。

徽剧兴盛的真正高潮，来自乾隆皇帝的推崇。乾隆一生六下江南，都是由两淮盐商负责接待，这样的差事自然大多落在了徽州盐商的身上。《扬州画舫录》记载，乾隆每次到扬州，从高桥开始至迎恩亭数十里，沿运河两岸由两淮三十位总商分工派段，恭设香亭，奏乐演戏，迎接銮驾。届时，弹拉吹唱，笙歌高奏，锣鼓震天，人影翻动，热闹非凡。乾隆见此排场，自然高兴，但也觉得过于奢华。写了一首诗来描写自己的心情：夹岸排当实厌闹，殷勤难却众诚殚。却从耕织图前过，衣食攸关为喜看。[①]乾隆下江南对徽剧的推崇，促使徽商对此投入更多的资金，使徽剧的兴盛达到了史无前例的高峰。而乾隆皇帝对徽剧的喜爱，也是弥老不衰。乾隆五十五年（1790），乾隆帝八十大寿，浙江盐务大臣征集徽剧三庆班进京祝寿。寿期过后，三庆班便留在北京的戏园里演出，受到北京观众的热烈欢迎。随后，四喜、启秀、霓翠、和春、春台等徽班，也相继进入北京演出。

徽剧本来就是一个兼收并蓄的剧种，它以二黄调为主，同时也保留有昆腔、弋阳腔、梆子腔、罗罗腔之类的特点，及至进入北京，又对在北京流行的京腔、秦腔中较为观众所喜爱的一些剧目加以吸收，依其旧有的演出形式而加以改造。开始入京的徽班前后共有六个班社，但不久就因为演出力量太过分散，把六班并为四班，即三庆、四喜、和春、春台，这就是驰名当时北京城的“四大徽班”。其余启秀、霓翠两班中专唱昆腔的一些角色并入四喜班，唱其他声调者并入三庆班，擅武功者并入和春，而春台则多为年轻演员。徽班在演出过程中，为了迎合观众的需要，时常将二黄调同秦腔衍变而来的西皮调同台合奏，形成“皮黄”。最终产生京剧，完成了由徽剧向京剧的演变。京剧不仅继承了徽剧的声腔，而且从剧目、脸谱到舞台表演艺术，乃至伴奏音乐，都秉承了徽剧的传统。因此，有“徽剧乃京剧之母”之说。

四、科学技术成就斐然

(一)新安医学

明代，新安医学进入兴盛时期，名医辈出，医籍宏富，取得许多令世人瞩目的成就。祁门人汪机毕生研究医学，撰《石山医案》等医书13部76卷，被誉为明代四大医家之一。祁门徐春圃于明隆庆二年（1568）在北京发起组织“一体堂仁宅医会”，是中国最早的医学学术团体。当时的会员为游学、肄业或供职京都的名医46人，其中，新安医家占12人，有祁门徐春圃、汪宧，歙县巴应奎等名医。该会以穷研医籍，共磋医理，克己行仁，共勉互济为宗旨；对治学态度、方法、内容等均有规章。休宁孙一奎曾以医术游于公卿间，并在三吴、徽州、宜兴等地行医多年；撰《赤水玄珠》30卷，引录历代文献273种，以明证和论治有条理见长，深为后世医家推重。歙县方有执撰《伤寒论条辨》8卷，首倡错简说，开一派之先河。歙县吴昆所撰《医方考》，则是中国首部注释医方的专著。明代的名医还有程充、吴正伦、程玠、程衍道、余

① 嘉庆《重修扬州府志》卷3。

新安名医汪机塑像

午亭、汪宦、陈嘉谟、方广、丁瓒等。

清代，徽州又涌现出程敬通、程林、程郊倩、汪昂、郑重光、程国彭、吴谦、郑梅涧、郑枢扶、汪文琦、许豫和、汪绂、吴师郎、程杏轩、许佐廷等医学名家。其中，休宁人汪昂著有医书多种，简明实用，浅显晓畅；其《汤头歌诀》等书，至今仍是中医院校重要的入门教材。歙县吴谦官至太医院判，以高超的医术和渊深的理论知识，被誉为清初三大名医和清代四大名医之一。这一时期新安医家在医学理论、临床医学和药物学等方面皆多有建树，在全国具有相当大的影响。

中医最为重要的是积累经验，因此，新安医学出现了很多专门以医学为业的家族，少则几代，多则二十余代，形成医学世家。著名的医学世家有陆氏医学世家、余氏医学世家、黄氏妇科、郑氏喉科、吴山铺伤科、碧山李氏内科、歙县蜀口曹家外科、正口王氏妇科、江村江氏儿科、富堨王氏内科、舍头程氏内科、野鸡坞方氏外科、休宁西门桥汪氏儿科、梅林江氏妇科、舟山唐氏内科、绩溪龙川胡氏外科、黟县叶家湾吴氏儿科等。新安医学世家各科齐全，形成一个医疗网络，普及徽州乡村医疗，保障了新安人的健康水平。同时，医学世传，不仅易得病家之信仰，亦利于临床经验的积累。如歙县郑村郑氏世代业医，明嘉靖时郑赤山以内科服务乡里。清康、乾时期，郑于丰与其弟郑于藩共同受业于江西南丰名医黄明生，黄明生精于喉科，重用针灸，疗效甚佳。郑氏兄弟得其秘传而专业喉科。康熙六十年（1721）兄弟分居，郑于丰居南园，世人称之为“南园喉科”；郑于藩居西园，世人称之为“西园喉科”。于丰子宏纲，亦以喉科为主，兼通内科、儿科，著有《重楼玉钥》《箑余医语》《痘疹正传》《灵药秘方》等。其中，《重楼玉钥》是我国重要的喉科专著之一，对白喉病理见解独到。宏纲长子承瀚，对父亲的《重楼玉钥》又有阐发，著《重楼玉钥续编》；又创制“养阴清肺方”，对治疗当时流行的白喉病有奇效，比德国学者冯贝林发明抗毒血清治疗白喉病早一百多年。宏纲次子承洛承父业，著有《杏庵医案》《烂喉风》等。于藩子宏绩，承继先辈衣钵；宏绩子承湘、承海，孙郑麟、郑尘，裔孙郑靖均继其业。

(二)传统数学

程大位（1533～1606），字汝思，号宾渠，休宁率口（今属屯溪区）人。幼年聪敏，“精于古篆，善算术”。[①] 吴宗儒称其“书擅八分，算穷九九”。[②]20岁左右随父经商，足迹遍及吴楚等地，在商务往来中，有感于筹算方法的不便，决心编撰一部简明实用的数学书以助世人之用。为实现自己的远大抱负，不惜重金购求遗书，遍访名师，刻苦钻研。约40岁时回到家中，专心研究，参考名家学说，加上自己的见解，于明万历二十年（1592）终于完成17卷本的《新编直指算法统宗》一书。《新编直指算法统宗》将珠算的加、减、乘、除、开方运算的口诀系统化、完整化，使之简便易行，详细介绍了用珠算开平方和开立方的方法，完成了由筹算到珠算的彻底转变。该书一经出版，立刻“用布海内，一时报纸腾贵，坊间市利，竞相翻刻”。[③] 从《算法统宗》初版至民国时期，出现了很多不同的翻刻本、改编本，民间还有各种抄本流传，对我国民间普及珠算和算学知识起到了很大的普及和推广作用。明末，日本人毛利重能将《算法统宗》译成日文，开日本“和算”之先河。清初，该书又传入朝鲜、东南亚和欧洲，成为东方古代数学的名著。

入清以后，徽州学者接程大位数学薪火，在数学研究上取得了很大成就。其中，

---

①《率口程氏续编宗谱》，转引自李培业：《算法纂要校释说明》，安徽教育出版社，1986年。

②《宾渠程君小像赞》，《算法纂要》。

③ 范时春：《跋〈算法纂要〉后》，李培业：《算法纂要校释》，安徽教育出版社，1986年，第246页。此章后，凡涉及《算法纂要》的引文，均见《校释》版，不另注。

主要代表人物有江永、戴震、汪莱和罗士琳。江永幼年学习过西方数学，对数学很感兴趣。后来又悉心研究宣城梅文鼎的天文数学著作，日积月累，成《翼梅》8卷，后又续一卷。《翼梅》提出岁实无增减，并指出两岁节气的距离，在高冲的稍大，近最高点稍小，不能平均计算，必须对每个节气具体计算其时刻分秒，才合乎实际情况，正确地解答了中国历史上一直没有解决的岁实计算问题。戴震后来为《翼梅》做了订正，改名《数学》。收入《四库全书》时，再称《算学》。

戴震对数学的贡献，在于从《永乐大典》中辑佚出古算书多种。从300多年前成书的《永乐大典》中辑出同一本书的章句，按原来的顺序重新组合成书，使原书复原，其难度之大可想而知。戴震运用他考据学和科学归纳的方法，先后完成了《九章算术》《五经算术》《海岛算经》《孙子算经》《张丘建算经》《夏侯阳算经》《五曹算经》等7种算经的辑佚校订工作，加上存世的《周髀算经》《缉古算经》《算学记遗》，使集中反映中国古代数学成就的“算经十书”重显于世，从而掀起了乾嘉时期中国学术界研究天算的高潮。除了“算经十书”的辑佚和校勘之外，戴震还自撰有《策算》一书介绍了乘、除、开平方的筹算方法，并列举了《易经》《考工记》等古典经籍中适于计算的20例，详细叙述筹算方法的具体步骤和算式。《勾股割圜记》分上、中、下三卷，分别论述了平面三角术和球面三角术，对梅文鼎著作中的疏漏之处有所补正。

汪莱青年时好天文算术之学，与同邑通晓数学的巴树榖、罗永符友善，每有所得，共同探讨。壮年曾较长时间漂泊于扬州、苏州、六安等地，课徒讲学，与焦循、李锐常聚在一起研究天文历算，时人目为“谈天三友”。汪莱的数学成就主要体现在《衡斋算学》7册中，该书注重探讨数学领域中的新问题，对前人已有详述的部分略而不论，在割圜术、级数、方程式论等方面提出了不少独到的见解。指出方程既有正根，也可以有负根，并附有96道例题论证，这是对方程根研究的一大突破。汪莱研究堆垛术，创立新的方法，把计算三乘方、四乘方的公式推广到一般。他在《参两算经》一文中，还讨论了P–进制中的乘法和“整除性”问题，这是中国数学史上面专论P–进制的著作，表现了汪莱先进的数学思想。

罗士琳最大的数学成就是注释《四元玉鉴》，该书为元代朱世杰所撰，是论述“四元术”多元高次代数方程组解法的古算经典著作，代表了我国宋元时期数学的最高成就。但是明代以后，该书失传了，直至19世纪初叶才被阮元发现，这时已没有什么人能看懂它了。阮元把注释《四元玉鉴》的任务交给罗士琳。罗士琳对其中的疑难之处，则增设例题，详加推演计算，给予说明和阐发。经过十二年的努力，在道光十五年（1835）完成《四元玉鉴细草》24卷，使“四元术”再现辉煌。接着，罗士琳又根据朝鲜重刻本，校订了朱世杰的另一本数学著作《算学启蒙》3卷，于道光十九年（1839）完成。此外，罗士琳还著有《缀术辑补》4卷、《较正割圜密率捷法》4卷、《勾股容三事拾遗》3卷等。还对西方传教士传入的三角函数表和三角对数表进行了详细校正，纠正了三角对数表中5处错误。

除上述各家之外，歙人张游著《算法图补》、汪光恒著《小衡算说》，休宁吴墀著《夏侯阳算经参释》、程廷祚著《策算》，在数学上均有一定创见。

(三)天文历法

江永著有天文、历法书籍《岁实消长辨》《恒气注历辨》《冬至权度》《七政衍》《金水二星发微》，以及观象授时的《推步法解》。他不仅正确阐明了太阳在黄道上的视运动现象，并在对二十四节气问题做出说明时，引进了西学中本轮、均轮之说，认为岁实本身没有消长的情况，消长的缘故在于高冲之行与小轮之改。戴震师承江永，继梅文鼎之后，融会新旧法，详勘博考，著有《古今岁实考》《原象》《续天文略》《历问》《古历考》诸书。对天球视运动作了完整叙述，研究了岁实和朔实的来源和它们之间的关系，批判继承了古历法中的“九道八行说”，对《周髀》中“北极璇玑四游”说作出了合乎近代科学的解释，以岁差解释古今星象的变化。他注意吸收西方天文学的成果，并对传统天文学进行改造，为创造近代天文学做出了巨大的努力。程瑶田著有《星盘命宫说》《四卯时天图规法记》《日躔空度出地记》《言天疏节示潘宫生》等天文历法论著，分别论述了回归年、朔望月、闰年法、岁差、日月食和四季日出时刻差异等天文知识；为了解释一年中二分、二至日出时间的不同，他还绘制了四幅精致的天文图。歙县人凌廷堪以精通天文历算而知名，在《气朔盈虚辨》中以科学道理批判了宋代学者蔡沈《书传》中在天文学方面的错误认识，发挥自己独立见解。他的遗著，由他的学生张其锦整理刊印，编成《校礼堂集》《燕乐考原》等。黟县人俞正燮则在《癸巳类稿》《癸巳存稿》中，研究和分析了中国古代盖天说、昼夜说，考察过恒星七曜和古代历法，并对以前的古代天文历法多所考订，还对宋代沈括所使用的十二气纯太阳历的构思提出过支持。

明清时期，新安人对天文仪器的研制也很重视。明初婺源人詹希元为解决溧阳天寒水冻问题而设计的五轮沙漏，改进了中国古代的常用计时技术。他通过齿轮组机械调节计时器的速度，制成了五轮沙漏，巧妙地解决了原先所用水漏的存在的局限和难题。这种仪器与后来的西洋时钟结构相类似，可谓巧思精构。晚明周述学改良了詹希元的沙漏仪器，将其漏孔稍微开大一点，使得流沙不至于在漏孔被堵塞住，再把齿轮的转速比降低，以保证最后得到的仍旧是原来的运转速度。因此，五轮沙漏仪器的运转精准度更有了切实保障。清代婺源人齐彦槐自幼就喜爱钻研科技，在天文、历算、地理、交通、农田水利、机械制造等方面有很深造诣，有许多发明创造。不仅著有《天球浅说》《中星仪说》《北极经纬度分表》等多部著作，在天文仪器研制方面也多所创新，其中以他精心制作的斜晷、中星仪和天球仪最为知名。

特别是歙县人郑复光，不仅对西方传入的天文望远镜进行了深入研究，在《镜镜詅痴》中详细地记述了“窥筒远镜”“观象远镜”“游览远镜”三类天文望远镜的制作方法和使用方法，而且对天文仪器双反射八分仪也有研究，并做出贡献。他曾于清道光十五年(1835)制作了一台测天望远镜，用来观察月球。

(四)物理学

郑复光是中国古代著名的物理学家。他对自然物理和机械制造特别有兴趣，曾游历北京、广东、云南、陕西、山西等地，注意观察和了解各地的自然现象，包括地理形势、气候物产，着重搜集光学仪器及其制法的资料，并向店肆手工艺人请教。在北京曾先后与天算名家罗士琳、冯桂芬等一同上观象台实地考察和了解窥筒远镜等一些天文仪器的装置与使用情形。道光二十二年(1842)，郑复光将日常观察和闻听的各种自然异象，排比为220多条，用热学、光学等原理加以系统阐释，撰写了《费隐与知录》一书。道光十五年（1835)，撰成光学名著《镜镜詅痴》初稿。经反复修改，道光二十六年（1846)，由张穆推荐出版并亲自编校作为《连筠移丛书》之一种刻印，次年二月正式刊行。全书五卷，约7万余字，分为“明原”“类镜”“释圆”“述作”

物理学家郑复光

四个部分，集当时中西光学知识大成。

鸦片战争时，郑复光特别注意轮船机器的研究和制造。道光二十一年至二十三年间（1841 ~ 1843），写成《火轮图说》一文，较为详细地介绍了火轮船的构造特点和蒸汽机的工作原理，并把它附于《镜镜詅痴》书末公之于世，受到当时学者的重视。著名思想家魏源编著《海国图志》，论述战船、洋炮、西洋器艺、望远镜等制造方法时，全文收录《火轮图说》。郑复光还是一位善于制作仪器设备的工程技术专家，他不仅制造了中国第一台测天望远镜和最早的一部幻灯机，而且精于几何测量仪器及某些实用器械的设计与制造。曾对传教士带入中国的多用比例规进行简化，制成效用基本相同而结构更加简单的“半规仪”。还设计过一种潜水换气装置和一种虹吸装置，切于实用。

(五)生物学

明代歙县岩寺人潘之恒，将 20 种大型真菌（主要是食用菌）编纂成《广菌谱》，每种述及产地、生长环境、形态、用途，以及人工栽培食用菌的方法等，成为中国古代水平最高的一部菌类专著。

清代新安画派画家释雪庄绘《黄海山花图》与朋友歙县人吴菘为之笺注的《笺卉》(又称《山花谱》)，共绘录金缕梅、檓蜡、旌节花、春桂、海蔨花、璎珞花、蕡桃、山樱、夏兰、紫雪花、蕊珠花、木莲、玉玲花、杜鹃花、石兰、查葡花、四照花、覆杯花、茉香花、琐琐花、仙都花、傲云花、绛颖花、山钗花、香䕸䕸、鹅群花、美人菊、紫铎花、醉春花、叠雪花、海琼花、囊环花、蜡瓣花、紫霞杯、宝纲花，计有 35 种。逐一描述其性状、色香、花期、产地等，或记生长环境，或述形态特征，其艺术价值与学术水平颇高，且描述文字简明，引人入胜，是记述黄山花卉的专业著作。堪称第一部黄山植物花卉彩色图谱，具有较高的史料价值。

清初休宁人汪灏受朝廷之命，领衔就明代王象晋《群芳谱》进行增删正误，并于康熙四十七年（1708）改编完成《御制佩文斋广群芳谱》。这是一部实用植物学巨著，包括前后凡例、“天时记”6 卷，记四时长养之理，万汇荣枯之候；“谷谱”4 卷，记谷类与豆类 43 种；“桑麻谱”2 卷，记纺织纤维植物 10 种；“蔬谱”5 卷记蔬菜类 146 种；“茶谱”4 卷，记茶 6 种；“花谱”32 卷，可供观赏之花 234 种；“果谱”14 卷，记可供食用之果类 156 种；“木谱”14 卷，记可供观赏或作木材用的树木（含藤本植物）241 种；“竹谱”5 卷，记竹类 6 种；“卉谱”6 卷，记观赏草本植物 191 种；“药谱”8卷，记药用植物527种。总计100卷，共记有植物1560种，超出明代李时珍《本草纲目》中所记植物1195种的历史纪录，流传很广，影响甚大。19世纪上半叶，日本商人曾经先后四次携带《广群芳谱》9部，经过长崎传入日本，对日本农林园艺学的发展有很大影响。

歙县人吴绮的《岭南风物记》，繁简不拘地记述了作者耳闻目睹的实物，有关岭南动植物共记109条。其中，记草木花竹60条、记鸟17条、记兽5条、记虫6条、记鳞介17条、记谷蔬4条，约占全书条目总数的77%。对于每种植物或动物，除了记物名和产地外，多记别名和形态特征，是一部以有关岭南动植物志为主要内容的著作，对于今人研究岭南动植物资源和风俗民情仍有一定的参考价值。

歙县人汪畹腴所撰《培植兰菊法》，分为兰花和菊花两大部分，以“置兰”“造泥”“拔换”“浇灌”“培壅”“谨护”“凿弊”“安头”“护理”“探源”“防御”“靖患”“灵均”“标品”等15目，列明兰花培植方法，又以月令形式逐月记载各月艺菊之事，以及有关技术方法，内容相当详尽。

休宁人程石邻的《鹌鹑谱》，分“原始”“相法”“养饲各法”“养斗宜忌”四部分，对61个品种的鹌鹑进行全面而系统地描述，是一部对鹌鹑形态、习性、饲养方法、叙述极为周详的专谱，也是我国现存最早的一部驯养斗鹌专著，对于研究我国鹌鹑品种资源，发展鹌鹑饲养业仍有一定的参考价值。

第五节 近代新安文化的转型

一、教育制度的革新

清末，时代革新的潮流滚滚向前，要求废除科举制度，兴办新式学堂的呼声不断。光绪二十六年（1900），歙县基督教堂在城内创办崇一学堂，迈开新安江流域兴办新式学堂的第一步。传教士唐进贤自任堂长，教授国文、英语、数学等课程。次年（1901），清政府实行新政，废除科举制度，兴办新式学堂。在新政的推动下，新安江流域各县开始设立新式学堂。徽州以光绪二十九年（1903）创办的婺源官立高等小学堂为最早，严州则以光绪三十一年（1905）遂安县在狮城台鼎书院开办的官立高等小学堂为最早。至宣统三年（1911），歙县有新式学堂39所，绩溪23所，黟县22所，休宁20所，祁门3所，婺源26所。[①] 次年（1912），淳安县（含遂安县）有初级小学60余所。[②] 在新式小学中，也有女子学校。光绪三十一年（1905），许承尧在私立敬宗两等小学堂内创建端则女校，开女子新学先河。次年，黟县黄杏仙在西递村创办私立崇德女校。所授教材有《女子尺牍》《孝女经》《列女传》，而后女校又改为西递女子学校，课程也随之改为国文、常识、珠算、书法和刺绣工艺。光绪三十四年（1908），淳安县人邵鸿烈借用武庙为校址，设立淳安县东陵女子小学堂，一年后停办。

歙县崇一学堂旧址

在旧时教育向新式教育的转型过程中，官办小学满足不了适龄儿童的入学需求，适龄儿童的教育重任仍然由私塾承担。徽州知府刘汝骥曾言，“私塾不能改良，教育何由发达？自非造就多数师范，不足收画一整齐之效。据称歙县蒙塾多至千余，平

① 歙县、绩溪、黟县、休宁、祁门数据，见《徽州地区简志》，黄山书社，1989年，第259页；婺源数据见《民国婺源》，中国文史出版社，2016年，第59页。

②《淳安县志》，汉语大辞典出版社，1990年，第579页。

均计之，一塾得学童十人，是千塾已有盈数学童矣”。[①]私塾所起作用可见一斑。

中学转型与小学同步，光绪二十七年（1901），严州知府刘宗标商请双峰书院院长王韧，将其改为六睦学堂，王韧为堂长，光绪二十九年（1903）改名为严郡中学堂。徽州中学堂的设立始于光绪三十年（1904），以古紫阳书院为堂址，次年四月正式开学，校名徽州府官立新安中学堂，许承尧出任监督。新安中学堂附设师范科，开安徽省师范教育先河。宣统元年（1909），浙江省府立中学堂统一改为省立，经费由省库支给，严郡中学堂依浙江所属各府排序改名为浙江省立第九中学堂。民国元年（1912），再依中央政府要求改名为浙江省立第九中学校。而新安中学堂直到民国三年（1914）七月，才改名为安徽省立第三中学校。

在西方近代科技和工业革命的影响下，实业救国成为当时颇为流行的论调，培养近代农林、商业、工业人才，是教育转型过程中的重要一环。师范教育可以视为近代职业教育的一个方面。徽州府紫阳师范学堂，是新安江流域创办最早的中等师范学校。光绪三十一年（1905），新安中学堂专门开办师范科，以年龄稍长、文理精通的学生入师范科，并附设师范传习所。次年，师范科单设为徽州府紫阳师范学堂。民国元年，紫阳师范学堂并入新安中学堂。此外，新安地区还办有歙县岔口双溪师范，淳安县初级师范学堂、淳安县简易师范等。

民国二年（1913），绩溪人胡晋接受命筹建安徽省立第五师范学校并任校长。次年，省立第五师范学校改名为省立第二师范学校，胡晋接继续担任校长。在政局多变，教育拨款极不稳定的情况下，胡晋接提倡自力更生，勤俭办学。几经努力，校址三次迁徙，开始设歙县问政山麓的紫阳书院，后迁屯溪荷花池，最后选定休宁万安亥山麓的新棠村（即今休宁中学）。在胡晋接的不断努力下，学校规模不断扩大，民国十二年（1923），学校拥有校舍500多间，图书馆藏书15400册；科学实验馆有仪器570件、模型100多件。学校依山傍水、郁郁葱葱，教学、实验和生活全面走上了正轨，成为安徽省中等学校行列中的佼佼者。使二师成为培养徽属各县师资的基地和教育指导中心，并为高校输送了一批人才，被誉为徽州学府。民国五年（1916）7月，同盟会会员包汝羲才在严州府治所在的梅城小南门创办浙江省第九师范讲习所，招收严属六县童生与高小毕业生30余名入学。教学内容新旧参半，主要突出

① 刘汝骥：《陶甓公牍 》卷5《批判·学科·紫阳师范生张舜口等禀批》。

师范专业知识技能的讲习。学生修业一年后，分赴各地从事教育工作。

光绪三十四年(1908)，戴英在休宁县隆阜珠里创办徽州近代第一所职业学校——休宁初等农业学堂，开设蚕业科，招有学生十余人。民国元年（1912），该校停办。宣统二年（1910），在屯溪经营的歙县大茶商吴俊德捐巨资兴建校舍，创办徽州农业学堂，以蚕桑为主科。第二年，再扩增中等农科两班。民国元年，由于学校经费锐减，中等农科学生毕业后，该校专办初等农科及附属小学。不久，根据徽州人多经商的特点，改为商科，校名为徽州乙种商业学校。民国十八年（1929），再改为徽属茶钱两商公立小学，以后又改为茶商小学，成为一所普通小学。该校作为初级职业学校，从宣统二年到民国十八年，先后办了 19 年。淳安县也在宣统年间开办了一所初级实业小学。

民国五年（1916），安徽省实业厅在屯溪高枧建立省立第一茶务讲习所，俞燮出任首任所长，次年正式开学，研究种植、制造、装置、发售各种方法。民国六年 8 月，浙江省立甲种森林学校在建德梅城富春坊开办。

新安地区素有经商传统，传统的商业教育，通常在启蒙教育就开始进行。汪道昆就曾指出："休、歙右贾左儒，直以九章当六籍。"[①]"命之贾，则先筹算"。[②]清中叶著名的歙县盐商鲍志道，"年十一即离家习会计于鄱阳"。[③]另一位歙县大商人、大藏书家鲍廷博同样也是"少习会计，流寓浙中，固家焉。以冶坊为世业，而喜读书，载籍极博"。[④]在实业救国影响下，新式商业学校开始出现，最早是民国二年(1913)成立的寿昌私立乙种商业学校。寿昌县"经商者大半为徽州、赣省籍，徽人尤居多数"。[⑤]寿昌私立乙种商业学校由寿昌县商会开办，实际上由徽州人主导，校址设在寿昌南门新安会馆。民国五年，由徽州茶商公立初等农业学堂改建成徽州私立乙种商业学校。私立乙种商业学校招收小学毕业生，学制三年。[⑥]因商校招生并不景气，民国十三年（1924），改办为徽属初级中学。民国六年（1917），徽籍六县省议会议员及商界人士发起以古紫阳书院款为基金，创办公立甲种商业学校，初借阳湖乙种商校

① 汪道昆：《太函集》卷77。
② 汪道昆：《太函集》卷37。
③《中宪大夫肯园鲍公行状》，歙县《棠樾鲍氏宣忠堂支谱》卷21，嘉庆十年刊本。
④ 钱泳：《履园丛话》，卷6，《渌饮先生》，中华书局，1960年。
⑤ 胡国桂：《寿昌实业实况》，载《浙江省立甲种商业学校校友会杂志》1922年第6期，第63页。
⑥ 黄山市屯溪区地方志编纂委员会：《黄山市屯溪区志》，方志出版社，2012年，第968页。

地址，后迁屯溪栗树园。[①]这是徽州第一所中等商业学校。民国十八年（1929），新安公立甲种商业学校易名为“新安公立中等职业学校”，校址也从屯溪栗树园迁高枧。

二、学术传承与转型

乾隆中叶以后，随着清朝统治的由盛转衰，各种社会矛盾和危机逐渐显现，反映在社会政治经济生活的各个层面，而且波及思想文化方面，清代学术发生了深刻的变化，盛极一时的汉学走向衰落，今文经学异军突起。而朴学发展到后期，也因繁琐考据，唯汉是求，研究内容脱离社会现实，忽视对义理的探索，不能回答社会的现实问题，弊端日益显露，终于不可避免地走向衰落之路，新安学术也开始向近代学术思潮转型。

黟县学者汤球，少年时曾跟随同县学者俞正燮、汪文台学习，在史学、经学、历算等方面造诣很深。平生研究最为深透的是两晋历史，他把散佚的23家晋史辑录成册，杜门不出，埋头书案，广泛搜集各种资料，分门别类，进行排比对照；对搜集到的资料，运用他在考据学上的学识，进行“补阙”与“纠伪”，完成了辑佚与校助的工作。虽然不能完全还其本来面目，但经过他的努力，使这些史书得以大致保存下来。汤球继承了乾嘉学派的考据思想，本着实事求是的态度，对古书中的疑义，以及疏漏之处细加考证与辨伪，延续了清代学者的治学之风。

歙县钱币学家鲍康一生藏币多，鉴识水平也高，被同行尊称为“泉师”。鉴别精严不苟，非目验不妄下结论，以实事求是，信以传信为怀。与同时代的钱币爱好者，更能磋商论证，以期明辨是非。一时尚无定论，则两说并存。从不以长者自居，注意奖掖后生。考据、辞章方面的著述有《谥法考》《臆园手札》及已佚诗集稿8卷。

汪宗沂是新安地区学术转折期的一位重要学者，既是朴学家，也是新式教育家。曾随仪征名师刘文淇研究汉学，从桐城名师方宗城治宋学，拜翁同龢为师。又自钻研经学，博览群书。通拳术、剑术、马术，喜谈兵，对周易、兵法、诗词、音韵、琴曲、剑术，乃至岐黄之学，都有涉猎。而其治学的重点仍在于经学，汉宋兼采，博征群借以存已佚之经，集众说之长以释未佚之经，精于校注，赓续了新安先贤的精髓，在辑录佚文遗说方面做出了很大的贡献。民国《歙县志·艺文志》著录其著作，共有30种54卷。主要有《周易学统》《五声音韵论》《三家兵法》《诗经读本》

① 歙县教育志编纂委员会：《歙县教育志》，黄山书社，2009年，第297页。

《孟子释疑》《黄庭经注》等。汪宗沂思想进步，20世纪20年代初，设于芜湖的徽州公学是徽州革命志士与芜湖革命团体岳王会联合筹办的，汪宗沂是公学名誉总理兼经学国文教员，洪泽臣为监督，陈独秀为监管。陈独秀是中国共产党创始人之一，汪宗沂比陈独秀年长，却相处甚好。汪宗沂去世后，陈独秀曾作诗怀念，诗中写道："夬公说法通新旧，汪叟剧谈聘古今。人世莫尊小乘佛，论才痛惜老成心。"[①]"汪叟"，即汪宗沂。他的进步思想影响了他的学生与后人，学生许承尧、黄宾虹等都参加过反清革命，黄宾虹为革命组织"黄社"冒死铸钱筹款。次子汪律本、三子汪行絜都是同盟会成员，致力于推翻清朝统治。

如果说汤球、鲍康、汪宗沂是在传统朴学的传承下，逐步向近代思潮转型的学者，邵作舟可以算是新安江流域由传统朴学向近代思潮转型的激进派。他所著《邵氏危言》20余篇，首冠总论，次列"学校""理财""用人"三篇，内容涉及政治、经济、文化、教育等各个方面。文笔感愤激昂，主张向西方学习。《邵氏危言》与汤寿潜的《危言》、郑观应的《盛世危言》，并称为"晚清三危言"。另一部哲学著作《公理凡》，融各类学科于一炉，中西互证，堪称中国哲学史上的一部奇书。邵作舟长期担任维新派幕僚，熟悉洋务，留心时政，提倡变法。他对经济问题理论分析不多，但联系社会现实紧密广泛，属于早期资产阶级改良派。邵作舟的变法思想还表现在如何对待中学、西学的关系方面，他在《邵氏危言》中专门写了《译书》一篇，建议不仅要学习西方的自然科学知识，还要了解西方的各种制度、社会风情，反映了改良主义思潮发展的新变化。

在近代文化的转型中，胡适是一个承上启下的关键性人物。他早年在徽派朴学的传统氛围中成长的，他的父亲胡铁花的老师刘熙载就是经学大师，为学兼宗汉宋，精于考证，著述颇多。胡适读的《小学》课本，就是朴学家江永集注的。宣统二年（1910），胡适在北京参加留美考试之时，国文就是用考证法做成的。考官也有考据癖，对胡适的文章极为欣赏，给了100分，由此可见，胡适的汉学根底。他的博士论文《中国古代哲学方法之进化史》，以及在此基础上写成的《中国哲学史大纲》，都用了考据法。他作为五四新文化运动的一员大将，旧文化的批判家，却在五四以后倡导整理国故，依靠考据的方法对《水浒传》《儒林外史》《红楼梦》《水经注》进行研究，

① 沈寂：《汪宗沂拾遗》，《杭州徽学通讯》2002年第2期。

并且都取得重大的成就。民国八年(1919)11月，胡适写了一篇《新思潮的意义》，总结五四新文化运动，称五四运动是“中国的文艺复兴”。他在这篇文章中说：“据我个人的观察，新思潮的根本意义只是种新态度。这种新态度可叫作‘评判的态度’。”[①]根据他后来的说明，这种评判态度被用来评判传统的制度和风俗；用之于对古圣先哲的研究；还用以批判那许多下意识地接受了，但是却很欠智慧的行为规范。可见，这种态度在学术上与戴震为代表的徽派朴学家对待古书的态度是一致的。关于胡适在新文化运动中的贡献，将在下一章论及。

胡适像

三、文学艺术的提振

(一)文学作品

在近代社会的转型过程中，咸丰、同治年间，太平天国运动爆发，史称“咸同兵燹”。新安江流域经受十年战乱，社会经济和文化都受到严重摧残，“咸同兵燹”的战争创伤给当地文人留下了刻骨的记忆。因此，战乱以后，很多文学作品以此为题材，描写战乱时期的经历。

歙县丰口人郑由熙，寄籍江宁（南京），咸丰三年（1853），太平军攻占南京，郑由熙携妻儿父母逃难回到家乡歙县。但不久歙县也被太平军攻占，于是开始四处逃难，到过黄山、休宁等地。郑由熙是一位诗词作家和戏曲家，身处动乱的年代，诗词创作抒发作者内心的情感，更能够切身体验战乱的辛酸苦涩，将这种情感融入其诗词创作中，抒发内心的愁闷与哀怨，寄予自己对家国大事的关心。郑由熙亲身经历了徽州的“咸同兵燹”，创作了大量诗词和戏曲，记述战乱中的徽州官员、民众和社会情态。乐府作品主要有《木樨香》《雾中人》《雁鸣霜》各一卷，合为《暗香楼乐府》3种。《木樨香》主要是记载咸丰五年（1855），太平军初次攻陷徽州府城，歙县知县廉骧元和县丞张君殉难事迹；《雾中人》则是记述湘军首领李元度丢失徽

① 胡适：《新思潮的意义》，《胡适哲学思想资料选》(上)，华东师范大学出版社，1981年，第126页。

州城的文学作品。《雾中人》《木樨香》两种传奇皆为写实剧，都是根据真实事件和现实人物进行创作的。但并未堕入单纯写史的窠臼。剧中暗用人名，巧妙影射，而且增加了神仙要素，刻意出奇。两剧反映了众多百姓在战乱中的生存状态，以及各种人物在这个特殊时期的不同表现。

歙县诗人鲍宗轼，其所作诗汇录于《宗轼集》，其中《新安吟》四首，专门记述咸丰五六年间（1855 ~ 1856），徽州团练乡勇、防御、捐输等事。所作《保举曲》写道：

金灼灼，石凿凿，一纸功牌五等爵。千家万家成一村，一贼入村齐断魂。葫芦到处都依样，贼退纷纷上功状。冠裳齐楚容蹁跹，一时鸡犬皆神仙。宗族夸张邻里贺，张盖乘轩夜归墓。墓旁牧儿笑索钱，贼来曾指牛屋眠。前村少年手杀贼，可惜姓名人未识。①

鲍宗轼的诗歌真实地记录和反映了“咸同兵燹”时期徽州社会、经济和军事状况，是现实主义诗歌的代表作品。

除了描写“咸同兵燹”的文学作品以外，歌咏新安大好山水、风物的浪漫主义诗词开始大量涌现。黟县西递人胡朝贺所作《流水桃花别有天赋》，描写黟县小桃源，别有洞天。语言华丽、音韵铿锵，铺陈有序、结构严谨，把热爱家乡的情感发挥得淋漓尽致。歙县人黄肇敏所作之《阎王壁》：

仄径不盈尺，一步低一步。下过千万阶，俯视犹如故。外空深不测，足底生云雾。一石立当前，断绝去来路。或谓阎王壁，栗栗生危惧。或谓大士崖，转念无恐怖。欲探后海胜，舍此莫他渡。渡过不知险，似有山灵护。②

把阎王壁之险要描述得惟妙惟肖，是历代咏黄山诗中较为有名的精品力作之一。

在近代新安江流域的文学家中，有两个人物尤其值得一提，这就是汪渊、程淑夫妇。汪渊（1851 ~ 1920），字时甫，号诗圃。绩溪县郎家溪村人，寄籍休宁县商山村。

① 许承尧：《歙事闲谭》卷9《鲍梦苏〈新安吟〉》，黄山书社，2001年，第289～290页。
② 黄松林：《黄山古今游览诗选》，黄山书社，1989年。

程淑（1858～1899），又名文淑，字绣桥。休宁县商山人，汪渊继室。汪渊生平独好诗词，尤以集古人佳句重组为词而知名一时，著有《麝尘莲寸集》正集4卷补遗一卷，《藕丝词》41卷、《瑶天词》2卷、《味菜堂集》4卷等。《麝尘莲寸集》集晚唐至元人词的成句而成，由夫人程淑笺注。书名取“捣麝成尘，芳馨之性不改；拗莲作寸，高洁之致长留”之意，既表明了词集的独特性质，也暗寓了作者的艺术理想。作者在创作过程中，除像填词那样严格遵守词的格律外，还有其“集”的特点，即以词集词，同调不集，一人一句，原句完整。所谓“以词集词”，就是从前人词作中抽出句子，再按照词律的要求，组配成新的词。既不能夹杂诗或曲的成句，也不能掺入自己的句子；所谓“同调不集”，是说用某一词牌集词时，不从同一条词牌的词中集句；所谓“一人一句”，即集一阕词不从一位作者的词中取两句；所谓“原句完整”，是指集句时采用原句，采用完整的句子，不增字，不减字，不换字，不改变句型。《麝尘莲寸集》以前的集词作品，有集诗句为词的，有诗词夹杂的，还有掺杂己句的，且多只集小令，少集长调。《麝尘莲寸集》完全以词集词，而且是皇皇巨制，“前无古人”实非虚誉。

程淑生于书香门第，幼受家庭熏陶，爱好吟咏，对词学深有造诣，所作集句《苏幕遮》，妙语天成，当时人称堪与易安居士词相媲美。她在《麝尘莲寸集》笺注上倾注了不少心血，逐一详注出处。另著有《绣桥诗词存》。汪渊、程淑夫妇，以词做伴，晨昏酬唱，颇多咏述，被称为“伉俪词人”。

汪渊、程淑夫妇之后，歙县诗人许承尧在艺术表现手法上，以中国传统思维来理解近代社会，体现了“诗界革命”的精神和近代启蒙的气象。许承尧是一位造诣很深的诗家，初学韩愈和杜甫，后受龚自珍、黄遵宪的影响，主张走诗歌革命的道路。其诗思渊虑微，悲愤深广，表现了一个知识分子在民族灾难特别深重之时的爱国情怀。在艺术上，其诗托意渊微，别开生面，以科学知识入诗，以俗语、译词入诗，立意高远、风格鲜明，所展现的爱国情怀，颇得世人称道。汪辟疆评论：“疑庵诗，风骨高秀，意境老澹，皖中高手。”[①] 有《疑庵诗》11卷、《诗稿》4卷，《疑庵游黄山诗》1卷。许承尧一生十分重视乡邦文献的整理，民国十五至二十六年（1926～1937），任《歙县志》总纂，成《歙县志》16卷，集历代歙县方志之大成。除正规史志外，

---

① 汪辟疆撰，王培军笺证：《光宣诗坛点将录笺证》，中华书局，2008年，第347页。

对乡邦掌故、轶事和佚诗、佚文也颇为重视，撰编有《歙事闲谈》30卷、《新安佚诗辑》4卷、《明季三遗民诗》（抄本）等，为后人研究歙县历史和民情提供了宝贵的资料。

歙县许承尧故居

(二)近代绘画

新安画家虚谷被誉为“晚清画苑第一家”，曾任清军参将，后出家为僧。作为晚清新安画家的代表，他“汲取了程邃枯笔的松动简洁，又融合了渐江、倪云林干笔的沉默内敛”。[1]又受扬州画家影响，作画笔墨老辣而奇拙。虚谷与任颐、吴昌硕并称为“海上三杰”。作品个性鲜明，造型生动。在用色上，苍冷与清隽兼备；在笔法上，多用干笔和颤笔，得“金错刀”笔意。画作题材广泛，尤以擅写小动物著称。存世作品较多，代表性作品有《蜀葵果品图》《竹枝秋鼠图》等。

女画家吴淑娟广览名山大川胜景，而且每游一地，回来后就根据印象和感受铺纸摹绘，有《十八省名胜图》《黄山图》《西湖图》等传世。宣统二年（1910），在

① 李淑辉：《禅心化灵境，冷隽蕴生机——虚谷的生平和艺术》，《荣宝斋》2006年第6期。

意大利罗马国际博览会上，淑娟参展的绘画作品大受赞赏，意大利王后出高价购买了这幅画，收藏于宫中，并进一步搜集了这位女画家的精品10余幅，以豪华本形式印成精美的画册，一时中外报刊连发专评，誉之为“近世空前手笔”。

黄宾虹是近代中国绘画领域的一座高峰，他的画陶冶宋元，师法自然，屡经变革，自成一家，以精于墨法，善用焦墨和浓墨著称。一生九上黄山，四登岱岳，游踪遍及海内名山胜迹。然而，新安大好山水才是他师法造化的原始动力。清光绪九年（1883），宾虹20岁，第一次游览黄山白岳，黄山的雄奇峻秀给予他无比的震撼，以至于夜不能寐，半夜起来画夜景。画了不少黄山写生画，如“青柯坪”“西海门”“始信峰”“天都石台”等。其书法广采博收，所学由钟鼎北碑至唐宋元明清诸大家，无不涉猎。书风高古，沉稳、健拔，气清味厚，与其国画作品浑然一体，相映成彰。所作行书，行笔自然，看似漫不经心，而又内含骨力。篆书喜用半干的焦墨写篆，特别是大篆，运笔较慢，笔画时粗时细，有一种散淡而又古拙的味道，饱含金石气。

黄宾虹山水画

汪孔祁则是新安画派在近代的重要传人，他的画古雅清逸，形神兼备，特别擅长小青绿山水，在近现代画坛上别具一格。为人崇尚气节，保留着传统士人的清介不阿。民国二十四年（1935）11月，他在南京举办画展时，名作《风柳鸣蝉图》已为法国大使预订，日商出资2000银圆请他重画，他愤然拒绝。同窗好友陶行知称誉“行止有耻”。抗战时，避乱回乡，忧愤交集而患病，不幸死于庸医之手，葬于歙县城西西干山上。有《汪采白画集》《黄山卧游图》传世。

(三)近代篆刻

从明嘉靖、万历文人篆刻艺术体系的确立到清雍正时代，除了文彭以外，还没有人能拥有与新安地区的何震、苏宣、朱简、汪关、程邃相抗衡的印坛地位。乾隆以后，“浙派”和“邓派”的兴起，给徽派篆刻带来了极大的冲击。到了光绪年间，新安印人出现一个能够同浙派和邓派相抗衡的篆刻奇才黄士陵，带动了徽派篆刻的振兴。继之绘画大师黄宾虹兼及篆刻，为徽派篆刻再添薪火。

黄士陵（1849 ~ 1908），字牧甫、穆父，号黟山人、倦游窠主，黟县黄村人。14 岁时，父母相继亡故，徽州正值太平军战乱，迫于生计，与弟厚甫到江西南昌澄秋轩照相馆，以写字、作画、刻印谋生。在南昌期间，他出版了一本《般若波罗蜜多心经印谱》，这部印谱是黄士陵摹拟名家印风的结集，为他带来了“能印”的名声。光绪八年（1882），黄士陵离开南昌到广州谋求发展。在广州得到宦游在此的衡阳书画篆刻名家符子琴的揄扬推介，代订润格，很受文人欢迎。光绪十一年（1885）八月，经荐举入国子监学习，得到吴大澂、王懿荣、盛昱等名家指授，广泛涉猎三代秦汉的金石文字，扩大了视野。开始寻求“印外求印”之路。光绪十三年（1887），吴大澂奉派广东巡抚，黄士陵应邀再至广州，寄食吴大澂门下，为吴氏辑《十六金符斋印存》。后又应张之洞邀请，在广雅书院校书堂担任编校。光绪二十八年（1902），应湖广总督端方的邀请，到武昌协助编辑《匋斋吉金录》《匋斋藏石记》。黄士陵厌倦了在外游历生涯，在为端方编书的任务完成后，叶落归根，回到黟县故乡，筑“旧德邻屋”安居。

黄士陵第二次到广州，长住达 15 年之久。这段时间，是黄士陵个人风格形成时期。他在为吴大澂编拓《十六金符斋印存》时，发现不少未经锈蚀的玺印，铸口如新，铦锐挺拔，光洁妍美。由是对浙派那种短刀碎切，故作剥蚀古拙的印风予以批评。决心走光洁挺劲，动静自然，方刚朴茂的路子。广雅书院三代秦汉金石文字，以及匋斋吉金、藏石文字更使黄士陵拓宽了“印外求印”的路子，无论在构图形式、入印文字，还是篆法、刀法，都表现出多方位的探索追求。他取法金文、泉币、镜铭、权量、诏版、汉铭、砖文、摩崖、石刻、碑版，融会贯通，大大丰富了其作品的形式和意趣。刀法上以薄刃冲刀为主，多种手法结合，达到随心所欲的境地，形成自己的艺术风格，人称“黟山派”。他的学生李尹桑曾说：“悲庵之学在贞石，黟山之学在吉金；悲庵之功在秦、汉以下，黟山之功在三代以上。”① 为晚清篆刻界注入新的血液。黄士陵的书法也很有造诣，其所书以篆书之小篆为主，但加入不少金文结

① 见易忠箓：《黟山人黄牧甫先生印存题记》，民国二十四年，西泠印社石印本。

构及用笔，古雅朴茂，格调极高。黄士陵在新安无人，浙派、邓派均衰竭之际，独创新路，给晚清篆刻界注入新的血液。

黄宾虹亦善篆刻，早期对徽派各家极为看重，所作“黄山白岳”“朴尘居士”两印，同何震“柴门深处”“笑谭间气吐霓虹”比较，明显可以见到何震风格的影响。“黄质宾虹”“虹庐”两印带有明显的玺印味，风格近巴慰祖，应该是中年时期的作品。“黄山山中人”“冰上鸿飞馆”，气息古雅，线条遒劲，有其晚年金文联句笔意，显示出黄宾虹篆刻实践上的自我追求。可惜的是，黄宾虹毕生致力于绘画技法上的创新，未能在篆刻上有所突破，自成一家。

(四)徽路徽戏与睦剧

“四大徽班”进京之后，留在南方的徽戏，仍在江、浙、皖、赣广大地区流传发展。由于各地方言土语和民间艺术成分的影响，分别形成了各有特色的派系，新安江流域则形成“徽路徽戏”。由于家乡戏的缘故，在剧目、唱腔、表演诸方面均更具古老性和纯朴性。

“四大徽班”进京之后，早期南来新安江流域组班的是石牌艺人程秋香，本地艺人著名的，有歙县街口的朱瑞堂（人称“瑞堂师”，擅长剧本传授、场面指挥）、朱正元（武生）、王顺田（花旦）、歪头有（二花）等。他们组建的班社多是民间班，主要在农村流动演出。清末至民国初年，活跃于徽属六县的徽班即有60个之多。这些班社又分正规班和半正规班两种，正规班如三庆、庆升、彩庆、同庆、阳春等，多在城镇和大的庙会演出；半正规班如新春、福春、合春、和春、笑春等，它们时聚时散，又称“鬼火班”，多在农村和边远山区演出。

存在时间最长的是庆升班，从乾隆五十二年（1787）建班起，至民国二十六年（1937）散班败落止，活动时间长达150年之久。业余性的绩溪伏岭徽班，持续时间亦达150多年，至中华人民共和国成立后仍有演出。规模最大的是大寿春班，艺员竟达180人之多。而起班最早、活动面最广、影响最大的有庆升、彩庆、同庆、阳春四个徽班，故又被徽州群众称之为“京外四大徽班”。“京外四大徽班”代表着“徽路徽戏”进入了鼎盛时期。这四个班社又各有特点：庆升班是“老”，即起班老、牌子老，在曹府家班阶段，乡人均以能聘得“老庆升”来演出为荣。当时该班出外演出时，台口挂两只大红灯笼，一曰“曹相府”，因曹振镛曾任清军机大臣、工部、吏部尚书，又曾以宰相身份“代君三月”，故乡人称其府第为相府；一曰“庆升班”，气派非凡，名震四乡。另外，群众还称它“三老”，即老票价，按规定收取包银，不任意加价或减价；老时间，演出时间规定每晚酉时开锣，不随便提前或推迟；老戏码，每晚按规定戏码演完，不任意加演“找戏”。彩庆班的特点是“严”，即班规严，演出作风严，有“宁可穿破，不可穿错”之说，故群众称之为“破布彩庆”。阳春班是“广”，即活动范围广，演出剧目广，该班“老阳春”时代，艺员百人以上，衣箱28个，能演出390多出徽戏，且以能演《断桥》《赏荷》一类昆曲剧目见长，其足迹遍及徽属六县的每个角落。同庆班的特点则是“正”，艺员亦有百人以上，行当整齐，演出正规，多活动于较大的城镇和庙会，且以“乱弹”戏见长，包括各种花腔杂调，形式多样，雅俗共赏，深受各阶层群众欢迎。

这个时期“徽路徽戏”演出，还有一个共同特点，即讲排场，擅武功。故史家有“苏州曲子徽州打”之说，意即昆曲重唱，徽剧重武打。当时，上述各名班外出演出时，每到一地群众必点以下几出戏码：一是《采莲》《八达岭》《水淹七军》，以观全班的面貌，包括演员阵营和行头服饰，因这类戏出场人员多，服饰华丽；二是《七擒孟获》《八阵图》，以观昆曲是否丰富；三是《英雄义》《四杰村》，以观高台跌打之武功是否精当。这些戏已成为当时观众衡量班社是否优秀的尺度。

徽剧《水淹七军》剧照

“徽路徽戏”在全盛时期，比较出名的艺人有：老生大秋香（即程秋香）、小秋香、耿金榜、存根、沙必庆、方保、华云葵、华德兴、高老三、曹文开、柯万长、柯高荣，武老生关松、关明、柯德发、何松贵、程发全、程松顺、秋狗，小生洪源、王金茂、郑九微、王三丁、王明桂、王金水、宏荣、史秀、汪灶喜、火冬冬，青衣花旦苏智林、王子龙、罗长发、朱金兰、方庙桂、项少轩、汪仙保、王顺田，道士淦、道士满、大发达、小发达、大道士、小道士、打铁顺（余银顺）、打渔进（鲍进昌），大花朱金元、歪头雨、豆腐顺、久辉、林天赐、项昆山（绰号做伞红），二花吴老黑、王石、三孝、春锡、吉安、柯日孝、发全麻子、林春松、史双奎，三花小宝、大旺、丁成仂、程秋桂、癞痢喜（王进喜）、王正同、双庆、王明月、凌灶寿、刘海麻子、果仂、小毛，场面朱瑞堂、光福、章思涛、穆观炎、吴长才、黄诗全、苏智先等。总之，徽州的名艺人不下百余人，尽管他们在全国没有像高朗亭、程长庚那样名声卓著，但他们在新安江流域和皖南一带，均有一定影响。

“徽路徽戏”经过清代中叶至民国初年一段大繁荣之后，至民国十五年（1926），由于京、沪等地强大的京剧浪潮的冲击，徽戏则渐渐衰落。其中，有的徽班加入了“京徽合流”的队伍，既演京剧，又演徽剧；有的艺人则“改弦易辙”，认为徽剧过时了，便改学京剧，加入了京班。民国二十六年（1937），抗战期间，沪、杭等地大量人员内迁徽州，随之各路京剧班社与著名演员也来屯溪演出。著名的演员有号称“须生泰斗”的杨鼎侬，人称“徽州梅兰芳”的穆春虎，以及“评剧名伶”筱凤云、王艳秋、邹也君、美素娟、白玉琴、白牡丹等。他们的精湛表演与华丽的服饰行头，使观众大开眼界，因而在表演上相对比较“土”的徽戏，自然就没有市场了，农村情况也大致如此。民国十六年（1927）前后，徽州尚有柯长春、凤舞台、大舞台、老黑班、老彩庆、新彩庆、新阳春、二阳春、新长春、新舞台、老紫午、新紫午等10余个职业班社流动演出，其中有的已引进京剧剧目，实行京、徽合流。但到民国二十六年（1937）前后，大部分已经散落，其中徽州较著名的柯长春班亦于民国二十三年（1934）在绩溪尚田村出卖“箱底”，宣告解散。至1949年中华人民共和国成立前夕，徽戏可说是奄奄一息，几成绝响。徽州的文艺舞台，基本上是京剧占统领地位，其次就是越剧和后来兴起的黄梅戏。

睦剧源于赣东采茶戏，内容大都是反映家庭生活，曲调主要是湖广调和三脚调，并伴以锣鼓之类的打击乐，演出角色以小生小旦、小丑为主。由于它的表演风格纯朴粗犷、活泼风趣，富有乡土气息，盛行不衰。

清光绪年间，赣东采茶戏传入浙江开化县，时称“三脚班”。民国初传入遂安、淳安，并与当地农村盛行的民间舞蹈“竹马班”渗合，渐次发展为带有浙西地方色彩的三脚班。每逢春节，便有半农半艺的业余三脚班走村串户，跳竹马，演短剧，人们称它为“三脚戏竹马班”。对于在农闲季节，到外地进行巡回演出三脚戏而不跳竹马的职业三脚班，则称作“三脚戏常班”。20 世纪 30 年代，淳安县的三脚班发展到六七十个，其中常班 10 余个，一时兴盛风行，遍及遂安、开化、常山、衢州、寿昌、建德、分水、昌化 8 县，以至新安江上游的歙县、屯溪等地，著名的戏班有大源班、徐君胜班、方仕进班、幸福班、老福林班、余富之班、余岙源班、王卯寅班、卷三元班、方仁水班、方老荀班、宋成金班等。演出传统剧目 72 本，其中大戏 24 本，有《山伯访友》《丁山祭祖》《马房逼女》《安安送米》《蓝桥会》《孟姜女》等；小戏 48 本，有《卖花线》《拜年》《瞎子捉奸》《补背褡》》磨豆腐》等，大多反映农村生活。此外，还吸收了金华徽班的《王婆骂鸡》《打面缸》《小牧牛》等，并开始演出大戏，有《乌盆记》等。有三脚戏艺人 300 余人。抗日战争初期，有的三脚戏常班，逐渐吸收一些徽剧、婺剧的剧目和唱腔，又增加角色行当和管弦伴奏，转化为与戏混合演出的大型职业戏班，称作“半班”。抗战后期至 1949 年，睦剧被诬为“诲淫诲盗”“败坏伤风”，常遭封箱禁演、拘捕罚款的厄运，三脚班一度濒临绝境。1950 年以后，在政府的关怀和扶持下，睦剧重获新生，并逐步兴旺发达，列为浙江省地方剧种之一。

第三章　新安文化的社会经济背景

第一节　新安人的构成

新安江流域的居民，由五个方面构成，一是山越土著，二是宋以前由北方迁移过来的中原士族，三是小姓，四是明清时期外来的棚民，五是九姓渔民。其中，山越土著在唐宋以后不再存在，北方迁移过来中原士族、小姓、九姓渔民、棚民形成新安江流域人口结构，以中原士族为主体，并形成明清时期新安宗族社会。

一、山越土著

如前所述，山越土著是新安江流域原居民和大越徙民构成的早期新安人。所谓原居民，是指新安江流域的土著先民。40000 多年前，这里便生活着“建德人”。而流域内同时分布着的大量旧、新石器时代遗址，以及屯溪西郊奕棋村附近先后发现的 8 座西周至战国早期的墓葬，都说明土著先民的生活痕迹。

大越徙民，发生在秦末，时间约在秦始皇三十七年（公元前 210 年）前后。这一年秦始皇对占领的原吴越领土进行了一次巡游，据《史记 · 秦始皇本纪》：

> 十一月，行至云梦，望祀虞舜于九疑山。浮江下，观籍柯，渡海渚。过丹阳，至钱唐。临浙江，水波恶，乃西百十里从狭中渡。上会稽，祭大禹，望于南海，而立石刻，颂秦德。……还过吴，从江乘渡。

按照记载，秦始皇离咸阳后，行至今湖北中部的云梦，溯湘江而上，到达今湖南宁远南的九疑山祭祀虞舜。之后返回长江，顺流而下至今安徽当涂东北的丹阳，东南行至今杭州一带。在钱塘江较狭处渡江，到达今江绍兴，祭祀大禹。遥望大海，刻石记载大秦一统天下的功德。再到江苏苏州，之后在句容县北渡长江北上。秦始皇这次巡游显然是出于镇抚越人的目的，但这还不足以巩固秦朝的统治基础。因此，秦始皇对越人的中心区域采取了大规模移民的措施。《越绝书 · 吴地传》载：“是时徙大越民置余杭、伊攻、故鄣，因徙天下有罪谪吏民置南海故大越处，以备东海外越。

乃更名大越，曰山阴。”又云：“乌程、余杭、黟、歙、芜湖、石城县以南，皆大越徙民也。秦始皇刻石徙之。”浙东平原经过长期开发，已经较为富庶。但秦始皇却将这里的越人迁徙到尚未开垦的新安江流域山区，这不仅促进了这一地区的人口的增长，也促进了新安江流域的开发，为四百年后孙吴政权设置新都郡奠定基础。

无论是原居民，还是大越徙民，在统治阶级的眼里都是土著蛮夷。当中原士族逐步在新安江流域占主导地位以后，山越土著开始被中原士族所控制、融合、同化，宋以后几乎就没有了踪迹。那么，在谈新安宗族的时候，有一个绕不开的问题就是，山越土著到哪里去了。

1959 ~ 1975 年，屯溪西郊奕棋村先后发现 8 座西周至战国早期的墓葬，出土大量文物。其中，出土的一只尊内底有铭刻，其文为“闬父乙”。按殷周彝器通例，“父乙”是人名，“闬”是国族名。“闬”字不见于《说文解字》，《龙龛手鉴》有收有“闬”字，读音为“悦”，意思是“儿女”。则“门”可理解为关闭或闭塞，就像新安江流域处于丛山的障围之中；“子”是小孩，泛指人，为民之象。门中有子，似可理解作这块土地上的人民；门中之人，因可解作土著先民。屯溪西周一号墓，规模之大（长 8.8 米），随葬品之多（92 件随葬品），品种之丰富，吃、喝、玩、乐、装饰品，样样齐全，

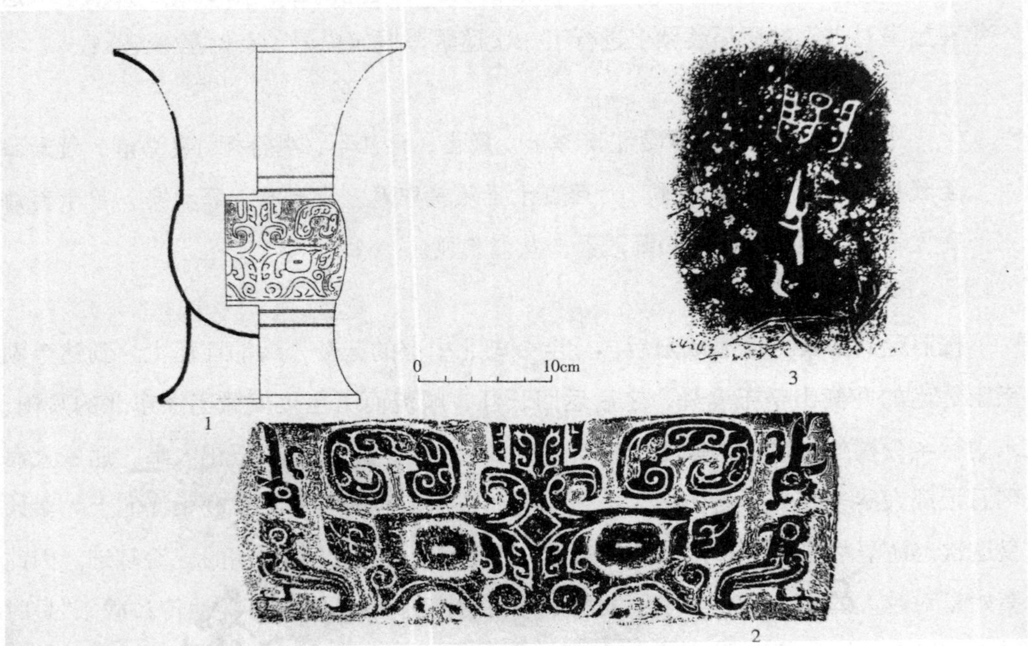

闬父乙尊拓片

表明墓主绝非普通平民，而是奴隶主贵族。因此，"闩"也许是最初的族国。

先秦新安江流域有"闩国"，屯溪西周墓葬出土文物也证明当时新安江上游已经相当富庶。在当时那种与四周隔绝的孤岛状态下，没有大量的劳动力进行社会分工，是难以创造出如此璀璨的古越文化的，只是它尚未进入中原文化圈，被史家所忽略罢了。秦置黟、歙二县，其时今整个皖南地区都没有其他的县，整个现今江西省境内只有庐陵、鄱阳两县，显然新安江流域是当时越族社会的中心。孙吴在新安江流域分设六县，建新都郡。有行政建置的地方就有居民，从秦和孙吴政权在新安江流域的行政设置可以看出，山越土族居民的人数不在少数。虽然经过孙吴政权的四次军事剿戮，一次驱民远佃，使新安江流域的山越土著锐减。但到晋代，新安郡土著居民仍有5000户。这5000户只是在籍编民，承担赋税责任。而山区林莽密塞，有很多山民居住在偏远的林壑之中，不纳王租，根本无法统计。但北宋以后，自从山越土著完全被中原士族所吸纳和消化，中原士族反客为主，成为当地的主姓、大姓，山越土著不显不彰，几乎消失了。

那么，山越土著居民究竟有没有遗存了呢？答案是肯定有。

早期山越四大姓金（金奇）、毛（毛甘）、陈（陈仆）、祖（祖山），由于年代过于久远，且经过孙吴和东晋的历次剿灭和外迁远佃，是否有遗存且不论。就隋之后，《隋书》记载隋末各地对统治阶级的反抗时，指出，"黟歙贼帅沈雪、沈能据栅自固"。[①]另外，《新唐书》记载唐天宝年间，"沈千载者，新安大豪，连结椎剽，州县不能禽"。[②]《隋书》《新唐书》记载的沈雪、沈能、沈千载相继犯险造反，符合"山越好为叛乱，难安易动"的习性。目前查到沈氏进入新安江流域的最早记录，是北宋景德年间的沈琥迁遂安县城进贤坊，[③]《新安名族志》记载沈氏，只有休宁闵口一个聚落。记述其姓源称："先世居绩溪有曰克明者，任休宁教授，遂家焉。"至于绩溪沈氏的情况却没有记载。沈克明"任休宁教授"，时间估计在宋代以后。所以，认定沈雪、沈能、沈千载为山越土著应该不会有错。沈千载既是"新安大豪"，那么当时新安姓沈的土著居民相对也不会太少。当南宋新安宗族制度开始萌生，中原士族纷纷修谱追述，或重建自己的显赫祖先时，土著沈氏却因为没有可以炫耀的家族史，或者沈氏家族

① 魏徵等：《隋书》卷48《杨素传》，中华书局，1973年。
② 《新唐书》卷139《张镐传》。
③ 遂安《松溪沈氏宗谱》，民国十五年，敦睦堂活字本。

没有人才重建家族谱系而默默无闻。

当宋代汉文化成为新安文化的主流，越文化已经完全融入其中之后，土著居民也不再谈论自己的土著身份，下意识里他们想为自己寻求一个显赫的汉文化血统。追溯姓氏源流时，土著姓氏开始编织本姓氏与华夏始祖的关系，成为中原氏族中的一员。

根据新安汪氏的说法，汪氏始于姬姓，鲁成公次子出生时，手中有纹，左“水”右“王”，合成“汪”字，遂以为名。姬汪采食颍川，号汪侯，后裔以“汪”为姓。自汪侯传三十一世，汉龙骧将军汪文和渡江居始新（今属淳安），成为江南汪氏始祖。汪文和传十三世，隋末越国公汪华保障歙、宣、杭、睦、婺、饶六州之地，使汪氏大显。

汪氏首次迁入新安江流域，《新安名族志》及汪氏族谱，都说是始于汉灵帝中平年间的汪文和。称汪文和“以破黄巾有功，为龙骧将军。建安二年（197），因中原大乱，南渡江，孙策表授会稽令，遂家于歙，是为新安汪氏始迁之祖”。[①] 这一段极为简明的叙述，却存在着很多疑问。首先，“龙骧将军”是我国古代武职官名，主要见于南北朝时期。沈约《宋书》记载：“龙骧将军，晋武帝始以王濬居之。”[②] 因此，汪文和被授予“龙骧将军”，于史无征。其次，“令”是战国以后县级行政主官的职务，“孙策表授会稽令”，即孙策上表朝廷，请求授予汪文和以会稽县令之职。会稽从秦朝开始，就是长江下游重要的一个郡，会稽设县，迟至隋朝开皇九年（589），分山阴县置，治所在今浙江绍兴。既然东汉时尚无会稽县，何来会稽县之“令”？其三，汪文和既然颇多战功，且有将军头衔，也当为地方豪杰。但是，除了汪氏后人提供材料之外，正史和文人笔记中均未载其人。其四，会稽与新都两地相距数百里，在交通不便的当时，依靠新安江沟通，顺流需要十天左右，逆流至少需要半月以上。作为会稽令的汪文和，为什么要到遥远的歙县来安家？

罗愿曾对新安汪氏进行考证，指出：“汪芒之汪，见于传记；而姬姓之汪，特出于今里中所传。”并考证出龙骧将军晋武帝时才开始设置，新安汪氏源于汉龙骧将军汪文和是不可信的。从新安汪氏姓源的文献记载来看，显然是出于汪芒氏，汪芒氏后裔世居德清县，德清与新安江流域邻近，故新安汪氏当为土著。只不过是由

① 戴廷明、程尚宽著，朱万曙等点校：《新安名族志》前集《汪》，黄山书社，2004年，第182页。
② 沈约：《宋书》卷39《百官上》，中华书局，1974年。

于中原士族文化的影响，新安汪氏也想找一个有着高贵血统的祖先，于是便攀上了有皇室血统的姬姓。而中原迁新安的士族，出于对新安土著同化的需要，也认同汪氏的皇室血统。这种认同已不纯粹是血统问题，而是体现了大一统思想，是文化凝聚的体现。

汪氏是土著中最有成就的一族，既有显赫的历史，出了一个“吴王”，又有重塑宗族历史的人才，终于攀上了有皇室血统的姬姓。汪华的九子之说，民间有不同的版本。特别是第九子，疑问最大。汪伯彦曾说：“王以六州所兴，挈八子归诸朝，天子嘉其忠，封越国公，命诸子班环卫。”[①] 可见，汪华归唐时，并没有第九子。而且根据其他新安汪氏族谱所载，第九子 19 岁就去世了，无后。照道理不会在汪氏宗族的历史上留下什么痕迹。但新安江流域民间对第九子尤为尊崇，有“汪九郎”“九相公”“九太子”等不同的称呼。早在宋代，歙州、杭州、睦州就开始祭祀汪九郎。明清时期，绩溪、歙县还专门设有祭祀第九子的坛庙。屯溪每年农历八月初一日至十三日的“靖阳节”，举行汪华纪念活动，九相公都要出台亮相。在汪公庙前，汪

歙县箬岭汪公庙

① 罗愿：《新安志》卷1《汪王庙考实》。

华居中，九相公绕场跑圈，每跑一圈，换袍甲一件，一共要跑九圈，边跑边燃炮鸣鼓，俗称“跑马磨豆腐”。对这一特殊现象，有人说九相公生性仁慈，获得世人尊崇；有人说九相公保护新安战功显赫，所以要纪念他，这些传说的说服力都不够。那么，是不是新安土著中的一些小姓，为了融入中原文化，避免自己的土著身份被人看轻，而改姓依附于汪氏呢？要不怎么会形成“十姓九汪”的局面？这些土著居民将无后的九相公看成是土著的象征，专门祭祀和纪念，这种可能也是存在的。从文献中所了解新安社会，认为新安土著居民都已经消失，其实并不全面。现存的新安宗族形态实际是中原人与土著居民融合、同化的结果。

二、小姓

小姓，主要指佃仆，根据其来源、地域和工作性质的不同，又有地仆、庄仆、地火、火佃、庄人、屋仆、山仆、住佃、仆人、细民、伴当等称呼。其来源有释放家内奴仆为佃仆，因佃种地主或祠堂土地而沦为佃仆，因居住地主房屋而沦为佃仆，因将先人葬于地主山场而沦为佃仆，因入赘或与佃仆妻女婚配而沦为佃仆，因生活所迫卖身而沦为佃仆等。佃仆多为世袭制，许多佃仆并非是属于某个家庭，而往往是属于某个宗族或其支派。有时，随着各自的人口繁衍，双方丁口相差无几，且各自成庄，于是出现一庄小姓为另一大姓（主姓）庄佃仆的现象。主姓与佃仆之间存在剥削关系，但佃仆在身份和实际地位上又不同于奴隶，大多数佃仆与他所服役的主姓之间是一种契约性的财产关系，佃仆为主姓提供劳役。这些劳役名目繁杂，包括看管山产、喜庆、丧祭、杂役、修建房屋、铺路、搭建戏台、抬轿，以及各种各样的室内差使。主姓提供保护作为对佃仆劳役的酬报，有的主姓还有为一无所有的佃仆提供耕地、住房、墓地，或帮助其成婚等义务。

根据明万历《茗洲吴氏家记》、清康熙年间吴翟编纂的《茗洲吴氏家典》和光绪十五年吴葆根记录的《葆和堂需役给工定例》的记载，休宁县茗洲吴氏家族中的佃仆，有黄、李、汪、陈、王、胡、韩、谢等8姓。据佃仆后裔陈近贤的回忆，陈姓是从祁门塔坊来的，因犯了族规而被赶出来，流落到茗洲，当了吴氏商人的家内奴仆，后配以婢女，离主别居，靠租种其家主田地、山场过活，繁衍的子孙便世代为其佃仆。

这些佃仆对茗洲吴氏有主仆名分，身份是不平等的。佃仆对吴氏男性都要称呼为朝奉、老爷、相公、官人，对吴氏女性称为孺人。如途中相遇，不作这样的称呼，便被诉诸祠堂，治以藐视家主之罪，打屁股四十大板。《葆和堂需役给工定例》中规定，佃仆不能与主家吴姓通婚，做坟立碑要按规定的格式，生儿取名不得“犯家主及祖讳”，“衣衫酒席”“娶亲饮酒”，都有一套污蔑人格的规定。这些条规在民国年间依然有效。佃仆结婚，原规定新娘不准坐轿，只能用人背。民国时期，有一年旧历初七舞龙灯时，佃仆们为此集体向吴氏地主请愿。经过斗争，才允许坐轿，但用的是小轿，以示与主家用的大轿相区别。

佃仆的田宅由吴氏祠堂和地主提供，正如《葆和堂需役给工定例》所说的：“竹木与尔等看守，尽可得利；山业与尔等看守，尽可受惠；田园交尔等耕耘，杂山任尔等拔种，税山任尔等安葬，税地任尔等宅居。”为了改善居住条件，佃体自做一间屋也是允许的，即所谓“税地任尔等宅居”，但须向吴氏祠堂禀明起屋地点，经同意后才能按规定格式做。民国年间，有的佃仆在山边开一二分山地种些茶树，吴氏祠堂有时也免予收租。但这些零星山地还不算佃仆所有，祠堂随时都可以把它收来。

吴氏地主对佃仆实行地租剥削和人身奴役。《葆和堂需役给工定例》明确规定：“交租者必须干净色老，一切青湿有餍，有名无实者，退还不收。”民国时期，佃仆陈近贤租种葆和堂田地 3.5 亩，其中，田 1.8 亩，年产谷 400 斤，租谷 200 斤；地 0.7 亩，种苞谷年产 70 斤，租 35 斤。租额均占产量的一半，除去生产成本、剥削率已超过 50%。除交地租外，还要交柴薪银。《葆和堂需役给工定例》明载：“二十岁起，六十岁免，每丁一钱，折九五银八分。定于冬至日交齐，例已数百年矣。……至于经收之家需用柴炭，即以柴炭抵算柴薪银。”民国后期，由于佃仆的抵制反对，交柴薪银的规定已无法执行。

服役方面主要是冠婚丧祭及喜庆杂役。在《葆和堂需役给工定例》中各种服役项目都有具体规定。例如，丧礼一项有闻讣、移棺、小殓、大验、举殡、宿柩等劳役。这些劳役由何姓佃仆承担，人数多少，以及酬报的饭食定例，都在每项劳役下面写明。除这些所谓“贱役”外，还要承担“拔路扯草”“搭戏台”“起屋”“搭桥撑船”等劳役。①

小姓为贱民，不能入谱，不得进祠，不准与大姓联姻。一些小姓即使人身独立后，人丁兴旺，财货充积，功名显达，亦不得与大姓享受同等待遇。大姓对小姓的压迫，曾激起小姓的反抗。清顺治二年（1645），黟县蔡村奴仆宋乞联合全县奴仆暴动，

① 以上休宁县茗洲佃仆的情况，叶显恩：《明清徽州农村社会及其佃仆制》，安徽人民出版社，1983年，第320～321页。

结寨36处，休宁、歙，祁门各县奴仆纷起响应，形成声势浩大的“奴变”。清政府于雍正五年（1727）四月颁布解放令，但在新安江流域，以佃仆制为主的大、小姓现象一直到民国时期仍然存在。

也有佃仆经过不断努力，摆脱主家束缚，成为当地主姓的现象。位于皖浙交界山区的木瓜坦村，现属淳安县，在明清时期则隶于歙县二十五都。该村以洪姓为主，兼有詹姓，都被相邻的札源村吴氏宗族视为佃仆。可是，洪姓不承认自己的佃仆身份，从明嘉靖年间开始，两村族姓针对是否存在主仆身份关系，进行了旷日持久的较量。这段公案被隐晦地记录在乾隆年间编纂的《札溪吴氏宗谱》和同治年间编纂的《金山洪氏族谱》中。按照《札溪吴氏宗谱》的记载，吴姓北宋中叶从休宁临溪迁到札溪，后来成为当地大族，支派散居遂安县新田、黄土岭、童家坞、青麓、枫川、苏坂等地。南宋时曾有洪、项、金、陈、方、詹、叶、姚八姓佃仆，木瓜坦洪姓就是其中之一。但从明代嘉靖末年开始，吴氏一族开始走下坡路，木瓜坦洪氏等佃仆开始摆脱吴氏的控制，并在竹木、茶叶、烧炭等山林经济上与吴姓展开争夺。清康熙年间，冲突升级，但吴氏一直压着洪姓一头。嘉庆末年开始，洪姓中人开始有了功名，洪氏宗族却进一步衰落。到了同治年间，札源吴氏无力续修族谱，而洪氏宗族则修出一部反映自身利益诉求的谱牒，佃仆身份完全抹去，构造出一幅正统宗族的历史。①

三、棚民

棚民，泛指明代以后的外来移民，以安庆府辖县人为多，其次为邻近的江西和浙江人，也有来自福建的棚民。“该民等籍隶（安庆府）怀宁、潜山、太湖、宿松、桐城等处，间有江西、浙江民人，徽属距伊等原籍甚近”。②他们多在旷野搭棚居住，开山种田，或采煤烧灰，靠手艺或出卖劳力谋生，故俗称棚民。道光《徽州府志》记载，清嘉庆年间：

> 计歙县棚三百三十四座，棚民一千四百十五丁口，休宁县棚三百九十五座，棚民二千五百二十二丁口，祁门县棚五百七十九座，棚民三千四百六十五丁口，黟县棚九座，棚民六十九丁口，婺源县棚七十四座，棚民二百九十五丁口，绩

① 安徽大学黄忠鑫对木瓜坦洪姓早期为佃仆身份的情况，有详细的考证，参见黄忠鑫：《清代徽州佃仆的宗族意识与族谱书写》一文，《安徽师范大学学报》（人文社会科学版）2018年第6期。

② 道光《徽州府志》卷4《营建志·水利》所附杨懋恬《查禁棚民案稿》。

溪县棚一百七十二座，棚民九百十五丁口。以上总共棚一千五百六十三座，棚民八千六百八十一丁口。[①]

棚民村落休宁县周家源村

棚 1563、棚民 8681，这个数据是由安徽省道台杨懋恬《查禁棚民案稿》所提供，看似非常精细，其实并不准确。徽州山高岭峻，交通不便，加上棚民本身想方设法隐匿不报，这个数据与实际人数会有差距。据办理抚剿徽州棚民事宜的高廷瑶估计，有 10 多万人。[②] 在建德南部，"崇山峻岭，密菁深林，最易藏奸……近招江、闽无业闲民开山种麻，结棚聚处，愚民见短，利其荒税一时有补，未能远谋，遂致棚民联络盘踞，岁引日多。奸猾时闻，风非昔比。今方别编棚户，各设棚长，以专约束"。[③]乾隆《寿昌县志》也说："然如麻、靛两种，亦自近年江、闽棚民有之，前此未之见也。"[④]建德、寿昌的棚民来自江西、福建，以种麻为业。

大量的棚民进入新安江流域，进行无序甚至野蛮的开垦与开发，对当地的生态环境造成了极其严重的破坏。如祁门县"乾隆年间，安庆人携苞芦入境，租山垦种，而土著愚民间亦效尤。其种法必焚山掘根，务尽地利，使寸草不生而后已。山既尽童，

---

① 道光《徽州府志》卷4《营建志·水利》所附杨懋恬《查禁棚民案稿》。

② 高廷瑶：《宦游纪略》卷上："余思徽郡属境，俱有棚民，不下数十万人。"转引自卞利：《明清徽州社会研究》，安徽大学出版社，2004年，第320页。

③ 乾隆《建德县志》卷1《方舆》。

④ 乾隆《寿昌县志》卷1《物产》。

田尤受害。雨集则砂石并陨，雨止则水源立竭，不可复耕者，所在皆有。大溪旱不能蓄，涝不能泻，原田多被涨没。一邑之患，莫甚于此。”[①] 道光《建德县志》也记载：“近来异地棚民盘踞各源，种植苞芦，为害于水道农田不小。山经开垦，势无不土松石浮者，每逢骤雨，水势挟沙石而行，大则冲田溃堰，小则断壑填沟。水灾立见，旱又因之。以故年来旱涝濒仍皆原于此。”[②] 不仅仅在生态环境上对当地带来破坏经济利益、文化习俗和社会治安等方面，棚民对地方治安也带来威胁。清雍正十三年（1735），朝廷颁旨：

> 浙、闽、江西等省有棚民之州县，朕皆留心拣发牧令，前住俾司化导董率之任。盖此等无业民人聚散无常，往来莫定。其间良顽不一，易于藏奸。若稽察稍疏，必至渐为闾阎之扰。向闻棚民留住之地方，皆责成本处地主山主出具甘结，并非来历不明之辈始许容留。而牧令官员于每年岁底亲往查点一次，倘有作奸犯科，而地主山主不行举首者，一体治罪。此向例也。今闻法久废弛，有司等视查点为具文，而地主山主亦以保结虚应故事，大非朕除暴安民，教民成俗之本意。着该督抚等转饬有司实力奉行，毋或怠惰。倘有不遵，即行题参从重议处。若督抚失于觉察，经朕访闻，亦必加以严谴。[③]

清乾隆三十六年（1771），桐城县民胡宗义，怀宁县民丁云高雇请12人在休宁县租山搭棚，种植苞芦，与当地人发生纠纷，酿成命案。[④] 乾隆五十九年（1794），休宁县勒石“严禁招租棚民种山”种植玉米。[⑤] 徽州府也曾多次发布告示禁止棚民租山，但这些禁令并未受到严格遵守。嘉庆十二年（1807）二月，休宁县程元通、程怡仁遣家属程怡仁赴京都察院，控告棚民方会中等纠集多人抢种山场，滋事扰害。经都察院上奏，嘉庆皇帝将此案批转安徽巡抚初彭龄查办。按照皇帝的上谕，初彭龄迅速委派安徽道杨懋恬、抚标右营游击和钦、太平府通判邹光骏、庐州府通高廷

---

① 同治《祁门县志》卷12《水利志·水碓》。

② 道光《建德县志》卷21《杂记》。

③ 光绪《严州府志》卷9《食货·蠲恤》。

④ 中国第一历史档案馆藏“刑科题本土地债务”类，乾隆四十七年九月二十三日，安徽巡抚萨载题。案卷号2-168-3。

⑤ 中国第一历史档案馆：《安徽巡抚广厚为请免勒令棚民回籍并立法约束事奏折》，《历史档案》1993年第1期。

瑶前往查勘。杨懋恬等人通过调查走访，认定棚民与业主签有租约，“年限尚需迟至二十余年始届满期。若俟年满再令迁移，难免日久滋事。且恐界期仍复迁延。惟有追还租价，责令各归本籍，将山退回业主”。①

尽管地方宗族一再兴讼驱逐棚民，棚民却有增无减，不断有安庆府、庐州府属县及浙江、江西等地移民入境，朝廷原先“责令各归本籍”的勒令完全失效。当然，棚民在与当地主姓势力的交往过程中，通过劳动积累起财富购买土地，或用其他办法尽量融入当地社会。休宁县周家源棚民王杨家族，清中期来到新安江流域，利用其在休歙交界交通偏僻，政府和地方大族难以操控的便利，通过劳动积累，到了同治年间，家境开始殷实。又与当地主姓刘氏尽量搞好关系，购得周家源周边山地，开始逐步融入当地社会。但他们始终游离在地缘之外，只能在偏远的山区地带活动。他们的赋役关系，也被官方称之以“寄丁”，而非“户丁”。②

为了加强对棚民的管制，嘉庆十三年（1808）、十六年（1811）、十九年（1814），安徽巡抚董教增、广厚，御史张鉴先后上《为查复宁国等府州棚民数目并请编保管束事奏折》《为请免勒令棚民回籍并立法约束事奏折》《为请敕浙江巡将棚民编设保甲事奏折》③，要求将棚民编设保甲，就地入籍，便于管理。这样一来，棚民便名正言顺地入籍当地。淳安县采取“远方之流民爰为之厉禁，警其私受赃木，棚民非编甲不容”。④

太平天国战乱之后，新安江流域人口锐减。按照曹树基的统计，太平天国前的咸丰元年（1851），徽州的人口为290.5万人，到同治四年（1865）人口只有116.2万，战争中损失174.3万，人口损失率达到60%。⑤严州的损失情况据光绪《严州府志》记载，在两军交战期间，光“义民”阵亡人数有2600多人。⑥由于人口锐减，田地大量荒芜，安庆等地移民大量流入徽州。他们散居乡村，垦植荒地或当雇工，亦有居住城镇，从事搬运、理发、轿行、旅馆、浴室等业，并发展到聚族而居，形成同当地主姓势均力敌的局面。民国初期，绩溪县城附近及临溪、高迁、扬溪等地有大

---

① 道光《徽州府志》卷4《营建志·水利》所附杨懋恬《查禁棚民案稿》。
② 参见曾小保等：《清代徽州棚民的来源与地方融入——以休宁周家源文书为中心》，载《学海》2019年第3期。
③ 参见中国第一历史档案馆：《嘉庆朝安徽浙江棚民史料》，载《历史档案》1993年第1期。
④ 光绪《淳安县志》卷首《旧序》。
⑤ 曹树基：《中国移民史》（第六卷），福建人民出版社，1997年，第468页。
⑥ 光绪《严州府志》卷36。

量安庆移民留住。在绩溪县临溪乡人口中，安庆6县移民占40%。雄路、龙塘、溪西和洪塘村多为安庆人聚居。东村坞、高视山安庆人聚居成村。孔灵村，有9省13县客户迁入，共102个姓氏。镇头乡小岭上20多户，全系外省人。民国二十九年(1940)统计，安庆6县迁入累计4000多人。庐州、凤阳、颍上等地迁入1000多人。[①]这仅是绩溪一个县的情况，涉及整个徽州，应是不小的数目。

严州的情况与徽州相反，棚民很少。同治年间的严州知府戴槃写了一篇《定严属垦荒章程并招棚民开垦记》，文章指出：

> 余莅临任后，查严郡各属田地荒芜，人民稀少，较他郡情形，蹂躏更甚，惄焉忧之。今欲招垦，必须外来之户乐于耕种，垦户日多一日，则荒田日少一日，庶粮赋不至久悬。无如外来垦户，由江西者则有衢之荒田可耕，由宁绍来者则有杭属之荒田可耕，惟严郡居中，止有徽州一路。徽、严交界地方皆系荒产，断不肯舍此适彼。惟查有棚民一项，向来以种山为业，地方农民不与为伍。自咸丰十年后，粤匪滋扰，棚民僻处深山，未受大害，较农民尚胜一筹。昔日无田可种，而不能不种山；今日有田可种，而能改种山为种田，田之出息究厚于山。各棚民非不愿种，实不敢种，须设法招之使种。[②]

严州府的棚民人数少，势力单薄。长期以来，他们受土著歧视，以至发展到不敢租种土著田地。致使这位知府要设法“招之使种”。棚民稀少，由此可见一斑。

四、九姓渔民

九姓渔民，是指整个钱塘江主、支流上浮家泛宅，从事打鱼、撑船、背纤等水上生计的船民。其姓氏主要有陈、钱、林、李、袁、孙、叶、许、何九姓，俗称“九姓渔民”。新安江整个流域的船民并不止这九姓，新安江上游屯溪境内的船民还有唐、汪、毛、吴、潘等姓氏。建德县是钱塘江上游兰江、新安江、富春江交汇之所，成为九姓渔民的集中地。清初时曾编为伏、仁、义、礼、智、信、捕七个字号，有大小船只2000多艘，至道光、咸丰年间尚有1000多艘，太平天国

---

①《绩溪县志》，黄山书社，1998年，第130页。

② 戴槃：《定严属垦荒章程并招棚民开垦记》，《两浙宦游纪略》，第32页，清同治五年刻本。

后减少为 300 多户。[①]

关于九姓渔民的来源，主要有三种说法：一说是元末陈友谅部属被朱元璋贬入渔籍，不准陆居，并改从贱业；另一说是宋亡以后，宋朝遗民携家眷来到钱塘江上游，隐居捕鱼为生，浮居水上，不与陆地居民通婚姻；第三种说法是百越后裔。最早言及九姓渔民来源，见于清雍正年间淳安县人方楘如所作的《百五岁老妪》：[②]

> 妪陈氏，本渔舟妇。渔舟凡九姓，男来女往，世婚媾如朱陈村。相传故陈友谅水军也。友谅败死，水军散走东下，其后杂隶衢、婺、严三郡，为舟师所隶之。郡官给舟符相检校，其名曰邮票，且微征庸焉，匝一岁而更。

按照方楘如的说法，九姓渔民本是元末陈友谅的水军，陈友谅失败后，他们移居到钱塘江上游水域，被当地水军收编。知府每年都要对渔民的船只进行验证，并且向他们征收轻微的赋税。方楘如在这里用了“相传”二字，说明这也是当地民间传说，并没有相关文献记载。

裁严郡九姓渔课并令改贱为良碑

到了同治年间，严州府知府戴槃在《裁严郡九姓渔课并令改贱为良碑记》中又

① 曹志耘：《浙江的九姓渔民》，《中国文化研究》1997年第3期。
② 光绪《严州府志》卷30《艺文》。

提到：[1]

严郡建德县之渔课，始自明洪武年间，九姓则陈、钱、林、李、袁、孙、叶、许、何。相传陈友谅明初抗师，子孙九族家属贬入舟居，使之身为贱业，几无异于教坊之设也。由明至今数百年来，渔课照完，舟中所居妇女，名为眷属，实则官妓。迄今日久年深，九姓之姓常存，九姓之名已难遍考。

虽然戴槃与方桨如都说九姓渔民是陈友谅的部属，但方桨如称他们原本是水军，其身份并非被贬所致。而戴盘则称他们是被贬入水居的，所从事职业也是被迫的。方桨如是清初人，又是博学鸿词科进士，他的说法应该更为可靠些。

宋朝皇室遗民说，见于民国《建德县志》：

或云此种渔户皆亡国大夫遗种。宋末都杭，朝士爱严陵山水，避世于此，其不舍舟就陆者，犹是薇蕨首阳，以明不践土、不食毛之意，因专以捕鱼度活，两桨一舟，自成眷属，浅斟低唱以外，别无他长，俗谓称九姓渔船，亦曰茭白船，言止能助人清谈而已。[2]

《建德县志》称九姓渔民原来是宋朝遗民，因爱严陵山水，携带家眷来到建德，专门以捕鱼为生，浮家泛宅，不与陆地居民通婚姻。该记载没有引任何文献为证，估计也是出于建德当地民间传说。

第三种说法称六朝时刘宋大将沈庆之讨伐江、汉蛋民，将所虏获的蛋民全部移至南京，编为娼籍。[3] 南京的蛋民部分融入当地汉人，部分到了徽州。在徽州，他们因为帮助元朝抗御朱元璋部队的进攻，于是被朱元璋贬为水上贱民。后来这些人又来到浙江严州一带，成为近世浙江的九姓渔民。[4]

---

① 转引自方韦：《严州史话》，天津古籍出版社，2008年，第150页。

② 民国《建德县志》卷15《拾遗志·逸闻》。

③《南史·沈庆之传》："率军讨伐江、汉蛮民，前后所获蛋，并移都下，以为营户。"

④ 罗香林：《蛋民源流考》，广西民族研究所资料组：《少数民族史论文选集》(三)，1964年，第141～167页；方向：《富春江上的"九姓渔户"》，《中国民间文化》1994年第2集。

船民虽然浮家泛宅，除了做水上生计，也兼营住宿（旅店）、卖唱、娼妓等生计。元末明初，汪广洋的《淳安棹歌》诗曰："淳安县前江水平，越女唱歌兰叶青。山禽只管唤春雨，不道愁人不愿听。"① 诗中的"越女"便是在渔船上卖唱。清末黄遵宪专门写有一首长诗《九姓渔船曲》，描写在船上狎妓取乐，诗中有句：

西施一舸轻波软，原是官船当娃馆。
玉女青胪隔牖窥，径就郎怀歌婉转。
婉转偎郎倚郎坐，不道鲁男真不可。
此时忍俊未能禁，此夕销魂便真个。②

民国二十三年（1934）郁达夫、林语堂等文人游览徽州时，在屯溪以船为店，住在船上。郁达夫《屯溪夜泊记》记载："浮家泛宅，大家联床接脚，大篾篷底下，洋油灯前，谈着笑着，悠悠入睡的那一种风情，倒的确是时代倒错的中世纪的诗人的行径。那一晚，因为上船得迟了，所以说废话说不上几刻钟，一船里就呼呼地充满了睡声。"③ 倒是别有一番风情。

九姓渔民以建德为中心，活动范围遍及钱塘江上中下游，溯兰江而上可达江山、常山、兰溪、金华，溯新安江而上可达寿昌、遂安、淳安、歙县、休宁，顺流而下可达杭州城外，生活具有一定的流动性。九姓渔民有着自己独特的方言，自称为"船浪白话"，意为船上话。各地九姓渔民的方言基本相同。溯新安江而上的歙县、休宁县境内的船户，讲的也是他们自己的船上话，与岸上的歙县、休宁方言不同。

船民世代以船为家，家庭一般为四五人，也有三代同堂七八人者。民船为木结构，底平，头小成圆吻，尾稍翘，适宜于山区水上航行。船身选用上等杉、椿木打造，以葛筋、桐油、石灰嵌缝，内外涂刷桐油。船篷以竹篾夹箬叶制成，中舱船篷固定，其余可推拉。船只按腰梁大小分两三种规格，一般长约两丈、宽七八尺，可挂帆。船内分六舱，前后设有木门各两扇。船头，是撑船和撒网之处；往后为柴窝，边作厨房（烧柴炭）、一边作通道；再后是货舱，有划桨台，既可装货，又作起居室、

① 汪广洋：《凤池吟稿》卷10，四库本。
② 黄遵宪：《九姓渔船曲》，载《严州诗词》（下），天津古籍出版社，2011年，第421页。
③ 郁达夫：《达夫游记》，文学创造社，1936年。

佛堂；腰梁后部称中舱，舱面为卧室，舱下作储藏室或货舱，宴请宾客时中舱与前舱贯通，众人席板而坐。中舱后为女厕，铺上面板后下面还可养猪，船篷外吊鸡鸭笼；后梢船尾为撑船站立处。船舱内无床铺，躺下即可睡觉，冬宿中、前舱，夏睡船头船尾，白天铺盖收起，被子放在内篷边，箱柜藏在舱底。舱内无桌无凳，吃饭时或蹲或盘腿，故船民多罗腿。船民极爱清洁、舱内日日抹擦，一尘不染、油光铮亮，家用杂物摆放整齐。忌穿鞋上船，客人搭船也要脱鞋。

九姓渔民只能在九姓之内通婚，嫁娶在船上举行。船民联姻由男方打造一条新船，新娘吃完上轿饭，在鞭炮、笙乐响过后，小夫妻在父辈船舱内交拜天地，再由渡船送至男方新船完婚。新婚夫妇即居于新船，与父母分开生活。船民去世以后，须将船头拖上岸，躺板停尸。入棺一般在前舱进行，船小的亦有在河滩搭棚举行仪式，家道殷实的请道士做道场。因船民多漂无定所，在外亡故的即在当地下葬。父母去世后，子女要在船上建灵台祭奠。

船民奉周宣灵王为司风雨之神，新安江上游屯溪的船民，清末在长干塝渡口岸边和阳湖下村，建有周王庙，每年农历四月初八日在庙前河滩搭台唱戏酬神数天，亦在船篷内张贴周王画像，设小神堂供周王牌位。船、簰经建德县鸬鹚湾陈孚佑侯（俗称陈老相公、陈公）庙、七里泷伍员（潮神伍子胥）庙时，船民要焚纸燃烛祭拜于江上。[①]

船民长期过着浮家泛宅的水上生活，受人歧视，被视为贱民，不得上岸从事其他营生，不能与岸上居民通婚，没有受教育的权利，更不能参加科举。同治五年（1866），严州府知府戴槃裁除九姓渔课，并令改贱为良，方才可以上岸改业，能与岸上居民通婚。但就是发家富裕之后，仍然不能捐官和参加科举考试。[②]中华人民共和国成立，船民才算真正解放。1957年，

船民生活照

① 关于新安江上游屯溪船民的一些生活习俗，参见《黄山市屯溪区志》，方志出版社，2012年，第1252～1253页。

② 戴槃《裁严郡九姓渔课并令改贱为良碑记》载："今九姓之课既准裁免，九姓之人可以改业矣！惟改业之户不准遽行报捐应试，自报官之人为始，下逮四世，方准照办。至于耕读工贾，业已为良，应悉从其便。如有势豪土棍藉端欺压讹诈者，严行查禁惩治，以儆刁风。我国家之立法至周且备，是在地方官遵而行之。从此渔课裁，而九姓之妇女，不准再做娼妓，所以节其流也。渔课裁，而九姓之民人，可以渐入士林，所以清其源也。"

新安江水电站开建，木船运输量急剧减少，船民中一部分调往闽江等水系从事水上运输，一部分转入林业部门放运木筏，一部分登岸改行搬运或务农，极少数以撑渡船为业。

五、中原士族

宋以后，中原士族移民成为新安江流域的主流群体。中原士族移民新安江流域主要在三个阶段，即晋代的“永嘉之乱”、唐代的黄巢起义和安史之乱、两宋之际的靖康之变。这三个阶段，中原战争频仍，为了躲避战乱，中原士族纷纷向南迁徙。从大的文化地理分野来看，长江是中原汉文化同南方越文化的交汇点。新安江流域靠近长江，四面环山，是一个独立的自然地理单元，比起长江沿岸交通四通八达来说，更具隐蔽性和稳定性。故每当中原发生较大的战乱，中原士族南迁躲避战乱之时，新安江流域便成为这些大族的最理想的落脚点。同时新安江山清水秀，风景佳丽，也成为中原人民愿意定居之所。

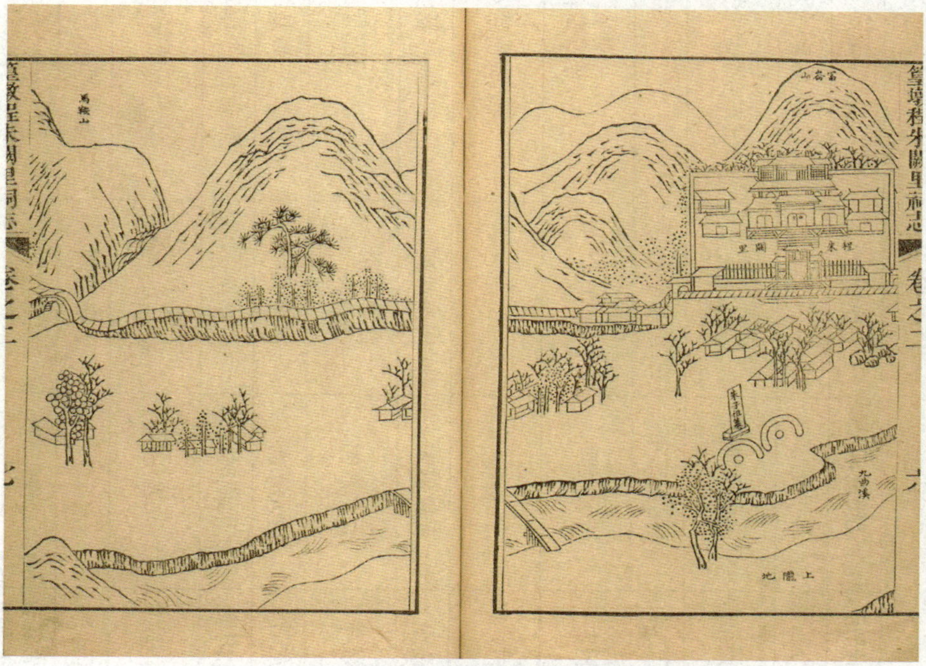

中原士族迁徙集中地：歙县篁墩

根据相关文献记载，从汉至元，中原有100多个姓氏家族相继迁入新安江流域，但很多缺乏始迁祖、迁徙时间、原籍、迁入地的准确记载。现将能够查到姓氏家族列表如下：

新安江流域中原士族迁徙一览表

序号	姓氏	始迁祖	迁徙时间	原籍	迁入地	备注
1	方	方纮	王莽时期	河南	歙东乡(今淳安县)	丹阳令
2	刘	刘金三	东汉章帝时期	江苏彭城(今徐州)	歙县东乡林兰(今淳安官仓边)	淳安《彭城刘氏宗谱》，民国二十九年木活字本
3	汪	汪文和	汉建安二年	山东平阳	歙	会稽令
4	鲍	鲍宏	晋太康间	山东青州	郡城西门(今淳安县威坪)	新安太守
5	童	童景谈	西晋末		新安(今淳安)仰韩乡	淳安《童氏宗谱》，康熙二十八年木活字本
6	俞	俞纵	晋永嘉末	河南河涧	新安	晋征西大将军
7	余	余祥	晋永嘉间	江苏润州(今属镇江市)	遂安连理乡	
8	詹	詹敬	晋元兴间	河南南阳	歙县潜川	歙刺史
9	胡	胡国珍	北魏时	湖南	始新县(今淳安县)常乐乡	1990版《淳安县志》
10	洪	洪绍	晋元兴年间	江苏丹阳郡(今属南京市)	遂安木连村	遂安《严陵洪氏统宗谱》，清康熙二十一年刻本
11	程	程元谭	晋	江苏曲阿	歙县黄墩(今屯溪区篁墩)	新安太守
12	黄	黄积	晋	湖北江夏	歙姚家墩(今屯溪区篁墩)	新安太守

续表

序号	姓氏	始迁祖	迁徙时间	原籍	迁入地	备注
13	叶	叶硕	晋	江苏丹阳郡（今属南京市）	歙县	歙县《新州叶氏家乘》，民国十四年铅印本
14	柯	柯万三	宋隆兴间	河南洪州（今辉县）	郡城	郡城教授
15	项	项调	齐永元间	浙江会稽	淳安敦富乡	德清令
16	巴	巴播	梁武帝末	江苏丹阳郡（今属南京市）	休宁林川	
17	任	任昉	梁天监六年	山东乐安郡	歙县富资（今许村）	新安太守
18	闵	闵弘	梁大通年间	江西浔阳（今九江市）	歙西葛子桥	歙令
19	王	王智仰	南朝	山西太原	淳安县横山	1990版《淳安县志》
20	谢	谢	隋	浙江会稽	歙县中鹄乡	歙州教授
21	查	查义祖	隋	河南安阳	歙县黄墩（今屯溪区篁墩）	[黟县]《黟北查氏族谱》民国九年铅印本
22	姚	姚源清	唐初	江西新建	绩溪	
23	仰	仰敬	唐贞观间	江西庐陵（今吉安市）	歙县古溪	歙州教授
24	蒋	蒋俨	唐贞观末	江苏义兴（今宜兴市）	祁门县白塔	

续表

序号	姓氏	始迁祖	迁徙时间	原籍	迁入地	备注
25	严	严梦德	唐天宝间	浙江富春县	遂安竹坞	遂安《富春严氏宗谱》，清同治六年木活字本
26	毛	毛罗	唐天宝间	浙江衢州江山县棠陵	遂安县泮塘	遂安《重编遂安泮塘毛氏宗谱》，明正德刻本
27	吴	吴少微	唐天宝年间	江西饶州	休宁石舌山	监察御史
28	李	李讷	唐咸通二年	河南洛阳	歙县黄墩（今屯溪区篁墩）	婺源《严田李氏宗谱》，民国十一年木活字本
29	孙	孙万登	唐咸通间	山东青州	休宁黎阳乡唐田	
30	戴	戴昭	唐咸通间	陕西杜陵	歙县黄墩（今屯溪区篁墩）	戴良：《九灵山房集·附年谱》，四库本
31	张	张弘道	唐麟德间	浙江金华	赤山镇（今祁门县城）	
32	凌	凌安	唐显庆间	浙江余杭	歙县沙溪	歙州判
33	冯	冯繤	唐贞元间	山东青州	歙县吴辉	
34	范	范传正	唐贞元间	河南邓州	休宁县博村	
35	舒	舒德舆	唐僖宗时	安徽庐江	黟县长宁屏山下	
36	赵	赵思	唐中和间	甘肃陇西	休宁县龙泉	
37	江（萧）	江祯	唐广明间	山东兰陵	歙县溪南（今属屯溪区）	江祯原姓萧，为唐宰相萧遘之子，后指江为姓

续表

序号	姓氏	始迁祖	迁徙时间	原籍	迁入地	备注
38	金	金博道	唐广明间	浙江桐庐	休宁县杉坑	
39	陈	陈禧	唐广明间	浙江桐庐	休宁县藤溪	休宁《陈氏宗谱》，康熙十二年刻本
40	廖	廖嵩	唐广明间	福建	祁门县鸟门	
41	潘	潘良辅	唐广明间	福建三山	歙县郡城东	歙州刺史
42	吕	吕从善	唐广明间	江苏金陵	歙县向杲	歙州司马
43	周	周钦	唐乾符间	安徽庐州	歙县黄墩（今屯溪区篁墩）	
44	翁	翁明	唐乾符间	山东青州	寿昌县（今属建德县）	寿昌《清泉翁氏世谱》，清光绪二十九年敦伦堂木活字本
45	毕	毕师远	唐乾符间	河南郾师	歙县黄墩（今屯溪区篁墩）	歙州中散大父
46	朱	朱涔	唐乾符间	江苏苏州	歙县黄墩（今屯溪区篁墩）	
47	夏	夏元康	唐乾符间	浙江会稽	休宁南门	歙州刺史
48	齐	齐亮	唐乾符六年		歙县黄墩（今屯溪区篁墩）	
49	吕	吕从善	唐乾符六年	江苏江宁	歙县竭田	歙县《吕氏族谱》，清抄本

续表

序号	姓氏	始迁祖	迁徙时间	原籍	迁入地	备注
50	姜	姜沂英	唐僖宗时	浙江开化月石	遂安南川	遂安《姜氏宗谱》，乾隆二十三年刻本
51	葛	葛子晋	唐天祐间	江苏句容	绩溪县城西	绩溪县薄
52	骆	骆俊	唐天佑年间	浙江义乌	遂安狮山	遂安《内黄骆氏重辑宗谱》，清乾隆十八年木活字本
53	倪	倪康民	唐	河北藁城	祁门西乡伊川	《祁门倪氏族谱》，民国十四年木活字本
54	郑	郑思	唐	浙江衢州	歙县律村	
55	奚	奚超	唐末	山东易州	歙县	《新安志》
56	江（济阳）	江洪仕	唐末	山东济阳醴陵	婺源县谢源	
57	梅	梅思仲	唐末	河南汝南	歙县黄墩（今屯溪区篁墩）	
58	胡（李）	胡昌翼	唐末	陕西长安	婺源考水	朱温篡唐，婺源胡三公受皇室所托，携王子归婺源，改姓胡
59	康	康先	唐末	浙江会稽	歙县黄墩（今屯溪区篁墩）	
60	曹	曹全	唐末	河南开封	歙县黄墩（今屯溪区篁墩）	其子曹翔迁黄墩，奉全晸为始迁祖

续表

序号	姓氏	始迁祖	迁徙时间	原籍	迁入地	备注
61	罗	罗秋隐	唐末	江西豫章	歙县呈坎（今属徽州区）	
62	徐	徐文焕	唐末	浙江衢州龙游	睦州青溪县（今淳安县）	遂安《遂阳徐氏宗谱》，道光二十六年维新堂木活字本
63	卢	卢玄	唐末	安徽宣州太平县	黟县雉山	
64	施	施耸	唐末	山东兖州	歙县黄墩（今屯溪区篁墩）	
65	顾	顾文森	唐末	江苏海陵顾林村	歙县黄墩（今屯溪区篁墩）	宣歙节度使
66	许	许儒	后梁	陕西雍州	歙县黄墩（今屯溪区篁墩）	歙县《新安歙北许氏东支世谱》，明隆庆六年刻本
67	游	游愆	南唐	山东青州	婺源县济溪	
68	何	何令通	南唐	河南颖阴	婺源芙蓉峰	
69	杨	杨公弼	北宋初	浙江桐庐	遂安	遂安《杨氏宗谱》，嘉庆十二年八行堂木活字本
70	滕	滕元隽	宋初	浙江东阳	婺源邑东	
71	苏	苏由寿	宋景祐间	四川梓州	休宁县	
72	马	马咸	宋宣和间	江西乐平	婺源县北亭山下	
73	臧	臧楷	宋宣和间	江西浮梁	婺源县疆溪	歙迪公郎

续表

序号	姓氏	始迁祖	迁徙时间	原籍	迁入地	备注
74	饶	饶弘毅	宋宣和间	湖南武陵	祁门县胥山	歙州文学
75	佘	佘潜	宋建炎间	湖南桃源州	歙县岩镇（今属徽州区）	歙州令
76	钱	钱伯英	北宋建炎年间	浙江余姚	建德县前川	建德《建邑前川钱氏宗谱》，清乾隆四十二年木活字本
77	阮	阮文彦	宋建炎间	安徽庐州	歙县岩镇（今属徽州区）	歙州判
78	宋	宋靦	宋建炎间	河南开封	歙县城东	新安尉
79	孔	孔端朝	宋建炎间	山东	歙县城南	黟县令
80	韩	韩实	宋淳熙间	山西上党	休宁县断石村	
81	唐	唐汝淳	宋淳熙三年	福建莆田	绩溪县仁慈乡	绩溪《绩北莒国唐氏宗谱》，道光二年木活字本
82	殷	殷恂则	宋德祐间	江苏泰州	歙县城南	
83	陆	陆澍	宋端平间	浙江龙游	遂安挥扬	遂安《象山陆氏宗谱》，民国三十一年大宗堂木活字本
84	沈	沈琥	宋景德间		遂安县城进贤坊	遂安《松溪沈氏宗谱》，民国十五年敦睦堂活字本
85	裴	裴三德	南宋绍兴年间	山西河东	黟县北岭鹤山	黟县《湾里裴氏族谱》，清咸丰五年敦本堂木活字本

续表

序号	姓氏	始迁祖	迁徙时间	原籍	迁入地	备注
86	庄	庄自闵	宋绍兴间	浙江富春县	歙县阳亨	
87	杜	杜中	宋淳熙间	江西德兴	婺源崇化坊	婺源知州
88	章	章得象	宋庆历间	福建建安	遂安貂山	
89	祝	祝承俊	宋	江西德兴	歙县望京门	
90	董	董知仁	宋	江西德兴	婺源游山	
91	丰	丰道翁	宋元之际	浙江金华汤溪县	遂安富石丰村	遂安《丰氏宗谱》，清抄本
92	萧	萧伯瑛	元大德间	江西南昌	歙县梁下村	
93	任	任魏	元	江苏金陵	遂安邑治东街	遂安《遂阳任氏族谱》，乾隆二年积庆堂刻本
94	仇	仇悬	元	朔庭	歙县王充	徽州路总管
95	田	田秀实	元		歙县东关	徽州路总管府知事
96	桂	桂德顺	元末	湖北荆州	歙县岩镇（今属徽州区）	

说明：
1. 本表以《新安名族志》为主要资料来源，参考其他文献制成，凡在备注中未注明出处的，均出自《新安名族志》；
2. 每个姓氏有多支迁入，只记最早的一支。

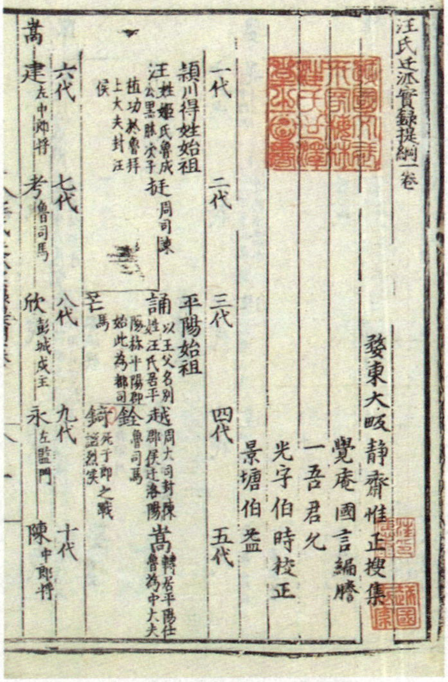
汪氏迁派實録提綱一卷
婺東大畈靜齋惟正捜集
覺庵國言編謄
一吾君允
光宇伯時校正
景塘伯盎
一代
穎川得姓始祖
汪 姓姬氏魯成公黑肱次子以功於魯拜上大夫封汪侯
二代
誕 周司隸
三代
平陽始祖
誦 以王父名別姓汪氏居平陽
四代
越 周大司封陳郡侯遷洛陽
銓 魯司馬
錡 死于郎之戰謚烈侯
五代
嵩 轉居平陽仕魯為中大夫
六代
萬
建 左中郎將
七代
考 魯司馬
八代
欣 彭城戍主
九代
永 左監門
十代
陳 中郎將

明万历元年《汪氏迁派实录提纲》书影

从上表士族迁入的地域来看，来自浙江省 20 姓、江苏省 14 姓、河南省 12 姓、山东省 12 姓、江西省 11 姓、安徽省 4 姓、福建省 4 姓、山西省 3 姓、湖南省 3 姓、湖北省 2 姓、陕西省 2 姓、河北省 1 姓、甘肃省 1 姓、四川 1 姓，另有 5 姓迁入地点不明确。其中陕西、山西、河南、山东为典型的中原地区，方、刘、汪、鲍、俞、詹、柯、任等姓直接由中原迁入，而且时间都在南北朝以前，成为最早的新安江流域居民。至于来自浙江、江苏、安徽、江西等地的姓氏，其实原先也是中原士族，只不过是他们先是在新安江流域周边的平原地带稍作停顿，然后再次往新安江流域迁徙。如洪姓，一世祖洪平汉魏时从山东青州迁居下邳，七世祖洪稚于晋永嘉六年（312）迁至丹阳，十二世祖洪绍于东晋元兴年间迁遂安木连村。又如项氏，原是河南陈州人，一世祖项钦仕晋为大司马车骑校尉，永嘉年间渡江居会稽。六世孙项调于永元二年（500）任湖州德清县令，迁淳安县。到了唐代，项氏继续往新安江流域纵深区域迁徙，先后到达歙县富溪、小溪，休宁县溪阳、闵口等地。

中原士族往新安江流域迁徙的路线，按照他们原住地与新安江流域的对应关系，有以下六条：(1) 由浙江杭州沿钱塘江逆流而上进入睦州建德县境，再沿新安江逆流上行，到达寿昌、遂安、淳安县，然后往新安江上游纵深的徽州山区挺进；(2) 从南京走当涂、宛陵（宣城）、宁国进入绩溪县境，此道陆路、水路均可行走；(3) 由江西饶州乐平县，经婺源县，越白际山进入休宁县境；(4) 由江西饶州浮梁县，逆阊江上行进入祁门县境；(5) 从杭州经临安、昌化进入歙县境；(6) 由浙江衢州开化县，逾白际山而入休宁县境。

从时间来看，南北朝以前 19 例，隋至唐末 45 例，五代十国 31 例。第一批来到新安江流域的移民比第二批移民要早 500 多年，而第二批移民又比第三批移民早 300 多年。因此，在与当地土著的交往中，他们所扮演的角色也不尽相同。最早来到的移民，相对人数较少，只有19姓，在土著强势的情形下，他们是“客”，土著是“主”。移民的习俗必须适应当地土著越习俗,其中明显的例子便是,土著越人“好武习战，高尚气力”，[①] 如果移民没有“好武”的斗志和强壮的体魄，难以在这里立住脚跟。在中原人士的土著化过程中，他们中间也出了不少以武功著称的人物。如，程灵洗“少以勇力闻,步行日二百余里,便骑善游”,他的儿子程文季也是“幼习骑射,多干略果决”。[②] 汪华“少以勇侠闻”，[③] 程富“以勇力闻”，[④] 汪节“有神力”[⑤] 等。

相对第一次移民，第二批移民数量多，力量相对也更加强大。“主”“客”逆势，改变了新安江流域原来土著居民占据优势的社会结构。这次中原移民的时间是在唐末，所以移民造成的影响不在隋唐，而在五代北宋时期。罗愿所说：“黄巢之乱，中原衣冠避地保于此，后或去或留，俗益向文雅，宋兴则名臣辈出。”[⑥] 同样，第三次移民高潮发生在北宋末期，移民的影响力体现在南宋。如果说第二次移民运动开始“主”“客”逆势，第三次移民运动则完全奠定中原士族的主流群体地位

第二节　新安江流域经济与新安商人

一、经济作物和手工业产品对商贸的推动

新安江流域的山地及丘陵占十分之八九，峰峦叠嶂，山势陡峻，开发艰难。由于自然条件恶劣，生产能力低下，虽经新安人的辛勤开发，用力甚勤，但所得甚寡。一亩地的收入往往抵不上苏州、湖州等富庶地区的一半，靠农耕收入是不足以养家糊口的。

当地经济作物和手工业产品的发展，使得大量的农副产品和手工业产品进入市场流通，从而逐步培养出一支人数可观的经商队伍。活跃在新安江流域内的商人首

① 陈寿、裴松之：《三国志·吴志》卷19，中华书局，1959年。
② 姚思廉：《陈书》卷10《程灵洗传》，中华书局，1982年。
③ 罗愿：《新安志》卷1《祠庙》。
④ 康熙《徽州府志》卷14《武略传》。
⑤ 康熙《徽州府志》卷一四《武略传》。
⑥ 罗愿：《新安志》卷1《风俗》。

先是茶商。敦煌出土的《茶酒论》记载“浮梁歙州，万国来求”，形象地描写了外地茶商到新安江流域购茶的盛况。其次是米商。唐元和年间，宣歙观察使卢坦在境内放开米价，吸引大量米商运粮来歙州销售，使当地的老百姓得以度过荒年。再次是药材商、木材商。唐人陈藏器称：“麦门冬出江宁小而润，出新安者大而白。”①《严州图经》载“贡母麞皮、交梭、绢、白苎布、白蜜、红花、竹簟、麦门冬（煎）”。②《新唐书》《通典》《元和郡县志》均载歙州、睦州土贡竹簟，竹簟就是用竹子编织的席子。在新安江流域经济结构中，以养山植树、贩运药材、木材为主的山林经济占据重要比重。

随着大量土特产品和手工业品的兴盛，商品交换更趋发达，经商风气逐渐兴起。南宋时期，徽州人就已从事木材贸易，徽州各地“山出美材，岁联为桴下淛河，往者多取富。女子始生则为植杉，比嫁斩卖以供百用，女以其故，或预自蓄藏”。③“祁门水入于鄱，民以茗、漆、纸、木行江西”。④新安江作为直达杭州的黄金水道，给徽州人的运输带来便利。端平二年（1235），徽州学教授李以申在《新安后续志序》中就指出，徽州“物产之多，流布四方”。⑤徽州生产的纸张远销四川，夺得当地蜀笺的市场。

据陆游《南唐书·查文徽传》记载，南唐时的休宁人臧循同查文徽是同乡，文徽当时任江西安抚使，欲兴兵攻打占据福建号称殷王的朱文进。臧循“少尝为贾闽，习知其山川险易，为陈兵之策”。宋初，祁门县程承津、程承海兄弟经商致富，号称“程十万”，分别被人们称为“十万大公”“十万二公”。宋高宗时（1127 ~ 1162），边关不宁，国库空虚，两程的后代程旻一次捐纳边饷五万缗，受到高宗的敕褒。敕文称：“旻以巨商为义民，输家佐国，理宜嘉擢，以表忠庄，特授朝散郎。”⑥歙县吴用清、吴福父子也因善于经商，以财富称雄乡里。朱熹的外祖父祝确经营的商店、客栈占了徽州府城的一半，人称“祝半州”。商人朱元经营茶业，遇蔡京改茶法，说其私

---

① 陈藏器（约687～757），开元二十七年（739）撰《本草拾遗》10卷，今佚。该段叙述出自《本草拾遗》，此据《新安志》卷2《物产·药物》转引。

② 陈公亮：《严州图经》卷1《土贡》。

③ 罗愿：《新安志》卷1《州郡风俗》。

④ 罗愿：《新安志》卷2《物产·木果》。

⑤ 康熙《徽州府志》卷18《修志源流》。

⑥ 康熙《祁门县志》卷4《孝义》。

贩茶叶有罪，因而入狱。婺源县有一方姓盐商，南宋初年曾带仆人到芜湖经商。南宋后期，逐渐出现长期在外，多年不归的商人。方回《桐江集》就曾记有一位黟县商人，远出经商，离家竟达十年之久。南宋时期，在新安人的生业中，经商已经开始占有一定位置。嘉熙元年（1237），郡守申报行省，将岩寺镇官废除，"以镇务酒税均为万户，以便居民行商"。[1]

元代的新安商人资本已具有相当规模。歙县人毕仁，出身经商世家，16岁便在庐州开设茶叶店，充当坐贾。其父毕天祥则每年运茶数百引，充当行商。坐贾与行商结合，获得高额利润，因商业资本雄厚而"知名于时"。[2]元末休宁人程维宗，从小怀有潜心向学、入仕获荣的大志。19岁时赴乡试不取，回来后拜郑玉、赵汸为师学习。可元末战乱却把他的理想化作泡影，于是便"无复荣念，从事商贾"。结果，"货利之获，多出望外，以一获十者常有之"，"由是家业大兴"。因旧居毁于战火，在溪南江氏故基上建立新宅。后接受县宰山阴人杜贯道的劝谕，又回原址，重新营建宅第，馆阁、池亭、仓稟、府库无不具备，"壮丽弘敞，数倍于前"。并且增置广布歙县、休宁二县的田地4000余亩、佃仆370余家；根据田土坐落地点，归属宅积、高远、知报、嘉礼、尚义五庄，便于管理。又在屯溪构建四所店房，共屋47间，用以"居商贾之货"。显而易见，程维宗是一位财大气粗的商人兼地主双重身份的富户。他以商致富，然后用商业利润去求田问舍，同时还不放弃商业经营。因他拥有广大田产，故"税粮冠于一县"。[3]

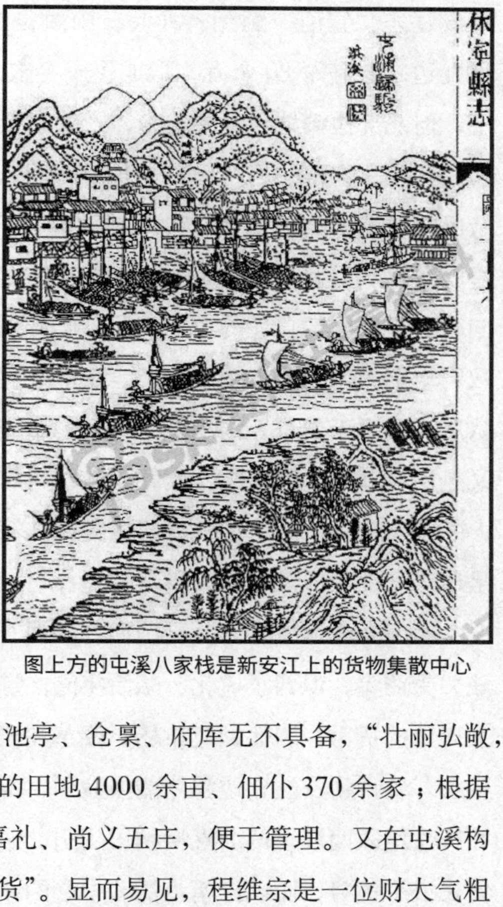

图上方的屯溪八家栈是新安江上的货物集散中心

新安江流域山多田少，粮食不足而盛产土特产与手工业品的经济结构，对商业

① 弘治《徽州府志》卷12《拾遗》。
② 毕济川：《新安毕氏族谱》卷9《仕宦志》。
③《休宁率东程氏家谱》，张海鹏、王廷元：《明清徽商资料选编》，黄山书社，1985年，第81页。

的发展，起到了刺激作用。水路的便捷又为商业的发展提供了可能，输出特产和手工业品，换回粮食。这种经常性的交换，使新安人不断地积累从商经验。正是在这种特定的环境下，新安商人逐步成长起来。

二、新安商人的崛起

明朝建立以后，为了防御蒙古残存势力的南犯，在北部边防设置卫所，驻扎军队，形成辽东、宣府、蓟州、大同、山西、延绥、宁夏、固原、甘肃九个边防重镇，史称九边，共驻军 80 余万，形成了一个很大的军事消费区。驻军的供应基本上依靠军屯，但北部边镇地处高寒地带，产量很低，难以供给几十万兵马所需的大量粮饷、布匹、草料等军用物资。因此，明政府每年还得从内地拨运粮饷供应边防，转运费用浩大，劳民伤财。洪武三年（1370），明政府为了节省民力与运费，实行开中法。所谓开中法，是明政府利用国家所控制的食盐专卖权，让商人运粮、马、茶、铁等军用物资充实边防，向政府换取贩卖食盐的专利执照——盐引。然后凭盐引到指定的盐场支取食盐，再到政府规定的销盐区去销售食盐，获取利润。这样，既可节省转运的耗费，又能满足军队所需。由于盐是人们生活中的日用必需品，卖盐可以获取高额利润，而盐引的获得又是以在北方边镇交纳粮食和其他军用物资为条件的，因此在北部边镇出现了规模较大的粮食市场，纳米换取盐引成为商人获取厚利的主要途径。当时的婺源人许达，便是通过开中制经营盐业而致富的。

由于开中制主要实行于山西、陕西一带，山、陕商人占据地利，一直是开中制的最大受益者。但到了成化、弘治年间，整个社会经济进一步发展，白银成为社会市场上通用的货币，因而顺应市场，改革盐法，出现了“开中折色”制度。就是过去得把粮食、各种物资送到边疆才能换盐引，折色法直接可以用银子换盐引。由于允许商人在产盐地区两淮、两浙直接纳银购引，业盐谋利。这样一来占地利优势的山、陕商人便失去了优势，而以江南为活动中心的新安商人，却因此而得地利之便。一些原来在江南一带从事典当、粮食、棉布、丝绸经营的商人，纷纷打入盐业领域。如，歙商汪才，原在杭州从事小商小贩，后改营盐业；吴良儒先是在上海从事典业，后挟千金至杭州经营浙盐，仍不满足，又挟万金至两淮，经营淮盐；程澧则一边在苏州经营布业，一边在扬州经营盐业，一边在徽州经营典当，数业并取。

新安商人以明初实行盐业招商开中制度和明中叶折色制度为契机，积极投身盐业，以其儒学根基，作为同官方打交道的媒介，逐渐控制了整个盐业的运销过程，成为盐商中的主体。明嘉靖时期歙县黄倚可以说是这方面的典型。黄倚世代经商，先是在苏州一带经营，弘治时盐业折色变法，黄倚于是转移至扬州从事盐业。由于盐引受官府操控，当政者心存龌龊，常常朝令夕改，商人们都很怕同盐政官员打交道。黄倚虽是商人出身，但博通《左传》《史记》，能言善辩。众商需要同盐政官员打交道时，都推黄倚出面。黄倚侃侃而谈，语词温和，意见尖锐，建议也多能被当政者所接受，逐渐同盐政官员拉上关系。有一次父亲由于盐业利润同当地豪猾闹起矛盾，官司打至院司。黄倚同院司的齐侍御、商司使都很有交情，经疏通，使豪猾受到了制裁。

两淮盐场产盐最多，盐利最大。开中折色的推行，新安商人利用靠近两淮有利的地理条件和已经具备的经济实力，纷纷迁徙扬州，经营盐业。在这股盐商转移两淮的初期，西北山、陕商人在扬州的势力要超过新安商人，嘉靖时，山、陕商人在扬州有数百人，此后，新安盐商的势力日渐增大，万历年间已居山、陕商人之前。据统计，从明嘉靖至清乾隆期间移居扬州的客籍商人共计80名，其中，新安人60名，山、陕商人各10名。

明代中叶以后，经商成了新安人的“第一等生业”。徽州有句俗语：“前世不修，生在徽州；十三四岁，往外一丢。”就是说人到十三四岁，就要外出当学徒学做生意。明万历时期王世贞也说过一句话：“大抵徽俗，人十三在邑，十七在天下。”[①] 意思是徽州人百分之三十在家里务农，百分之七十在外从商，出外经商已成为徽州人的习俗。这种习俗在新安江上游的徽州地方志收录的民谣中也得到充分的体现，《黟县志》载：“丈夫志四方，不辞万里游。新安多游子，尽是逐蝇头。风气渐成习，持筹遍九洲。”《休宁县志》载：“学徒苦，学徒愁；头上带栗色（被打的肿块），背脊驮（挨）拳头。三餐白米饭，两个咸鱼头。”《绩溪县志》载：“火焰虫，低低飞，写封信，到徽州。一劝爷娘别牵挂，二劝哥嫂不要愁。一日三餐锅焦饭，一餐两个腌菜头。面孔烟抹黑，两手乌溜溜。今朝吃得苦中苦，好的日子在后头。”从这些民谣中，可以看出，新安人对生活责任和追求的执着。商旅艰辛，新安人抛妻别子，忍辱负重，为生存付出了沉重的代价。正是新安人的执着经商，造就了在中国商业史上称雄三百年的辉煌局面。

新安商人的活动范围十分广阔，足迹遍及天涯海角。明万历《歙志》记载，当

① 王世贞：《弇州山人四部稿》卷61。

时的都会，如南京、北京，江苏、浙江、福建、广东等省，苏州、松江、淮南、扬州等府，临清、济宁等州，仪真、芜湖等县，瓜州、景德等镇，以及穷乡僻壤，都有新安商人的足迹。万历《休宁县志》也说，不管是沙漠，还是海岛，商人的足迹都曾到过。明末休宁人金声《金太史集》，也有新安商人“足迹常遍天下”的句子。尤其在长江流域，有“无徽不成镇”之谚。有的还远至日本、泰国、东南亚各国。

明成化以前，新安商人以经营“文房四宝”、漆、木、茶叶和粮食为主。成化以后，经商范围扩大，涉足行业多种多样，以盐、典、茶、木为最著；其次为粮食、棉布、丝绸、纸墨、瓷器；还有贩卖人参、貂皮、珠玑、古玩，从事刻书出版业的；也有经营小本生意，如开饮食店、杂货店，以及肩挑背负的小贩。可以说，新安商人无业不营。其中，婺源人多茶、木商；歙县人以盐、典为主；绩溪人多饮食业和茶业；休宁人多典当商；祁门、黟两县以经营布匹、粮食、茶叶、钱庄、南北货为多。

新安人开始经商的资本，多为自己劳动所得的积累和借贷，也有的是山租和佃仆提供的田租，或依靠共同出资、委托出资、邻里援助，或妻家提供资金（嫁妆），或由上辈遗产转化为资本。依靠劳动收入、佃仆租金、借贷作资本经商者，一般是独立的小本经营，逐渐致富。徽商以资本大小分为上贾、中贾、下贾，百万为上贾，二三十万为中贾，余为下贾，等级很严，并直接影响到社会地位。盐商资本最充实，清乾隆时资本以千万计，次亦数百万。据明万历间宋应星对侨居扬州盐商的估算，利润在 30% 左右；当铺利率一般在二三分。

新安商人的资本运作可分为独资经营、合资经营和承包经营三种。独资经营方式比较单纯，资金是商业经营者单独拥有，并独自主持经营，是商店唯一的经营者，经营盈利则独自获得，失败也独自承担损失，独资经营多发生在小本经营者那里。然而，随着商业经营规模的扩大，商业竞争的加剧，往往需要巨额资金才能左右逢源，应付自如。在这种情况下，不但小商小贩独立难支，即便是财力雄厚的富商大贾也往往会感到力不从心，于是合资经营的现象便应运而生了。明万历三十九年（1611），祁门县奇峰郑元祐、郑逢旸、郑逢春、郑师尹、郑大前兄弟共六人合伙拼买杉木往瓜州发卖，将全部商业资金分作 12 股，由入股者自行认定股数，不料遇上大水丢失不少木材，又因误了行情，致使蚀本，于是按照合伙人所认定的股数均赔。新安书商在刊刻丛书或大部头著作时，为了有利于资金周转，缩短出版周期，快出快售。坊贾间还采取合资联营，协同出版，如，歙县出版商张一桂、吴勉学同刻《资治通鉴》，吴琯和吴中珩同刊《古今逸史》等。合资经营虽然不能使持股者在商业成功时暴富，却可以避免持股者在失败时倾家荡产，故这种经营方式被新安商人普遍采用。承包经营又称承揽经营或委托经营，承包或承揽经营是指经营者自己没有或不出一分钱，承包下别人的店铺，独立经营，不论盈亏，按期付给店主一定的承包费；委托经营则是指商人自己有店铺或资金，全权委托别人经营，自己按期收取一定的承包费或利息。清康熙五十七年（1718），吴隆九承包休宁汪嘉会、汪全五在安徽巢县柘皋镇的“新创汪高茂”商号，经营杂货和布匹。店铺折价500两纹银，按一分六厘付息，每年付承包金80两。

购销方式分为长途贩运、囤积居奇和赊销赊购三种。长途贩运主要是利用商品的地区差价获取利润，古人称之为“行商”。行商是徽商中的主力，他们因时、因地进行区域间或跨区域的商品贩运活动。明代中叶，歙人潘侃年轻时随父到四川经商，觉得老是局限于四川一地，难致大富，认为“良贾急趋利而善逐时，非转毂四方不可”。① 于是，从其父亲手中领取少量资金，往来于荆扬吴楚间，从事商品贩运活动，果然发了大财。后来，他的两个儿子承袭他的做法，也都获取了丰厚的利润，距离愈远，差价愈高，利润愈大。歙商许尚质，走吴门，越江南，西入蜀、又西涉夜郎、牂河、邛笮之境，跋涉的路途非常遥远，获利也极为丰厚。徽州所产的茶叶，明代往北主要销往北京，以及北方地区，往南至广州而销于海外。

囤积居奇属于设店经营，即“坐贾”一类。明清时期，全国各地的大小城镇几乎都有徽商坐贾开设的店铺。据《歙事闲谭》记载，清乾隆时期光歙县一个县就有“茶行七家，银行业之列各捐册者十七人，茶商各字号共一百六十六家，银楼六家，小茶店数千”。由此可见，新安商人坐贾之盛。囤积居奇是坐贾利用时间上的差价牟利的一种形式，在商品供大于求，价格相对低廉时购进囤积商品；在商品需要激增，供不应求，价格相对高涨时售出商品，从供求差价或丰歉差价中实现相对多的利润。新安商人中很多人都是通过囤积居奇而发家致富的。明嘉靖时，休宁人吴景芳将农耕剩余的资金拿来囤积商品，“不贾而给……居数十年，富倍上贾”。② 明嘉靖、万历年间，新安人张宗悦在开封开店，堂兄张宗伯协助他囤积居奇，不数年便发了起来。

---

① 汪道昆：《太函集》卷14。
② 汪道昆：《太函集》卷62。

于是，他又把这套居奇营利的本事授给他的几个弟弟，使他们一个个都成了囤积商人。

赊销经营的对象一般为常年客户，采用立户头，起记折的记账方法来做买卖。顾客凭记折到店家购物，不必付现金，由店家记上账，注明所购货物及数量、金额、日期即可。店家每年分端午、中秋、年关三节上客户家结账收款。这种经营方式，在物价稳定的情况下，可以收到稳定顾客、扩大营业额和推广销路的效果。赊销经营分端午、中秋、年关三节到客户家结账，是因为三节对于农民来说，是丰收的季节，手头都有了一些钱，也正是店家收账的好时机。由此可见，新安商人把结账的日子定在端午、中秋、年关三节是很有商业经济头脑的。

三、新安商人的衰落与转型

徽商富裕以后，其资本出路大致有投资产业，扩大经营规模，捐输朝廷，投资公益事业，投资土地、山场、房屋或供挥霍等。但投资产业很少，如，朱云沾在福建开采铁矿，阮弼在芜湖开设染坊，江长公在房村制造酒曲。扩大经营规模也往往是在经营初期较多，到了晚期更多流向是捐输朝廷，投资公益事业，投资土地、山场、房屋，或供挥霍等非经营性消耗。这种非经营性的资本消耗影响了扩大生产，造成商业资本的匮乏，难以适应市场的激烈竞争，为其衰落埋下伏笔。

非经营性资本消耗中最大的一笔是对朝廷的课税与捐输。中国是一个重农抑商的社会，为了能使自己的经营活动适应这个社会，新安商人贾而好儒，商而兼仕，与封建官僚或合为一体，或相互结托。他们把势力渗透到地方政权，甚至伸向国家政权中枢。除以“急公议叙”“捐纳”和“读书登第”作为攫取官位的途径外，还以重资结纳，求得部曹守令乃至太监、天子的庇护，享有官爵的特权。以盐商为例，中国封建社会的盐业，历来属于一种专卖事业，先是官产官销，后来改为官督灶产、招商代销，盐商实际上就是官商。新安商人以明初实行盐业招商开中制度和明中叶折色制度为契机，积极投身盐业，以其儒学根基，作为同官方打交道的媒

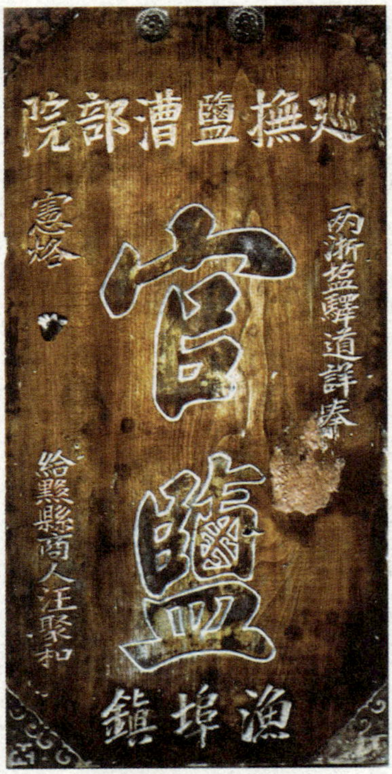

新安商人官盐牌照

介，借助官府的庇护，逐渐控制了整个盐业的运销过程，成为盐商中的主体。但官府在庇护新安商人的同时，又不断地对他们进行敲诈勒索。以课税来说，清初以新安商人为主体的两淮盐纲课税只有90余万两，加上织造等课，也只有180余万，至乾隆年间竟达400余万两。到了嘉庆年间，又翻了一倍，达到800余万两。捐输名义上是商人主动对朝廷的报效，其实商人哪里会心甘情愿拿出自己辛辛苦苦赚来的钱报效朝廷，实在也是一种迫不得已。乾隆三十八年（1773），歙县江春等盐商为佐平金川军需，一次就捐银400万两。一遇灾害，朝廷又积极鼓励和倡导商人出来赈灾，为国分忧。新安商人讲究儒道，追求高名义举，每遇灾害荒年，都不惜巨资，赈济乡民。清雍正九年（1731），海啸成灾，歙县大盐商汪应庚设仓赈粥，连续三个月。雍正十年、雍正十一年，江潮泛滥，老百姓到处流浪，他拿出钱来搭棚安定流民，随后又赈济大米千石，使得九万灾民得以存活。乾隆三年（1738），扬州旱灾，众商共捐银127166两，汪应庚一人独捐47210两。汪应庚以一人之力，先后捐此巨款，足见助赈一项对新安商人资本的消耗是极大的。到了清乾隆末年和嘉庆年间，随着封建统治的日趋没落，课税、捐输日益加重，新安盐商的处境愈来愈为困顿。江春到了晚年，已不得不靠皇帑以资营运。

新安商人发迹之后，往往不注重创业，由原来勤奋敬业、吃苦耐劳，变成了贪图享受、追逐功名、大兴土木、广建豪宅，把大量的金钱用于买田、置地、修祠、建房、娶妻、纳妾、续谱、造牌坊等事务，把商业资本大量用在了一些奢侈性消费上。

乾隆六下江南，均由歙县盐商江春承办一切供应，筹划张罗接待。一日，乾隆巡幸大虹园，来到一处，对左右的人说：“此处颇似北海之琼岛春阴，惜无塔耳。”江春听后，便以万金贿赂近侍，请他画出塔的形状，连夜动工，一夜塔成。第二天，乾隆又巡幸此园，突见一座宝塔平地而起，巍然屹立，大为惊异，以为是假塔。用手叩击，果然是砖石所成。经询问其故，方知原委，不由赞叹道：“盐商之财力伟哉！”其奢侈可见一斑。

清乾隆年间，扬州城内自康山以西至钞关北抵小东门一带，地势低洼，雨天容易积水，行人十分不便。歙县盐商鲍志道捐资将地面铺高，并易砖为石。看到贫家子弟无法就读，学业荒废，在扬州捐建十二座义学，专供贫家子弟入学。在京师助修扬州会馆，为往来商旅提供食宿、存货方便。在桑梓，更是不遗余力支持公益事业，歙县原有两个书院，紫阳书院在城内，山间书院在城外，年久失修，面临废弃。

鲍志道慨然与乡士大夫合力维修，使紫阳书院焕然一新，还捐银3000两作为该院生员膏火之资。又捐8000两银自置两淮生息，用以修复山间书院。另外，修桥补路、捐建水榭等义行，不可枚举。

黟县商人汪定贵花金百两、白银八十万两在家乡修建豪宅承志堂。全宅有七个楼层、九个天井，房屋60间，占地2100平方米，建筑面积3000平方米；正厅前后三开间结构、两进回廊，前有天井、外院、内院，后有书厅、花园、鱼塘，整幢建筑装饰考究，砖、木、石三雕俱全，完全体现了新安富商的铺排遗风。

新安盐商是新安商人的中坚，新安商人的衰落首先体现在新安盐商的衰落。盐的利润极高，生产和销售，都受到官方控制，是专卖品。两淮盐的质量好，行盐地界最大，市场也最广阔，一直是新安盐商的领地。新安盐商从官方购得盐引，行销盐业，从而获得高额利润。但盐业的高额利润必然引诱一些不法商贩的觊觎，在淮盐销售价格直线上升时，周围盐区的廉价盐便乘虚而入，侵占淮盐的地界。如河南汝宁府（今河南汝南县）属淮盐区，法定盐价是每斤30文。而在河南其他的芦盐区，盐价每斤只16文，远比淮盐低。于是，老百姓都去食芦盐，导致芦盐大量侵入淮盐地界。其他如闽盐、川盐、粤盐、浙盐等，价格也都比淮盐低，同样对淮盐的销售市场不断地进行侵蚀，严重妨碍了淮盐的销售。同时，私盐的泛滥，更是给新安盐商以沉重的打击。产盐灶户以高出官盐二三分的价格悄悄地将盐卖给私贩，再由私贩转卖各地。虽然政府法律严禁私盐，但盐的高额利润，阻挡不了私贩的冒险。到了清乾隆时期，私盐的泛滥已经发展到了极为严重的程度。据说，当时从事贩卖私盐的人已有数十万人。私盐由于没有窝价、课税负担，不受引地限制，没有烦琐的运输手续，流通费用少等优势，使官盐在同私盐的竞争中，完全处于劣势。到了嘉庆末、道光初，新安商人中的重要支柱盐商已经一落千丈，濒临崩溃的边缘。

官盐的颓败导致朝廷税收减少，国库空虚。清道光十年（1830），两江总督陶澍决定实行两淮“票盐制”改革，希望通过改纲为票来实现推广盐业自由贸易、挽救淮盐颓废、打击私盐和确保国家盐课征收的目的，这也是清政府在面对盐业日益败坏的情况下做出的一种无奈选择。道光十二年（1832），政府在盐场附近设局课税，不论谁，凡缴足盐税，即可领票运盐，销售各地，打破了原来由新安商人控制的官商一体的包销制。盐政的改革对徽商的打击是极其重大的。这样一来，盐商原来手中掌握的根窝成为一堆无用废纸，同时朝廷还要追缴他们历年所欠数目巨大的旧额盐课，采用抄家没产的办法，使得许多大盐商纷纷破产。最典型的是曾经“百万之费，指顾立办”的大盐商江春后裔，在陶澍清理欠帑后，家产被没收，原来曾经接待过乾隆皇帝的豪华园林，残壁断垣，荆棘遍地，游人不至，呈现出一派破落户的景象。

“票盐制”打击之后，接踵而至的是“咸同兵燹”。清咸丰、同治年间，清政府与太平天国农民政权之间的战争爆发。长江中下游地区（湖北、江西、安徽、江苏、浙江等省）是战斗双方拉锯战的主要战场，成为当时中国战乱最为严重的地区。而这一地区，又是新安商人的主要活动区域，对新安商人的经营活动造成重大打击。

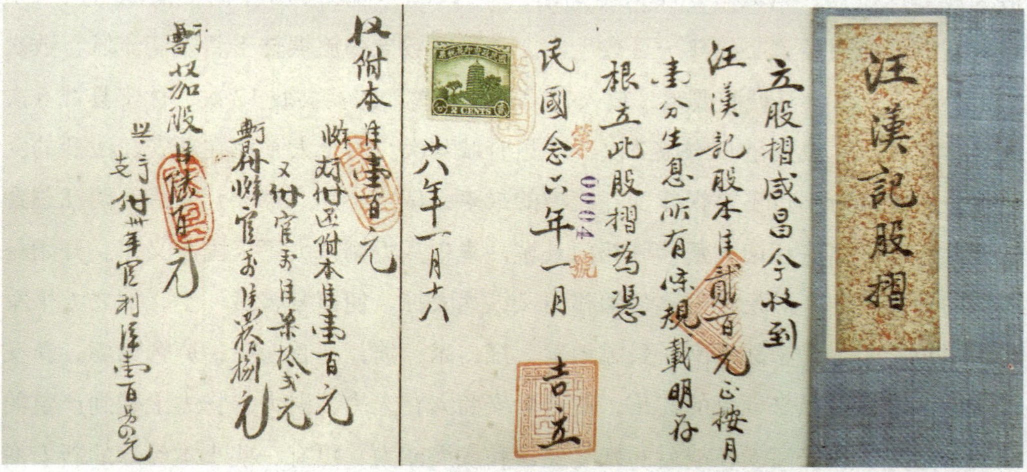

新安商人股份折页

战争最直接的危害就是阻碍了交通，太平天国占据南京，切断了长江航运，造成长江中下游10余年货运不畅。江西、湖南、湖北一向都是食用淮盐，自从淮运梗阻，江西先是改食浙盐，后来又改食粤盐；湖南、湖北改食川盐，都不从九江过。四川、湖南、湖北、江西的货物也是顺长江而下，前赴浙江、江苏等处，然后转行北方五省销售。自从战乱发生以后，长江上的货船几乎绝迹，依赖长江航运而发展起来的新安商人吴楚贸易被迫中止。

交通阻碍主要是对“行商”造成损害，而战乱使江南市镇中的工商业活动完全停顿，江南各市镇中的“坐贾”更是遭到毁灭性的打击。江苏吴江县盛泽镇曾经是徽商的重要集居地，咸丰三年（1853）以后，商贾缠足不前，纺织丝绸的机户纷纷失业，失去往日的繁荣。浙江平湖新带镇，一度也是新安商人麇集，商品丰富的集散地，而在咸丰三年以后，却成为商贾不至的荒凉小镇。苏州商家也多歇业，丝织业织机数战乱后较战乱前减少 54%。杭州也是因为商贩不敢贩运，纺织业机户由以往的万户，战后幸存者不过数家。

新安江流域地处山区，历史上一直是躲避战乱的好地方。咸同兵燹爆发之初，在长江中下游地区从事商业活动的新安商人纷纷抽回资金，变卖固定资产，回到新安本土以避战乱。太平天国定都南京以后，长江中游武汉、安庆一线被清军重兵把守，无法通过；长江下游的上海门户也有外国联军驻守。为了打通南京—江西—湖南与太平天国根据地广西的通道，新安江流域成为清军与太平军的必争之地，战斗最为频繁、激烈。自咸丰三年末至同治二年（1863）秋的 10 年间，清军与太平军在新安江流域历经大小战斗一百数十次。太平军数支劲旅辗转于新安江流域，数次或十余次攻入各县县城和要镇，攻入祁门县城 7 次、黟县县城 12 次、休宁县城 6 次、太平县城 6 次，攻入徽州府城 2 次、严州府城 4 次。由于太平军在新安江激烈的反清斗争，清政府不得不重视新安江流域的战事。咸丰十年（1860）六月，两江总督、钦差大臣曾国藩将江南大营移驻祁门县城，集中兵力剿杀太平天国起义军。开始是团练的输捐搜刮，后是曾国藩督师祁门又纵兵大掠，使富家窖藏一空，加之太平军与清军攻防争夺，激战不断，残酷地焚、烧、杀、掳，尸首遍野，庐舍为墟。新安江流域惨遭自古以来罕见的灾难，使得新安商人在人力、财力、物力上受到严重的摧残，阻碍了新安商人在战后的恢复经营和发展能力。更有一些小本经营的新安商人，劫后余生，重建家园几乎消耗了全部经商的资本。新安商人家园遭到毁灭性的破坏，使得新安商帮元气大伤，重振乏力，终于失去了往日的辉煌。

鸦片战争以后，资本主义国家的舶来品，倾销于全国各地，对新安商人也造成冲击。新安商人经营的手工业品，敌不过外商用机器生产的商品，就是“只此一家”的徽墨，也受到舶来品钢笔、墨水的冲击。同时，随着洋商的出现，国内买办阶级勾结官绅，也成了徽商的劲敌。

帝国主义入侵，外业资本渗入，新兴行业兴起，封建生产方式逐渐发生变化，资本主义生产关系的出现，商业经营方式渐异于往昔。只掌握传统商业知识、技能的徽商，限制在贩卖销售的商业范围之内，甚至渐渐地与旧式手工业和农业失去紧密的联系，所贩卖销售的货物，差不多都是从外地或本地的生产者，或贩运者手中购来的。势必要受人宰割，仰人鼻息，不能占有操纵、垄断、独占的支配地位，开始走下坡路。

但部分新安商人在外来资本和官僚资本这两股势力夹击下，顽强抗争。绩溪胡雪岩在太平天国战乱时，先后结交清廷大员王有龄、左宗棠，频繁活动于军事、政治、外交、商业、金融各界，不断扩大自己的经济势力，成为当时的“活财神”。胡雪岩还以雄厚的资金为优势，活跃于对外贸易市场。当时正值上海口岸刚刚兴起，他看到中国的对外贸易是入超，只有丝茶两大宗出口，认为有利可图，于是便大规模地经营丝茶。浙江本来就是著名的生丝产地，生丝出口一直被外商把持。胡雪岩凭借着天时地利，财丰货足，很快就操纵了浙江的丝茶市场，并在上海开办了一家规模不小的缫丝厂。为了同外商竞争，他用高出外商一倍的价格大量收购生丝。光绪八年（1882），他以本银 2000 万两，把当时市场上的生丝无一遗漏地全部收囤起来。其时外商一点生丝都没有收到，无可奈何，愿加利 1000 万两向胡雪岩购丝。胡扬言非 1200 万两不售。相持数月，外商共议是年不从中国贩运生丝出口。次年，新丝出，又想邀人集资再收生丝，但商界巨贾已没有一人愿与他合作。于是新丝尽为外商所买。此时，胡雪岩没有办法，反托人向外商商谈，存丝愿以初价出售，外商不允。又让步，仅求本银，外商要挟削价 800 万两，才肯收购。考虑到俗语有“陈丝烂草”之说，恐生丝搁置过久会变质，不得已将存丝售出。至此，胡雪岩由当初索价居奇，不但得不到 1000 万两利润，反而折损本银 800 万两，同时还赔去了一

胡雪岩在杭州开设的胡庆余堂药号

年利息。在这次生丝出口与外商的激烈斗争中，胡雪岩因囤丝亏本而败北，具有偶然性。但在19世纪后期，帝国主义列强凭借不平等条约享受了一系列特权，完全控制了中国的进出口贸易，清政府又十分腐败无能，因此胡雪岩的失败又是必然的。这不仅是胡雪岩个人的悲剧，而且反映了半殖民地半封建社会的中国民族资本商人的历史命运。

其他新安商人在清末民初也崭露头角，如歙商鲍鸣歧，因太平天国运动资本丧失大半，后乘浙东改革盐政之机，与其从兄合资营运，悉力调度，获利甚厚，十年累巨万。黟商李宗煝，初为店伙计，稍有积余，在南陵县大通镇自设小店，渐富。太平天国时期，长江航运不通，淮盐不行。曾国藩改革盐政，改纲为票，每票300金，李宗煝集资得13票。太平军失败以后，淮盐畅行，获利数倍，不几年成为巨富。光绪年间，休宁人汪厚庄在上海开设祥泰布店，聘请同邑汪宽也为经理，广设收购土布网点，加工染色。因质量上乘，营业日隆，成为沪上布业之冠。歙人程谨轩清末因结交上海礼和洋行经理，经营地产致富。其子霖生继承父业，累资达6000万银两，上海从河南路的抛球场至西藏路，以及从新世界至卡德路，另石门二路一带，均为其地产，有"地皮大王"之称。民国初年，徽商在汉口的势力还很弱，民国十年（1921）以后，整个汉口的棉纱、典衣、匹头等各大商业，几乎为新安商人独占，钱庄也极占优势。但这毕竟是新安商人衰运中的微光。他们同帝国主义没有关系，同新军阀官僚没有渊源，在同新财阀们的竞争中，足以使之倾家破产。如程霖生晚年热衷黄金买卖，恃富狂言要操纵上海黄金市场，因而受到孔祥熙、宋子文等官僚资本的倾轧，又遇时局不稳，地价跌落，导致败落，最后不得不以变卖家藏古玩度日。

第三节　新安江流域的人文风貌

一、尚武自强，山越遗风

新安江流域自古为越族领地，山越人更是剽悍尚武。东汉建安十三年（208）山越被镇压，建新都郡进行管制。但山越的尚武之风一直在传承。隋开皇十年（590）

十一月，新安人汪文进起义，[1]占据东阳，自称天子，设置百官，任命他的徒弟江西乐安县人蔡道人为司空，守乐安县。同时，黟、歙沈雪、沈能等占山为王，设立山寨，据栅自固。隋文帝杨坚命内史令杨素为行军总管率军平叛，其部将史万岁主要对付汪文进，汪文进兵败，退守黟歙，与沈雪、沈能等连成一气。隋文帝杨坚又命蒲山公李宽、建州总管来护儿、扬州总管郭衍等，进攻黟、歙，汪文进、沈雪、沈能等相继被镇压。

唐永徽四年（653）十月，睦州雉山梓桐源田庄里（今淳安县梓桐镇）人陈硕贞起义。她以“仙道”号召信众起义反唐，自称文佳皇帝。很快义军兵马从最初的几百，变成几千，最后成数万大军，大唐朝野震惊，连忙举兵平叛。当陈硕真大军进攻婺州（今金华）时，因婺州刺史崔义玄颇有智谋，陷入苦战。在战斗胶着之时，一颗陨星坠落，崔义玄立马叫人四处传播这是陈硕真将星陨落，唐军由此军心提振。十一月底，朝廷派来的扬州长史房仁裕的援军到达婺州，与崔义玄前后夹击义军。战斗情况相当惨烈，参战的数万义军，最后除一万多被俘外，其余大部战死。陈硕真在战斗中被俘，最后英勇就义。崔义玄因功被朝廷任命为御史大夫。陈硕真是中国史上女性自称皇帝的第一人。

在陈硕贞起义的同时，歙县人蒋宝率众响应，活动于竦水、扬之水流域。起义失败后，朝廷将这一地域从歙县划出，置北野县，县治设在竦口。唐大历元年（766），旌德人王万敌起义，活动于旌德、歙县、北野之间。事平以后，撤销北野县，另建绩溪县于华阳镇。唐开元二十四年（736），洪贞造反，以休宁县回玉乡鸡笼山为营寨，朝廷发兵讨伐。经过三年的艰苦作战，方才平息。为便于统治，析休宁县回玉乡和乐平县怀金乡，于开元二十八年（740）正月十日置婺源县。[2]

接下来是方清起义。唐广德二年（764），江南发生大规模疫灾，百姓民不聊生。歙州人方清乘机聚集数万饥饿百姓造反。依托黟、歙毗邻地区群山，据守山洞险要，进行反唐斗争。永泰元年（765）正月，方清率领义军攻打歙州，州人杀刺史庞睿响应义军。黟县赤山镇吴仁欢组织地方武装，凭借山地与之为敌。方清屯兵黟县赤山镇设置阊门县，部署防守。永泰二年五月，在官兵的合围之下，方清固守石埭城。

① 《隋书》卷2《帝记第二》称汪文进是“婺州人”，其时黟歙归婺州，故有此说；《北史》卷76《来护儿传》载“黟歙逆党汪文进”，由此可见，汪文进为徽州人。

② 开元二十八年（740年）正月十日婺源建县，见《唐会要》卷71《州县改置·江南道》。

十七日，官军攻破石埭城，方清战死。朝廷以其旧城阊门县设祁门县。与方清起义同时，休宁人沈千载亦聚众起兵，沈千载为当地豪杰，很有影响力，州县官府束手无策。朝廷于是派洪州观察使张镐遣兵围剿，对沈千载的起义队伍尽行杀戮，起义惨遭镇压。[①]

剽悍犯险是反抗朝廷，保捍乡土则是在社会动荡年代，自发地组织起来保护乡里不遭破坏。歙县人蔺亮，其人勇武。隋开皇九年（589），并黟、歙二县入海宁县，隶属婺州，而以歙州治立为新安镇。文帝喜欢他的骁勇，让他驻守新安镇。大业年间的战乱中，依赖他的保障，百姓得以免受干戈之苦。曾在浦口山上屯兵，当地人称为“蔺将军岩”。为纪念他保障乡里的贡献，老百姓专门为他立祠祭祀，建庙朝拜，庙在府城潮水门外。

汪华画像

汪华更是保捍乡土的典范。汪华武艺高强，以勇侠闻名乡里。隋大业元年（605），婺源盗贼频起。受新安刺史招募，带领郡兵平定盗贼，被授予裨将之职。时值隋朝末年，朝廷已失去统治能力，群雄割据，生灵涂炭。大业九年（613），刺史去职，其时休宁人程富以勇力闻，隋末起乡兵据古城岩，力推汪华为刺史，镇守一方，保护地方平安。义宁元年（617），宣城刺史遣兵进犯新安郡，汪华部署抗敌，并亲自带领八百精兵，先行攻入宣城境地，兼并宣城郡。稍后，又带领军队先后攻占余杭、遂安、东阳、鄱阳郡，拥兵十万。于是建号称“吴王”。唐王朝建立，汪华顺应民意，于武德四年（621）九月奏表归唐。唐高祖李渊下诏嘉奖其识时务、顺潮流和保护地方之功，并改新安郡为歙州、宣城郡为宣州、余杭郡为杭州、遂安郡为睦州、东阳郡为婺州、鄱阳郡为饶州，授予汪华歙州刺史之职，总管歙、宣、杭、睦、婺、饶六州诸军事，封上柱国、越国公，食邑三千户。

唐末，黄巢部队入歙州，歙州士族也纷纷武装起来，抵抗黄巢军队。休宁程沄

①《新唐书》卷139《张镐传》。

建东密岩寨、程南节在休宁古城后山设平安寨，祁门王璧与女婿郑传召集附近乡村联合自保、婺源胡瞳起兵保卫乡里等。

随着唐代大量中原士族迁入新安江流域，山越尚武之风开始向文雅之气转换。康熙《徽州府志·人物志》记载五代以前的人物32人，其中勋烈2人、忠节2人、文苑2人、风节1人、宦业5人、武略16人、隐逸2人、风雅1人、孝友1人，尚武背景的有程灵洗、汪华（以上勋烈），程文季、吴九郎（以上忠节）、梅鋗、蔺亮、程富、吴仁欢、汪节、汪瀆、王璧、郑传、汪武、戴获、胡瞳、彭畲、程沄、程湘、程南节、詹必胜（以上武略）20人，约占三分之二。记载五代、北宋时期人物58人，其中经济7人、忠节3人、死事2人、文苑8人、风节5人、宦业17人、武略4人、隐逸3人、风雅1人、孝友7人、尚义1人，尚武背景的只有周继中、詹光国、钱岦、蒋果4人，均归“武略”，其他人要么是名臣，要么是文士，或者是崇尚儒家孝义的平民，社会风气的转变可见一斑。

但新安人崇尚武功的信念在民间一直存在，罗愿在《新安志》中提到，汪王庙门前有两名武士，“土人谓之毛甘将军、汪节将军”。①毛甘汉建安时占据乌聊山，时称山越，被吴将贺齐所破，因此置新都郡。汪节是唐德宗时（779～804）绩溪人，一生下来就很有神力。长安城东渭桥边有石狮子，重约千斤，数十人都搬不动，汪节将石狮子提起来丢一丈多远，然后又将石狮子提回原处。于是有人就推荐他做神策军将，德宗对汪节非常宠惜。②二人与汪华不是同一个时代，老百姓将他们放在一起祭祀，罗愿称是“民间特以有功及材武，故类而祀之”。③由此看出，当地百姓对山越毛甘的崇敬之心，以及对有武功之人的崇拜，都是山越尚武风俗的痕迹。

这种尚武基因，始终存在于新安文化中。后世对太极拳起源，追溯到程灵洗，便是对新安文化尚武基因的认同。民国年间，袁世凯的幕僚、太极拳大师宋书铭著《宋氏家传太极功源流支派论》，记载程灵洗太极功的传承过程。民国二十六年（1937），武术大师、武术理论家吴图南出版《国术概论》。在《太极拳史略》一节中，专门为程灵洗列传，记载其传太极功，保障乡里的事迹。同时也记载了程珌所创的小九天15势，即七星八步，开天门，什锦被，提手，卧虎跳涧，单鞭，射鹰，穿梭，白鹤

①《新安志》卷10《汪王庙考实·从祀》。

②《太平广记》卷192《骁勇》引《歙州图经》。

③《新安志》卷10《汪王庙考实·从祀》。

升空，大裆拳，小裆拳，叶金花，猴顶云，揽雀尾，八方掌。认为程氏太极拳的要点就在于，“超以象外，得其寰中，人不知我，我独知人”。① 并指出程氏太极拳还有两部口诀，分别为《用功五志》《四性归原歌》。

宋宣和二年（1120）十月初，睦州青溪县（今淳安县）碣村方腊借助摩尼教旗号，自称“得天符牒”，在帮源峒漆园举行誓师大会，宣告起义。自立为王，号圣公，改元永乐，以宣和二年十一月为永乐元年正月，提出一系列反朝廷的政治主张。起义军先后攻克青溪县城、睦州府城（今建德县城东），随后又攻占歙州。是时，起义军已达数十万人，声势大振。此后，先后攻克杭州、婺州、衢州、处州。宣和三年（1121）正月，朝廷任童贯为江淮荆浙宣抚使，遣谭稹、王禀统率西北禁军劲旅15万南下镇压，一路指向杭州，一路指向歙州。在童贯的强势镇压下，起义军兵败如山倒，退守青溪县帮源峒。四月二十四日黎明，集结在帮源峒周围的20万官军向起义军发起总攻，方腊及妻、子方亳、丞相方肥、方七佛等53人被偏将韩世忠率敢死队俘获。七月二十六日，方腊等人被押送到都城汴京。八月二十四日，方腊及妻、子和38位起义军将领慷慨就义。

明清时期，新安民间依然习武成风，至今民间仍留存不少延请拳师的“拳关”文书。② 休宁县汊口程氏以武术名世，明万历期间，县令侯安国召集汊口程氏在衙门内表演武术，“程氏子弟十余人，各手持其器至，刀戟犀利，鞭简皆重数十斤，使命之独舞，再对舞，继之群舞，飘花飞雪，回若旋风”。③ 一些大的家族也雇用一些武艺高强的武师保家护院，歙县潭渡黄氏就雇有武师樊塘人“程一腿”，他擅长用腿，前后左右开弓，神妙异常。祁门县查湾村汪姓宗族专门立有“拳头庄”，庄中佃仆只要是16～45岁体魄健康的男子，都要进行武术训练。

程冲斗更是一代武术宗师，擅长长枪和单刀技。由于武艺高强，经常有一些武林中人来找他切磋武功，但一交手，无不落败。长期在江湖上奔波，因江湖险恶，所以他又独出机杼地将古弩改制成更便捷的形式，腰肘均可携藏，非常实用。因武艺高强，声名远播，许多人来请他出任军职。天津巡抚李公特聘其为都司佥书，冲

① 吴图南：《国术概论》，中国书店，1984年，第7页。

② 王振忠：《商路上的武艺》，《千山夕照——王振忠论明清社会与文化》，广西师范大学出版社，2009年，第158～162页。

③ 侯安国：《〈耕余剩技〉叙》，《耕余剩技》，中国书店，2021年，第165页。

斗遂率家族子弟八十余人从戎。李公调任内地后，程冲斗才辞职还乡。晚年返乡教授乡里子弟武术，并组织子弟兵保卫家乡，一时汉口一带盗贼潜迹，百姓安居乐业。有《耕余剩技》一书流传后世，包括《少林棍法阐宗》《单刀法选》《长枪法选》《蹶张心法》四部分，另有《射史》一书传世。

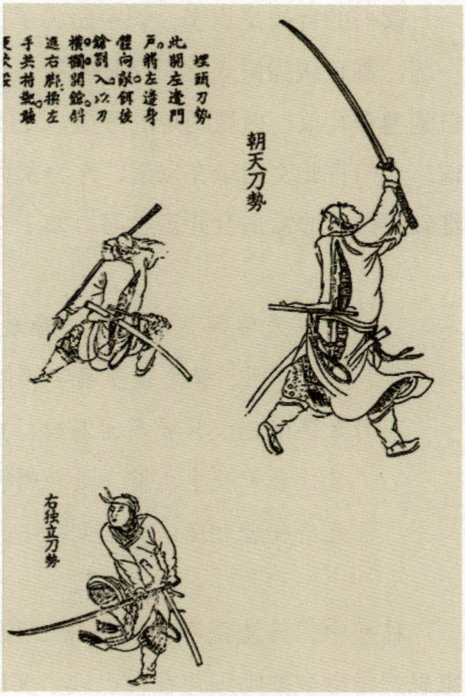

程冲斗《单刀法选》书影

很多文人在习文的同时习武，成为习惯。明末，休宁县抗清义士金声不仅被誉为“时艺为有明一代巨手”，[①] 而且武艺高强。在休宁期间，他每日清晨都在县城汶溪边的一块巨石上习武练剑，闭息练心，以锤炼自己的武功和心智。后人为纪念金声，称此石为“练心石”，并刻字为记，此地现已成为休宁一处景点。休宁画家汪肇，“有臂力，好持矛舞剑”。[②] 徽派朴学后期的重要学者汪宗沂，通拳术、剑术、马术，喜谈兵，著有《剑谱》一卷。他的学生许承尧、黄宾虹，一个是著名诗人，一个是著名画家，跟着汪宗沂学习时，练剑、骑马也是必备的功课。

二、重教崇文，儒风独茂

中原士族迁居新安江流域以后，注重文化传承。这种传承使得新安江流域重视教育，崇尚儒学，益向文雅。新安理学的兴起，加强了新安的读书氛围。朱熹提倡读书，研究学问，从事著述，强调“穷理之要，必在于读书”。[③] 在朱熹的影响下，新安江流域读书著述之风盛行，“十家之村，无废诵读”“自井闾田野，以至远山深谷，居民之处，莫不有学，有师”，[④] 宋元以来被称为“东南邹鲁”。[⑤]

---

① 康熙《徽州府志》卷13《人物志·忠节·金声》。
② 康熙《徽州府志》卷17《人物志·方技·汪肇》。
③《朱子语类》卷18《性理精义》，景印文渊阁四库全书，台湾商务印书馆，1986年。
④ 道光《休宁县志》卷1《风俗》。
⑤ 嘉靖《徽州府志》卷1《风俗》。

读书的目的是识字，识字是为了更好地做人。但新安人却把识字和做人糅合在一起，甚至认为做人比识字还重要。朱熹为了使儿童从小就受到良好的教育，养成自觉遵守礼仪、循规蹈矩的习惯，专门编写了一篇《蒙童须知》。遂安县高峰朱氏修谱，专门将此文刊录在宗谱，作为家训世代相传。《蒙童须知》语言简明，要求具体，细致入微，非常适合儿童学习。如：[①]

读书须整顿几席，令洁净端正。将书整齐顿放扎，正身对书册，详缓看字，仔细分明。读之需要字字读得响亮，不可误一字，不可少一字，不可倒一字，不可牵强暗记。只要多诵遍数，自然上口，久远不忘。

凡饮食于长上之前，必轻嚼缓咽，不可闻饮食之声。

凡侍长者之侧，必正立拱手。有所问则必诚实应对，语言须不可妄。

私塾中，传统识字读物是《三字经》《百家姓》《千字文》。但在新安江流域儒家思想常常被塾师细化在自己教学实践中，塾师编写了大量的蒙学教材中，将儒家的道德观念灌输给学童。如，新安理学名家陈栎，自24岁"馆于江潭"，先后在詹溪陈氏、里中毕氏、江潭叶氏、蕖口汪氏、玽溪金氏坐馆授徒，在教学中感到朱熹的《论语集注》对刚刚识字的儿童来说，想要理解其中的要义还是难了些，于是自己编写《论语训蒙口义》,作为蒙童读书的初阶。除此,陈栎还编写了《中庸口义》《历代通略》《增广通略》等蒙学教材。元代理学家胡炳文为了推行世教、宣扬伦理道德，模仿《蒙求》和朱熹的《小学·外篇》,选取众多的名人贤士进德修身的典故,编写《纯正蒙求》用于蒙学教育。元末明初的朱升在训蒙的同时，也致力于蒙学教材的编撰与整理，编有《类选五言小诗》《孝经小学旁注》等蒙学教材，并将方逢辰的《名物蒙求》、程若庸的《性理字训》、陈栎的《历代蒙求》和黄继善的《史学提要》合为"小四书"，并为之做注，强调其重要性：

此四书者，四字成言，童幼所便，精熟融会，宇宙在胸中矣。然后循序乎六经之学，归趣乎孔孟之教，究极乎濂洛之说，休日则事笔札而考苍雅，余力

① 遂安《高峰朱氏宗谱》卷3《家训》,民国十三年木活字本。

则记名教而谓诗文，庶几入门适道，有序有条，本末兼备，终始相成者矣。”①

“小四书”遂成为新安江流域极为通行的蒙学教材。

在做人上，私塾杂字教材《新镌六言杂字》在“人事”部分有这样的教诲：

性有仁义礼智，事有丧祭冠婚。丧乃披麻痛哭，谨具棺椁衣衾。祭则斋戒沐浴，尽其如在之诚。冠乃成人之礼，朝廷自此添丁。婚配一归男室，永为接祀宗亲。四者人之大事，须当尽礼尽心。至亲莫如父子，义合则为君臣。兄弟死生相顾，夫妻恩爱为真。朋友惟在于信，五者人之大伦。义夫还配节妇，孝子必是忠臣。四者纲常最大，流传万古芳名。②

在这里，塾师选取了人生中最为重要的冠、婚、丧、祭四个节点，认为，“四者人之大事，须当尽礼尽心”，毋得敷衍草率。其中，丧、祭虽然对于当事人在生命的维度上已毫无意义，但从族群的延续上，其文化象征的地位无可替代。康熙《徽州府志》的作者曾自豪地夸耀：徽州有数种风俗，胜过其他地方：“千年之冢，不动一抔；千丁之族，未尝散处；千载之谱系，丝毫不紊。主仆之严，虽数十世不改，而宵小不敢肆焉。”事实上，任何一个新安强宗大族的背后，莫不有着一位乃至多位在本宗甚至地方上被树为旗帜的宗族名人，每年对其墓祭或祠祭，都是一种宗族认同的集体行为。

在日常活动中，孝的要求也可以具体化为基本行为准则。如，新安《备用六言杂字》对子女的尽孝分父母生前、死后两阶段提出了简明的希望：③

父母在堂奉养，衣食随时进呈。勿使饥饿冷冻，便是为人孝心。死后衣棺进土，选择吉地安亲。春秋祭祀标挂，上坟拜扫墓茔。祖骸不致暴露，自然荫益儿孙。

① 朱升：《朱枫林集》卷4《小四书序》，景印文渊阁四库全书，台湾商务印书馆，1986年。
② 戴元枝：《明清徽州杂字研究·明清徽州杂字十种·新镌六言杂字》，上海教育出版社，2017年，第194页。
③ 戴元枝：《明清徽州杂字研究》，上海教育出版社，2017年，第118页。

随着新安人科举入仕和从商风气的盛行，对教育越来越重视。识字所用教材，除了《三字经》《百家姓》《千字文》等正统蒙学识字教材外，包含百科知识、满足民众日常生活需要的杂字教材大量涌现。其中，光绪戊子年（1888）屯溪大盛梓行刊刻的《眼前杂字》第一页便是：“油盐柴米，茶酒酱醋。点心糕点，油糍面脆。籼米糯米，晚米粟米。芦穄苞芦，芝麻豆麦。”徽郡乙照斋梓行的《珠玑杂字》首页是：“今具支用，账目分明，对而算过。零碎凑还，减除饶让，净欠撞足。酒曲豆腐，油盐酱醋，桐子皮漆。芝麻麦粟，赤豆乌豆，糙米糯谷。皮叶茶盐，酒糟酒酵，桐箍麻饼。”前一段纯粹是对农家子弟而说，第二段则是针对商家子弟而言。清同治年间，新安塾师在《坐馆经文·蒙馆赋》中曾这样感叹：“蒙馆之延师也，止还心愿，不重薪传。粗供淡饭，冷坐青毡，小住门庭，所学不离《杂字》。”① 说明当时杂字教材在蒙馆中的盛行。

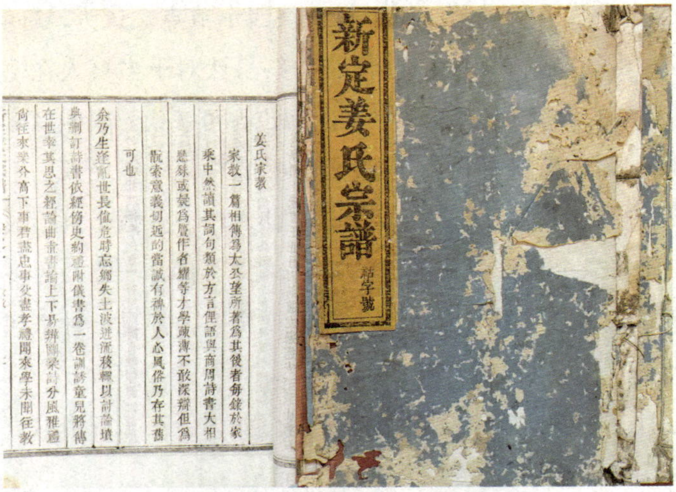

清咸丰《新定姜氏宗谱》关于“家教”的规定

在新安江流域，民众认知到教育所带来的意义，认为“生子宁可失养，不可失教无成”。有关读书的民谚在民间广泛流传，如“三代不读书，好比一窠猪”，希望家家户户不忘读书；“娇子不娇书，娇书变养猪”，是指教育子弟要严格，不可放纵；“念书不认真，一世老童生”，指读书如不用功，即便读书一世也赢不得一点功名；“卖田卖地，不卖书字”，是指书字是文化的象征，不可随意遗弃。

女子一出生，同样接受启蒙教育，所涉及的内容包括德育、智育、美育、母性教育和劳动技能等，其中最重要的内容是德育教育。祁门《凌氏族谱》规定：“若

① 佚名：《坐馆经文》，清同治抄本，黄山学院戴元枝藏本。转引自戴元枝：《明清时期徽州杂字盛行原因探析》，《蚌埠学院学报》2016年第6期。

女儿幼时，全在父母提，无始放纵，教以三从四德，而嬉笑怒骂须严禁之。”[①]《绩溪华阳邵氏宗谱》规定：“女子十年不出，母教婉娩听从，执麻枲，治丝茧，织纤组紃，学女事以共衣服。观于祭祀，纳酒浆笾豆菹醢，礼相助奠。十有五年而笄，二十二嫁，有故二十三而嫁。”[②]女子道德教育，围绕着侍奉公婆、顺从丈夫、治家教子的贤妻良母目标展开，即所谓的四德，“妇德，妇言，妇容，妇功”。教育方式分为父母口授和从师学习两种。明代歙县城东女子许淑贤自幼随母李氏学习女红缝纫烹饪，无不精绝。母亲口授《论语》《孝经》《列女传》，辄能成诵。清代歙县何秉棠精于诗学，他的三个女儿何佩芬、何佩玉、何佩珠从小随父学习，接受教育，各擅才名。名门望族则专门聘请女教师教习女子读书，或将女儿送私塾与男孩同学。清代婺源县延川金环秀幼即从师学习《内则》，性慧能诗。江峰青继妻王氏入私塾读书，过目便能记忆。通过启蒙教育，新安女子一般都能够做到遵从妇德，诗礼传家。

明清时期，新安中上层妇女大都具有良好的文化素养和相当的文化知识，在丈夫远贾他乡时，使得她们能够亲自教育子女读书识字。朱熹就曾感叹自己“早岁孤露，提携教育，实赖母慈”。[③]清代，歙县吴震生的妻子程琼，专门为教育儿子编写了《杂流必读》；程调鼎的妻子汪嫈在教子上付出极大心血，训子极严，每晚都会坐在灯下，督促儿子复习白天在私塾学习的内容，并为其讲解其中的微言大义。程调鼎早卒，家道中落，其妻靠为人做针线活补贴家境，其子程葆终于在道光十三年（1833）考中进士。

清末，胡适的父亲胡铁花在胡适3岁时，亲自为他编写了四言韵文《学为人诗》，开首便是“为人之道，在率其性。子臣弟友，循理之正”。胡适入塾之后，其父在外，母亲不识字，但母亲的言传身教，教他如何做人。胡适中年回忆：“我做错了事，她（母亲）只对我一望，我看见了她的严厉眼光，就吓住了。犯的事小，她等到第二天早晨我醒时才教训我。犯的事大，她等到晚上人静时，关了房门，先责备我，然后行罚，或罚跪，或拧我的肉。无论怎样重罚，总不许我哭出声音来。”[④]

社会教育更是无处不在。砖、木、石三雕依附于建筑而存在，建筑与人朝夕相伴，

---

① 光绪祁门《凌氏族谱》卷一《规训小引》。

② 宣统《绩溪华阳邵氏宗谱·先儒家训》。

③《朱文公文集·续集》卷5之《答张彦辅书》。

④ 曹伯言：《胡适自传》，黄山书社，1986年，第29～30、32页。

作为新安传统建筑重要文化元素之一的三雕，除了视觉审美愉悦以外，在宣传儒家思想方面起到了潜移默化的作用，成为儒家文化教化的一种符号。儒家思想中的读书入仕、忠孝节义、中庸和谐等特征在新安被演绎成一个个故事，定格成一幅幅三雕图画。三雕作品在表现儒家文化的本质特征时，采取的是深入浅出的表现方式，而不是说教，取材也都是普通老百姓喜闻乐见的戏曲唱本、文学故事、神话故事、名人轶事中，手法含蓄，象征意味浓厚，所以也最容易被老百姓所接受、吸纳。新安人从一生下来就生活在这样一种儒家思想的氛围之中，耳濡目染，每天都在进行精神陶冶。

儒家历来十分重视读书。在封建科举制度下，读书是为了取仕。三雕作品中有很多是表现中举、及第的内容。如“五子登科”“三元”“十八学士”“三进士”“文武状元”“寒窗苦读”“状元游街”“状元及第”等。民居的门窗经常雕有“冰裂纹”“梅花图”，或者两者合一为“冰梅图”，其寓意就是“吃得十年寒窗苦，方能成为人上人”和“梅花香自苦寒来”，反映的就是读书做官的思想。在三雕作品中，有好几个官员围着一顶官帽和衣带，这叫“冠带传流”，意思是指把官职世袭下去，世世代代做官；几个上年纪的人围着一顶官帽或衣带，这叫“荣赐冠带”。如果是一个人穿着官服，身旁一个人托着官帽，称作“弹冠相庆”；还有身穿官服的人手上托着官帽则称“加官”，手上托着爵的画面，称“晋爵”；一孩童指着云天太阳，称“指日高升”。这都是封建官本位思想的反映在新安地区的反映。

忠孝节义是儒家思想所提倡的道德准则，在新安社会中，宗法思想的严格和对伦理思想的重视，使新安人从小就接受这忠孝节义的教育。孝最基本的内涵是上孝顺父母，下传宗接代，所谓“不孝有三，无后为大”。因此新安三雕的“二十四孝”“多子多福”的图案较为普遍。二十四孝外，入图较多的楷模人物还有《燕山五子》《五子登科》，说的是后周窦燕山治家严谨，教子有方，五个儿子全部考中进士的故事，《三字经》赞他“窦燕山，有义方，教五子，名俱扬”。唐郭子仪的大富大贵又长寿，是人生最高的理想境界。因此，三雕作品中郭子仪题材很多，有《汾阳府》《上寿》《万寿亭》和《长乐宫》，表现郭子仪赋闲在家而其乐融融，揭示了新安人对“知足常乐”理念的褒扬，体现了新安人的情操和对历史人物的崇仰。体现忠孝节义的戏剧、文学故事在三雕作品中也比较常见，有三国故事，如《桃园结义》《子龙救主》《关公夜读》《单刀赴会》《关公送嫂》《三顾茅庐》《水淹七军》《辕门射戟》《火烧赤壁》《三英战吕布》《凤仪亭》《空城计》《刘备招亲》等；还有杨家将故事、罗家将故事、封神榜故事等，都是三雕看重并着力刻画的。此外，尚有“诗教”题材，以唐宋名家名诗诗意创作的雕刻图幅。以石榴、麒麟寓意多子多福的作品，多见于窗格栏板、雕床画椅等处。其中象征子孙满堂的“累世同居图”，是新安大家族中最常用的题材，体现出大家族几世同堂的荣耀，成为宣扬家族伦理的一种典范。黟县际联承志堂后厅横枋上雕刻的画面，就是唐朝张公艺的九世同堂的故事。此外，如“洪福齐天”“百鹿图”“八仙庆寿”“百子图”“百子闹元宵”等题材，画面立意巧妙，布局活泼生动，雕工精致细腻，象征寓意深长，都为儒家思想在新安社会的传播和发扬起到了积极的作用。

“中庸”是儒家思想的核心，《中庸》原是《小戴礼记》中的一篇，秦汉时儒家的作品，主要记载了孔子的中庸思想。所谓中庸，就是不偏不倚。就像我们手执一根棍棒，既不执其上端，也不拿执其下端，而是握中间，这样就不容易滑脱。在处理人与人的关系时，提倡和睦相处，互相谦让。这种思想在新安三雕的题材中体现得也比较突出，如“百忍图”“和为贵”“将相和”“群僚同乐”等。尤其荷花、荷叶意寓“和谐”，在三雕中用得特别多。歙县西溪南乡（今属徽州区）上长林村胡胜利宅为明代建筑，梁驮、花替、柱础等部位都装饰有荷花图案，造型轻巧，深浮雕，刀法硬朗，视觉效果冲击力极强。婺源思溪村百寿花厅楼板下一对斜撑木雕，雕作流水奔涌，荷花、荷叶偃仰有态，鸟飞鱼跃，生机盎然，上端还雕作荷墩形状。绩溪县龙川村胡氏宗祠就有 20 幅落地隔扇木门的裙板上雕着池塘荷花胜景，镶装在宗祠正厅的东西两厢，有着“满堂和谐”的寓意。其中一幅“荷花河蚌图”，画面是一只喜鹊俯首展翅而下，向一朵结满果实的莲蓬飞来。恬静的池塘风生水起水波托着三片硕大的荷叶，占据了大部分画面，叶片或向下垂俯，或仰面向上，姿态各异。底部一只露出水面的河蚌，蚌壳翕张，趣意横生。河蚌形状犹如盒子，与荷花组合表示“和合”，配上喜鹊，就成了“喜事连连，和合如意”。

新安江流域山多田少，是一个“寄命以商”的地区。在中国“重农轻商”的社会风气下，新安人不仅不歧视商人，而且以经商致富为荣，这在三雕作品中也有体现。歙县黄村一座民宅堂前右侧登楼的门口上方，有一幅用浮雕与镂刻相结合的木雕画，背景是山石岗峦、竹林曲径，画中大物有一位年轻妇人倚闾眺望，一个男子夹着伞，背着包袱，在山道上走来。这是一幅反映建房远祖在外经商发迹回乡的“商旅回归图”。画面人物长仅盈寸，却刻得眉眼毕现，栩栩如生，倚门妇人凝眸远望，神态忧戚而专注，流露出盼人归来的脉脉情思；行旅男子，则是风尘仆仆，行色匆匆，归心似箭。构图精巧，造型生动。歙县昌溪乡周邦头村周氏世代经商，是一个商人宗族。清末民国时期的周友仲和周宗良经营油漆，在宁波、绍兴、杭州、扬州等地就开设连锁漆店，民国十九年（1930），投资上海万里漆油厂股份有限公司，在宁波重点经销该厂生产出品的“帆船牌”各色瓷漆，成为宁波当时家喻户晓的油漆品牌。有“颜料大王”和“油漆大王”之称。周邦头的周氏宗祠的三雕作品也充满了商人气息，其正厅前横梁，有四个木雕梁托，全部以招财神祇刘海为题材，刘海或脚踏金蟾，手抛串钱之绳；或脚踏金钱，手托金钵。神态嬉笑自然，生动有趣。尤其脚踏金钱为“道光通宝”，记载了三雕创作的年代。“八仙过海”是道教故事，其意与徽州商人在商海中竞争有会心之处，所以新安三雕也非常喜欢刻画这一题材。不仅雕刻人物，还单刻八仙的八件法宝——葫芦、扇子、渔鼓、花篮、阴阳板、横笛、笊篱、宝剑，称“暗八仙”。新安三雕中的重商理念，对新安人不轻视商业、不以经商为耻社会风气的形成，起到极大的促进作用。使新安人在观念上获得极大的思想解放，理直气壮去经商，造就了雄飞于中国商界三百年的徽商集团。

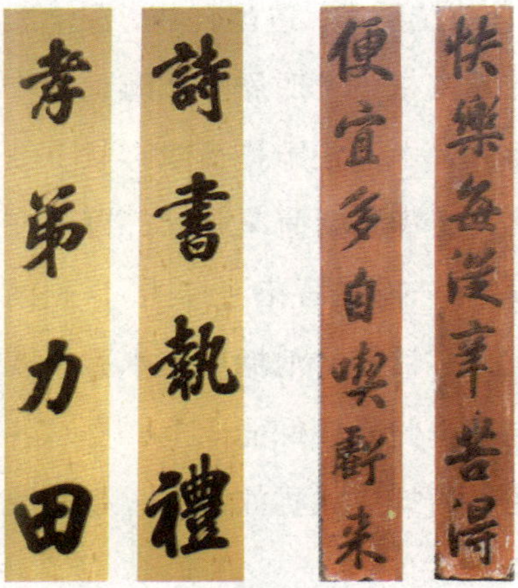

新安民居中的楹联

作为新安建筑重要文化元素之一的楹联，同样起到教化的作用。黟县南屏村敬义堂联：“诗书执礼，孝悌力田。”就是教导大家孝顺父母，尊敬兄长，努力务农。黟县瑞玉庭民居联：“气忌躁言忌浮，才忌露学忌满；胆欲大心欲细，智欲圆行欲方。”上联以“四忌”训诫自我修养，下联摘五代刘昫《旧唐书·孙思邈传》“四欲”句，指示立世处世。还有“快乐每从辛苦得，便宜多自吃亏来”。训诫后人，只要有付出才能有回报，只要能吃亏才可得便宜。西递村笃敬堂联：“读书好，营商好，效好便好；创业难，守成难，知难不难。”联文将营商、读书相提并论，表现出当年徽商对提高自身社会地位之企盼。

行善积德，乐施助人，也是楹联的主要内容。古往今来，有识之士都把培育后代作为自己和家庭命脉以及事业的延续，始终摆在重要位置，精心关注，不懈努力。封建社会里，人们相信人有今生和来世的转换，深信因果报应，即善有善报，恶有恶报。这种因果报应远在来世，近在儿孙，因此新安人大多都把行善积德作为传家根本要务。

官宦富庶之家，希冀儿孙能延续自己所享有的地位、财富，自己也能福泽绵延到来生。贫乏窘困之人，祈盼儿孙们终究可以致富发家，同时自己也能摆脱贫乏窘境。涉及这方面的联文内容，或是教育后代继承先人以勤俭为创业之本，或是提倡积德行善，以读书为第一要务，全力为后代描绘期盼甚久的幸福愿景。黟县西递村履福堂联：“几百年人家无非积善，第一等好事只是读书。”有句古话叫“富不过三代”。新安人探讨个中原因，认为许多富人只关注给子孙后辈留下金银财宝，而忽略留下丰富的知识和优秀的道德品质。儿孙们对那些轻而易举得到的遗产会毫不珍惜，很快便会挥霍一空，穷困潦倒。房屋的主人胡贯三幼年勤学苦读，稍长便外出经商。成功后，不但捐出巨款资助歙县紫阳书院、黟县碧阳书院办学，而且斥巨资修复被洪水冲垮的歙县太平桥，修造休宁齐云山登封桥，铺设歙县至祁门的石板大道。慷慨资助社会公益事业为胡贯三赢来了良好的声誉，而后代也因能秉承先祖遗风而昌盛兴旺。

“嚼诗书其味无穷，敦孝悌此乐何极。”这是黟县南屏村笃敬堂联。这类联文多为文人学士抒发情志作品，不少是题于自家居所，或乡贤名达之故居老宅。千年以来，新安不少世家望族子弟是因袭祖辈为宦发达、经商致富的业绩，以至在其优越条件、良好环境下再读书仕取，再为官为商。当然，也有出身庶民，没有家境背景，凭借的只是刻苦自励，审时度势，把握机运，乐观向上，或成为富甲一方的巨商，或成为金榜题名的名宦。在徽州，无论是权柄一方的官宦，还是归隐林泉的老臣；无论是搏击商海的儒商，还是潜修心悟道的隐士，都愿托借撰题楹联来表露心声，寄寓情感。特别是当事业有成，落叶归里之后，他们将精力和情趣放在高层次的精神寄托上。一方面怡情山水，潜心文墨，品兰赏竹，对月酌酒，表现出超凡脱俗的清高；一方面感悟人生，洗涤心灵，深思谋远，启迪后者，又表现出见识卓越的睿智。

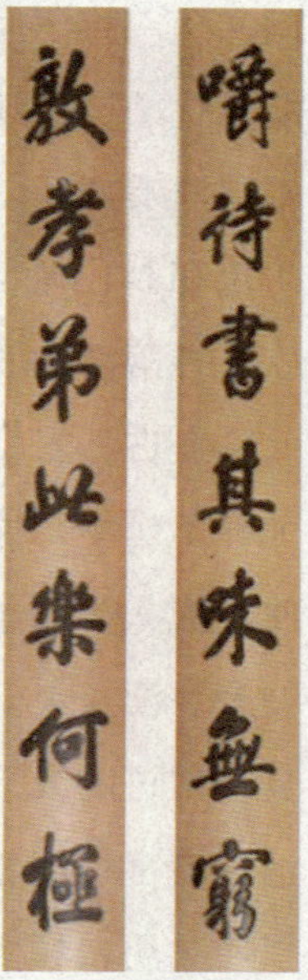

新安民居中的楹联

相比于家庭与学校教育，社会教育要显得宽泛而隐晦，但各种力量依然予以关注。民间盛行的风俗、歌舞，地下潜流式的法术、宗教，士人组织的文艺活动等，均有教化之功。歙县潭渡黄康先承族众公推为约正，遂大力行之：

> 孟夏初一为始，每月朔、望，任事者齐集春晖堂，竭诚演习，先期鸣锣，

通知族众。是日辰、巳二刻，每甲长率本甲十人，同诣约所，肃静拱听。礼毕，方许各散。

每月止二日，每日止二时，妨业恐不在此。况吾里本源孝行，素为各乡推羡。迩来浇薄竞炽，直道难容，良由一二作俑，不即劝惩，横流至今，殊堪扼擘。幸际此举，正挽回风俗之机。若不及时偷暇遵明谕，听格言，则习与性成，罔知三尺，其弊可胜言哉？[①]

对于普通民众的道德劝导，通过喜闻乐见的方式渗透，效果要明显得多，戏曲就是这样的一种载体。明代戏曲家、祁门人郑之珍心怀经世济民理想，为“以言救世”，乃将传统的孝顺礼教，结合佛教故事，“敷之声歌，使有耳者之共闻；著之形象，使有目者之共观。至于离合悲欢，抑扬劝惩，不惟中人之能知，虽愚夫愚妇靡不悚恻涕洟、感悟通晓矣”。[②] 于是编撰《新编目连救母劝善戏文》面世。不唯戏剧情节能感化心灵，演出前后通过宗族力量推行的诸多禁忌作用也不可小视。祁门、歙县等地演戏期间，宗族要张挂榜文、鸣锣晓谕，村民不仅清洁村容，还禁渔猎、停杀生，防范和制止赌博、偷盗、强买强卖、吵架斗殴等不良行为，既广泛调动村民参与宗族与村落活动的热情，也借助民众群体性无意识强化礼仪道德的内化。

在古新安乡村民间，民众对“文”普遍崇仰和敬畏。人们敬重文化，视“文字”为神圣之物，掉地上有字的纸是不能踩踏的，教育孩童：糟蹋字纸“要遭雷打”。即使是成人，写了字的纸也不能随意丢弃，认为纸是圣人传下的，应当要爱惜，否则便会亵渎圣灵。于是，街头、巷弄、桥亭、寺庙门旁都建有专门的“惜字炉”，用来焚烧用过的废纸。有时，还由当地的善士出面雇人，走街串巷，挨家挨户地收拾字纸，送到惜字炉内焚化。如今在新安地区很多古村落，依然能看见保存完整的惜字炉。如，祁门县历口镇大北河上利济桥，桥西堍建有观音庙，东堍有惜字炉，炉体正方，上下两层，下层为焚纸炉。炉顶榱椽甍瓦，檐角高挑，风铎叮当，古色古香；祁门县彭龙村村下首有一低山延伸至文溪，山脉上古枫古樟成行，大者数围，村人尊孔崇文，在其上建有惜字炉，让人收集字纸在炉中焚化，以免糟蹋有辱圣人。人们普遍对文字、

① 卞利：《明清徽州族规家法选编》，黄山书社，2014年，第29页。
② 倪群、陈琪：《祁门目连戏》，合肥工业大学出版社，2011年，第47页。

对文化、对书籍、对文化人有一种特别景仰、尊重和敬畏，成为新安文化重教崇文，儒风独茂的景观。

三、礼下庶人，俗尚文雅

宋代以后，庶民阶层崛起，儒家思想向民间基层渗透，礼教也在庶民老百姓中间扎根。家庭是礼教的执行单位，儒学代表人物朱熹，设计了一套近世宗族制度和礼仪规矩，专门写了一部指导民众日常礼仪规范的著作《家礼》，涵盖人生各个阶段所遵从的礼节。明清时期，随着民间基层宗族制度的形成，促进民间社会转型，新安地区成为“礼下庶人”的典型。新安宗族制度的形成，礼教通过各种家训、家规在民间广泛流行。如，明万历年间建德《泉麓诸葛氏积庆堂家规》所载：

> 戒放肆
>
> 常见世人负少年豪气，胸襟高傲，言语刚强，将谓无人，惟知有己，眼空四海，欺侮一方，好议人之丑态，不责己之过失，口胜鱼肠利剑，舌赛吹毛快刀，尤善于拒谏饰非，难逃乎乡评舆论。一日时衰运去，祸起萧墙，常抱造次之惊，恒怀颠沛之厄，陷入重典，淹禁缧绁，浪费万贯，难求一生。盖非人之所累，实己为之召也。呜呼！岂若遵礼惧法，屈己敬人，存心恭谨，安分修德，使乡党称为端人乎？
>
> 息斗讼
>
> 窃见今人偶因一言之忿不忍，或锱铢之利不均，辄然斗殴构讼。夫我欲求胜于彼，则彼必求胜于我，仇之相结，怨之相报，遭官刑拷讯，身罹重罪，又禁囹圄，苦不堪言，以致父母忧泣，兄弟愁悲，妻子惊哭，朋友叹息，损千金而身命不保，尽百计而罪案难逃。破家荡产，贻害儿孙，尚未已也。呜呼！岂若含忍一时，后退一步，饶让一着，庶几安居乐业，得享太平，使乡里称为善人乎？①

宗族是以父系血缘关系为纽带，并按照一定规范结合起来的社会组织形式。新安宗族制度是在程朱理学直接影响下形成和发展起来的，对儒家的传统道德极为讲

① 建德大慈岩镇双泉村《泉麓诸葛氏宗谱》，明万历九年抄本；转引自《建德县志(1978～2005)·严州历代文献辑存》，浙江人民出版社，2011年，第219页。

究，在处理人与人的关系上非常注重礼教，有一整套“礼仪”规范人们的行为。朱熹通过《家礼》《古今家祭礼》等著作，从理论的高度论证了宗法制度是“天理之自然”，为家族制度的存在提供了理论上的根据。“三纲五常”是封建宗法制度的统治思想和道德规范的主要内容，对于它的产生，朱熹认为 ：“宇宙之间一理而已，天得之而为天，地得之而为地，而凡生于天地之间者，又各得之以为性，其张之为三纲，其纪之为五常，盖皆此理之流行，无所适而不存。”① 这样，伦理纲常成了绝对真理。朱熹十分强调礼教对维系与巩固家族制度的重要性，认为一个人不仅要在思想上认同“三纲五常、三从四德”等伦理道德，更应该在日常的生活中主动践行。在《家礼》中，他对于家族中冠、婚、丧、祭等四项主要活动，以及人们起居、言语、出行等日常生活细节都提出了明确的规定。如婚礼，要按照议婚、纳采、纳币、亲迎、见舅姑、庙见等程序依次进行 ；长者去世，则应该有沐浴、设灵、铭旌、小殓、大殓、成服、迁柩、发引、下棺、成坟等具体环节。

歙县大阜潘氏祠堂

祠堂是近代宗法制度的主要特征，程颐在设想重建宗法制度时，曾把立家庙作为重要内容，朱熹则借助历史上人们祭祀乡贤名士的“祠堂”一词，把家庙改称祠堂，作为一个祭祀祖先、团聚族人的中心。为保证祭祀活动的延续和吸引族众，他又提出设置族田作为物质基础。此外，朱熹还特别强调家长、族长在家庭和家族中的地位，维护他们至高无上的权威。唯有这样，整个家族的秩序才会得到维护。宋代统治阶层很多人都具有“家国一体”的政治观念，在他们看来，家庭、家族既是国家的基本组成单位，又是国家的缩影，治家的目的是更好地治国。朱熹在《家礼》序言中明确指出 ：“庶几古人所以修身齐家之要，慎终追远之心，犹可以复见 ；而于国家所以崇化导民之意，抑或有小补云。”可见，朱熹推行家礼，实际上是想通过修身齐家的方式，帮助国家达到崇化导民的最终目的，自然而然地获得统治阶级的赞赏和提倡。

① [宋]朱熹 ：《朱子全书》，上海古籍出版社、安徽教育出版社，2002年，第3376页。

新安宗族礼仪十分重视血统的传延与继承，把祖先作为宗族、家族血统的象征，形成敬祖、祭祖习俗。新安祭祖冬至祭始祖，立春祭先祖，秋季祭祢祖，此外还有忌日祭、生日祭、墓祭等，凡遇春节、清明、端午、中元、中秋、冬至等年节及重大活动，均举行祭祖仪式，其中以农历腊月祭最为隆重。

腊月祭在农历二十四至二十八日进行。开祭之日，宗祠第一进厅设香案一座。过第一进天井两廊为鼓乐队，演奏笙、箫、笛、唢呐、鼓、锣等乐器，另有三眼铳数支用于鸣礼。天井当中放两个牺牲架，架上摆着宰杀后洗得干干净净的整猪和整羊各一只。享堂为祭祀中心，摆三组供桌，陈设鹅、鲤鱼、猪头，合称“三牲”，配有爵、筷子；供碗64只，内装菜肴瓜果等供品。中间一组供桌前设香案，焚檀香末或柏枝末，炉内香烟缭绕，堂上香气袭人。主祭人由德高望重者担任，陪祭二人，执事10人分别承担司樽、司盥、司帛、司祀。凡本族裔孙除女性外都要参加腊祭，依辈分大小顺序站在祭堂前。寝室祭祀时开启龛门，让祖宗们出来享受后辈的供品。开祭前，鸣锣或放铳三声召集族人进祠。祭祀开始，放铳、鸣炮、奏乐，陪祭人引主祭人及执事上寝室启龛毕，主祭站香案前，行三献礼：一献酒，二献馔，三献帛。最后按先前仪式关闭寝室龛门。祭礼毕，族丁在门口领取一份族胙，或肉鱼，或麻饼，或铜钞，各族不一。

清明、中元、冬至墓祭的日子，族祖则合族祭之，到时各县支系甚至他省支派集中至始祖墓地，声势十分浩大；支祖由支族祭祀；下及单丁小户，没有不上坟的。正如吴梅颠《徽城竹枝词》所说的：“墓祭三回重本源，清明冬至及中元；寒衣烧献金银袋，但只清明许乞幡。”[①] 一祭费用往往花去一个中等人家一年的收入，似乎不这样做不足以尽孝情，有的家规中甚至提出“凡事死之礼，当厚于奉生”。一些大族和缙绅地主、富商巨贾把墓祭当成炫耀宗族势力和争奢斗富的机会。

宋以后的新安江流域，奉行朱熹所制《家礼》，婚冠丧祭都是遵行文公家礼。直至民国，礼节还是以朱熹的《家礼》作为依据，渗透于各个家庭。休宁《茗洲吴氏家典》一书就是根据《家礼》，结合本宗族的情况，规定冠婚丧祭的礼节，作为子孙后代遵行的法典。《休宁范氏族谱》“祀礼”中具体规定：祭祀尤当严谨，不能窃窃私语、交头接耳、东张西望、搔痒伸腰，耸肩打呵欠，跪拜时必须等声音寂静后才能起身，拜后也不准立刻抖衣拂去身上的灰尘，违者要受到惩罚。在明清时期的徽州，这种

---

① 吴梅颠：《徽城竹枝词》，抄本，歙县博物馆藏。

礼仪规范很严，表面上看似彬彬有礼，其实包含着严格的尊卑长幼等级。

僧道在与宗族打交道的世俗化过程中，同样被纳入到“礼”的规范中。歙县丰川宋氏始祖宋贶卒于淳熙十五年（1188），与夫人黄氏合葬于歙城后的白莲院，坟前建有定光寺，供佛祭祀。在定光寺僧与宗族长期的交往中，寺僧与宗族的关系处得非常融洽，日久竟成为一家人，每年春节寺僧都要到宋氏祠堂拜年，族长都要亲自相迎、相送，酒席相待，其乐融融。徽州文化博物馆收藏一册手抄《丰川宋氏传流祭祀家谱》，记载了定光寺长老到宋氏宗祠拜年的礼仪细节：

> 正月初十日，定光寺长老来拜年，尊长、族长、年头同在祠堂首接。
>
> —尚书公（按：指宋贶）前自办香烛、拜垫，长老四跪八拜，尊长、族长以及年头转身一揖。座上吃好酒、果盒，用后长老分一半，再吃饭菜二碗。同年头到上门贺节，一分下贺节，回来吃下午面。夜腊酒用一两头烛。
>
> —晚饭菜：豆腐，羊角，粉皮，萝卜丝，腐干，枣三盆，栗三盆，鱼一尾，鸡一只，肉一方，长老、族长、年头各分一半。香资纹银三钱。
>
> —十一日吃早汤，豆腐皮用后到上门吃早饭。煎豆腐，羊角，粉皮，萝卜丝，腐干，针针，枣一盆，栗一盆，对分热油、花椒。香资银五分。
>
> —和尚同年头到村落拜年，长老四跪八拜。吃冻米茶，果盒，枣栗，对分。菜用煎豆腐、羊角、针针，腐皮，萝卜丝，腐干，黄条糕，酒，饭。香资银五分。到屯田四揖揖，同横楼里。同到祠堂里吃夜饭，酒，菜八碗。
>
> —十二日吃早汤，用豆腐皮。用后到一分下吃果子茶。
>
> 菜用豆腐，包，香尽（芹），木耳，针针，粿，芋头，米粉，油果，腐皮，粉糕，小菜，酒。
>
> 祠堂内酒饭，用菜八大碗。吃后，尚书公前作揖，尊长、族长、年头一齐送到门口，一躬。

宗族聚族而居，儿童从小生活在亲属关系网中，其知识和观念不仅来自于父母家庭，也来自族中其他长辈，每个长辈都有责任对后辈进行指导和教诲。尤为重要的是，由于文化发达，商业兴盛，新安教育的普及程度较高，而教育机构大多由宗族兴办。有的宗族还置有专供教育费用的学田。年龄稍长之后，男孩就开始参加宗族内的一些礼仪和祭祀活动。每个族中子弟都在宗族的日常生活、仪礼活动和学校教育中，掌握做人的规范，懂得各种礼节，形成特定的思维模式。

传统社会中的官僚机器在县级以下比较薄弱，无法实施强有力的控制，社会治安的责任在很大程度上由宗族担当。族长根据族规家法行使司法权，许多族长是报请官府批准，具有准官僚的身份。宗规家法不论是否报官批准，在宗族内都具有法律效力。官府也乐意利用宗族组织实施统治，一旦族长将不服管教的族人呈官，一般都要按照族长的意愿惩治，因而族长有极大的司法权。清乾隆《重修古歙东门许氏宗谱》卷8《家规》指出："凡我族人，事之有不平，情或出于不得已，请众于祠，备述颠末，自鼠牙雀角以至财产账目，族长正、副剖析是非，直为处分，各得其平，退无后言。无箠楚之苦，无犯罪之罚，夫复何故而擅兴词讼乎？"[①] 由于族长都是绅衿土豪，加上新安俗重长上的文化氛围和权威导向人格，敢于不服从族长判决的人很少。有的宗族明确规定"戒争讼"："好争非君子之道，争之不已，则必致讼，讼岂盛德事哉？皆无实之辞，甚足以坏人心术，且至费财破家，何益之有？故或有外侮，亦宜静以制动。若以非理讼人，尤为不可。"[②] 甚至强制规定："不许竟烦官府，力逞刁奸。如强项不服，祠正、副奉宗规呈治，毋玷清门。"[③]

宗族礼治还具有保障性职能，一个族人如果受到外族成员的不公正对待或伤害，宗族有责任为他讨取公正。同时，宗族一般禁止族人议论朝政和本县父母官，监督族人按期完税，以使本宗族受到官府保护，或至少不遭受官府刁难。对内，新安宗族注意恤族，对族内的贫寒之家从经济上给予救济，从族产中贷本给族人经商，尤其是投资教育，各族在家规族法上都列有兴办族学，资助族中贫困子弟读书的条文；对乡试、殿试的路费也有补贴的规定，对入学、获得功名考试登科者都有奖励。宗族并有义务保护弱者，禁止"强凌弱，众暴寡，富吞贫，恃尊凌卑"现象的发生。

四、治生重商，行走天下

中国是一个"重农轻商"的农耕国家，在阶层划分中，士农工商，商居最末，在各个方面歧视商人，《明会典》记载："洪武二十四年，令农民之家许穿绸纱绢布，

① 卞利：《明清徽州族规家法选编》，黄山书社，2014年，第149页。

② 道光婺源县《龙池王氏宗谱》卷首《家法》，见卞利：《明清徽州族规家法选编》，黄山书社，2014年，第226页。

③ 万历婺源《萧江全谱》之《附录》卷5《贞教第七》，见卞利：《明清徽州族规家法选编》，黄山书社，2014年，第289页。

商贾之家只许穿绢布。如农民之家但有一人为商贾者，亦不许穿䌷纱。”但在徽州，有一个奇特的现象，就是人们不仅不歧视商人，而且以经商致富为荣，使从商成为风气。

关于徽州重商的原因，大多数学者持“地理环境决定论”，认为新安地处山区，山多田少，不得不外出经商；又由于新安江流域竹、木、茶、漆土特产品和文房四宝等手工产品丰富，为商贸的发展提供了有利条件；同时，新安江流域地处经济发达地区附近，尤其是宋室南迁杭州后，政治经济中心南移，为新安商人兴起创造了条件。但是，全国同新安江流域地理环境相差无几的地区很多，他们都没有达到新安商人所达到的经济实力，所以地理环境不是决定的因素。新安商人开始形成固然同地理环境有关，但一跃成为中国经济的中坚，同徽州人不轻视经商职业的思想观念密切相关。徽州经商风气的形成，同地方官府的提倡和地方精英的鼓励分不开。

新安江流域地处山区，境内群峰竖立，高耸陡绝，开发艰难，即使勉力垦辟，种上农作物，收成也很难保障。山间常有暴雨，有时一天之内降雨量可达100毫米以上。这些雨水顷刻之间泻入盆地，而盆地出口处大都是狭窄的山谷，宣泄不畅，容易造成水灾，冲坏房屋、庄稼，对人民生命财产也有威胁。在如此恶劣的自然条件及生产技术低下的情况下，用力甚勤，所得甚寡。

唐宋以后，随着人口的增多，开始出现收不敷食的情况，百分之七十的食粮仰赖江西和江苏、浙江供给。为了获得换取食粮的货币，徽州人只能充分利用当地山清水秀的自然地理特点，开展多种经营，植茶、造纸、制墨、制砚等，形成土特产丰富和手工业发达的经济特色。粮食不足而盛产土特产与手工业品的经济结构，对商业发展，起到刺激作用。输出特产和手工业品，换回粮食。这种经常性的交换，使新安人不断地积累从商经验。到了明代中叶，新安的经商习气逐步形成。弘治《徽州府志》记载徽州已经有“读书力田，兼事商贾”[①]的风气。六十年之后，嘉靖年间再次编修府志时，经商已不再是“兼事商贾”，经商已经成为徽州人的主要职业。嘉靖《徽州府志》记载：

> 徽之山大抵居十之五，民鲜田畴，以货殖为恒产。春时持余赀出贸，什一之利为一岁计。冬月怀归，有数岁一归者。上贾之所入，当上家之产；中贾之所入，当中家之产；小贾之所入，当下家之产。善识低昂时取予，以故贾之所

① 弘治《徽州府志》卷1《地理一·风俗》。

入视旁郡倍厚。[①]

计一岁所入，不能支什之一，小民多执技艺，或贩负就食他郡者十九。

田少而直昂，又生齿日益，庐舍坟墓不毛之地日多，山峭水激，滨河被冲啮者，即废为沙迹，不复成田，以故中家而下皆无田可业。徽人多商贾，盖其势然也。[②]

“徽人多商贾，盖其势然也”这一句总结性的话，道出徽州人经商是在环境逼迫下，生活出路的必然选择，因此不存在职业的卑贱。

万历时期，是徽州人经商最为兴盛的阶段，开始流传“以贾为生”的谚语。万历《歙志》以“时、势、情”来归纳新安人经商的选择，更是说出了徽州人的心声：[③]

吾邑之不能不贾者，时也，势也，亦情也。太史公之时，江淮以南，地广人稀，食土之毛，人足自给，无事贾也。乃今邑之人之众，几于汉一大郡，所产谷粟不能供百分之一，安得不出而糊其口于四方也？谚语“以贾为生”，意不贾则无生，奈何不亟亟也？以贾为生，则何必子皮其人而后为贾哉？人人皆欲有生，人人不可无贾矣。

地方志是官书，代表了地方官府的观点，编纂志书的成员也都是地方精英，他们的看法为徽州人经商带来宽松的环境，鼓励和促进了新安人走出大山，闯荡商海。

在中国封建社会，人们只看到商人在流通领域高卖低买，赚取中间差价，便认为其奸黠狡诈，不事生产而徒分其利，对商人人格看得很低，诸如“无商不奸”“为富不仁”等对商人评价的负面之辞比比皆是。徽州地方志却从勤俭、尚义两个方面，对新安商人的人格给予肯定。

嘉靖《徽州府志》称徽州商人：

多雍容雅都，善仪容，有口才，而贾之名擅海内。然其家居也，为俭啬而

---

① 嘉靖《徽州府志》卷2《风俗》。

② 嘉靖《徽州府志》卷8《食货·论》。

③ 万历《歙志》卷10《货殖传》。

务畜积。贫者日再食，富者三食，食惟饘粥，客至不为黍。家不畜乘马，不畜鹅鹜，其啬日日以甚，不及姑苏、云间诸郡产相十而用相百。即池阳富人子，犹不能等埒。①

新安商人虽然在外面都穿着优雅，注意仪表，又有口才，以善于经营名扬海内。但他们在家时都很勤俭，家境差一些的一天只吃两餐，富者三餐，只是吃粥而已。就是有客人来，也不备酒招待。不养马乘车，不畜鹅鸭享受。不像苏州、松江等地的人，收获十分，就要用掉百分。就是与徽州相邻的池州富家子弟相比，也不如他们，这种勤俭精神值得肯定。尤其这种勤俭精神，府志将其放在“风俗”里面写，可见是一种普遍的风气，更是难能可贵。

嘉靖《徽州府志》还在人物传中为商人立传，传扬他们的优良品质。如，歙县临河人程仁，经商辽阳，有一位叫经宝的人，获罪入狱，罪当罚款，因家贫，只好将儿子卖给别人当佣人，又将儿媳妇卖给程仁。成交后，程仁得知原委，不忍看其家人离散，将其送回家，不要她归还卖金。经宝用这笔钱交罚款，又用多余的钱赎回儿子，一家得以团聚。祁门商人汪琼，白手起家致富，捐四千金修阊门溪堤坝、河道，后来大水冲毁河堤，又捐金修复。平时还置义田、义冢，修桥等诸多义举。歙县岩镇佘文义，少年时代家境贫穷，经商致富后，自己的生活仍然极为简朴，但对公益事业却是慷慨好义，筑屋十余间，购田 120 亩，设义舍、义田、义冢，救济贫穷，知府为其题写门额“范蔡遗风”。②

明嘉靖以后，新安商人风行天下，徽州人的尚义行为愈来愈多，被世人称誉。清康熙《徽州府志》在人物志中专门列“尚义”门类，重点记载新安商人的“尚义”行为。其“小序”称：

“尚义”一传，旧志所无，顾邑志所载，或曰笃行，或曰质行，或曰乡善，名目不同，为类繁多。兹以府志贵约，不能尽收，爰拔其尤者，作“尚义传”。

尚义多矣，今之所载必取其卓卓可风者，或为桑梓而捐躯，或因公事而捐

① 嘉靖《徽州府志》卷2《风俗》。
② 嘉靖《徽州府志》卷19《质行》。

金千万。观其概，可以例其余矣。

由于新安商人的尚义行为太多，记不胜记，康熙《徽州府志》规定“捐金千万”，方可入传，条件十分苛刻。府志“尚义传”共收80人，除个别人外，均为捐金尚义而入传。“尚义传”后，有一段评论：

吾乡之人俭而好礼，吝啬而负气。其丰厚之，夫家赀累万，尝垂老不御绢帛，敝衣结鹑。出门千里，履草屩，襆被自携焉。乡党有称贷，锱铢升斗见于面。岁时伏腊，必燕饮酬酢，一介不取与，乾糇必报。呜呼！何其细也。然急公趋义，或输边储，或建官廨，或筑城隍，或赈饥邺难，或学田、道路、山桥、水堰之属，且输千万而不惜。甚至赤贫之士，黾勉积蓄十数年，而一旦倾囊为之。呜呼！又何其慷慨好义也！

“对己吝啬，对人慷慨”，是地方志对新安商人的评语，更是对其人格的肯定，无疑也是对新安商人的一种鼓励，是重商思想的体现。

歙县棠樾鲍氏支祠褒扬商人鲍志道的“乐善好施”匾额

康熙《徽州府志》以后，“尚义传”或“义举传”成为府、县修志的必设类目，对商人人格的肯定和褒奖也成为徽州地方志的特色之一。民国《歙县志》就指出：“山多田少，资商为业。商之贤彦以勤苦起家者，类恺悌知善其群，美德可纪。《志》所不遗，今仍之。”① 该志“义举传”收录400余人，基本上都是商人。

新安江流域的地方精英不仅不轻视商人，而且还鼓励徽商创业，为家乡创造财富。万历《歙志》主纂谢陛对《史记·货殖传》进行了认真的阅读，并把司马迁所述西汉时期的商业经济情况与明万历时期歙县人经商的情况进行了对比。指出：西

① 民国《歙县志》卷9《人物志·义行传》“小序”。

汉时期，山西出产木材、竹、谷、纑、旄、玉石，山东多鱼、盐、漆、丝、布帛、文彩；陕西、河北多马、牛、羊、旃裘、筋角、铜、铁、枣、粟，江南、广东、四川出柟、梓、姜、桂、金、锡、连、丹砂、犀、玳瑁、珠玑、齿革、卮茜等；万历时期，河北、山东、陕西、山西所有者，江南也有，而龙目、兔丝、蜂脂、雀舌、酿靛、回青、凝烟、铺雪诸货，则江北所无。西汉时期的大都会，有邯郸、勃碣、临淄、宛陶、睢阳、寿春、江东、三楚；万历时期的大都会，为北京、南京、江浙、闽广诸省，次之为苏松、淮扬诸府，临清、济宁诸州，仪真、芜湖诸县，瓜州、景德诸镇。西汉时期，长安、三河、中山、邹鲁、沂泗等地，地小人多；万历时期江东诸县地小人多，尤其歙县更是地狭人稠。西汉时期的大商人，有倚顿、郭纵，程郑、孔邴、刁间、师史、桥姚、任田、桓发、雍伯，都是河北、山东、陕西、山西人；万历时期的大商人没有超过歙县商人的，虽然陕西、陕西也有人到扬州经商，但人数有限。西汉时期，本富为上，末富次之，奸富最下；万历时期，则是奸富为上，末富次之，本富未下。西汉时期，江淮以南无冻饿之人，亦无千金之家；万历时期就不一样了，就歙县而言，拥有千金资产，比比皆是，多的上万，更富的达到十万、百万。然而，拥有千金资产的人家不过千分之一，拥有万金资产的人家只有万分之一，十万、百万可想而知？至于朝不保夕，则十个就有九个。

通过从“时、势、情”三个方面对歙县人不得不经商的趋势分析后，谢陛接着指出：歙县商人行走四方，足迹遍布天下，大都会以及山区、海岛，乃至孤村僻壤，都有歙县商人的身影，但大商人都是在大都会。从商人经营的形式来说有五种：一是走贩（长途贩运），二是团积（囤积居奇，贱买贵卖），三是开张（广设店肆，开展竞争），四是质剂（经营典当，权子母钱），五是回易（以多易少），下贾、中贾、大贾、贪贾、廉贾皆在其中。总之，歙县商人“其货无所不居，其地无所不至，其时无所不骛，其算无所不精，其利无所不专，其权无所不握”。[①] 当然最大的商贾，要算在扬州经营盐业的盐商。

以上是谢陛对当时歙县商人经商情况的一个宏观分析和介绍。那么，下面一段话就非常有意义了：[②]

---

① 万历《歙志》卷10《货殖传》。
② 万历《歙志》卷10《货殖传》。

廉贾取息甚微，旷日弥久，然而可无后灾，小引日月而富，竟归之。此非太史公所谓布衣匹夫之人，不害于政，归富以时，智者采焉之说乎？然而是难能也。河清可俟，人寿几何，畏首畏尾，身其余几？不有白圭趋时，若猛兽鸷鸟之发者哉？

邑之以盐荚祭酒而甲于天下者，初则有黄氏，后则汪氏、吴氏相递而起，皆由数十万以汰百万者，此其人以视刁间、师史则不足，切恐程郑诸人无以过也。嗟夫！此未必奸富也，而何必廉贾哉。盖法纲虽严，而吞舟决罟，游环无定而跋扈偾辕，岂尽无之？太史公所谓巧者有余，拙者不足，能者辐辏，不能者瓦解耳。

所谓“廉贾”，《汉书·货殖列传》称：“贪贾三之，廉贾五之。”颜师古注引《汉书音义》解释说：“贪贾未当卖而卖，未可买而买，故得利少，而十得其三。廉贾贵而卖，贱乃买，故十得五也。”① 司马迁还用廉吏与廉贾做比较，说：“是以廉吏久，久更富，廉贾归富。”② 意思是：清廉的官吏，可以作得长久；虽然只靠有限的俸禄，但时间积久，长期积累下来，也富裕了。以此例之，廉贾平稳经营，可以长期守业，时间一长，也就富有了，所以说“廉贾归富”。后人将“廉贾”解释为不贪眼前小利而谋长远厚利的商贾。

在新安江流域，廉贾的观点被普遍接受，明嘉靖时杨锡璜所作《寿吴廷简太史母七十寿序》就谈道：“太夫人于归时，赠翁弃儒，营什一之业。千则役，万则仆，称上贾矣。太夫人时劝翁啬取却赢为廉贾。”③ 吴廷简为歙县西溪南人，赠翁即其父。歙县商人江次公，也曾对他的侄子江一凤说：“余闻本富为上，末富次之，谓贾不耕若也，吾郡在山谷，即富者无可耕之田，不贾何待？且耕者什一，贾之廉者亦什一。贾何负于耕？古人病不廉，非病贾也。若第为廉贾。”④ 廉贾取利虽微，但稳妥保险，当然一般人愿意做。但廉贾致富的时间长，等到致富了，人也老了，有钱也无法享受。“河清可俟，人寿几何，畏首畏尾，身其余几？”谢陛发出的感慨是有道理的。要想致大富非得要有冒险精神，要像白圭⑤一样，抓住时机，如猛兽鸷鸟一样迅猛出击。

---

①《史记·货殖列传》，中华书局点校本，1982年，第3274页、3277页。

②《史记·货殖列传》，中华书局点校本，1982年，第3271页。

③《丰南志》卷6《艺文志上·寿序》，《中国地方志集成·乡镇志专辑》，江苏古籍出版社，1992年，第352页。

④ 汪道昆：《太函集》卷45《明处士江次公墓志铭》，黄山书社，2004年，第952页。

⑤ 白圭（前463～前385），名丹，战国时东周洛阳人。被誉为商业鼻祖。其商业经营技巧可以概括为：乐观时变，注意生产动向和市场变化；人弃我取，人取我与，相供求之机办事；以气候变化预测产品丰歉；善抓时机，勤俭经营；智谋果断，以“智、勇、仁、强”为经商要领。

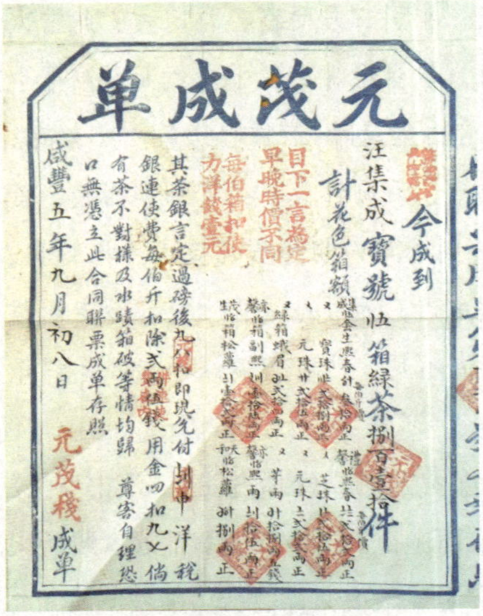

新安商人茶号联票成单

实际上，新安商人中的大商人都是具有冒险精神的创业者。通常所说徽商经营的四大行业——盐、典、茶、木，都是具有极高利润的行业，但风险也大。盐、茶、木在运输过程中，如遇到风雨洪水，或强盗打劫，顷刻本利皆无。明万历时，歙商江遂志就有过这样的经历，他第一次经商，“遭诬税珰，尽没其囊，又舟覆”。第二次经商，“大风坏舟，仅以身免，徒手来归”。两次挫折都未能使其丧失信心，他说：“是区区不得志于时也，乌足难我。”于是，“作焚舟计，尽弃其产，往来金陵、淮阳诸盐荚地，由是起家”。[①] 谢陛以盐业为例，指出歙县的大盐商相继有黄氏、汪氏、吴氏，都是“由数十万以汰百万者”，就是鼓励商人的冒险精神，勇于创业。谢陛还进一步谈到“廉贾”与“能者”的关系，敢冒险不一定就没有风险，只要“巧”经营，就可以规避风险，这才是“能者”所当做的。在新安商人的经营实践中，很多人就是采取“巧”经营，达到了快速致富。休宁县商人汪可训开始经商，动尽脑筋，也只是维持的程度，很难达到致富的目标。于是，“再发《货殖传》读之，笑曰‘是奚足哉’。爰是营心计，凿空自师，大辟奥堂，创所未有……积五年，择人人得，任时时成，饰智智治，隆著拟封君矣”。[②]

对于徽州人不得不通过经商来获得生活出路，地方精英给予同情和帮助，通过各种方式为商人代言，以创造良好的经商环境。弘治《徽州府志》记载：[③]

> 徽素不产银，官赋米绢外，纯用会子。户部忽得嘉熙元年，分茶租折帛钱改作银、会中半。吕午（引者按：歙人）为监察御史，奏免银三万三千二百有奇，仍用旧会。又乞免本州和籴，及语郡守申省，将岩寺镇官废罢，以镇务酒税均为万户，以便居民行商，为乡井无穷之惠。

---

① 歙县《济阳江氏族谱》卷9《明光禄丞乡饮大宾应全公原传》，道光十八年刊本。
② 《休宁西门汪氏宗谱》卷6《太学可训公传》，清顺治十年刊本。
③ 弘治《徽州府志》卷12《拾遗》。

明弘治时期以前，徽州经商风气尚未大兴，这则材料注明出自旧志，以“拾遗”的形式予以专门收录，特别强调“以便居民行商”。

对新安商人的“富名”，嘉靖《徽州府志》解释说：[①]

当其出也，治装一月，三十里外，设形容，袨新衣，饰冠剑，连车骑。若是者，将以媒贷高赀，甚至契领官货。诸见者啧啧就目，徽多富贾，不知其既也。不能偿责，倾是蒙罪戾者，比比皆是。汪京兆循曰："徽之贾售虚名，而受实祸。"其信然哉！

新安商人在家勤俭，出去时，由于经商打交道的需要，不得不穿着奢华，骑马坐车。其实是表面风光，人们所看到的并不是他们自己的财富，有的是通过高利贷借来的，有的则是契领的官货。如果经营结果资不抵债，就要获罪人狱。志书编纂者在这里告诉读者，对新安商人要给予理解，新安商人其实是“售虚名，受实祸”。

康熙《徽州府志》辑录的金声《与徐按院书》把新安商人借贷经商，比喻为农民租赁耕种别人的土地，一旦货款被劫（或者经营失败)，就如同土地沉人大海，拿什么来偿还主人，这不是要了商人的命吗！对新安商人给予极大同情：[②]

郡邑处万山，如鼠在穴，土瘠田狭。能以生业着于地者，什不获一，苟无家食，则可立而视其死，其势不得不散而求衣食于四方。于是乎移民而出，非生而尚贾也。而顾恋宗族坟墓，不能举家迁徙，复运所求于四方之食，食其父母妻子。于是乎移粟而入，非贩而求利也。虽挟赀行贾，实非己赀，皆称贷于四方之大家，而偿其什二三之息。但以运赀于其手，则俨然若如其所有，而以为此民赀也。冤哉！民也。是所挟之赀，非赀也，即如异郡之人所躬耕自食之田也。一朝而劫夺之，如田而陆沉于海矣。且实非其田，而赁于人之田也，一朝而劫夺之，而无以偿于其主，而身命与俱尽矣。

对新安商人在外面给人非常富有的印象，康熙《徽州府志》还解释说：[③]

---

① 嘉靖《徽州府志》卷2《风俗》。
② 康熙《徽州府志》卷8《邮政·附录》。
③ 康熙《徽州府志》卷2《风俗》。

徽人居于维扬、苏、松者，未尝贫，但其生平不一，至故乡而居徽地者，反受富名之累。不惟贫民，并官于兹土者，亦且累于地方之虚名。留心民瘼者，尚其念之。

移居扬州、苏州、松江等地的大商人，不一定穷。居住在徽州本地的小商人，是很穷的，往往受这些大商人的“富名之累”。不仅小商人，就是到徽州当官，同样受累。希望关心民生的统治者，多考虑实际因素，不要为小商人增加负担。为此，在卷 8《邮政》之后，专门附了赵鹤《新安徐公惠贾之碑》、汪伟等《奏疏》、金声《与徐按院书》三篇文章，为商人说话。

《新安徐公惠贾之碑》说的是明嘉靖八年（1529），徽州府推官徐州，罢除官市，便利商人自由贸易。《碑》曰：

新安郡棲万山中，土无金银铜锡之产，户无蚕缫布缕之艺。且远于鱼盐山海，无舟车，不利险阻。市民或负贩四方贾于其家，贾之利亦微矣。挟舟或一金，或十金，或百金，至筹其子之所获，仅刀锥焉。夫列廛而居，贸易而食，以养父母而哺其妻子，皆取足焉。甚矣，贾道之难也，为上者又从而病之，民其何以堪？命矣！新安诸邑，歙为附郭，相沿官市止于郭居之廛，不下其值，故役不告劳顿者。邑有黩货之吏，频于诛求，郭民始援乡廛，以舒己急，而岩镇之贾重困矣。因率而愬诸台史叶公，公谓推府徐公曰：“其成之。”徐公曰：“噫！两贾之讼，由官邪也。正其本，清起源，其无讼乎。”乃为置循环文簿，官互钤印，凡官有所市，令贾自得书之，以需观风之始稽焉。又出令曰：“乡贾之役非旧也，违其家，则夺其妻孥，则废其馈，矧不习官府胥缘为蠹者乎？调停之法，乡之贾于官者，岁不过一月为宜。”令出，两贾咸服。复于叶公，公报可。居半岁，官市稀少，薄无记注。公曰：“是乌用薄为哉？名存实亡，后或有余烬尔贾其奈何，吾为尔贾尽裁罢之。”复上状大中丞陈公。公曰：“良牧之言是也，其著之令。”令下之日，镇贾欢呼，若释重负，若解倒悬。谋所以永公惠者，乃走江都，请载其事于石。

汪伟等《奏疏》，指的是明崇祯十六年（1643）郡人汪伟等上奏朝廷，要求朝廷下令浙江钱塘县和江西浮梁县不得阻止米商船队过境进入徽州事。《奏疏》指出：

徽州介万山之中，地狭人稠，耕获三不赡一。即丰年亦仰食江楚，十居六七，勿论岁饥也。天下之民寄命于农，徽民寄命于商。而商之通于徽者，取道有二：一从饶州鄱、浮，一从浙江杭、严。皆壤地相邻，溪流一线，小舟入叶，鱼贯尾衔，昼夜不息。一日米船不至，民有饥色；三日不至，有饿莩；五日不至，有昼夺。今连年饥馑，待哺与籴，如溺待援。奈何邻邦肆毒，截河劫商，断绝生路，饿死万计。臣等不得不合词仰吁皇仁，以急救倒悬也。

金声《与徐按院书》则是要求江西巡按打击饶州境内抢劫新安商人货物的强盗，《书》称：

自去春遭饶官民之难，外扼吭而内剥肤，郡邑民之出者、入者、行者、居者尽在汤火，其困极矣。上赖祖台高天厚地之怙幸稍安，止世公世侯，固日祝无休也。今饶之贼民日以张，以为入徽行劫不胜其劳，不若一意营寨于其家，而以静待动，从枕席上作贼，刈徽人如菅，而过客必莫能与之争，今势燎原矣。

汪伟等《奏疏》和金声《与徐按院书》所处的时代，正是清兵南下，明王朝处于风雨飘摇之际，各地官吏各自为政，为自己管理区域谋取利益。新安居万山之中，粮食依赖商人从江浙和江西输入，但浙江临安和江西浮梁县阻断进入新安的河道，抢劫商船，不仅危害商人的利益，同时也造成新安江流域的粮食危机。所以徽州人在朝廷任职的官员，纷纷挺身而出为商人代言，要求朝廷干预，打击地方危及徽商经营的行为。而府志将这些文献辑录保存于志书之中，更是提醒统治管理者便民经商。

中国封建社会的“儒”和“官”是相通的。自从朱熹《四书章句集注》成为科举考试的依据，对新安江流域学者科举及第，成为官僚帮助极大。这些人成为统治阶级一员后，对新安无法以农为本的情况了如指掌，对新安商人给予了极大的同情和帮助。早在宋代，在朝的徽州籍官僚，就已经开始为商人代言了。弘治《徽州府志》记载，徽州历来不产银，官赋米绢之外，全部都是用会子（一种纸币）交纳税收。宋嘉熙元年（1237），户部忽然下令茶租折帛钱改作银子、会子各作一半交税。当

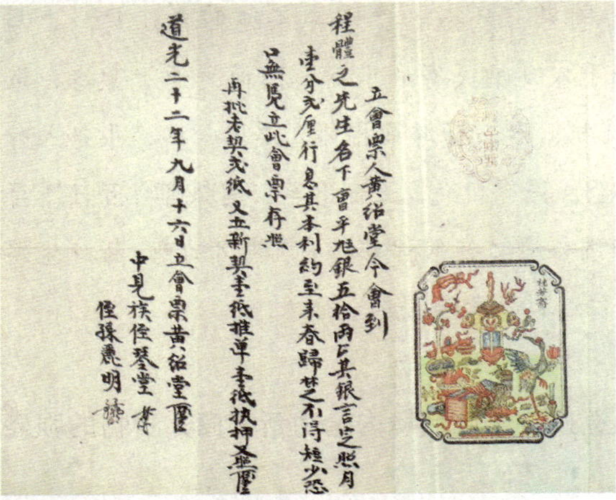
立會票人黄裕堂今會到
程體之先生名下曹平足銀五拾两正其銀言定照月
壹分弍厘行息其本利約至来春歸楚之不得短少恐
口無憑立此會票存照
再批老契弍紙又立新契壹紙推單壹紙执押又照
道光二十二年九月十六日立會票黄裕堂
中見族侄琴堂
侄孫熙明

清道光新安商人会票

时任监察御史的歙县人吕午得知后，上奏要求仍用会子，又请求免除徽州的一些其他杂税。并告诉徽州知州，叫他向行省写报考，将岩寺镇官废除，将镇务酒税均摊到居民身上，以方便老百姓行商。清代歙人官僚王茂荫就因为说了一些有利于商人的话，而受到咸丰皇帝的申斥。

由于“贱商”观念的改变，那些未走上“致仕”之途的新安学子，很大一部分由儒入贾，他们早年所掌握的文化知识，对于以后从事商业活动十分有利。在中国封建社会后期，社会分工不断发展，商业网络日益扩大，商品与货币交织，商品供求关系变化多端。掌握一定的文化知识，有助于在商业活动中分析市场形势、供求需要，从而不失时机地做出正确的判断，以获得厚利。如，绩溪人章策18岁时放弃读书做官，继承父业学习经商，由于对书籍中的经商事例较为熟悉，加上在经营过程中善于学习和运用书籍中营商的经验，因此胆略很大，经营起来得心应手，利润滚滚而来。歙人黄镛，少年时代也是对读书做官很感兴趣，后来弃儒从商，转贩于闽、越、齐、鲁之间。洞悉商品在市场上的占有量，揣摩价格高低，诚信待客，终于成为大富商。新安商人是具有很高文化修养的一个社会阶层，易于掌握经营之道，所以往往权操胜算。

第四章　新安文化对社会发展的影响

第一节　新安学术的历史地位及其影响

中国学术史，按照历史学家吕思勉的看法，分为先秦诸子百家之学、两汉儒学、魏晋以后玄学、南北朝隋唐佛学、宋明理学、清代汉学、现今新学七个时期。[①]从吕思勉对中国学术时期的划分，可以看出中国学术以儒家学说为中心，儒学的地位不被统治者所看重，则儒学的地位便下降；儒学的地位一旦被统治者所尊崇，则儒学的地位就会上升。宋以后，理学与汉学相继崛起，正是儒家学说大行其道，受到统治阶级青睐的阶段。新安文化是宋以后儒家思想在民间社会最集中的体现和典范。作为中国学术史上理学、汉学、新学的三位旗手，朱熹、戴震、胡适都是新安人，被誉为中国学术史上最伟大的里程碑式人物。由此可见，新安学术在中国学术史上的地位何其重要。

一、程朱理学在中国学术史上地位

先秦诸子百家争鸣，儒家学说影响虽然很大，但统治阶级看不上。秦始皇统一全国，为了加强专制集权，施行焚书坑儒，迅速结束了空前活跃的诸子时代。汉武帝即位，接受董仲舒的建议，罢黜百家，独尊儒术，开始了儒家学术统治中国两千年的历史。但以《诗》《书》《礼》《易》《乐》《春秋》为代表的儒家经典，隐晦难懂，难以在庶民阶层流传，并不利于统治阶级对整个社会底层的掌控。而道教源于民间巫术和原始信仰，接地气。佛教提倡佛在心中，可以顿悟成佛，修行办法简便易行。魏晋玄学、南北朝隋唐佛学的流行，也便成为自然。

唐中叶以后，韩愈、李翱和柳宗元等儒家学者，认识到了儒家学说的弊端。韩愈对于佛教的批判，以及他所提出的以“仁、义”为儒学之“道”的内容，以尧、舜、禹、汤、文、武、周公、孔、孟为儒家的传授谱系，并且自己以继道统自任，开儒学讲“道统”之先河，所有这些都启发后来的儒者以一种复兴儒学为己任的意识。李翱的“性情说”，

---

① 吕思勉：《先秦学术概论》，中国大百科全书出版社，1985年，第3页。

以“性善情恶”论为儒家性善论做出的新论证,“复性”的思维方式和把儒学当作“性命之学”的观点,以及融汇儒佛的做法,使理学家们深受启发。柳宗元以阴阳元气为“天道”,以“仁”“义”为“人道”,并由此构筑了一个以“道”为核心范畴的,合天地自然、社会伦理一体化的理论体系,开宋明理学之端绪。

北宋学者大胆抛弃汉唐学者师古泥古的学风,敢于怀疑经书,修改经书,由“我注六经”,走向“六经注我”,注重发挥义理,并敢于发前人所未发。各派学者相互辩论,相互启发。学派之多,成果之盛,与先秦诸子百家争鸣相较,有过之而无不及。正是这种独立思考,大胆立论,讲注义理的学风,才为理学的产生提供了一个相对宽松的思想环境。更为重要的是,不仅怀疑早期传注的权威性,而且结合现实社会需要复兴儒学,抛开传注,直探经文本义。换句话说,儒学复兴的真正出路,不在于对传统传注的因袭,而在于通过注经,阐发与现实相关的微言大义,从而使儒学在内容与形式上都能回到经典的形态。这一思潮的必然结果,不只是对传统儒学以极大的冲击和挑战,而且意味着儒家精神的解放,为抛开传注、自由议论的性命义理之学开辟一条通路。

北宋理学家周敦颐、邵雍、张载、程颢、程颐,被称为“五子”,他们的学说,经朱熹的发扬光大,并延伸到朱熹的弟子、后学,以及整个程朱的信奉者的思想。程颢、程颐都曾拜北宋理学家周敦颐为师,学术思想基本相同,著作被后人合编为《河南程氏遗书》,后世以“二程”相称。他们把“理”或“天理”视作哲学的最高范畴,认为理无所不在,不生不灭,不仅是世界的本源,也是社会生活的最高准则。在穷理方法上,程颢“主静”,强调“正心诚意”。周敦颐称“无欲故静”,也就是说,一个人做到了没有欲望,也就达到了做人的最高境界。“无欲”“主静”带有佛教僧侣主义哲学的意味,程颐觉得“主静”容易堕入佛道,产生误会。于是将“主静”改为“主敬”,《周易·文言》中有一句话叫作“敬以直内,义以方外。”此处的“敬”,是谨慎的意思。“主敬”就是经常保持谨慎的状态,心便能专一而不为外物所诱惑。不论是“主静”,做到“无欲”;或者是“主敬”,始终保持谨慎,都是强调精神作用为主的唯心的修养方法。在人性论上,二程主张“去人欲,存天理”,并深入阐释这一观点,使之更加系统化。二程学说的出现,标志着宋代理学思想体系的正式形成。

朱熹继承和发展了二程思想,建立了一个完整而精致的客观唯心主义的思想体系。他认为,太极是宇宙的根本和本体,太极本身包含了理与气,理在先,气在后。

太极之理是一切理的综合，它至善至美，超越时空，是“万善”的道德标准。在人性论上，朱熹认为人有“天命之性”和“气质之性”，前者源于太极之理，是绝对的善；后者则有清浊之分，善恶之别。人们应该通过“居敬”“穷理”来变化气质。朱熹还把理推及人类社会历史，认为“三纲五常”都是理的“流行”，人们应当“去人欲，存天理”，自觉遵守三纲五常的封建道德规范。朱熹学说的出现，标志着理学发展到了成熟的阶段。

由于朱熹继承和发展了二程思想，建立了一个完整而精致的客观唯心主义的思想体系，故称为程朱理学。程朱理学在南宋后期开始为统治阶级所接受和推崇，经元到明清正式成为国家的统治思想。程朱理学也因此成为人们日常言行的是非标准和识理践履的主要内容。在南宋以后600多年的历史进程中，程朱理学在促进人们的理论思维、教育人们知书识理、陶冶人们的情操、维护社会稳定、推动历史进步等方面，发挥了积极的作用。同时，它对中国封建社会后期的历史和文化发展，也有巨大的负面影响。不少人把程朱理学视为猎取功名的敲门砖，他们死抱一字一义的说教，致使理学发展越来越脱离实际，成为于世无补的空言，成为束缚人们手脚的教条，成为“以理杀人”的工具，从而反映出它的阶级和时代的局限性。

朱熹除了从理论上对儒家道统进行了很好的阐述，建立了一套理论体系。他还有一大贡献，就是将隐晦难懂的儒家经典简单化、通俗化、平民化，改“六经”为“四书”，并作《四书章句集注》，以浅显的语言解释四书要义，为儒家思想的普及服务。改“六经”为“四书”，具有划时代意义。如果说汉唐儒学是“六经”时代，那么宋之后便是“四书”时代。新安理学作为程朱理学的重要支派，为程朱理学在民间的践行，在理论和实践上都做出一系列探索，成为“礼下庶人”的典范。

二、徽派朴学在清代学术思潮中的作用

“朴学”一词，始见于《汉书·儒林传·欧阳生传》：“(倪）宽有俊才，初见武帝语经学。上曰：‘吾始以尚书为朴学，弗好，及闻宽说，可观。’乃从宽问一篇。”汉儒治经，注重名物训诂考据，故名。清代乾隆、嘉庆年间学者继承汉儒学风，世称“汉学”“乾嘉学派”，或“乾嘉考据学”，徽派朴学则是其中的佼佼者。

徽派朴学的兴起推动了清代乾嘉考据学的繁荣。以戴震为代表的新安朴学家的思想和学术水平是中国18世纪的高峰标志，不仅影响新安江流域，还成为整个清代的学术风气。自从新安学术自立一派，师师相承，著书立说，枝高荫广。学术传人

戴震藏书楼

也越过区域界限而遍布全国。影响之大，称盛一时。清史《戴震传》称戴震的学术成果有三个方面的内容，一是文字学，二是数学，三是典章制度。戴震去世以后，文字学由高邮王念孙、金坛段玉裁继承发扬；数学由曲阜孔广森继承发扬；典章制度由兴化任大椿继承发扬。王、段、孔、任都是戴震的学生，均为清代学界的代表人物。尤其段、王把戴震的文字学发扬光大，影响所及，至今不衰。段玉裁把他的学问传给女婿龚丽正及外孙龚自珍，王念孙传其子王引之。俞樾私淑王氏父子，俞樾高足有章太炎，章太炎大弟子有黄侃、吴承仕，黄侃一系的弟子又有陆宗达、殷孟伦、徐复、洪诚等。当代钻研文字训诂学者，也大都深受这一派的影响。追溯源头，均始于戴震。

戴震一生中最重要的贡献在哲学领域。他的哲学观点主要体现在两部著作中：一部是《原善》3卷，写于乾隆二十八年（1763）；另一部为《孟子字义疏证》3卷，原名《绪言》。[①] 南宋以来，以朱熹为代表的程朱理学在中国哲学思想史上占统治地位。17世纪学者开始体会到程朱理学的不合理，王夫之主张气为本体，理为气用，颜元则认为理和欲是统一的。戴震继承了先辈学者的观点，对程朱理学进行了彻底的清算。

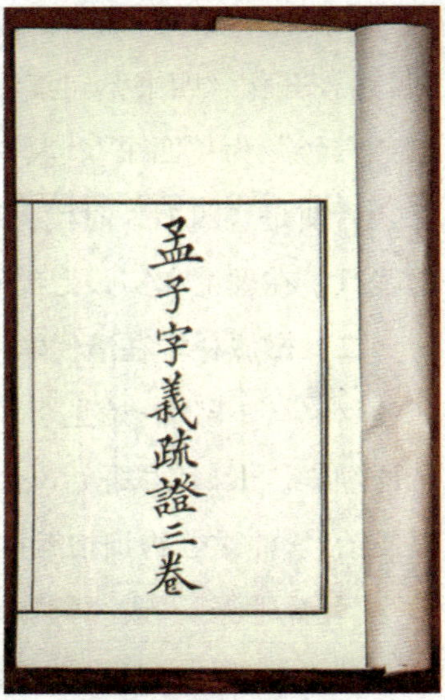

戴震《孟子字义疏证》书影

在理气观上，戴震用气化说批判了朱熹的理本体论。戴震认为，阴阳五行是天地万物本体，“气化

① 题为《绪言》的著作，见于汤志钧校点：《粤雅堂丛书》；收录于上海古籍出版社1980年出版的《戴震集》。

流行，生生不息”，[①]是自然界发展的根本规律，此外没有任何东西可以称为本体的。他说：“天地间百物生生，无非推本阴阳。《易》曰：‘精气为物。’曾子曰：‘阳之精气曰神，阴之精气曰灵，神灵者，品物之本也。’因其神灵，故不徒曰气而称之曰精气。”[②]所谓百物生生，推本阴阳，就是以阴阳之气为天地万物本体。这种观点颜元和李塨实际上已有所预示，但却未树立为一种哲学。戴震不但大胆抛弃作为天赋实体而存在于心的“理”的概念，而且坚持唯物主义的立场，认为唯有“气”才能解释一切现象。

戴震的另一贡献是对“理”作具体深入的分析，从而批判了朱熹的唯心理论。他认为，理是事物的规律，规律是具体的，不是抽象的，在事物之中，而不在事物之外。这就唯物地解决了理和气、理和物的关系问题。他说：“理者，察之而几微必区以别之名也，是故谓之分理；在物之质，曰肌理，曰腠理，曰文理；得其分则有条而不紊，谓之条理。”[③]他利用自己在文字学方面的特长，以解释字义的方式，明了理是具体的这一唯物主义观点。他还根据《诗经》中“有物有则”这句话，强调指出，理者事物之理，不能脱离事物而存在。[④]要做到能区别“理”，除依靠事实外，别无他策。事物的原理不可能依靠“内省”或“沉思”而显示出来，也不可能如宋儒所说的那样“顿悟”。只有经“博学，审问，慎思，明辨，笃行”，才能认识万物之理。总之，事物之中存在着一定的规律和原则，而这些规律和原则是可以认知和预见的。理并不是什么天加于人的物质性的东西，理体现于人的各种表现之中，甚至在所谓较低级的情感中也显示出来。

在“理欲之辨”这个理学的核心上，戴震大胆地提出“人欲即性”的思想，无情地揭露和批判了理学家提倡的“存天理，灭人欲”的禁欲主义思想，并且揭露了这种学说的有害的社会作用。比 17 世纪的一些思想家如何心隐、李贽、王夫之、颜元更为坚决彻底，因而表现出强烈的战斗精神。宋儒的一贯做法是：将欲念与“气”或物质联系起来，从而贬低了欲念，并且教导人们，尽量减少人欲，或加以抑制。戴震对此进行了批驳。按照戴震的看法，在理想的社会里，人欲和感情可以表现出来。

---

① 戴震：《孟子字义疏证·天道》。
② 戴震：《孟子字义疏证·理》。
③ 戴震：《孟子字义疏证·理》。
④ 戴震：《孟子字义疏证·理》。

他提出了欲、情、知三者皆性的思想，他说："人人生而后有欲，有情，有知。三者，血气心知之自然也。给予欲者，声色臭味也，而因有爱畏；发乎情者，喜怒乐也，而因有残舒；辨于知者，美丑是非也，因而有好恶……是皆成性然也。"[①]用欲、情、知三者说明人性，这是戴震以前任何一个思想家所没有的，这是他的一个贡献。三者之中，戴震把欲提到首要地位，说成是性的基础，因而表现了感觉论的特点，这一点对于批判理学思想，具有重要意义。

戴震认为，"理存乎欲"，"天理"是离不开人情、人欲的，不能离开人们的生活去空谈性理，也不能用绝对精神的"理"来禁锢人们的正当欲望。他指出程朱所倡导的"理"，不过是尊者、贵者，长者用以欺骗和压抑卑者、贱者、幼者的工具。"尊者以理责卑，长者以理责幼，贵者以理责贱，虽失谓之顺；卑者、幼者、贱者以理争之，虽得谓之逆。"[②]这种"去人欲，存天理"，恰恰是"以理杀人"的统治意识，它和"酷吏以法杀人"并无本质区别。"人死于法，犹有怜之者；死于理，其谁怜之"？[③]揭露了程理学借口"理义"名教残酷杀人的本质。戴震深信，古代统治者给予人们满足欲望的余地，以进行统治，"尧、舜之忧四海困穷，文王之视民如伤，何一非为民谋其人欲之事"。[④]他断言，即使伟大的品质，如"仁""义""礼""智"都不过是人类基本本能"食""色"的简单扩大而已。或者是"怀生畏死"的自然欲求，而除了这些自欲求之外，那些品质就无处可寻了。进一步讲这些美好的品质是"道"的显现，人欲也是"道"的体现，"饮食男女，生养之道也，天地之所以生生也"。[⑤]"道"是变化和活动的无休止的过程；"欲"亦然。因此，善并非无人欲，是人欲的有秩序的满足和表现，人们在生活中就是要认识这个规律，并把握这个规律，"节而不过"[⑥]这样才能使欲望得到正确的发挥。减少或压制人欲的企图，在戴震看来，会造成伪善、不公道，以及无数的其他社会弊病。清代中叶，是考据学发展的兴盛时期，考据学家一致公认戴震为其学派的领袖人物，但对戴震的哲学思想，理解的人并不多。只有洪榜、章学诚、凌廷堪、焦循、阮元等为数很少的几个人意识到戴震哲学思想的

---

① 戴震:《孟子字义疏证·才》。
② 戴震:《孟子字义疏证·理》。
③ 戴震:《孟子字义疏证·理》。
④ 同《孟子字义疏证·权》。
⑤《原善》卷下。
⑥《孟子字义疏证·理》。

重要性，但对戴震哲学思想的本质认识不清。戴震的高足弟子段玉裁、王念孙继承和发扬了戴震在语言文字学上的成就，却对哲学毫无兴趣。这使得戴震的哲学思想终有清一代，都没有能得到继承和发展。直到20世纪开始，戴震哲学思想接近科学和民主的实质，才逐渐被人们所认识。

梁启超评论戴震的《孟子字义疏证》：①

>《疏证》一书，字字精粹……综其内容，不外欲以“情感哲学”代“理性哲学”，就此点论之，乃与欧洲文艺复兴时代之思潮之本质绝相类。

三、新安学术与新文化运动

新文化运动按照《中国学术流变史》的说法，划分为两个时期。以民国八年(1919)的五四运动为界标，五四运动以前属于初期，以提倡民主和科学为中心内容；五四运动以后带有新民主主义性质，以传播、学习、研究马克思列宁主义为主要内容。②

辛亥革命成功，军阀割据，战乱频繁。知识分子因此惶惑、徘徊，甚至消极、悲观。民国四年（1915）9月15日，《青年杂志》在上海创刊。创刊号有一篇由主编陈独秀撰写的《敬告青年》，这篇具有发刊词性质的文章，揭露了社会的种种黑暗，号召广大青年同“陈腐朽败”的思想决裂，以推动中国社会的发展进步。陈独秀在文章中还极力推行“主权”和“科学”，抨击尊孔派鼓吹的“保存国粹”。次年，杂志易名为《新青年》，12月，编辑部迁北京，很快团结了一批进步知识分子，如李大钊、鲁迅、胡适、钱玄同等，成为新文化运动的中心。

《新青年》杂志的创办，得到了绩溪人汪孟邹的大力支持。先是光绪二十九年(1903)，汪孟邹在芜湖开办省内第一家新式书店——芜湖科学图书社，支持陈独秀主编《安徽俗话报》。一度陈独秀将编辑部搬到汪孟邹的图书社二楼，这样一来，陈独秀与汪孟邹便有了更多的接触，建立起了深厚的友谊。辛亥革命之后，陈独秀建议汪孟邹到上海去开书店。汪孟邹接受了陈独秀的建议，在上海四马路惠福里开办了亚东图书馆。民国四年（1915），陈独秀由日本东京回到上海，向汪孟邹提出自

① 梁启超著，朱维铮校注：《梁启超论清学史二种》，复旦大学出版社，1985年，第34页。
② 雷绍锋：《中国学术流变史》，湖北人民出版社，2000年，第301～304页。

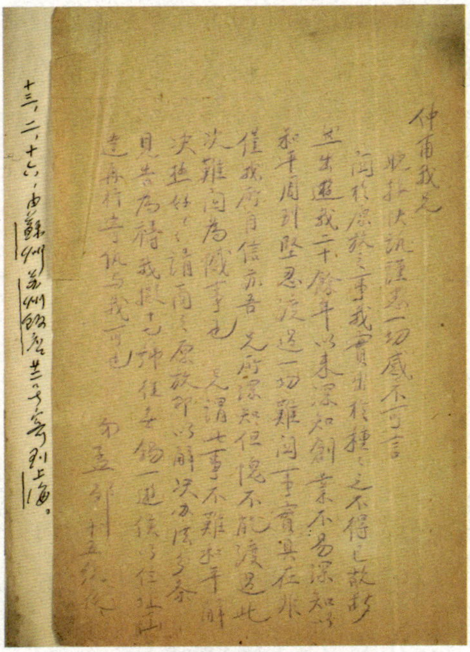

汪孟邹致陈独秀信函

已打算在国内再办一份新杂志。汪孟邹当时没有力量做，于是介绍给群益书店出版发行，这就是《新青年》杂志。《新青年》杂志发起新文化运动，宣传倡导民主、科学。发表的重要文章，有陈独秀的《驳康有为致总统总理书》，胡适的《建设的文学革命论》，毛泽东的《体育之研究》，周作人的《人的文学》，李大钊的《庶民的胜利》，鲁迅的《随感录四十》。在中国共产党成立后，《新青年》成为中共中央正式理论性机关刊物，以传播、学习、研究马克思列宁主义为主要内容

以汪孟邹为主人的亚东图书社，为新文化运动鼓与呼，做了不少事情，对扩大新文化运动的影响做出很大贡献。民国四年，亚东图书馆接受章士钊在日本创办的《甲寅》杂志，从第五期起，出版发行皆由亚东全权负责。《甲寅》杂志举“反袁”大旗，在当时的中国知识分子中产生极大的影响。胡适与陈独秀相识，并经陈独秀推荐成为北大最年轻的教授，也是因汪孟邹的牵线搭桥。[①]

新文化运动的鼎盛时期，很多图书都是由亚东图书社出版发行。民国八年（1919），出版胡适译《短篇小说》第一集和《孙文学说》；民国九年，出版胡适《尝试集》（新诗）和汪原放标点的《水浒传》《儒林外史》，以及田寿昌、宗白华、郭沫若的《三叶集》（通信集）；民国十年，出版胡适的《胡适文存初集》，汪原放标点的《红楼梦》《西游记》，高语罕的《白话书信》；民国十一年，出版胡适的《先秦名学史》（英文本），陈独秀的《独秀文存》，汪静之的《蕙的风》等。至1937年抗战前夕，亚东图书馆成了以胡适、陈独秀为代表的新文化的策源地。汪原放标点的古典小说，都有胡适等名家的序言和跋，使胡适创造了一个“新红学”派系。民国二十四年（1935），亚东图书馆与求益书社重印《新青年》杂志，请蔡元培和胡适题词，胡适的题词是：

---

① 胡成业：《胡适与出版家汪孟邹》，《合肥教院学报》1999年第1期。

"《新青年》是中国文学史和思想史上划分一个时代的刊物，最近二十年中的文学运动与思想改革，差不多都是从这个刊物出发的。"

在新文化运动中，胡适的作用不可忽视。他倡导和领导文学革命，成为新文化运动的干将，同时也是中国近现代学术史上重要的领军人物。他融合中国传统儒学，以及西方学术的精髓，形成了中西兼容的"科学方法"，即"大胆的假设，小心的求证"。开创白话文学，倡导文学革命。成为那个时代的先知先觉、引领风气之先的大师。胡适在新文化运动中的历史功绩主要有三条：第一，是反对文言文，提倡白话文。为着推进白话文，他对中国现代汉语语法不仅有过总体谋划，而是对标点符号的试行也有具体的研究。第二，是整理传统文化遗产，拓展现代学术领域。他有一句专门术语，叫"整理国故"。主张用历史的眼光扩大研究范围，用系统论的方法来整理国学资料，用比较研究的方法来整理研究。他撰著《中国哲学史大纲》《先秦名学史》《白话文学史》《戴东原的哲学》《中国思想史》等专著，对《红楼梦》《西游记》等名著的考证，特别是以大半生精力对《水经注》学术公案的重审，做的都是整理祖国传统文化遗产工作，贡献卓著。第三，是输入西方现代化思想，推动中国文化转型。他是"实验主义"哲学家杜威的弟子，他认为杜威的"实验主义"哲学注重实际效果，是可用的思想工具，力图用它来解决中国的现实问题。他还积极宣扬易卜生的批判精神、自由思想和个性解放。

如果说胡适引领了新文化运动，歙县吴承仕则是中国较早以历史唯物主义的观点，研究经学和古代历史的学者。他早年拜章太炎为师，在音韵训诂和古代名物制度考辨方面造诣很深，与章氏另一著名弟子黄侃并称为"北吴南黄"两大经师。在文字、音韵、训诂研究上，他将汉至唐近百家音韵分别辑录整理出来，然后参校典籍原文进行辨证，最后成书25卷，序录1卷，后缩简为7卷出版，名为《经籍旧音辨证》。这是一部音义互证的训诂专著，更是一部经学研究的工具书。在经学研究方面，最突出的成就是对古代名物制度的探索。他以自己"小学"研究的成果做工具，广采浩繁典籍资料做参证，深刻探求中国历代典章制度的特点与规律。承继考据学派江永、戴震等治学方法和传统，精研音韵、训诂，详考古代典籍中的名物制度，尤其是对《仪礼》《周礼》《礼记》的研究，在资料的搜集、研究的规模、学术见解等诸多方面无人匹敌，代表作有《三礼名物》《三礼名物略例》。

歙县陶行知是近代中国教育家。为提倡新教育，五四运动前夕，与胡适等一道，代表北京大学、南京高等师范大学、新教育社等团体，先后邀请美国教育家杜威、孟禄来华讲学，传播介绍西方新的教育思想。同时，进行办学实验，民国九年(1920)，举办了南京高师也是中国高校的首期暑期学校，培训教育干部和教师，连办三年。创办私立南京安徽中学并亲任校长。创设南京昆明学校，也是第一所平民初级学校。民国十二年，发起组织中华平民教育促进会，开始了他为之奋斗终身的平民教育和乡村教育事业。民国十六年，在南京郊区创办了中外闻名的试验乡村师范学校——晓庄师范，实践他所创立的“生活教育”理论。并提出了“社会即教育”“生活即教育”“教学做合一”的生活教育理论。陶行知毕生从事平民教育事业，提出“以教人者教己，在劳力上劳心”的口号，并且真正做到身体力行，同贫苦学生同劳动、同甘苦。主要著述有《中国教育改造》《斋夫自由谈》《行知书信集》《行知诗歌集》等。

四、新安学术带来的社会影响

新安江流域本为教育发达之所。元代赵汸称 :

> 自井邑田野，以至远山深谷，居民之处，莫不有学、有师、有书史之藏。其学所本，则一以郡先师朱子为归。凡六经传注、诸子百氏之书，非经朱之论定者，父兄不以为教，子弟不以为学也。是以朱子之学虽行天下，而讲之熟，说之详，守之固，则惟新安之士为然。①

这既说明了新安教育的繁荣，也说明了新安学术对教育的影响。实际上学术与教育之间是相互影响、相互促进的。重视教育的传统是学术得以发扬光大的温床，而学术的发展一方面需要教育的发达，另一方面也进一步繁荣了教育。

学术的繁荣，使得儒家伦理道德思想深蕴于新安社会生活。作为社会教育的乡约，集中地反映了士大夫阶层和理学家们对平民教育的重视，依地缘关系或血缘关系建立的乡约，都把道德教育作为重要的活动内容，乡约宣讲的内容主要是皇帝圣谕，目的是广教化而厚风俗。伴随理学思想影响的逐步扩大，社会教化逐步加深，新安人越来越自觉地以儒家伦理指导自己的日常行为，光绪《婺源县志》卷3《风俗》所云 :“至朱子得河洛之传，以居敬穷理启迪乡人，由是学士争自濯磨以冀闻道，

① 赵汸 :《东山存稿》卷四《商山书院学田记》，景印文渊阁四库全书，台湾商务印书馆，1986年。

风之所渐，田野小民亦皆知耻畏义。”在新安江流域，《朱子家礼》最受器重，各宗族均以此书作为补充和改造所行家礼的规范。新安各族祭礼多准《家礼》而行，《寄园寄所寄》卷11云：“新安各族聚而居，……姓各有宗祠统之，岁时伏腊，一姓村中千丁皆集，祭用朱文公家礼，彬彬合度。”其他礼节如冠礼、婚礼等，无不如此。

朱熹画像

朱熹在礼俗的教化方面之所以发挥这样大的作用，与他对礼所持的原则性和灵活性有关。打开《朱子语类》有关礼的内容可以看到，贯穿其中的精神实质是“礼时为大”和制礼“必须酌古今之宜”。他指出：“古礼繁缛，后人于礼日益疏略。然居今而欲行古礼。亦恐情文不相称，不若只就今人所行礼中删修，令有节文、制数等威足矣。”[①]在有人向他请教“丧礼制度节目”时，他回答说：“恐怕《仪礼》也难行。如朝夕奠与葬时事尚可。未殡以前，如何得一一恁地仔细？只如含饭一节，教从哪里转？哪里安顿？……某怕圣人出来，也只随今风俗立一个限制，须从宽简。而今考得古礼仔细，一一如古，固是好；如考不得，也只得随俗不碍理底行去。”[②]在实际行动中，朱熹重视的不是礼的具体形式，而是礼所体现的原则，他主张在现时通行的礼俗的基础上，删去“碍理”的内容而保留不碍理的仪节，以形成一种新的规范化的冠婚丧祭礼节。这种态度比食古不化的一味要求恢复繁琐的古礼的立场更易为人接受。新安宗族正是在朱熹的礼仪原则指导下，以《朱子家礼》为蓝本，将原先流行的习俗加以因革损益而成为符合儒家理论的“家礼”，完成了礼俗的儒教化。通过对各种礼节的参与，新安人的伦理意识不断深化，日常生活也逐步礼化。

儒家伦理物化象征的牌坊，更说明程朱理学在新安的影响。在新安江流域，牌坊是与民居、祠堂并列的闻名遐尔的建筑。建筑牌坊以表彰儒教价值观所判定的优

① 朱熹：《朱子语类》卷84《礼一》。
② 朱熹：《朱子语类》卷89。

秀人物，是传统社会里的惯常举动，不独新安为然，但在其他地区，却不可能发现像新安江流域这样数量如此众多的牌坊。这一方面是由于拥有众多富商大贾的新安容易筹集建坊所需经费，另一方面则是由于礼教对新安社会的影响特别深。可以说，牌坊正是新安文化的一种物化象征，是新安文化的缩影和特质的显示。

新安理学与阳明新学合流，王阳明提出的“格物致良知”，认为商人、田夫、市民、村夫都具有“良知”。致良知，是使心本有的良知不被私欲遮蔽，充分开拓充实。这样，人人就可以为贤为圣。圣贤功夫从庙堂、书斋走向市井、村落。王阳明提出：“虽终日做买卖，不害其为圣为贤。”① 由他提出的这些儒学的经济伦理是前所未有的。显然是当时四民职业观松动的一个注解，也是他企图打破传统的“荣宦游而耻工贾”价值观的一个举措。因此，他的致良知说，为商人、窑工、樵夫、灶丁、田夫等民众所乐于接受。不少人投到他的门下，并为弘扬与发展其学说做出贡献。

新安是以程朱的故乡，程朱理学对当地的影响深远。但是，阳明心学对儒学的修养简易直接，尤其是其抬高商人地位的经济伦理，也被新安商人所乐于接受。歙县竦塘黄崇德家境并不是太宽裕，开始想走读书做官致富的科举之路。父亲对他说：“象山之学以治生为先。”于是，黄崇德按照父亲的意思，前往山东经商，终于成巨富。黄崇德受教于父时，阳明心学还没有出现，王阳明尊重商人的学说是后话。

明代文学家汪道昆是歙县人，与王阳明的著名弟子王畿、王艮等生活于同一时期。他家祖父辈以上世代为农，祖父辈始以经商富家，可谓是亦儒亦商的家族。汪道昆23岁中进士，历任朝廷和地方大员，与当时文坛领袖王世贞并称“南北两司马”，可谓亦宦亦士。他对王阳明极为推崇，称其学为“绝学”，说：“王文成公崛起东越，倬为吾党少林。”② 他与王阳明的弟子王畿、焦竑等多有交往，也亲历了阳明心学在徽州的广泛传播。晚年乡居18年，完成《太函集》120卷，书中收有他写的71篇徽商传记。汪道昆对当时新安社会重商观念的勃兴和新安人普遍经商的现象作了生动记载和深刻阐述，鲜明地表达了他对商人、儒商关系及其伦理价值的新看法。他说：“大江以南，新都以文物著。其俗不儒则贾，相代若践更。要之，良贾何负闳儒，则其躬行彰彰矣！”③ 在他看来，新安文化发达，同时儒贾并重，儒贾各有其用，

① 王阳明：《传习录拾遗》第14条。
② 汪道昆：《太函集》卷97《(致)王子中》。
③ 汪道昆：《太函集》卷55《诰赠奉直大夫户部员外郎程公暨赠宜人闵氏合葬墓志铭》。

"贾为厚利，儒为名高"。可见，在他的眼中，商人只要以儒家伦理为原则，并不负于儒士。他也是以此为标准来评价商人的。如，他在给休宁商人程长公作传时说："余别有志，余惟乡俗不儒则贾，卑议率左贾而右儒，与其为贾儒，宁为儒贾。贾儒则狸德也，以儒饰贾，不亦蝉蜕乎哉，长公是已。弱而当室，唾手而致素封，则良贾也。"上述看法也代表了当时新安商人、士人乃至一般民众的看法，这在《太函集》的商人传记中多有反映。

新安学术也涵养了贾而好儒的商人风范。谈起新安商人，其儒商形象给世人留下了极其深刻的印象。商人家庭出身的大儒汪道昆谈及此说："新都三贾一儒，要之文献国也。夫贾为厚利，儒为名高。夫人毕事儒不放，则弛儒而张贾；既则身飨其利矣，及为子孙计，宁弛贾而张儒。一弛一张，迭相为用，不万钟则千驷，犹之转毂相巡，岂其单厚计然乎哉，择术审矣。"[①] 毫无疑问，这种亦儒亦贾的独特风格，是深受儒学思想影响使然。这也可从新安商人在各地建立的会馆中，必将朱熹牌位与本地保护神汪华牌位一同供奉中得到佐证。据张海鹏、唐力行两先生分析，儒学对新安商人的影响表现在以下三个方面：[②]

第一，在"儒学之盛"的新安，很多商人受过儒学教育，掌握了一定的文化知识，这大大促进了徽商商业活动的开展。具体表现为：在他们的经商活动中，大都善于审时度势，决定取予；运以心计，精于筹算；善于分析市场形势，分析自然和社会诸因素对供求关系的影响，从而在取予进退之间不失时机地做出正确的判断，以获得厚利；具备了一定的管理和组织才能，增强了经商才能。

第二，"业儒"出身的商人，在经营活动中，多以儒道经商。这是商人舍小利而谋大利，从而迅速起家的一个奥妙所在。新安商人自幼受儒学教育，儒家的一些道德说教，成了日后他们立身行事的指南。因此，他们能"以诚待人""以信接物""以义为利"。当然这些"诚""信""义"，只不过是他们求得"快快发财""一本万利"的手段。但以儒术建立起来的商业道德，利于生意兴隆和发财致富是不容置疑的。

第三，儒学思想还深深影响了新安籍学者的经济思想，而这些思想又对商业的发展起了积极的推动作用。生活于商贾之乡的新安名儒，冲破传统思想的藩篱，提

① 汪道昆：《太函集》卷52《海阳处士金仲翁配戴氏合葬墓志铭》。
② 张海鹏、唐力行：《论徽商的"贾而好儒"特色》，《中国史研究》1984年第4期。

出了商、农“交相重”的思想。这种思想否定了农为“本”、商为“末”的观念，认为商与农不存在“轻”“重”之分，而应该是“壹视而平施”[①]的“交相重”。这虽然是在商言商，为商人谋利的思想，却大大促进了商业的发展。

正由于新安商人贾而好儒，因此，都大力支持教育事业，关心新安的文化建设，从而为新安文化的发展做出了重大贡献。

不容忽视的是，浓郁的儒学氛围和深厚的儒学思想，尤其是程朱理学的影响，也禁锢了新安商人的视野和经商活动，阻碍了新安商人的向前发展。促使商人直接攀附封建政治势力，凭借封建政治特权在流通领域谋取厚利，从而影响商业资本向生产领域的投入，导致商贸活动带有更加牢固的封建性。另一方面，程朱理学促使新安商人与封建宗族势力的紧密结合。新安商人视朱熹为“圣人”，朱熹的思想和言论成为新安商人思想和行动的准则。在这里商人的封建宗族观念极深，他们乐意将其一部分商业利润资助于维护宗族统治的各项事业，这势必消耗了一部分可以用于扩大商业经营的资本，使其输入到封建性的非流通领域，使资本的出路多了一条刻有封建印记的管道。

第二节　新安宗族社会与近世宗族制度的产生

一、宗族社会的形成

宗族是以父系血缘关系为纽带，并按照一定规范结合起来的社会组织形式。最初在社会上层实行，与政治制度密切相关。商周行宗法制，氏族的财产和权力都是按照内部血缘关系来加以分配。春秋时宗法制度遭到破坏，然而权力仍归世家大族，直至魏晋隋唐时期，世家大族一直占统治地位。尤其魏行九品中正之法，世重门第，政府选拔官吏，首先看出身。北宋开始，宗族制度与政治制度脱钩，宗族制度由上层向基层渗透。在理学家们的倡导和朝廷的支持下，一种区别于商周及魏唐世家大族制度的新的家族制开始形成，它以尊祖、敬宗、睦族为宗旨，根据理学的伦理纲

① 汪道昆：《太函集》卷65《虞部陈使君榷政碑》。

常制定宗规家法，约束族众。“尊祖”必叙谱牒，“敬宗”当建祠堂，“睦族”须有族产赈济。有谱，有祠，有田，成为这种新的家族制度的特征。新安先贤程颐、朱熹尤其重视宗族伦理，朱熹还撰修《家礼》等书，制定了一整套宗法伦理的繁礼缛节，用以维系与巩固宗族制度，并编纂有《婺源茶院朱氏世谱》，推动和促进了徽州宗族社会的形成。

歙县潜口金紫祠

(一)编纂族谱

谱牒是记载家族世系繁衍和本族成员事迹的文献，它伴随着家族制度的产生而出现。谱牒萌芽于商代，形成于西周，与宗法制度同步发展。商周谱牒为君王诸侯和贵族所独有，是血统的证明，为袭爵和继承财产服务，随着宗法制度的瓦解而衰绝。魏唐时期，世重门第，选拔官员须稽查谱牒，婚姻缔结讲究门当户对，谱牒则是作为官员升迁、判断门第高低的依据。随着科举制度的实行，朝廷用人主要根据考试成绩，不再重门第出身，因此谱牒也不再具有选官、品人作用。随着唐末五代的战乱，世家大族式家族组织逐渐瓦解，谱牒也再次趋于衰绝。

新安士族基本都由北方迁入，除了个别姓氏有不同的支派从不同的地点迁入以外，大多数均为同宗、同源派衍而出，聚族而居。出于对世家大族历史的留恋，很多士族都带有保留着魏唐时期的谱牒，随着近世宗族制度的逐渐形成，更是修谱之风盛行。从现有记载来看，新安宗族修谱之风，大都始于宋代，以南宋为多。如，吕氏有谱始于北宋天圣七年（1029），朱氏有谱始修于北宋开宝七年（974），许氏有谱始于北宋嘉祐元年（1056），余氏有谱始于南宋咸淳三年（1267），张氏有谱始于南宋嘉定年间（1208 ~ 1224）等等。

随着以尊祖、敬宗、睦族为宗旨的近世家族制度的形成，宗族设立谱局开始成为家谱编纂的主要形式。从个人私纂家谱到宗族设局修谱，这种纂修家谱形式的改变，体现了近世家族制度形成的过程。是否设局修谱，成为检验宗族统治是否完善的标准之一。新安江流域是中国近世家族制度形成较早，宗族统治较为严格的地区，根据笔者对新安江流域汪、程、吴、江、黄、李、鲍、胡、陈、许、郑、方、朱、余、王、周、叶、吕、唐、冯、韩、宋、张、姚、查、谢、洪、何、潘、罗、范等30余姓氏家谱所作考察，[①]宗族设局修谱约始于明嘉靖前后，在此之前基本属于以个人之力纂修家谱。入清以后，大部分是设局修谱，个人独力纂修家谱的现象极少，就是有也多为钞本。

宗族设立谱局一般由族长或族中长老发起，然后合族众议，推举修谱主事人员，订立修增条规，着手编纂。谱局内部人员有明确分工。明嘉靖四十三年（1564）婺源县大畈汪氏修统宗谱，设立谱局，确定汪湘、汪隆、汪锫、汪道真、汪伦、汪长卿、汪同文、汪元吉 8 人专职修谱事宜。汪湘为主修，负责审定全书，兼管经费；汪隆、汪锫负责来人接待和刊印工作，同时负责出纳；汪道真、汪伦负责各支派世系图和文稿的监催；汪长卿、汪同文、汪元吉负责各支派世系和文稿的考辨，然后交主修裁正。

道光八年（1828），遂安县姜氏宗族修谱，建立谱局、明确资金后，明确分工，有序纂修。姜际文《重修姜氏宗谱序》记载：[②]

> 自戊子重修而后，合立承先一祀，以作后来谱资之会。虽微利无多，聊佐支度于一二，则鼓舞兴工，视曩日之拮据，从事者难易判然矣。……开局于睦旺敬义堂，叨卓然圣斯诸叔祖共襄厥事，赴功各循各职。若海川则以董戒胜其事，若聚五、遇九、嗣周则以总理展其财，眷录、封勘、冠侯、宝廷、侯周等之不

① 翟屯建：《黄山市博物藏家谱提要》，《徽州社会科学》1996年第3期、第4期，1997年1～4期，1998年第1期。
② 民国《新定渭川姜氏宗谱》卷首《姜际文<咸丰七年重修姜氏宗谱序>》。

辞其责也，徵钱、理杂、余庆、荣乡、良求等之各殚其心也。传也、赞也、文也、铭也，了如指掌；生也、娶也，卒也、葬也，炳若日星。不数月而工已告成。

黟县环山余氏于清宣统三年（1911）设局修谱，“公举族尊仰文为总理，举荣为总纂。荣自顾年老，难以独任，举曙驻局纂修。暎青、克勋、香浦、素庭、稼荪及予儿萼楼分纂，柏山、瑞鸣、尔常、允骧、维周、椒甫、锡三协修。余则调查有人，缮写有人，各司其职”。①

修谱条规一般有三个方面的内容：一是修谱依据，二是入谱规定，三是经费收支。由于“五代以还，不崇门阀，谱牒之学，遂绝不传”。②宋以后，家谱虽得以续修，但对祖源及支派迁徙说法多有抵牾，故修谱以何说为据是很重要的。明嘉靖《婺源大畈修统宗谱谱局条规》规定：“本局以春坊旧谱为据，婺以本家为据，休以西门所开为据，黟以黄陂为据，外省以望族为据。”③明隆庆歙县许村东支许氏修《新安歙北许氏东支世谱》，谱局认为“今修统谱屈吾祖四世，三尺之童尚羞等列，而况吾祖在天之灵乎”！于是弃统宗谱不用，取洪武旧谱，“反复雠校，伯昇公以上，缘辑旧文，不敢更改一字；以下据次续编，亦不敢附会己意”。④入谱规定是指哪些内容可以收录入谱，哪些内容不得入谱，这在一般的修谱凡例中都有详细的说明。但对收费规定大多数家谱没有记载，笔者仅见几例，如，《环山余氏宗谱》共印了90部，“每部合价约三十金，各族丁之领谱者缴价三分之一，余由会储支贴”。⑤《婺源大畈修统宗谱谱局录例》规定如下：

凡收支输费定例，新支节旧图者，每丁输费银伍分；新支接旧头及各宗注实迁者，每丁输费银一钱。族大丁多至千计者，止算存丁；以百计者，存殁俱算。其有果系贫族而不能以费，狥不计。刊传文，每字一百，输费一钱……统宗刊成，刷印分给各宗，每书一部，定例输费纸价工费银三两，大族给三部止五部。如

① 余攀荣：《环山余氏重修族谱序》，《环山余氏宗谱》，民国七年木活字本。
② 胡应麟：《少室山房笔丛》庚部《华阳博议》卷39，景印文渊阁四库全书，台湾商务印书馆，1986年。
③ 康熙《方塘汪氏宗谱》，稿本，黄山市徽州文化博物馆藏。
④ 许可复、许凤翊：《新安歙北许氏东支世谱》卷末，《续修东支世谱说》，明隆庆六年刻本。
⑤《环山余氏宗谱·议单大要》，民国七年木活字本。

无丁费，受书一部，议费伍两。[①]

建德三都镇寿峰村《里陈陈氏宗谱》则规定：

凡吾族嫡派子孙生黉男者，于七日之期随输干谷拾斤，贮众生息，为奕世修谱之赀，当即备注年庚日时并祖父世系，以便日后修谱排行之用。如有吝啬不输，排行编定，不许纷更挨入，既自放礼法之外而处于非类，于人何尤？倘或过期越岁，即加息倍输议定不收，以惩其始念之弃宗也。是例于今续谱之际肇始，由是而后，合族之中，玉笋兰芽，垒垒而成，生生不息，则千万世修谱之资，不患无其具矣。然尤望族之贤达任理之善耳，则于门高大之基意在斯乎，意在斯乎！[②]

新安地区是典型的宗族社会，各族为了纪世系，叙昭穆，辨亲疏，明确后裔辈分及其尊卑嫡庶等级，普遍撰修氏族家谱。一般族中修谱，十年或二十年一次，修期视各族的经济能力而定。久不修谱，视为不孝。朱熹曾说："人家三代不修谱，则为不孝。"[③] 许多名宗大族每隔一段时间就会修一次族谱。如《歙西溪南吴氏世谱》要求族众"谆谆修族谱、修茔志，近则三五年，远则三五十年，以其本固而末不摇。"[④]

新安江流域遗存下来的族谱数量极为丰富，根据《中国古籍善本书目》《中国家谱总目》，以及国内各大图书馆的藏书目录，整个新安江流域各地现存元、明、清和民国时期纂修的族谱，总计约有 2000 多种。有郡谱（《新安名族志》）、县谱（《休宁名族志》）、合族之谱（《许氏统宗世谱》）、分支之谱（《休邑敉宁刘氏本支谱》）等不同谱式，又有族谱、统宗谱、世谱、世牒、支谱、房谱、家乘、家谱等不同的名称，几乎没有无谱之族。赵万里指出："传世明本谱牒，大都是徽州一带大族居多，徽州

① 转引自康熙《方塘汪氏宗谱》，稿本，黄山市博物馆藏。

② 建德三都镇寿峰村《里陈陈氏宗谱》，民国木活字本；转引自《建德县志（1978～2005）· 严州历代文献辑存》，浙江人民出版社，2011年，第226页。

③ 吴烨等：《休宁璜源吴氏族谱序》，万历七年刻本。

④ 吴元满：《歙西溪南吴氏世谱》，明末清初抄本；转引自赵华富、谢坤生：《徽州文化之根在中原》，《河洛文化与汉民族散论》，河南人民出版社，2006年。

以外绝少。”[①] 一些大族所修之谱，不仅刻印工精，且卷帙浩大。如乾隆十八年(1753)刊印的《休宁古林黄氏重修族谱》8 卷，每卷长 51 厘米，宽 315 厘米，共重约 15 千克。又如《新安武口王氏世系谱》40 册，卷帙盈箱，轻易不能搬动。徽州至今留存下来的谱牒之多，是全国任何一个地区都不能相比的，这是公认的事实。

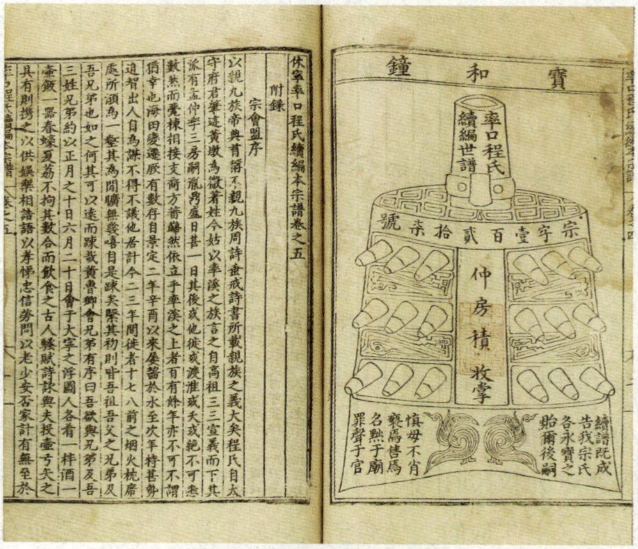

明万历《休宁率口程氏本宗谱》

明嘉靖以后，当宗族把修谱作为宗族统治的手段，对家谱的管理开始有了规定。明隆庆《新安歙北许氏东支世谱》记载：[②]

> 给谱往往有不才子孙贪贿妄售，遂使乱宗，深为可惧。今议于谱尾书共计谱若干部，纸几百叶，以千字文编号，署号于谱面。有愿领谱者，先期开报姓名送局，俟编讫通刻于后，曰某字号某房集领贮，听其送名先后以为次序，庶支派得清而娇伪者，无所售其私矣。

领谱人领谱要办理一定的手续，宗族则在专门的簿子上详细登记所领家谱字号及领谱人姓名。祁门善和程氏《仁山门衍庆录》后，就附有清乾隆十二年(1747)的领谱登记。根据此领谱登记，乾隆《善和程氏仁山门程氏支谱》按“根深枝茂，源远流长”八字为序，每字 8 号，共 64 部。每部均有领谱人登记情况。为了保证家谱安全，不被蛀鼠咬及霉腐损坏，每年还对家谱进行定期验谱检查。祁门善和程氏的《验谱规例》规定：[③]

---

① 天津《大公报》,《图书副刊》1934年2月第12期。
②《新安歙北许氏东支世谱·凡例》,明隆庆六年刻本。
③《善和程氏仁山门程氏支谱》卷末,清乾隆十二年刻本。

> 查旧谱各家所领多有遗失，因年久未验，不能深究。旧谱存者则给新，失者不给，仍将存失开明于后。自今各领新谱并所存旧谱及和溪谱公，递年腊祭之日，同赍至祠，照号众验。倘有遗失，务必追究。如系失于收藏，至风雨鼠坏等情，定行议罚。若属盗卖，则照和溪公所立凡例议黜，断不轻恕。倘遇兵火大故，致失落者，不在罚例。

《仁山门衍庆录》载有验谱的具体记录，时间是从乾隆十二年(1747)开始，最后一年的验谱记录是民国三十五年(1946)，年年查验，二百年不辍。从记录来看，查验是非常认真的。如《根字一号》下注："有壬戌(1682)谱存，自丙子年丁卯(1747)允仪带往外，收回。"《根字八号》下注："此谱嘉庆六年(1801)为东山讼事呈官，七年取回。"《源字六号》下注："咸丰乙卯(1855)，因粤匪扰乱，帮藏扬舟山，被匪焚烧。此记。"由此可见，善和程氏对家谱管理的严格和细密，同时可以看出宗族对家谱的重视。

(二)建立祠堂

朱熹在设计近世宗族制度时，单独设《祠堂》一节，提出将祠堂立于正房的东面，设四龛，各奉高祖、曾祖、祖父和父亲四代。[①]朱熹所主张的"祠堂"，是近世宗族祭祀祖先的场所。这在宋代主要是家祠，少数宗祠。如休宁藏溪汪氏祠堂，"宋汪时若、汪士良等建，以奉其先"。[②]歙县瀹潭方氏宗祠，"宋时已建祠祀祖"，明嘉靖三十六至四十二年（1557～1563）重建。[③]另有休宁古林黄氏宗祠、竹林汪氏宗祠、泉源谢氏宗祠等。[④]限于资料，对于这些祠堂是否完全是后世意义上的宗祠，还很难做出判断。程敏政就曾指出："礼之废也，祭为甚。盖中百以来，诸侯卿大夫率无庙以奉其先人，而况其下者乎？至文公朱子制《家礼》，易庙为祠堂，使事力可通乎上下，而礼易行。然当时仅讲授于师生闾里之间，其说未广也"。[⑤]严格意义上说，朱熹讲的"祠堂"未脱离寝室，只能算是"家祠"，而非以宗族名义建立的独立建筑"宗

① 朱熹：《家礼》卷1《通礼·祠堂》。
② 弘治《徽州府志》卷10《宫室》。
③ 方承训：《复初集》卷24《瀹潭宗祠记》。
④《新安黄氏大宗谱·古林黄氏宗祠碑记》、道光《休宁县志·氏族·祠堂》。
⑤ 程敏政：《篁墩文集》卷14《赵氏祠堂记》。

祠”。休宁泉源谢氏宗祠，根据明代曹嗣轩编撰的《休宁名族志》，泉源谢氏自称出自南唐金吾上将军谢诠之后，其世系为：谢诠—谢端（次子）—谢昌—谢谦（始迁休宁土湧，即泉源附近）。从谢诠生活的南唐到北宋熙宁二年（1069）谢氏宗祠的建立，只有百余年的时间。宗祠建立之时，谢氏始迁休宁泉源时间也不到百年，此时的祠堂，准确地说，应属于“家祠”的范畴。在此后日趋规范的祖先祭祀的社会实践中，家祭成为与祠祭、墓祭并存的三种形式之一。从神坛到家庙、祠庙，社屋以及寺院道观祠堂，最后发展到祭祀真正意义的宗族祠堂，这一演变过程直到明代中叶，新安宗族制度完全建立。

明嘉靖年间，允许庶民建家庙，宗祠开始盛行。据弘治《徽州府志·宫室》记载，徽州一府六县“作专构以礼先”的祠堂仅15处，即府治1处，歙县5处，休宁5处，婺源2处，黟县1处，绩溪1处。[①]而稍后的嘉靖《徽州府志》与弘治《徽州府志》的相关记载相比有很大不同，不仅宗族祠堂的名称由“祠堂”“堂”变为“宗祠”，且数量有了大幅度增长，由15处增至213处，即歙县67处，休宁36处，婺源50处，祁门31处，黟县11处，绩溪18处。[②]嘉靖《徽州府志》修纂与弘治《徽州府志》仅相隔60余年，前后记载的对比，大体反映弘治以后徽州兴建宗祠的基本情况。

到了清代，凡大族皆有宗祠，分房还有分祠，家有家祠。许承尧在《歙县志》中称：“邑俗重宗法，聚族而居，每村一姓或数姓各有祠，支分派别，复为支祠，堂皇闳丽，与居室相间。”[③]2009年第三次全国文物普查统计，建德县境内祠堂有180余座。[④]祠堂类型不同，规制也有所不同。宗祠为一族总祠，一般为三进，第一进仪门，第二进享堂，第三进寝室。仪门又称门厅，祭祀时供鼓乐之用；享堂是祭祖举行祭祀礼仪和宗族议事的场所；寝室用于供奉祖先牌位。支祠规制与总祠一样，只是支族祠堂规模一般要小一些。有些支祠省去仪门，但如果某支族出了大官，或经商暴富，所建祠堂有可能超过总祠。家祠一般无寝室，简陋一些的连仪门也没有，只存中进享堂与宅居相连。

① 弘治《徽州府志》卷10《宫室》。

② 嘉靖《徽州府志》卷21《宫室》。另，常建华：《明代宗族祠庙祭祖的发展——以明代地方志和徽州地区为中心》，《中国社会历史评论》（第2卷），天津古籍出版社，2000年。

③ 民国《歙县志》卷1《舆地志·风土》。

④ 严州文化丛书编委会：《古代建筑·概述》，天津古籍出版社，2011年，第3页。

遂安姜氏支下7派，均各有祠堂，其中三处称渭滨堂，其他称忠孝堂、敬一堂、萃宗堂、萃和堂。休宁茗州吴氏宗族有宗祠葆和堂，其五大支派均立有分祠，支派下各分房又有祠。黟县的西递村除宗祠敬爱堂之外，还有其他祠堂20多座。全村以敬爱堂为中心，按血缘亲疏分为九个支系，每系都有自己的支祠甚至房祠。每个村庄都以祠堂为中心，以辐射的形式向四周发散，从而将整个氏族村落凝聚在一起。黟县南屏南屏村，全村共有30多座祠堂。在村前横店街长约200米的一条轴线上，至今就保留有8座祠堂。其中，有属于全族所有的宗祠，也有属于某一分支所有的支祠，还有属于一家或几家所有的家祠。祠堂是祭祖的场所，也是族人团拜的地方。通过祭祀、团拜活动，可以使血缘关系不至于淡薄，宗族内不同阶层的人都在宗族关系下集会，祠堂成为维系宗族团聚的纽带。祠堂还是执行家法宗规、惩治族众的场所，起到法庭的作用，是封建社会基层统治的重要补充。

歙县昌溪吴氏员工支祠

歙县呈坎（今属徽州区）贞靖罗东舒先生祠系呈坎前罗一个支祠，整个祠堂共四进四院，祠宇轩昂，气势恢宏。北侧有杂院、厨房，南侧设置女祠，总占地5亩余。祠堂内面宽26.51～29.6米，长79米，建筑面积（包括女祠）3300余平方米。罗东舒祠始建于明代嘉靖间，因故中断，迨至万历间续建。历经五载才落成。当祠堂全部竣工后，发现后寝被大堂遮蔽，有失对祖宗的尊敬，于是，在后寝屋顶上立柱加盖一阁楼，这样便使整个祠堂更显巍峨气势。阁楼珍藏历代恩纶（圣旨、黄榜、诰封等），以及更换下来的灵位等，故名宝纶阁。

歙县棠樾鲍氏敦本祠始建于明嘉靖四十年（1561），清乾隆末，富商鲍志道见祠宇摧残剥落不堪，就与儿子鲍漱芳发起重建。祠堂建设工程于清嘉庆二年（1797）动工，六年后全部竣工，称为敦本堂支祠。敦本祠坐北朝南，三进五开间，五凤楼门厅，辉煌伟丽，甚为壮观。祠内屏门上，刻有邓石如所书《鲍氏五伦述》全文。祠内寝堂左右两壁，嵌有书法刻石数十方。其间主要有刘墉、梁同书、黄钺书写的《鲍氏义田记》三种书帖体式。祠内享殿前正中是一块镌刻清嘉庆皇帝三道上谕的“感恩碑”，碑文记载了当时的一起盐务的公案，是研究新安商人的宝贵资料。

建德县赤姑坪村积庆堂为该村叶氏宗祠，建于清康熙十九年（1680），其后多次修缮，建筑坐西北朝东南，占地389.03平方米，由三进、四个厢房及东北侧合院式侧屋院落组成。建筑为二层传统砖木混合结构，硬山双坡顶，石库门，无正门，只在西南侧开一偏门。建筑面阔三间，第一进进深三柱两间七檩，五架抬梁带前双后单：第二进进深三柱两间六檩，五架抬梁带前双后单；第三进进深四柱三间九檩，五架抬梁带前后双步。侧屋为三合院，二层传统砖木混合结构，硬山双坡顶，面阔四间，进深两柱一间四檩。装修精细，牛腿雕刻仙人、狮子、鹿等，第一进搭有四柱戏台，五架梁上有“和合如意”图。该宗祠格局规整，建筑风格独特，用材粗大，做工考究，牛腿雕刻精美。

在新安江流域还有一种女祠，这在全国其他地方比较少见。如歙县潭渡黄氏、呈坎罗氏均建有女祠。歙县棠樾鲍氏女祠面积宏大，气派非凡，甚至超过了敦本祠的规模，是新安女祠的典型代表。棠樾女祠名清懿堂，清嘉庆年间鲍启运因敦本祠供奉的都是男性，便遗命儿子鲍有莱另建女祠供奉女性。女祠五开间，三进二天井，门厅五开间，大门两边八字墙上饰以精致砖雕，后进寝堂高出享堂1．08米，外观非常雄伟。

除了宗祠、支祠、家祠、女祠外，新安地区还有一些特殊形式的行祠，专祀某名人。例如，程灵洗行祠。程灵洗是正史入传的第一位新安江流域名人，更是新安江流域的程氏显祖，受到历代程氏后裔的崇拜。但大家到篁墩世忠庙去祭拜程灵洗，总是不方便，于是便想出了将程灵洗的神灵请到自己的乡里来祭拜的主意。于是各地的

“世忠行祠”开始不断涌现，如歙县槐塘、婺源龙山、休宁汊口乾龙山等地，都建有“世忠行祠”。所谓“世忠行祠”也就是为程灵洗神灵修的“行宫”，可以让程灵洗神灵在自己的乡里住下来，便于乡里百姓祭拜。这种“世忠行祠”，后来也被称作“世忠庙”。屯溪前园渠东的程灵洗行祠，始建于明正统年间。面积为554平方米，砖木结构，正堂有四根楹柱，东西共有八槛。前瞰石溪，右临水渠。后来又增建寝室。广厦回廊，虹贯勾连。建筑宏伟，颇为壮观。前面原来还有一座牌坊，石雕精美。现在这座行祠已经作为程大位纪念馆的一部分，布置为“覃思堂”珠算资料馆。

(三)设置族产

族产是宗族的公有财产，是维持家族制度的物质基础。包括土地、耕牛、山场、祠堂、族学等生产和生活设施。其中又以族田最为大宗，成为宗族经济的主要来源。朱熹一生致力于近世宗族制度的建设，在《家礼》中，对于祠堂存在和延续的物质基础相当重视，系统地提出了具体的规定：

> 初立祠堂，则计见田，每龛取二十之一以为祭田。亲尽则以为墓田。后凡正位祔者，皆仿此。宗子主之，以给祭用。上世初未置田，则合墓下子孙之田，计数而割之。皆立约闻官，不得典卖。”

捐献祭田或墓田，是族众必须承担的一种宗族义务。朱熹的话，对于新安人来说，就犹如经典，奉行不悖。

见于文献记载的新安族产，北宋时期就有。北宋歙州人许元，多年为官，“性孝友，所得俸禄，悉以给宗族”。[①] 南宋时期，捐献族产的事例，开始多了起来。南宋初年，休宁县许文蔚一生从政，把积累起来的财产，不留给子孙而是捐给宗族。[②] 休宁旌城人汪泳，乾道间进士，家中有数百亩田，留给几个弟弟一半，留下百亩备家族岁时祭祀，多的全部捐献给了宗族。[③] 宝祐时休宁人金文刚，将捐献给族里的田分为两类，一为祭田，作宗族祭祀之用；一为义庄，所产赈济宗族中贫乏者，并制定了

① 嘉庆《绩溪县志·人物志·经济》
② 道光《休宁县志·人物·儒硕》。
③ 道光《休宁县志·人物·宦业》。

管理规则，以求永远。婺源庆源詹公昌设置孝义庄，以救济族中贫者。[①]

要想使宗族能持久发展，必须增加宗族共有财产，这是新安大族的共同想法。一些族人为了祭祀祖先，纷纷捐助田地。绩溪《盘川王氏族谱》记载，宋时王氏就有墓地400余亩。此处的“墓地”不是仅指坟墓，而是包括了收入用于祭祀、可耕种的土地。婺源茶院朱氏为祭祀朱熹，捐献了祭田100亩。南宋时期，新安人对读书参加科举有比较强烈的愿望，一些大族于是捐资助学。祁门城东人汪浚，在画绣坊旁边建义学，聘请老师教授学生，并设义田作为常年的开销经费。[②]绩溪六都人汪龟从，在狮子峰建义学，拟朱子义学遗规，置田为学费。[③]黟县人汪绎，在家乡设义仓，救济族中穷人。[④]

明中期以后，随着新安商人的发展和宗族的繁荣，宗族族产得到长足的增长。族产的来源和支出，都有了一套完善的管理制度。宗祠向族众征收进主、添丁、婚嫁、入祠等银两是族产来源之一，遂安县凤山茂峰吴氏规定：“祠内谱成之后，支下生子娶亲，征新丁银一钱；嫁女不论长幼，征花红银四钱；每年秋冬书名者，出文五分，秋冬祭祀日交众，违者倍罚。”[⑤]绩溪县旺川曹氏规定：[⑥]

> 每进一主，定银一两，先进交纳能干簿，方许进主，其主龛付能干银四分代办一式，如私自录入拣出，外罚银一两。凡捐资入祠至百金者，夫妇中龛配享，五十金者另像中龛配享。凡在生乐助银入祠至十两五两者，生殁后照则颁胙，助田者依时康公品价颁胙亦如之。再醮之妇，如无后者，不许入祠，或有后而为子者，不忍父之无配享，又不忍母之无祭祀，愿出银五两入祠者，通情准入。凡无后有继，殁后进像照常例外，家资厚者每像外加银五两，中者三两，最下者一两，方许进主，无胙。

宗族大力提倡族众在行有余力的情况下向宗族捐献财产，“或贾有余财，或禄

① 《新安名族志·詹》。
② 同治《祁门县志·人物·义行》。
③ 嘉庆《绩溪县志·人物·宦业》。
④ 嘉庆《黟县志·人物·宦业》。
⑤ 《凤山茂峰吴氏族谱》卷4《祠事》，清光绪九年刻本。
⑥ 曹成瑾等：《曹氏宗谱·凡例》，民国十六年旺川敦睦堂木活字本。

有余资，尚祈量力多寡输入，俾族众尽沾嘉惠，以成巨观”。[①] 明末祁门一都胡村人胡天禄，“幼贫而孝，孺慕终身不忘。后禄操奇赢，家益丰。以族有思本祠祀先祖以下，遂构报本祠祀其亲。先是族人不戒于火，焚其居，禄概为新之。又捐金定址竖建宅第于城中，与其同祖者居焉。又输田三百亩为义田，请缙绅先生序之，订为条例。蒸尝无缺，塾教有赖，学成有资。族之婚者、嫁者、丧者、葬者、嫠妇无依者、穷民无告者一一赈给。大约皆师范希文法。曾孙征献缵绪遗志，亦输田三十亩，益有余而增未备，厥有祖风。”[②]

族产来源还有一种情况是众存族产。出于赡养、祭祀，甚至风水保护等方面的考虑，不少家族在诸子均分家产时，墓地、墓山、阳基山及部分养老田地都不能分析，也不得典卖，作为家族公产世代留存。如绩溪《胡氏宗谱》中《六架祖宗合立禁养荫庇基墓山地文约》记载，[③] 南宋庆元四年（1198），龙川胡氏宗族二十一世祖胡之纲的子孙分家析产时，众存祖墓山地有：始祖胡焱墓，地 70 步，山 3 亩；十世祖胡

黟县卢村祠田

① 《茗洲吴氏家典·家规》，黄山书社，2006年。
② 康熙《祁门县志》卷4《孝义》
③ 转引自赵华富：《徽州宗族研究》，安徽大学出版社，2004年，第316页。

思谦墓，地4亩；胡之纲墓，地1.5亩。众存荫护阳基山有：汪盃石山、水口石山9亩，白石山等处共19亩。有些家族共产也会以转卖的方式并入宗族，成为更高一级的血缘组织的公产。

族产是宗族赖以存在和强大的基础，在新安宗族社会的影响下，流域境内大山，多系各族祠产。越是势力强大的宗族，族产的比例往往越高。对这些田地和宗族公有的房屋、林木进行管理是宗族的重要工作之一。族产的收入多用于祭祀、办学和周济贫穷族人等。1949年，土地改革以前，新安江上游的徽州耕地1183477.46亩，其中宗族拥有耕地169431.49亩，占耕地总数的14.72%。[①]

二、宗族的组织结构与管理

(一)组织结构

迁到新安江流域的士族多以自己的始祖或迁祖为中心，集居繁衍，形成宗族，常以族姓命名居住地。当原居地发生地狭人稠矛盾后，始分居他乡。一般一族聚居一村，也有按房系分居几村，有的累世同居。宗族设族长，族下各分房设房长，分房下拥有数个至数十个独立小家庭。有的宗族设有宗子作为祖宗代言人，是一族的精神领袖，主持祭祀大典。没有设宗子的宗族，由族长集两任于一身，既代祖宗立言行事，又统管全族事务。由于村落和族姓相连，往往族长又兼村落首领。在宗族制度下，多种家庭结构模式并存。主要有四种：

一是共祖家庭。即在同一个祖父母支持下，数代同堂，将许多小家庭聚于一处，成员可多达数百人。南朝歙县人鲍安国，富甲于乡，兄弟10人，宗族300余口同居，人称其居室为“十安堂”。

二是直系家庭。这种家庭以共祖父的成员合为一家，三代同堂，子孙多合籍、同居、共财。其世代组合少于共祖家庭，规模也小于共祖家庭，因而比共祖家庭容易维持。《新安歙北许氏东支世谱》记载，许文才继承父亲的事业，与弟弟许昶一起经商，资产愈来愈雄厚。始终与弟弟不分家，每一分钱都记账，不私自下口袋。后来因为母亲年迈，于是回到家中建房子，奉养老母亲。

三是主干家庭。这种家庭以直系亲属为主干，其成员包括一对夫妻及其父母、未成年或未婚子女等。主干家庭与直系家庭的区别在于第二代的兄弟分财分居。所

① 安徽省农村工作部：《安徽省土地改革资料》，1954年。

分财产来源有三：其一是祖上遗下的产业，其二是分居前第一代创置的家业，其三是分居前第二代所创立的家业。清顺治十一年（1654），休宁商人汪正科立下《汪氏阄书》，将家中资财析为五份。这些资财既有汪正科原来所接受的遗产，也有他经商所挣下的产业。这五份家产，一份是留给自己以备养老之需，并言明自己死后三个儿子均分。一份给嫡长孙。其余三份由三子占阄分。这样，汪正科的直系家庭就裂变为四个核心家庭。如果汪正科夫妇与长子同居，那么就构成为一个主干家庭和两个核心家庭。

四是核心家庭。这种家庭的成员包括一对夫妻及其未成年或未婚的子女；也可能还没有生育子女，仅是一对夫妇。核心家庭是同财共居亲属的最小组织，也是形成其他类型家庭的开端。

(二)宗族管理

宗族主要通过制定宗族社会行为规范来加强管理，即族规。明代中期，随着商品经济的繁荣，各世家大族为巩固宗族制度，加强宗族统治，促进宗族兴旺发达，纷纷制定族规。族规均由以族长为核心的房长、乡绅和文会统治者制定。这些族规大都收编于谱牒中，也有少数宗族将其单独付印，以便保存和应用。为使族人知法守法，按照族规的规定处事，许多宗族都在元旦、春秋二祭或月朔定期宣讲族规。有的宗族还将写有族规的牌匾悬挂在祠堂内。歙县呈坎村（今属徽州区）罗东舒祠内至今完整保存《新祠八则》牌。

族规家法，多从表彰善行、杜绝恶习、明确职守、重视名教四个方面，形成一个控制族人的法规体系，保障宗族社会稳定运行、发展。其基本内容体现封建阶级本质的纲常伦理和关于职业当勤、崇尚节俭、重视教育、济贫救灾、抚孤恤寡、遵守法纪、和睦邻里、禁止闲游、禁止迷信、禁止赌博、尊敬耆老、戒溺女婴、禁止偷盗、保护林木等传统精神文明的精华。主要内容是规范个人的道德行为，体现在忠义、孝顺、友悌、勤劳、节俭、礼貌等条规中，以维持家庭和睦相处，以及家族生存发展。族规明文禁止一些不良行为，规定族人对家族公共事务的义务和权利，以加强家族向心力和凝聚力。确定有关祠堂、祖坟、祭祀、族田、修谱等与家族成员有关的各项事务，并告诫子孙要处理好家族与外族、地方、国家的关系。

《潭渡孝里黄氏族谱》卷4《家训》，分为家训识语、孝敬、亲睦、修齐、教养、跋家业遗训、敦睦堂家规引、讲乡约建言、示子修等读书之道、自警语等部分，近

2万余字。《潭渡孝里黄氏家训》对“修身齐家治国平天下”的传统进行了很好的总结，结合家族特点，进行了具体化，教育族人如何做人、做事，各项规范要求明确，可操作、能监督。涉及遵守礼仪，长幼有序，热情礼貌；不得游手好闲，玩物丧志；待人要忠厚，不得跋扈乡里；不能有坏心术，不读邪书、不交坏人，不作违法之事；勤俭持家，不得沉溺酒色，沾染酗酒赌博、搬斗是非、诓骗奸盗等不良习气；科举入仕以后，要体恤百姓，为民做主，在族内也不能恃贵自尊，要带头倡行尊祖睦族。其中有关族人行为规范条款如下：①

> 子弟幼者，必后于长者，言语必有伦序。应对宾客，不得杂以里俗方言；不得戏谈乐道、议人长短；不许谈人闺阃。及他省外府者，亦不得轻言妄谈；不得谑浪败度，背手跷足，勾肩搭背，以陷于轻儇；不得信口唱歌，率意胡行，以致流为游手游食之人。又当思家业之成，难如升天，须以俭素是绳是准，不得与人炫奇斗胜，彼以其奢，我以吾俭。年未二十五者，衣皆布素。即使富贵高年，亦不得以绌帛为亵意、行缠等类，暴殄天物。其棋枰、双陆、词曲、虫鸟之类，皆以蛊心惑志，废事败家，一切皆当弃绝，不得收畜。至于俗乐戏术，诲淫长奢，不可令子弟观听肄习。有类此者，神而明之，均应痛戒也。

《潭渡孝里黄氏家训》其中最核心的内容是孝义传家，忠信待人，造福天下，最核心的思想在于教育子孙后代以知书达理修身立命，遵守规矩为家族争光。《潭渡孝里黄氏家训》是中华优秀传统文化在一个家族传承的一个典范，对现在人们的道德修养和世界观可以提供有益启迪。

在管理形式上，为了形成和强化族众的宗族信仰，各宗族在宗祠按期举行的祭祖仪式，以及祖宗坟墓的祭扫仪式都特别隆重，以培养对祖先崇拜观念。祭祀过程神圣庄严，尤其是对祭祀的起始时间及着装都有严格规定。歙县许村许氏祭祀祖先，时间定在黎明五鼓之时（即凌晨四点），参祭人员衣冠必须整齐，并且由两名仪礼生负责检查。如果到时候祭祀没有开始，要追究轮首的责任。祭祀迟到者，或衣冠整者，要罚其不得领胙，并记在《瘅恶簿》。如果三次违规，则以不敬之罪处罚。参加祭祀

① 歙县《潭渡孝里黄氏族谱》卷4《家训》，清雍正九年刻本。

人员必须是族中年满十五岁的男丁，礼赞生一般是在 15 ~ 20 岁的男丁中选出，人数定规是 42 人。参祭人员的排列是以族长为首，后依次是礼赞生和族众。祭仪设正副通赞（主持人）各一名，俗称“叫赞”，引导员四名，称“引赞”。一切准备就绪，叫赞一声“鸣金”，锣敲三遍，全体肃静，祭祖仪式正式开始。“奏乐”，六名鼓吹手奏乐。再是燃烛、点香。然后叫赞发出“跪——拜——起——”的号令。如此三次，众人听命而行三叩之礼。最后敬酒，焚金银锡箔和清水棉纸。祭祀仪式结束后，供品须在祖像前供奉一整天，次日才可分胙。[①] 与祖先宗拜相伴随的是对鬼神的信仰，宗族通过举办迎神赛会和唱戏活动，向族众灌输鬼神观念和六道轮回等，有助于劝人去恶行善、恪守本分。

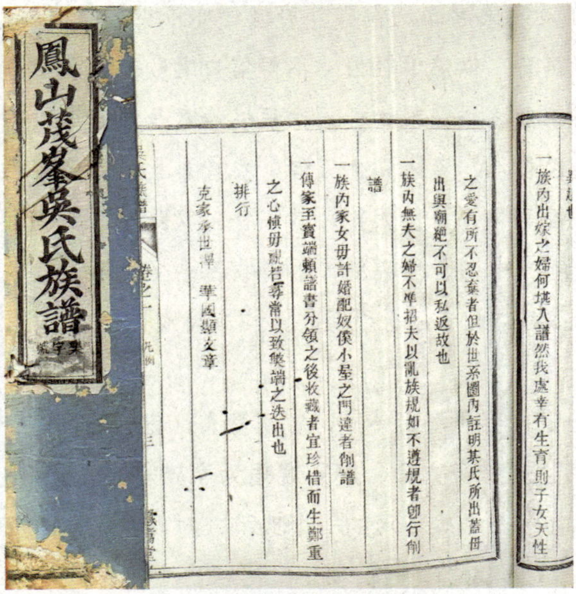

清光绪遂安《凤山茂峰吴氏族谱》

宗族间为了争雄，有意培养族众对所在宗族的自傲意识。各大族为了维护和强调自己的高贵地位，在婚姻对象上都极为看重门第和尊卑。卖身为奴、为妾均在禁条之列，这是被认为有损全族荣誉的事情。清光绪九年（1883），遂安凤山茂峰吴氏修谱，规定“族内家女毋许婚配奴仆小屋之门，违者削谱”。[②]

由于族长都是当地的名绅土豪，加上新安地区尊重长辈的文化氛围和权威导向人格，敢于不服从族长判决的人很少。还有的宗族明确规定不得赴官的事项。遂安姜氏《祠规》条款：

通族和睦无争，诚为美俗。万一事有不平，当投鸣祠首，公平正直之人代为调处其曲直，以息争端。不惟省公门费用，且可杜同族怨仇。若不先投鸣，

① 《许村志》，黄山书社，2015年，第617页。
② 遂安《凤山茂峰吴氏族谱》卷1《凡例》，清光绪九年刻本。

径行讦讼者，公议重罚其主议者，亦务秉公，毋得偏徇起灭，庶使人心服。[①]

惩罚的办法，有精神性的罚站、罚跪、会众声讨，有物质上的罚款、罚物，也有罚出资演戏等，还有肉体上的惩罚，但最严厉的处罚是开除族籍，永不得归宗。宗族还具有保障性职能。一个族人如果受到外族成员的不公正对待或伤害，宗族有责任为他讨取公正。

谈到新安的宗族管理，有一点需要指出的是，宗族制度是在程朱理学直接影响下形成和发展起来的，对儒家的传统道德极为讲究，以儒学宗旨指导宗族管理。对于触犯封建礼教的行为，新安宗族的惩罚手段也比较文雅，根据笔者对100余部族谱的考察，其惩罚方法通常是集众训诫、扣发胙肉和族丁饼、罚银，重一些的罚跪示众、杖责、不给入谱、逐出宗祠，更严重的则“呈公究治”，尚未发现有“处死”的规定。如遂安姜氏《祠规》规定：“其有违犯条约者，各支尊长鸣于宗祠，按其所犯之轻重，或会众申斥，或呈官究，拟法在不宥。”[②]正因为新安是“礼仪之邦”，具有深厚的文化底蕴，其中有些惩罚手段也颇具文化色彩，如罚戏。谁犯了错，谁就得请戏班子来村里演出，所有的费用都由犯错者出。这样，既达到了惩罚的目的，又使全村的人得到了娱乐的欢愉。所以新安宗族中的族规家法更接近儒家中庸之道，比起明、清时期南方和北方严酷的族规家法也更中和、更规范、更文明。

三、文会组织

除了宗族之外，新安江流域还存在以调解纠纷为主的文会。清江登云曾说：

士尚气节矜取，与其高者杜门却轨，自偶古人。乡居非就试，罕至城府。各村自为文会，以名教相砥砺。乡有争竞，始则鸣族，不能决，则诉于文会，听约束焉。再不决，然后讼于官，比经文会公论者，而官籍以得其款要过半矣，故其讼易解。若里约坊保，绝无权焉，不若他处之把持唆使之纷纷也。[③]

从这段记载可以看出，宗族是解决纠纷的基本机构，大多数事情在宗族内均可

① 《新定姜氏宗谱》卷1《祠规》，清咸丰七年刻本。
② 《新定姜氏宗谱》卷1《祠规》，清咸丰七年刻本。
③ 江登云、江绍莲：《橙阳散志》卷末《备志·歙风俗礼教考》，安徽师范大学出版社，2018年，第329页。

解决。有些事情，比如两个势均力敌的大家庭的重大矛盾，宗族组织解决不了，他们则提交“文会”调解，而不是里约里保这类的乡村组织。《新安竹枝词》中对此亦有描绘：“雀角何须强争斗，是非曲直有乡评。不投保长投文会，省却官差免下城。”①

文会是文人以商讨诗文为主的聚会，起源很早。其后，随着文人集会和交往的增多，许多文会定期举行，演变为经常性的组织。入明以后，读书人结会之风更加盛行，新安乃人文渊薮，文会自然很多，如嘉靖年间歙县岩镇就有南山、斗山等文会。据佘端华《岩镇志草》贞集记载，南山文会会例规定：“凡本籍新文学，入会则用彩旗鼓吹前导至南山亭，祝史执香作乐迎于道左。”万历末年，“复建友善会馆于株山之东，别为明经胄监会业之所。每岁三月二十日祭文庙，于其中即为课期，而文学不与也”。② 可见，此时的文会仍然保持以文会友、文人结社之风，凡致仕或休假官僚、举人、秀才，以及未得功名的读书人均可参加。由于在科举制度下，读书入仕是造成“乡绅”阶层的主要根源，读书人又被视为儒家伦理价值的代表者，因而文会的成员实际上大多具有地方社会名流的身份，他们积极地宣传儒家伦理，推行教化，老百姓在遇到族中不能解决的纠纷时，也希望得到这帮“读书明理”的文会成员的仲裁，这使文会逐步演化成为具有很大社会权力的乡村治理组织。而且，文会吸收成员的条件本来主要是“文化水平”，即有功名者或尚未取得功名的读书人。但在新安宗族组织的强大力量影响下，也逐渐发生变化，血缘关系日趋重要。某些宗族首领人物发现了文会的社会约束力，并使之彻底“宗族化”，成为一级强有力的乡村组织。《休宁率东程氏家谱》卷4《明故处士公辅程公行状》云：“(程镶)选宗之贤，各出三百缗，创为会约，严立章程，号曰‘正义’，凡直人之枉，恤人之乏，均于此取资焉。”此中的会约是与文会相同的组织，它纯由同族人员组成，虽也担负周恤族人的义务，但主要职能却是“直人之枉”即调解纠纷，维护公正和安定。这是明代的事例，还比较少见，到清代这类例子就很多了，如光绪《婺源县志》卷三十三《人物·义行》记婺源溪头程氏“族中创立文会，(商人程世德)输租数十称资助”，同治《黟县三志》卷7《人物志·尚义传》记商人史世椿“勤俭好义，重建家祠，兴文会”，《婺源县采辑·义行》记李正杰“捐金修祖祠，置祀产，兴文会”。

---

① 许承尧：《歙事闲谭》卷7《新安竹枝词》，黄山书社2001年，第207页。

② 佘端华：《岩镇志草》贞集《逸事》，《中国地方志集成·乡镇志专辑》，江苏古籍出版社，1992年，第260页。

可见其普遍程度。

当然，在杂姓村中，也有的文会由不同宗族成员构成。文会与宗族组织的区别在于：第一，宗族组织包括全体宗族成员，而文会是由宗族中的有功名的读书人挑选出来的“贤者”组成；第二，宗族组织的基本单位是家庭，而文会的基本单位是个人；第三，宗族的职能极为广泛，而文会的职责相对说来要单纯一些，以调解纠纷为主；第四，辈分、嫡庶、长幼等基于血缘关系的因素，在宗族领导（族长、房长等）成员的产生方面影响很大，而成为文会会员的主要条件是读书明理或道德高尚、处事公平一类的道德因素，他们是“乡绅”阶层的主要组成部分。因而，文会被认为比较超脱和公正。再者，既然文会的成员以读书人为主，他们易于和地方政府建立关系，也较受地方官员的信任。一旦文会的调解无效，事情闹到官府，官员则会把文会的“公论”视为解决争讼的重要依据，这又加强了文会的乡村组织功能。由此可知，乡绅是地方自治的领导人士，他们的组织起到了准官僚机构的作用。

至于不同宗族之间的纠纷，许多经人调解私下解决，调解人多为双方均有一定私人关系的第三者。《休宁茗洲吴氏家记》曾记载嘉靖八年（1529）秋，吴氏与浯潭江氏的一件纠纷的解决：“浯潭江氏扬言：于清明日至我后山葬柩。集百人剑挺至门上，族子弟亦都肆以待。会乎溪李质先，王源、谢文学镇为讲解。”但是，也有一些纠纷不经调解，或调解无效而上告官府。如明成化二十三年（1487）正月，休宁浯潭江氏盗伐茗洲吴氏山木的案件，即告府审理：“浯潭江宗岳等率无赖多人，于后山侵砍木搬去。我族告府，蒙判：山仍照原买，六分为率，族业五分，讧宗润等业一分，以立合同佐证。请府篆钤印合同，功达收执。”①

祁门县环砂村禁碑

总之，私下调解和官府判决是解决不同宗族间的矛盾的两条途径，而以前者为多。在宗族和文会

① 吴子玉：《休宁茗洲吴氏家记》卷10《社会记》，抄本，日本东方文化学院藏。转引自[日]牧野巽著，刘淼译、傅衣凌校：《明代同族的社祭之一例——关于〈休宁茗洲吴氏家记·社会记〉》，刘淼辑译：《徽州社会经济史研究译文集》，黄山书社，1987年，第138页。

共同努力，互相协作下，新安成为“礼下庶人”乡村治理的标杆。

第三节　新安商人经济反哺带来的乡村建设与艺术繁荣

一、商人资本带来的乡村建设

明清时期，新安商人致富以后，其利润转移，重要的一项就是建筑投入。《歙县志》说：“商人致富后，即回家修祠堂，建园第，重楼宏丽。”[①] 就是当时实际情况的写照。

徽商投资建筑，有住宅、庄院、园林、商店、祠堂、牌坊、桥梁、寺庙、路亭等。例如，明初程维宗经商致富后，进行了大量的建筑活动，其中：

建住宅

旧居毁于火，乃谋创造于溪南江氏之故基，亦既成矣，县宰杜公引喻切规，勿离祖宅，公感其言，复回旧址，重新建造壮观宏敞，数倍于前。厅门无馆阁、池亭，仓廪、府库日用之常，无不备具。年登六十，欲求息肩，乃开一轩，名曰知还，以示勉老之意。费重皆于老源买地为之筑室。

设庄院

有庄五所：其曰宅积庄，则供伏腊；曰高远庄，则输二税；其洋湖名曰知报庄，以备军役之用，至今犹遵守焉；其葳干名曰嘉礼庄，以备婚嫁；其杭坑名曰尚义庄，以备凶年。

建商店

于屯溪造商店房四所，共屋四十七间，居商贾之货。

（思本）阁之前造辅房楼楹，拾人开张贸易。

建祠堂

于草市故居之址，建阁五间，名曰思本，以奉上世肇基之祖。

建路亭

（思本阁）铺之前，建亭五间，以便来往憩息。

① 民国《歙县志》卷1《风土》。

造寺庙

至如天宁寺，则造讲堂之法座；审坑寺，则塑山门之神威。

洪武戊午，黄墩世忠庙毁于火，公捐重赀青蚨一百锭，计白金二百五十两，造正间以倡焉。[①]

新安商人投资建筑，有多种因素促成，首先，是乡土观念。汪道昆说："新安多世家强盛，其居室大抵务壮丽，然而子孙能世守之，视四方最久远。"[②] 康熙《徽州府志》亦载："轻去其乡，亦君子所鄙。"[③] 所以当新安商人终年在外奔波劳顿，到了晚年，往往有"叶落归根"的思想。明嘉靖时，歙县商人江才十二三岁出外经商，富裕以后，"时时归歙，渐治第宅田园为终老之计。"[④]40多岁便将商务全部交给儿子江琇、江佩经营，自己回到家中督促第三、第四个儿子江瓘、江珍读书考科举。另一位歙县商人方汝梓，"与仲氏挟赀遨游青、齐、梁、宋之间，转徙积柠，稍仿然之画，贾乃大起，赉用益饶。归而大治宫室、市良田，为终老计。"[⑤] 有时候第一代商人在外病逝，第二代商人依然不忘回归故里。休宁商人汪浩就是一个比较典型的例子，汪浩的父亲汪文晟，明正德、嘉靖时在湖北蒲圻经商，并在蒲圻置有房地产。逝世后，汪浩继承父业，经商更有成就。后来厌倦了在外商游的生活，把父亲在蒲圻所置的房地产全部还给了当地的故主，说："我家大鄣之下，有先世之田庐在焉，足以蔽风雨而供澶粥，奈何越在数千里而栖其亩哉？"回来后，"居家二十年，提堂灌花，其乐而已矣。"[⑥]

其次，是给子孙留下一份牢靠的遗产，为家族久远之计。清嘉庆绩溪商人章江，"自幼单身外贸，积蓄成家，广置田庐，以贻后裔"。[⑦] 黟县商人汪源，清咸丰年间在江西玉山县经商，适逢太平天国战乱，经商不易，一待战乱稍平，立即"奉亲归里，买田筑室，以重久远之规"。[⑧]

---

① 万历《休宁率东程氏家谱》，转引自张海鹏、王廷元：《明清徽商资料选编》，黄山书社，1985年，81～82页。

② [明]汪道昆：《太函集》卷1《黄氏建友堂序》。

③ 康熙《徽州府志》卷2《风俗》。

④《溪南江氏族谱·处士终慕江翁行状》。

⑤《歙淳方氏会宗统谱》卷19《环墅方君行状》，乾隆十八年刻本。

⑥ 顺治《休宁西门汪氏宗谱》卷6《处士浩公传》；转引自张海鹏、王廷元：《明清徽商资料选编》，黄山书社，第300页。

⑦ 绩溪《西关章氏族谱》卷24《家传》，宣统刊本。

⑧《黟县四志》卷14《汪赠君卓峰家传》。

其三，分家后，小家庭的需要。财产积累到一定程度，或人丁繁盛到不便于管理的时候，往往要析产，或曰分家，这在新安地区是比较普遍的。分家析产后，原来合住的宅居就不方便了。于是分家的同时，也促进了建筑。明歙县西溪南吴希元先贾后儒，筑室丰溪之上。病危时，将家产剖为六份，分授六子。“诸子既分居，各治垣屋园林，如三溪阁、松云馆、上花园等”。[①]

其四，扩大经营的需要。胡开文墨店的创始人胡天注，“初在屯开‘彩章墨店’，期满后，开创海阳、屯溪两店”。二十年后，其子胡余德又在绩溪上庄“增开典铺一业，造屋数间，买屋数业，置田百余亩”。[②]

其五，捐输宗族事务和公益事业。这类投资主要用于修建祠堂、牌坊、族学、书院和修桥、建亭、筑坝等，以歙县棠樾鲍志道、鲍漱芳、鲍均祖孙三代最为典型。民国《歙县志》卷9《人物·义行》分别列有三人的传记。

鲍志道，字诚一。棠樾人……敦本好义，捐银八千两增置城南紫阳书院膏火。偕曹文敏公倡复古紫阳书院，出三千金以落成之。建鲍氏世孝祠，增置祀田以奉祭祀。……筑河东水射，修造古虹桥等，男女两惠济堂经费，置义冢、义学，其他义行甚多。

鲍漱芳，字席芬，志道子。……家居敦本尚义，修里社，筑水坝，置义学，修新岭，修五干、阳溪、清水塘、丛山关诸道路，益惠济堂义冢地，周助婚、葬义行不可枚举。

鲍均，字虞卿。……先是漱芳尝修府学文庙，重建忠义祠，未尽而殆，均蒇厥工。更修尊经阁、两学署，重建斗山文昌祠、魁杓亭……又尝修县学文庙。蠲银五千两，白盐运使援案存两淮生息，以增阳书院膏火，赆园县之应分会试者。

明清时期，由于新安商人以其雄厚的财资对新安建筑的投入，使新安江流域的建筑物呈现出一种宏丽的景象。众多的楼台亭阁、牌坊塔桥点缀于青山绿水之间，给乡村面貌带来了巨大变化。程且硕《春帆纪程》记载清康熙时期的新安：[③]

---

①《丰南志》第5册《从嫂汪氏行状》。

② 明嘉靖十四年《胡氏阄书》，转引自张海鹏、王廷元：《徽商研究》，安徽人民出版社，1995年，第567页。

③ 许承尧：《歙县闲谭》第8册，稿本，安徽省博物馆藏。

乡村星列棋布，凡五里十里，遥望粉墙矗矗，鸳瓦鳞鳞，棹楔峥嵘，鸱吻耸拔，宛如城郭，殊足观也。

绩溪龙川村

至今新安江流域乡村中仍保留着众多的明清建筑，仍然可以看到程且硕所说的景象。位于现今黄山市徽州区府岩寺镇西10公里的呈坎村（原隶属歙县），至今仍保存有3街99巷300多幢建筑物，其中，明代建筑35处，清代建筑122处，祠堂、社屋、宅居、桥亭、更楼、过街楼遍布全村。小巷全用石板铺路，纵横交错，马头墙高低错落。长青社、挹秀桥、罗润坤宅、罗东舒祠为村中风格迥异的明清建筑珍品。其中，罗东舒祠已被列为全国重点文物保护单位。

新安商人的文化素质一般都很高，在建筑上，他们注入了自己对住宅布局、结构、内部装修雕刻、厅堂布置的观念，促使新安江流域的建筑物形成了一种独特的风格，不仅具有实用性，还蕴含有丰富的文化内涵。

二、新安商人对新安艺术的贡献

（一）新安商人与徽派版画

中国传统版画是画家、刻工和印工通力合作的产物。首先版画所具有的意境和艺术构思是画家须要考虑的；其次画家的构思（底稿）通过刻工的操作，真实地刻在木板上；最后由印工精心印刷完成。

绘、刻、印，分别由画家、刻工、印工独立操作完成，怎样才能够使他们有机结合，统一到一个艺术风格里来呢？这里必须要有一个中介人、一个协调人、一个主持者，而这就是出版商。谈到新安商人对徽派版画的贡献，必须提到程大约、方于鲁、汪廷讷、胡正言等人。

程大约，字幼博，别字君房，号筱野、玄居士、郭山放民，歙县岩寺人。程大约生于明嘉靖中期（1543 年前后），家境不宽裕。长大后经商，先后在北京、长芦、真州、会稽、上谷等地开设当铺，经营钱业。富裕之后，又专攻儒业，于嘉靖四十三年（1564）入国子监学习，隆庆元年（1567）秋卒业，仍以诸生身份逗留京师。后以太学生充任鸿胪寺序班。程大约嗜好古玩，犹癖好古墨。他闲暇则钻研古人制墨之法，亲手试制，终于掌握了"搜烟和胶之法"，所制墨比当时的制墨名家罗小华墨更为优良。万历元年（1573），神宗登基，程大约以自制之墨进贡，颇得好评。

方于鲁，一名大激，字建元，与程大约同乡。因贫困寄食程大约门下，并由程大约传授制墨之法用来谋生。后方于鲁想纳程大约的侍妾为妻，同程闹起了矛盾，另起炉灶开起墨店，并同程大约在制墨技艺上展开竞争。万历十一年（1583），方于鲁首先亮起自己的旗帜，将自己几年来的墨模图形绘刻为《墨谱》，广泛散发以扩大影响。

万历二十一年（1593）京考，程大约落第。不久，又与鸿胪寺序班的当权者不和，于是放弃功名之念，回到岩寺，将原先经营钱庄的资本利润全部投入墨业。第二年（1594）着手编辑刻印《墨苑》，同方于鲁一争短长。《墨苑》前后花了十年时间，于万历三十三年（1605）完成，并彩印行世。

方、程两家利用刻书的形式进行广告宣传，扩大产品影响，打开销路。为了宣传效果，他们争奇斗妍，在刻印质量上下功夫，促进了雕版刻印技术的发展，对徽派版画技艺的提高功不可没。

汪廷讷，字昌朝、无如，号坐隐，休宁人，寓金陵。明万历间官任盐运使，因此致富，于是隐居不出，以著书、刻书自娱，成为书贾。所刻书有《坐隐先生精订草堂余意》《留垣疏草》《文坛列俎》《环翠宫乐府》等。版画作品《人镜阳秋》22 卷，由汪廷讷自编历史人物故事，汪耕绘画，黄应组刻，每事一图，内容极为丰富；

《坐隐先生精订捷径棋谱 · 坐隐图》，汪耕画，黄应组刻，绘刻都极为精致，人物线条，山石皴点一丝不苟，是徽派版画的上乘之作；《环翠堂园景图》为卷轴本，长1486厘米，高24厘米。以汪廷讷的环翠堂为中心，描绘环翠堂园全景及附近松萝山、金鸡峰、广莫山、飞布山，并涉及黄山、白岳等湖光山色，以及骑马、抬轿、犁田、挑水、放牛、撑船、钓鱼、饮酒、参禅、洗砚等风土民情，该图由钱贡绘画、黄应组镌刻，线条精细，刀法明快，堪称精品。

胡正言，字曰从，休宁人，寓金陵。生于明万历十二年（1584），卒于清康熙十三年（1674）。明崇祯年间官居中书舍人，后曾供奉弘光宫廷。他多才艺，精研六书，著有《六书正伪》；擅长金石篆刻，有《十竹斋印存》行世。他是一位著名的出版商，所刻图书见于著录和有传本的多达30余种，经史子集俱备，尤以艺术类图书最著，主要有《精选古今诗余醉》《四六霞肆》《书法必稽》《牌统孚玉》《石谱》等，尤以两部水印彩色套版画画集——《十竹斋书画谱》《十竹斋笺谱》而闻名于世。

方于鲁在辑刻《墨谱》时，为了压倒程大约，光靠自己原有的墨模图谱是不够的，还要设计出更新颖、更优美的新图谱，才能使《墨谱》更具吸引力。丁云鹏善于白描，画风工细，既利于墨模的雕镂，也利于版画的刊刻。更重要的是丁云鹏有名气，可以使《墨谱》造成轰动效应。于是，丁云鹏成为《墨谱》绘图的最佳人选。商人经济实力雄厚，请名人绘图，润笔自然不会低，这大概是丁云鹏投身版画领域的最初原因。十一年后，丁云鹏同样为了丰厚的润笔，为方于鲁的竞争对手程大约绘《墨苑》。张泰贞在《题丁南羽画列子御风图》中写道："程君酷爱画，重币购名笔。口夸顾虎头，未易丁生匹。有时着缁衣，敬写维摩居丈室；有时戴黄冠，貌出莲舟乘太乙。"① 可见，程大约也是花了大价钱才请到丁云鹏的。万历二十七年（1599）至丁云鹏去世的二十多年艺术生涯中，没有发现丁云鹏再为版画绘过一张图，便是最好的说明。

郑重、蔡汝佐、陈洪绶等文人画家投身版画行列，为版画艺术的提高和繁荣立下汗马功劳，功不可没。还有部分画家应政府官员之约，为府县志和山水志绘图。由于府、县志的刊刻是政府出资，可以不计工本，自然画家也少不了高报酬。这样

① 程大约：《程氏墨苑》卷6《缁黄》，明万历间程氏滋兰堂刻彩色套印本；中国古代版画丛刊二编，上海古籍出版社，1994年影印出版。

画家既可省去为商人作画的市侩之气，又能获得一些经济实惠，更能吸引一些名人，如宫廷画家王翚、禹之鼎就曾应徽州知府丁廷楗和会典馆纂修赵吉士之请为《徽州府志》插图。

刻印工人以刻字印刷为生，刻印图版既费时又费力，还要具有一定的技术，自然报酬也高。尤其刻印一些富丽精工的版画作品，而版画作品的艺术水平高低，与出版商投入的财力有密切联系。

出版商为了使自己的图书具有市场竞争力，往往不惜重金招聘虬村黄氏刻工。《程氏墨苑》的绘图是丁云鹏，刻工为黄鏻、黄应泰、黄应道，时称“双绝”。王锡爵《墨苑序》称：“摹写品式瑰形异状，皆精隽尔雅，非鬼工不能刻，非天孙手不能绘也。”万历三十七年（1609）顾鼎臣辑，吴承恩补刊的《状元图考》，绘图为黄应澄，写工是黄应缵，刻工是黄应泰、黄德修、黄应祥等，他们都是虬村黄氏一门。黄应澄，字兆圣，号沧吾，工于书法，善绘事，尤长于人物写真，曾为堂兄弟德新绘一幅古稀图，神情毕肖。人得其真迹，视之如宝，时山人墨客咸推先驱。《状元图考·凡例》称“得良工黄兆圣（应澄）氏，以像属焉”。又说：“绘与书双美，不得良工，徒为

徽派版画《斋坛闹会》

灾木，属之剞劂，即歙黄氏诸伯仲，盖雕龙手也。”[1] 该书后来多次印刷、翻刻。

在版画创作过程中，出版商有时不仅仅是中介人和协调者，他们还直接参与创作。《程氏墨苑》卷六《缁黄》有一幅《维摩说法图》，款署“新都江世会摹，君房士芳监制”。士芳是君房的儿子，也是墨商。《维摩说法图》就是士芳创作底图，由江世会摹绘上版的。吴光裕《维摩说法偈》中提到：“甲辰冬月，从余郡中过程鸿胪幼博先生邸舍，即出《墨苑》相示，次出《缁黄》，有维摩说法款识。鸿胪曰：‘此子新得图像也’。”据程家珏《门外偶谈》介绍，胡正言十年如一日地与刻印工人朝夕相处，对他们不以工匠相称，使得“诸良工技艺，亦日益加精”，在落稿或付印时，“还亲加检点”。[2]

商人既然主导了版画艺术的创作，他们的思想与价值观必然也会渗透到版画的艺术风格中去，尤其是那些反映当时市民生活和市民思想感情的戏曲、小说等通俗文学读物，因为商人本身就属于市民阶层。

“线条粗壮，构图简略”是明万历以前所有版画的基本风格，如果说北方版画同南方版画有什么区别，那也只是“粗壮”与“简略”的程度稍有不同而已。明中叶以后，社会经济繁荣，市民阶层的出现，“粗壮”与“简略”已经不适合市民阶层的口味。追求秀丽、妩媚的情调，工整、精致的画风，便成为商人引诱读者，进而追求利润的必然手段。明万历间，以细腻匀称的线条和雅致工整的布局著称于世的徽派版画，除了四大墨谱之外，基本上都是戏曲、小说等通俗读物，便是当时社会潮流的产物。

另外，商人本身在激烈的商战和过度的紧张之余，他们感到疲倦和劳累，想要脱离喧嚣的尘世，追求恬静和安乐。郑振铎先生在谈到徽派版画内蕴的精神境界时曾说：

在这版画的世界里，是那么清丽，那么恬静，那么和平满足的生活。就是写真图，写殉教的悲剧，写死亡，描春态，却也还是那么温柔敦厚的，一点剑拔弩张之气也没有。你在那里见到了世纪末的明人的真正生活。他们气魄小，他们只知道求于恬静而安乐的生活之后，他们要的是雅致细巧的布置；他们爱

① 顾鼎臣、顾祖训：《状元图考》，明万历三十五年吴承恩、黄文德刻，崇祯增修本。
② 周芜：《徽派版画史论集》，安徽美术出版社，1984年，第18页。

的是小园林，是假山，是陂池，是小盆景；他们喜欢娇小的女性，温柔的生涯，暖香香的内室，出奇的窗饰和帐幕。他们一切是小，但是必求其精致，必求其完美。①

商人已经把他们的追求带入了版画。商人在版画艺术创作过程中的作用是不可低估的。

(二)新安商人与徽派篆刻

从明代中叶至清代中叶的三百年间，是新安商业经济最为发达的时期，同时也是徽派篆刻发展最兴盛的阶段。因新安商人的富裕，人们追求风雅，人文风气浓厚。商人利用自己手中的金钱，大量收藏各种古玩字画，为艺术家们借鉴古人的创作经验提供了直接观赏临摹的机会。

明嘉靖时期，著名墨商罗龙文，家中富有，收藏了大量的古董、法书、名画、印章，其子罗南斗又独爱印章，精鉴赏，亦能刻。罗龙文曾为严世蕃幕僚，与严世蕃同死于西市。家难后，古玩字画尽皆散佚，惟印章由罗南斗保存未失，后罗南斗借以协助顾从德辑钤成《集古印谱》行世。罗南斗的后裔罗逸《题罗公权印章册》称：

家延年好文博古，以父内史畜法书名画甚富，故得多见往代金石遗文，其工于印章有自矣。内史任侠饶智，佐明胡襄懋平岛寇有功，至今人能道之。又尝仿易水法制墨，坚如石，纹如犀，黑如漆，一螺直万钱。后坐事见籍，独古印章存，延年益校其精者梓行之，今云间顾氏印谱、海阳吴氏印谱是也。②

清代，新安商人收藏更富，“休歙名族，如程氏铜鼓斋、鲍氏安素轩、汪氏涵星研斋、程氏寻乐草堂皆百年巨室，多蓄宋元书籍、法帖、名墨、佳砚、奇香、珍药与夫尊彝、圭璧、盆盎之属，每出一物，皆历来赏鉴家所津津称道”，③其中自然

① 郑振铎：《明代徽州的版画》，1934年11月11日《大公报·艺术周刊》。

② 《歙事闲谈》卷4《罗小华子孙善摹印》；文中所称“云间顾氏印谱”，即顾从德《集古印谱》。“海阳吴氏印谱”当指吴氏树滋堂据顾氏《集古印谱》重编翻刻的《秦汉印统》。《秦汉印统》衔名题“郫郡罗王常延年编，新都吴元维伯张校”。

③ 黄涣孙：《草心楼读画集》，民国《歙县志》卷16《杂记·拾遗》。

也有大量的古玺印章。谈到徽商对篆刻艺术的支持和贡献，特别要提到汪启淑。

汪启淑，字慎仪，号讱庵、秀峰。歙县绵潭人，业盐于浙，侨寓钱塘。工诗好古，收藏甚富，尤嗜印章，自称印癖先生。搜罗古玺以及秦、汉迄至元、明历代印章数万方，又曾于巨珠上刻作篆文，以补诸品未备。相传钱梅溪有汉“杨恽”二字铜印，汪启淑欲得之，钱不许。于是长跪不起，钱不得已，笑而赠之。辑有《集古印存》《汉铜印原》《汉铜印丛》《静乐居印娱》等印谱20余种。他凭借雄厚的财力，广泛接交印坛名人，如林皋、吴麐、丁敬、黄易、黄吕、张燕昌、吴兆杰、董洵、王毂、汪肇龙、桂馥、程瑶田、汪士慎、潘西凤等100余人，邀约篆刻印作，先后收集当时知名的篆刻家作品3000余方，因而编辑厘订，钤印成《飞鸿堂印谱》5集40卷行世，风行一时，成为乾隆时期印坛名手作品的集中汇展。收录入《飞鸿堂印谱》印作的作者，汪启淑又另编著有《飞鸿堂印人传》（后易名《续印人传》）8卷，与《飞鸿堂印谱》一同行世。汪启淑以一人之力，钤拓众多的古印谱，又汇辑钤录当代人的篆刻作品，为印人借鉴古代优秀作品和了解当代印人风格提供了条件，繁荣了乾嘉时期篆刻艺术创作。

对一些贫困的印人，新安商人也给予了直接的经济支持。歙县人张钧，字镜潭，家世力田，然生而好古，“称贷戚友购觅陈仓、石鼓、禹穴、峄山诸碑，忘餐废寝，昕夕研究而讨论焉。遂兼工制印，刀法即苍劲古雅，殆天赋也”。但自身的贫困使他不能安心篆刻艺术。“有邗沟族人某，雄于赀，重其诚实，延佐理财，镜潭亦藉以少裕”。[①]由于有同族商人的帮助，张钧不再为生计发愁，终于能安下心来进行篆刻创作，有《镜潭印赏》10卷行世。

新安商人是一个文化修养水平较高的社会阶层。他们或“先贾后儒”，或“先儒后贾”，或“亦儒亦贾”。做官不成，亦可弄文，吟诗作画是儒商的一种文化表现，篆刻同样也是商人附庸风雅的一种形式，甚至在商人群体中产生出一些篆刻大家。

罗南斗为商人后裔自不必说。金一甫“家拥多赀，乃多雅尚，究心篆籀之学”。[②]在新安地区“家拥多赀”者，一般为商家，可以断定，金一甫是出身商人之家。清初休宁米商汪涛，精真草隶篆及诸家书法，“铁笔之妙，包罗百家，前无古人”。[③]

① 汪启淑：《续印人传》卷3《张镜潭传》，江苏广陵古籍刻印社，1998年影印本。
② 周亮工：《印人传》卷1《书金一甫印谱前》，江苏广陵古籍刻印社，1998年影印本。
③《啸虹笔记》，引自赵吉士：《寄园寄所寄》卷11《泛叶寄·故老杂记》。

篆刻家巴慰祖故居

歙县人汪芬，字桂岩，出身盐商世家，除习科举制艺之外，凡诗古文辞亦涉猎，并喜篆刻。乾隆二十一年（1756），汪启淑“归绵潭扫墓，桂岩过存下榻予斋，朝夕相与讨论，时有新意，发人所未发。作诗亦颇清晰。因将大小石数十枚俾刻，并语以考别古文、缪篆。出示所藏古人印谱，而技益进。其印组题跋，亦潇洒有致”。[①] 歙人黄埙因其父在杭州经营浙盐，以商籍补博士弟子，“工大小篆、八分书，画墨菊颇饶幽致，写兰竹则又双管交飞，解悟昔人怒喜行笔之旨。复寄兴篆刻，宗苏啸民、吴亦步，章法、刀法古朴苍劲”。[②] 程瑶田也是出身商人世家，乾隆十年（1745）曾至杭州应商籍试。歙人徐履安为大盐商徐赞侯的侄孙，“工篆籀，人呼为铁笔针神”。[③] 歙人两淮盐业总商江春，“以布以上交天子”，富可敌国，家中收藏甚富，喜延名流，当时的一些篆刻名家均与其有交往，坐客常满，极一时文酒之会。兄弟子侄辈或商或儒，有的擅长诗文书画，有的则精工金石篆刻。如江恂“收藏金石书画，甲于江南”；江昱“工诗文，精于金石”。[④] 乾嘉时期歙县渔梁巴氏经商世家，出了巴廷梅、巴慰祖、巴树谷、巴树烜、巴光荣四代五位篆刻家。其中，巴慰祖从小就爱好刻印，他说：“慰糠秕小生，粗涉篆籀，读书之暇，铁笔时操，金石之癖，略同嗜痂。”[⑤] 巴慰祖的外甥胡唐，在舅舅的影响和带动下，也酷爱篆刻。由于巴慰祖嗜印，两个儿子及孙子、外甥也好印，不能安心经商，以致到了晚年，家道中落，只

巴慰祖“清间自可齐三寿”印

① 汪启淑：《续印人传》卷4《汪桂岩传》，江苏广陵古籍刻印社，1998年影印本。
② 汪启淑：《续印人传》卷7《黄埙传》，江苏广陵古籍刻印社，1998年影印本。
③ 李斗：《扬州画舫录》卷14《冈东录》，中华书局，1960年，第334页。
④ 李斗：《扬州画舫录》卷12《桥东录》，中华书局，1960年，第275页。
⑤ 巴慰祖：《四香堂摹印自序》，韩天衡：《历代印学论文选》，西泠印社，1999年，第560页。

好为人作书、篆刻自给。虽然经济上穷了，但篆刻水平却得到了提高，声名流溢。巴慰祖、胡唐同时被列入“歙四家”，发扬光大了徽派篆刻艺术。

(三)新安商人与新安戏曲

明中叶后，新安江流域经济繁荣，戏曲表演也异常勃兴。富商大贾文化娱乐的主要形式是观戏听曲，如，潘之恒祖父潘侃一生酷爱戏剧，父潘君南也嗜好倡优杂戏；汪道昆祖父每日三餐须秦声佐酒，父少年则爱好唱曲；商人吴正中雅好声歌，其子为孝敬父亲，经常请班子到家演出。在外埠经商者，每以声伎相随，举办曲宴。尤其扬州、南京商贾，更是选伎征歌，殆无虚日。新安商人还以戏曲结交朋友，以扩大社会影响，如商人方景真以戏乐招待汪道昆的客人胡应麟。南京新安商人多次组织大规模演出活动，遍邀贵客、文人、妖姬到场观看；万历二十七年（1599），休宁搭戏台109座，以童子扮故事，竞相斗艳。隆阜戴姓更甚，戏场奇巧壮丽，人马斗舞壮观。

明万历时期，在中国戏坛上有两种倾向，一种是以弋阳、徽州声腔为代表的适合普通老百姓口味的戏剧；另一种是以昆腔为代表的适合文人口味的戏剧。昆腔剧本文辞艰深，温文尔雅，以丝竹等乐器托腔伴唱，悠扬动听，颇受文人欣赏。当徽州腔在徽州本地流行之时，一些流寓在外的新安商人却喜卖弄风雅，以听昆腔为时尚，甚至专门蓄养家班唱昆调。冯梦祯《快雪堂日记》记载，万历三十年（1602）二月五日，“赴吴文倩席，邀文仲作主，文江陪，吴徽州班演《义侠记》，旦张三者新自粤中回，绝伎也”。次日，“赴吴文仲、徐文江席于文仲宅，同于中甫、文倩、无竞兄弟咸侍作伎。伎以吴徽州班为上，班中又以张三为上，今日易他班便觉损色”。[①]另外，新安商人吴琨（字越石）、汪犹龙（字季玄）也都蓄养有戏曲家班，以供欣赏。潘之恒对吴越石家班演出《牡丹亭还魂记》有一段介绍：[②]

余友临川汤若士，尝作《牡丹亭还魂记》，是能生死死生，而别通一窦于灵明之境，而游戏于翰墨之场。同社吴越石，家有歌儿，令演是记，能飘飘忽忽，另番一局于飘渺之余，以凄怆于声调之外，一字不遗，无微不极。既感杜、柳

① 冯梦祯著，丁小明点校：《快雪堂日记》，凤凰出版社，2010年，第183页。
② 潘之恒：《鸾啸小品》卷3《情痴》，汪效倚辑注：《潘之恒曲话》，中国戏剧出版社，1988年。

情深，复服汤公为良史，吴君有逸兴。然非二孺莫能写其形容，非冰生莫赏其玄畅。乃今而后，知《牡丹亭记》之有关于性情，可为惊心动魄者矣。

这些演唱昆腔的商人家班，随着主人回到新安江流域演出，也把昆腔带到新安江流域。万历二十八年（1600）春天，徽州府城东郊迎春赛会上，仅戏台就有36座。在这些戏台上献艺的演员既有徽州本地艺人组成的戏班，也有从江苏、浙江请来的名优。其中有一台戏，名叫《蟾宫折桂》，由家住府城河西年仅十五姓张艺名“舞媚娘”的演员饰演戏中的嫦娥，“一郡见者惊若天人”，使那些吴越名优相形见绌，“无不气夺，竟为之下”。[①]

为娱乐和交际需要，新安商人还养有家乐班，如寓居扬州盐商吴允有姬百人，半为家乐；汪宗孝在金陵（今南京）择俊男靓女贮家，教以歌舞，常举行曲宴，香气与人声俱发，似鸾凤鸣烟云间；歙人汪季玄客居扬州，不仅请曲师教授家班，且亲自参与指导训练，培养出国琼枝、曼修容、希疏越等名流演员，后又将家班赠予范允临，致使范氏家班演出名噪一时。明清两代，新安本土和聚集在苏州、扬州、松江、南京等地的新安富商，普遍兴起蓄养家班的风气。乾隆中叶以后，扬州著名戏班一半以上是新安商人的家班。其见于记载者，如徐尚志有老徐班，江春有春台班、德音班，曹文埴有庆升班等。庆升班曾于乾隆庚戌（1790）进宫廷演出。家班一为自娱，二为炫示于人，三为商业上的应酬交结。在更进一层的客观效果上，是把徽班推向国内舞台。由于有经济上的后盾，加之家班活动备受主人关注，从而也就促进了徽班在艺术上的发展与提高。

乾隆五十五年（1790），乾隆帝八十寿辰，浙江盐务大臣征集徽班三庆班入都祝寿，随后四喜、启秀、霓翠、和春、春台徽班亦相继进入北京演出。徽班进京之后，徽腔逐渐取代当时流行于北京的秦腔地位，成为北京剧坛的主流。“戏庄演剧必徽班。戏园之大者，如广德楼、广和楼、三庆园、庆乐园，亦必徽班为主”。[②]不久，因演出力量分散，把六班并为四班，即三庆、四喜、和春、春台。其余启秀、霓翠两班中专唱昆山腔的一些脚色并入四喜班，唱其他声调者并入三庆班，擅武功者并入和

① 潘之恒：《鸾啸小品》卷9《舞媚娘传》，汪效倚辑注：《潘之恒曲话》，中国戏剧出版社，1988年。
② 杨懋建：《梦华琐薄》，转引自周贻白：《中国戏曲发展史纲要》，上海古籍出版社，1975年，第413页。

春，而春台则多为年轻演员。这就是驰名当时北京城的四大徽班。

第四节 新安科技应用及其贡献

一、算学的社会实践运用

精通算术对于商业经营是十分重要的，新安商人有句顺口溜：经商不理财，商店必垮台。所以新安人经商首习算术。汪道昆就曾指出："休、歙右贾左儒，直以九章当六籍"。① "命之贾，则先筹算"。② 清中叶著名的歙县盐商鲍志道，"年十一即离家习会计于鄱阳"。③ 另一位歙县大商人、大藏书家鲍廷博同样也是"少习会计，流寓浙中，固家焉。以冶坊为世业，而喜读书，载籍极博"。④ 在很多新安商人传记中，谈到传主的致富原因，其中重要的一条就是懂算术。如，明初歙县的江偕寿，"多才能，善会计，富甲郡邑"。⑤ 明嘉靖、万历时歙人吴时英，"善筹算，则举资斧授掌计者，坐受成"。⑥ 明末歙人程辅"一切会计持筹，莫不决策其胜"。⑦

中国传统"会计"为簿记和簿书账册。新安商人会计一般设总账、流水账、副账三种，个别行业也有仅设收支一种账的。总账亦称"誊清账"，按客户、往来、收支等分户登记。流水账一般分银钱流水和货物流水两种，银钱流水账专记银钱收支，货物流水账专记货物的购进和销售。流水账设计分上下两部分，上收下付，每日根据收付事项，顺序登账，结出银钱、货物的余额，并将有关客户、往来、开支等项，逐笔过入总账。副账是商号根据一些特殊需要而设立的，如现卖账、老板股东伙计支使账、赊销账、四乡往来账、伙食开支账等，是正式账簿的辅助查账簿。

新安商贸各项账务与银钱掌管，一般由老板指定亲信或信得过的人担任，称管

① 汪道昆：《太函集》卷77。
② 汪道昆：《太函集》卷37。
③ 歙县《棠樾鲍氏宣忠堂支谱》卷21《中宪大夫肯园鲍公行状》，嘉庆十年刊本。
④ 钱泳：《履园丛话》卷6《渌饮先生》，1960年中华书局本。
⑤ 歙县《济阳江氏族谱》卷9《明恩奖博士偕寿公传》，道光十八年刊本。
⑥ 汪道昆：《太函集》卷37《吴伯举传》。
⑦ 歙县《褒嘉里程氏世谱·寿子辅程翁五秩序》，康熙十一年刊本。

账”“账房”先生。如歙人闵世章“少孤贫,九岁废书,长而求识字,旋晓文义。读《史记·蔡译传》,喟然思欲有见于世,遂走扬州,赤手为乡人掌记簿,以忠心见倚任”。[①] 管账必须严格遵循老板或掌柜的意图和要求记账、算账和报账。所有账簿除老板和掌柜之外,商行里的任何人不得翻阅,以防泄漏商业机密。

明《新刻徽郡补释士民便读通考》中录有一份“同本和约格式”:[②]

立和约人窃见财从伴生,事在人为。是以两同商议,合本求利,凭中见,各出本银若干,同心揭胆,营谋生意。所得利钱,每年面算明白,量分家用,仍留资本,以为渊源不竭之计。至于私己用度,各人自备,不得动支店银,混乱账目。故特歃血定盟,务宜苦乐均受,不得匿私肥己。如犯此议者,神人共殛。今欲有凭,立此和约一样两纸,存后照用。

这份合约格式作为股份制经营方式的一种合同蓝本,被收入《士民便读通考》,被人们普遍套用,反映了新安商人股份制经营的普及性。而这种股份制经营方式更为重视财务和管理,故专门列有“不得动支店银,混乱账目”的条款。股份制经营的利润分成,一般有“五五”、“四六”和“挣三辟二”三种。“五五分成”即是把利润分成“钱股”“人股”两份,“钱股”由股东拨股均分,“人股”由掌柜或经理、代理人等经营人员按劳分配。“人股”所分利润一般按10股计算,然后根据每人职位应得股数分给各人。“人股”参加分红,究竟每人应分多少,无统一规定,一般由掌柜、账房先生决定,或与老板商定。“四六分成”为“钱股”四成,“人股”六成。“挣三辟二”,即为拿出总利润的三分之二分配,三分之一作为积累,俗称“财神股”。

商业经营的需要,必然促进商业数学的发展。明代新安商人数学家程大位在《算法纂要》中,曾为合伙经商者如何计算利润出过一道例题:[③]

---

① 许承尧:《歙事闲谭》第28册。

② 谢国桢:《明代社会经济史料选编》下,第275页。

③ 李培业:《算法纂要校释》卷2《差分》,安徽教育出版社,1986年。以下版本相同。周绍泉对该题进行过认真的验算,认为程大位每两年利息数取至小数点后第三位有误,应该“将所得数字数取至小数点后第三位、第四位四舍五入”,才是这道题的正确答案。周绍泉:《徽州文书所见略清徽商的经营方式》,《徽商研究》,安徽人民出版社,1995年,第552页。

今有赵、钱、孙、李四人同商，前后付出本银：赵一于甲子年正月初九日付出本银三十两，钱二于乙丑年四月十五日付出本银五十两，孙三于丙寅年八月十八日付出本银七十两，李四于丁卯年十月二十七日付出本银九十两，四共本银二百四十两。至戊辰年终，共得利银一百二十两，问各该得利若干？答曰：赵一该利二十九两五钱五分一厘，钱二该利三十六两七钱一分一厘，孙三该利三十二两八钱，李四该利三十两零九钱三分八厘。

赵、钱、孙、李四人付出本银的时间以日计，并在近五年的时候才结算，算法比较复杂。那么，程大位又是怎样求得他们各自的利润的呢？他的方法是：

置利银一百二十两为实，另置各人年月日数，照依前式归日为月，除月为年，次位之零，并年以乘原本。合问。赵一计四年十一个月二十一日，先三归，后除月，又原本通得一百四十九两二钱五分；钱二计三年零八个月一十五日，先三归，后除月，又原本通得一百八十五两四钱一分六厘；孙三计二年零四个月一十二日，先三归，后十二除月，又原本通得一百六十五两六钱六分六厘；李四计一年零二个月零三日，先三归，后十二除月，又原本通得一百零五两七钱五分一厘。将四人年月日通得之数，共并得六百零六两八分三厘为法，除前实一百二十两，得一钱九分八厘，即是每年每两之利也。就以此为法，以乘各人通得之数。合问。

中国古代数学最初以算筹为计算工具，通过用算筹的不同位置和不同摆法进行计算。算筹有竹、牛角、玉、象牙等各种质地的制品，形如短细棒。携带不便，演算复杂。大约从宋代开始发明了珠算盘演算，用珠算术的四则方法逐渐代替筹算的加减乘除运算方法。但宋至明万历以前，由于数学家们没有对珠算术的理论进行很好的总结推广，致使珠算术没有得到广泛的普及。新安商人在实际运用中认识到珠算术的进步，并着手对珠算术进行理论上的总结，明万历年间集珠算之大成的《新编直指算法统宗》的出现，就是程大位从经商实践中总结出来的。

程大位故居

《算法统宗》能够受到世人重视，在于它是一本实用数学书籍，书中有许多问题都是在经商和生产实践中提炼出来的，程大位进行了研究，并提出了解决的办法。我们先看《算法纂要》中涉及社会实践运用的例题：

货物交换

今有夏布四十五匹，欲换棉布。只云夏布三匹，共价二钱；棉布七匹，共价七钱五分。问换棉布若干？

答曰：棉布二十八匹。

法曰：先置今有夏布四十五匹，以原夏布价二钱固之，得九两。又以七匹固之，得六十三匹为实。另以夏布三匹固棉布价七钱五分得二两二钱五分为法，除之，得棉布二十八匹。合问。

“法曰”，即计算的方法，古代数学术语，“实”为被乘数和被除数，“为法”之“法”为乘数和除数。

换用现代数学符号解答，为：

$45 \times 2 \times 7=63$

3×0.75=2.25

63÷2.25=28

商品平均价格的计算

今有银一十七两九钱四分五厘，买木三十七根。问每根该若干?

答曰：四钱八分五厘。

法曰：置钱于左为实，以木于右为法，除之。合问。

解法以下略。

商品总量的计算

今有银二十三两四钱六分，雇船装油，每桶六分八厘，问该共装油若干?

答曰：三百四十五桶。

法曰：置总银为实，以每桶六分八厘为法，除之。合问。

银与金价的换算

今有银四两八钱，每银七钱五分换赤金一钱。问该金若干?

答曰：六钱四分。

法曰：置总银为实，以七钱五分为法，除之。合问。

商品总价的计算

今有米五百五十五石五升，每石九钱二分五厘。问共该银若干?

答曰：五百一十三两八钱八分三厘七毫五丝。

法曰：置米为实，以每石价为法，乘之。合问。

商品价格贵贱比较

原买大布一匹，长二丈五尺，阔一尺六寸，价二钱。今又买小布一匹，长一丈八尺，阔一尺三寸，用价一钱二分。问小布比大布价贵价若何?

答曰：小布只该一钱一分七厘，比大布贵三厘。

法曰：先置大布长二丈五尺，以阔一尺六寸乘之，得四丈为法。以小布长一丈八尺，以阔一尺三寸乘之，得二丈三尺四寸。却以大布价二钱乘之，得四钱六分八厘为实，以法除之。合问。

合伙经营的利润分成

今有元亨利贞四人合本经营，元出本银二十两，亨出本银三十两，利出本银四十两，贞出本银五十两，共本一百四十两。至年终，共得利银七十两。问各该利若干？

答曰：元该利一十两，亨该利一十五两，利该利二十两，贞该利二十五两。

法曰：置利银七十两为实，以四人共本一百四十两为法，除之，得五钱为每两之利。就以此为法，以乘各人原本。合问。

借贷利息计算

今有人借去本银二百六十两，每年加三起息。今有十个月零二十四日。问该利银若干？

答曰：七十两零二钱。

法曰：先将二十四日用三归得八，在十月隔空一位之下，再以二十月除之，得九。如年以乘原本，得二百三十四两为实，以年加三为法，固之。合问。

货物散堆计算

今有盐一堆，长一丈五尺，阔一丈二尺，高六尺五寸。问该斤、引各若干？

答曰：四万六千八百斤，计一百五十六引。

法曰：置长一丈五尺，以阔一丈二尺乘之，得一百八十尺。又以高六尺五寸乘之，得一千一百七十尺。又以每尺四十斤乘之，得盐重四万六千八百斤为实。以每引三百斤为法，除之，得一百五十六引。合问。若问包数，以每包两斤为法除之，即得。

程大位40岁左右不再经商，回到率口老家，专心研究数学，有机会接触到农村生产中的一些实际问题。对此，程大位提出了一些简便易行的计算方法，如计算圆锥形粮堆体积，“古法皆以量高而算”。但在实践中量高很不方便，而量下周长则比较容易。程大位提出：

> 今立法，不用其高。假如平地尖锥，只以其下周，十而取一为高。其倚壁堆，乃尖锥之半，以五除下周为高。其内角堆，乃尖锥四分之一，以二五除下周为高。其外角锥乃尖锥四分之三，七五除下周为高。①

对程大位提出的“量下周长”的办法，李培业说：“设圆锥形粮堆的下周长为C，

① 《算法纂要》卷2《盘量仓窖》。

高为 H，则得 C=10H 这个关系。现经过实验，把各种粮堆尽量堆成有最大高度的圆锥形，其周长与高之间，确有一定关系存在，且各不相同。比如小麦为 C=10H，玉米 C=10.5H，谷子为 C=10.6H，但近似值都是 10。所以，程大位在此处提出的数据是经过实测的。”①

明万历九年（1581），休宁县清丈，对田地进行丈量，以千字文编号，自在城东北隅“天”字一号起，至三十都八图“建”字号止。同时，对田地重新起科等则。程大位参与了这次大规模的清丈工作，为了加快丈量进度和提高丈量的精确度，他创制了一种携带方便，比木尺实用的“丈量步车”。步车用竹篾制成，外套以十字架，可以拉开和收卷。同时，他研究了各种形状的田地面积的计算。《算法统宗》卷 3《方田章》就是对这次清丈计算测量工作的总结。《方田章》绘有“新制丈量步车图”，图的两旁有篆书写了一副“宾渠制就心机巧，隶首传来数学精”的对联，可见程大位对于自己的这一发明颇感自豪。书中对“丈量步车”的结构和用法都有详细说明，它实际上是中国最早的“皮尺”。对不同形状的田地，程大位提出了自己的丈量原则，他认为：②

> 田地之状甚多，具载难尽，学者不必执泥，在于临场机变，必须截盈补虚俾尖减大，以合规式。

书中列出方、直、勾股、圭、梭、派矢等面积公式，再把其他形状的田转化为“规式”求之。他还把公式写成歌诀，如：“环田内外周相并，折半须将径步乘。四不等田分两段，一为勾股一斜形”。③ 简单易懂，便于记忆和运用。《方田章》后还附有《亩法论》一篇，批评休宁县在清丈土地时擅变亩法的错误做法。

> 愚按：前贤亩法率二百四十步为一亩，万历九年遵诏清丈敝邑总书，擅变亩法。四分四等，上则一百九十步，中则二百二十步，下则二百六十步，下下则三百步；地亦四等，上则二百步，中则二百五十步，下则三百五十步，下下

---

① 李培业：《〈算法纂要〉校释说明》。

②《算法纂要》卷3《丈量土地》。

③《算法纂要》卷3《丈量土地》。

则五百步；在城基地，有等正之名，一等正三十步，二等正四十步，三等正五十步，四等正六十步。与前贤二百四十步一亩大相缪戾。借曰：土田有肥饶，征役有轻，亦宜就土地高下，别米麦之多寡，不得轻变亩法。第总书开其弊窝，举邑业已遵行，何客置喙，姑记之，以见做聪明，乱旧章之自云。

明代研究古典数学的人很少，古算书几乎散失殆尽。《九章算术》在《永乐大典》中虽有抄本，但一般读者不容易读到。由于程大位的悉心访求，得以征集到很多稀世算书，这在《算法统宗》书后附录的《算经源流》中可见。尤其程大位取《九章算术》的“九章”之名作为问题分类标准，“杂采诸家，往往有宋元以来相传旧法”，使得中国古算薪火相传，不致中断。

二、新安医著及其价值

据《新安名医考》的统计，有新安医著445部，《安徽科学技术史稿》记为400余部。新安医著涉及古代经典医著的注释整理，临床诊治经验的总结，古代医籍辑佚复原类书与丛书的编纂，医学普及读本的撰写，以及各科医案、医话，临床各科专著，脉学、诊断、本草等理论专著。

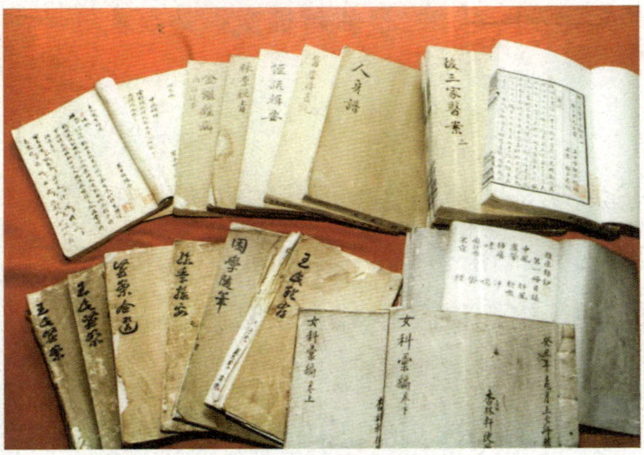

新安医著

张杲《医说》记载宋以前名医16人，论述涉及医书、针灸、珍视、养生等方面，内容丰富，涉及面广，为我国现存最早载有大量医史传记和医学史料的书籍，也是第一部较为完整的新安医学著作，先后流传至朝鲜、日本。

江瓘《名医类案》是我国第一部总结历代医案的专著，搜集上自扁鹊、仓公、华佗，下迄元明诸名医验效医案，对每一医案，江瓘均加评论，见解独到，对保存古代医案做出贡献，也给后世医家研习古代医案提供了宝贵资料。

徐春甫《古今医统大全》100卷，包括《内经》要旨、历代医家传略、各家医论、脉法、运气、经络、针灸、本草、养生、历代医案、验方等，是一部内容十分丰富的大型医学全书。

程文囿积数十年之力，上溯轩岐，下逮汉、唐、宋、明古今医书320余家，经史子集40余种，每于临症之暇，反复批阅，并对记有精粹者，辄随札记，历时34年，钩玄提要，采精撷微，撰成65万余字的《医述》，学者得此一篇，即可省涉猎群书之劳，而收取精用宏之效。

休宁孙一奎《赤水玄珠》30卷，引录历代文献273种，并结合个人医疗经验，分述病因、疾征、处方及诸家治验，深为后世医家推重。

吴昆《医方考》6卷，选历代常用方剂700多首，阐述各方的组成、方义、功用、适应症等，是一部深受医家欢迎的方剂学著作。

《伤寒论》是东汉张仲景集前人医学成果和自己几十年行医经验而创作的一部医学巨著，它奠定了中医辨证论治的基础。由于《伤寒论》成书于东汉三国的混乱时期，原书已散佚不全。后经晋朝大医家王叔和整理编次成书，成为《伤寒论》的唯一传本，历代医家奉为宝典，少有疑义。方有执在深入钻研《伤寒论》的基础上，通过多方博访，广益见闻，搜集大量材料，经过深思熟虑，对王叔和编次的《伤寒论》提出自己的见解，认为王氏传本《伤寒论》文字简古，并且互相抵触，只述伤寒，不涉杂病，编次欠妥，而篇章节目，时有伪托，非张仲景本意。提出要正确研究《伤寒论》，必须按张仲景的原意，对此书重新进行整理和编定，达到“心仲景之心，志仲景之志，以求合乎仲景之道”。为此，他呕心沥血20年，完成了《伤寒论条辨》一书，对王叔和编次的《伤寒论》进行重订，首倡“三纲鼎立”学说，开创了研究《伤寒论》的新趋向，形成中医史上重要的学术流派——错简派。

吴谦《医宗金鉴》90卷，其中《订正伤寒论注》17卷、《订正金匮要略注》8卷是吴谦自撰，其余《删补名医方论》《四疹心法》及诸病《心法要诀》采自前人方有执、程应旄、郑重光、程林等20余家之说。此书重证验，执中而不偏，平正通达，条理分明。内容虽包罗万象，但叙述简要，且有插图歌诀，是清中期以后习医者必读之书。

程国彭《医学心语》5卷附《外科十法》1卷，为程氏集30年经验所得而成。论病之源，以内伤、外感总括；论病之源，以寒、热、虚、实、表、里、阴、阳八纲统辖；论病之方，则以汗、吐、下、和、温、清、补、消八法治疗。而一法之中八法俱备，八法之中百法俱备，病变虽多，而法归一。所列方药，如止咳散、葛根治痢散、益母胜金丹、加味七神丸等，均为临床常用药方。

陈嘉谟《本草蒙荃》12 卷，论述药物 447 种，附录药名 295 种，计 742 种药，是一部偏重于生药研究的本草书籍。据自序云：此书创自嘉靖三十八年（1559），“取诸旧本，会通而折中之，先之气味升降，有毒无毒；次之地产优劣，采早采迟；又次诸经所行，七情所具，其制度，其藏留，与夫治之宜，及诸各贤方书应验者，靡不殚述。间亦旁掇旧文，窃附臆见，以扩未尽之首”。全书历时 7 年，五易其稿，嘉靖四十四年（1565）完成此书时，年已 80 岁。此书讲究道地药材，如白术分浙术、歙术，芎蒡分京芎（关中）、抚芎（抚州）、台芎（台州）；更严分药材性质，如黄芩，疏松者为宿芩，坚实者为子芩，甚至一药之中又分身梢之别，如防血等。此外，对药物的保管、气味、炮制方法等论述较为详细。

另外，吴勉学汇刻的《古今医脉正统全书》44 种、204 卷，《伤寒六书》6 卷，《东垣十书》20 卷，《针灸甲乙经》12 卷；吴琯辑刊《薛氏医案》24 种，胡正言刻《十竹斋刊袖珍本医书》13 种等，都是医学书籍，对汇集和保存中医古代重要医学文献做出了贡献。

汪机除自己著述发扬新安医学外，还致力于保存古代医著。在他年过花甲时，访得一本元末明初朱升的秘籍《脉诀刊误》，经补订，写成《矫世惑脉论》与原书一道刻印出版。他年过七旬时，又发现朱丹溪和门人戴原礼阐发丹溪学术思想的孤本，遂又逐字抄录，加以校刊，命名为《推求师意》问世。上述两种医学“秘本”“孤本”能够流传后世，是汪机的一大功劳。

三、新安科技的特点与贡献

(一)科技领域极其广泛

新安科技领域极为广泛，涉及医学、数学、天文学、农学、生物学、物理学、地理学，以及制墨、印刷、建筑、髹饰等多学科。

医学上。明清时期是新安宗族制度最为盛行的时期，大家聚族而居，人丁的增长或减少直接关系到宗族势力的消长。故各族都注重医学，以保障族人的健康水平。对大家庭来说，有一二个人精通医学并世代相传，已成为新安人的习俗。对于专门以医学为业的家族来说，更是世代相传。少则几代，多则 20 余代，形成医学世家。

数学上。数学领域首推明末程大位的《新编直指算法统宗》，除了江永、戴震、汪莱、罗士琳的数学成就之外，还有歙人张游《算法图补》、汪光恒《小衡算说》，休宁吴墀《夏侯阳算经参释》、程廷祚《策算》等，在数学上均有一定创见。

天文学上。我国古代数学研究大都与天文、历法的研究紧密结合，史称“天算”。宋代休宁人吴观万著《潮说》《夏小正辨》《闰月定四时成岁讲义》等，元代婺源人王遥著《天象考》《坤象考》20余册，元代歙县人方回著《古今考》《历象考》，歙县鲍云龙著《天象发微》。到了清代，江永、戴震、汪莱、程瑶田、凌廷堪、俞正燮等对“天算”都有研究。

生物学上。新安江流域生态环境优越，生物资源极其丰富，为人们研究动植物创造了得天独厚的条件。历代文人笔之歌咏，图之丹青，考证名物，手录成帙的生物学著作甚多。其中丘浚的《牡丹荣辱志》、罗愿的《尔雅翼》、吴瑞的《日用本草》、潘之恒的《广菌谱》、鲍山的《野菜博录》、雪庄的《黄海山花图》、汪灏的《广群芳谱》、程石邻的《鹌鹑谱》、陈均的《画眉笔谈》、戴震的《经雅》、吴绮的《岭南风物记》等著述，都是生物学的重要研究成果。

物理学上。歙县郑复光所著《镜镜詅痴》《费隐与知录》是物理学代表作。另外，戴震的《考工记图注》中，关于车舆质量检测及马车物体惯性运动现象，关于匠人营建宫室检测技术，关于钟鼓磬等乐器的发音与其形状大小和器壁厚薄的关系等的总结注释含有不少物理学知识。

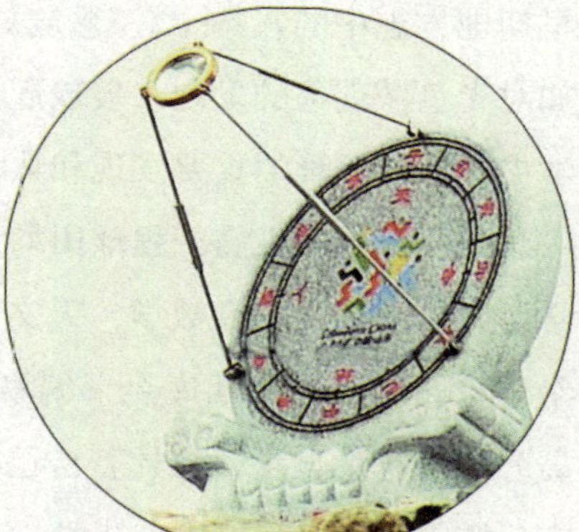

郑复光《费隐与知录·削冰取火凸镜同理》

农学上。有婺源汪应蛟、齐彦槐的盐碱地改良和龙尾车的农学实践。明清两代休宁人金瑶的《蚕训》，歙县人汪宗沂的《蚕桑辑要》等，在当时对普及蚕桑知识，推广蚕桑技术，均起到一定的作用。

另外，明代歙县人黄成《髹饰录》，是我国最早且现存唯一的传统漆工技艺专著。清初休宁人吴鲁衡精制的地学仪器罗盘（即指南针）及日晷定时仪器，荣获1915年巴拿马万国博览会金质奖。清初机械发明家黄履庄制作了六大类33种富有新意的“奇器”。祖籍婺源的晚清铁路工程师詹天佑亲自主持中国近代第一条自行设计和建造的铁路——京张铁路，为中国铁路事业的发展做出了不朽贡献。

程大位《新编直指算法统宗》能够受到世人如此重视，在于它是一本实用数学书籍，书中有许多问题都是他在经商和平时的生活实践中提炼出来的。汪应蛟的盐碱地改良、齐彦槐的龙尾车都是在农业实际中产生出来的。歙县汪畹腴所著《培植兰菊法》,分为兰花和菊花两大部分,以“置兰”“造泥”“拔换”“浇灌”“培壅”“谨护”“凿弊”“安头”“护理”“探源”“防御”“靖患”“灵均”“标品”等15目列明兰花培植方法,又以月令形式逐月记载各月艺菊之事及有关技术方法,内容相当详尽,非常实用。

包含科技含量的文房四宝制作技艺、赋彩水印印刷术、漆器髹饰技艺、罗盘制作技艺、机械制造技术、光学仪器制作技术等,都是对生产、生活非常实用的技艺,造就了当代新安江流域非物质文化遗产多元、丰富的局面。

(二)自然科学与社会科学相互融通

新安自然科学与社会科学相互融通,很多科学家本身就是著名学者。宋代程大昌是休宁“理学九贤”之一,一生著述多,涉及领域广,且精于考证,为新安理学奠基人之一。其《禹贡论》《禹贡山川地理图》,引各家成说,辨析疑难讹误,堪称名著;《雍录》图文并茂,考订关中古迹,搜罗资料极为丰富,辨证亦很详细,是早期地方志中的善本;《演繁露》16卷,其中记载了许多中国古代的科学技术成就,如对光色散现象的发现、玻璃起源及其特点的认识、日月性质的认识等,在中国科学史上都是较早的重要发现和认识;《诗论》最早提出《诗》与音乐有关。

清代江永、戴震、程瑶田均为徽派朴学的代表人物,他们将经学研究与自然科学研究紧密结合,在数学、天文、学、地学和物理学上都有非常深厚的造诣。戴震奉诏入四库馆参加四库全书编纂,负责从明《永乐大典》残本中辑校《九章》《海岛》等古算学典籍。他凭着自己在经学和数学、天文学上的深厚学识素养,对这些古籍散篇残卷进行校勘、补图、注解、考证、甄别、排比、分析,写出提要,并辑佚、复原了中国古代数学名著“算经十书”,基本恢复了北宋秘书省刻本的状况,使这些濒于失传的古典数学著作重放光彩。

(三)新安科技的影响

新安医学、算学的影响已见前述。郑复光的《镜镜詅痴》是我国近代第一部比较系统地阐述几何光学原理、光学仪器原理和制镜技术的科学著作,既有系统的科学理论分析,又有大量的实验研究,从定性到定量,全面总结了当时已有的光学知识,并在许多方面做出了重要发展,代表了当时中国光学发展的最高水平,被誉为光学史上的一个重要里程碑。化学上,南宋婺源人张潜、张磐、张甲父子祖孙三代,孜孜不倦研究“胆水浸铜法”,完成《浸铜要略》一书,详细记载了12条胆水浸铜的工艺程序,成为世界化学史上的重大科技成果“胆水浸铜法”的主要发明集成者。

南宋官府铸钱的铜有一半以上出自胆水冶炼法。此法是将铁放入一种胆水（色蓝如胆的天然泉水）之中取得金属铜，这是一种化学置换反应，它利用化学性质活泼的金属铁，从含铜离子的溶液中将铜置换出来。自然界中，硫化铜矿体（古人称其为“胆矾”或“石胆”）经过雨水淋浇、溶解后汇集成泉，称为胆水，其浓度足够大时，投入铁片，就能取得金属铜。张氏对宋元时期胆水炼铜生产的兴起和发展产生了很大的促进作用，对于我国首创的浸铜冶铜重大发明的总结推动有着不可磨灭的贡献。

第五节 新安艺术的影响力

一、新安戏曲对社会生活的影响

傩戏和目连戏不仅在舞台上吸引着广大群众，并渗透于老百姓的社会生活中，影响和改变了老百姓的生活习惯和社会风俗，同时也使傩和目连戏的一些原始意义产生了变异。如渗透在各种民间祭祀和迎神赛会中的傩舞，同古傩就有很大的差别。傩祭的神祇也不再是方相氏，而是汪华、关帝、太子菩萨、周灵王、许远、张巡、城隍、五猖、八灵王、九相公等当地人们熟悉的历史人物和地方神，迎神赛会中的不少游艺活动也脱胎于傩，如歙县“跳钟馗”、绩溪“跳无常”、祁门“游太阳”等。

跳钟馗有两种，一种是将钟馗像架在肩上，沿街市边旋转边舞，旁边锣鼓相随。每至店家门口，点燃爆竹，掷五色小纸块。爆竹全鼓齐鸣，空中五色纸纷飞，气氛颇为热烈。另一种则由活人装扮成钟馗。每年端午节正午12时，村民先至祠堂拜祖宗。祠内烈焰腾腾，烟雾弥漫。钟馗箭步冲出，身穿蓝色官衣，头戴方翅纱帽，旁插两根野鸡毛，手执朝芍板，赤脚。一鬼手执篾制蝙蝠，逗引钟馗。一鬼手撑破红伞，在钟馗头上不断旋转。代表蜈蚣、蝎子、蛇、蜘蛛、蟾“五毒”的五个小鬼手执钢叉，在钟馗身前后又跳又闹。一鬼不时以一纸扎的方形酒坛孝敬钟馗。喝醉酒的钟馗，东倒西歪，欲捉鬼吞吃。小鬼则逗引钟馗走街串巷，挨门挨户跳舞取乐。各家各户将准备好的铜钱、糕点、喜物送给舞者酬劳，并燃放鞭炮。随舞人员鸣金鼓，撒五色纸。

跳无常农历七月十三至十五日进行，无常的头用篾络、厚纸扎糊而成，约一尺半长，分红白两种脸谱，红脸在前，白脸在后，双目圆睁，两眉下垂，舌伸口外。

头戴锥形红绿纸糊成的帽子，上贴“大财神”三个金纸剪成的字。七月十三日午后，无常从城隍庙敲锣打鼓出发，在街上来回跳跃，傍晚返庙。十四日又出庙，全城的街道巷口都要跳到。十五日早上，无常出庙，城隍菩萨也坐四抬大轿出庙，前有“小鬼”鸣锣开道。

游太阳

游太阳流行于祁门、黟县，每年农历六月十二开始，十四日结束。头天“接神”，把太阳庙里的太阳菩萨用轿子抬到本届太阳会首家的庭院，晚上由跳童（罡男）陪菩萨过夜。次日一早，将菩萨抬进祠堂，仪仗队依次是鸣锣2人，吹唢呐2人，跳童4人，捧供品盘1人，扛蜈蚣旗4人，轿夫4人，持龙凤伞1人，鼓钹演奏4人。沿途鸣锣开道，跳童挥罡斧随舞，会首撒五谷相送，同时高喊“风调雨顺，五谷丰登”。到祠堂后，村民按辈分两边排定，向菩萨行跪拜礼。然后由巫师行术降神附于跳童身上，跳童则跳跃若狂，用罡斧刺额流血至胸，谓之“开天门”。又设置煎油大釜，等到釜中油烧至沸腾，将豆腐投入油中，跳童赤手入沸油捞豆腐，豆腐捞完，手丝毫不受伤，场面惊人。同时，罡斧撞击声、鼓乐声、鞭炮声、口哨声大作，祭祀进入高潮。第三天沿村游行，村人在门前挂一种圆筒状的纸伞，伞内挂鞭炮，菩萨到时将鞭炮点燃，跳童在伞下舞蹈，称之为“跳火炮伞”，意为消灾纳吉。下午，太阳菩萨入庙。

傩与目连戏都带有酬神祭祖、祈福求安、驱鬼逐疫意义，对于有“好巫之俗”的新安民间百姓具有一定的吸引力。傩造型别致的面具，粗犷有力的动作和目连戏的武打功夫、杂耍技巧，都是老百姓喜爱的表演形式，形成傩与目连戏在新安江流域长盛不衰的局面。目连戏是一个复杂的文艺现象，虽然以佛教的面貌出现，但它包容了道家和儒家的思想，佛教的因果报应，道家的清静无为，儒家的忠孝节义，在剧中都得到了体现。明清时期在徽州占统治地位的程朱理学，就是吸收释家、道家学术思想成果创立起来的。郑之珍生活在程朱故里，其思想必然受到新安理学的浸淫。经他改编整理的《新编目连救母劝善戏文》，恰到好处地反映了三教合一的思想。其中的傅相以儒家的面貌出现，在剧中有段道白：①

天生下，物与人；气成形，理亦存。继之者善成之性，感动之时善恶分。……圣人遗下《四书》《五经》，大抵教人明此心。心存时有性明，儒释道须混成。

这里的傅相，十足是一个程朱理学家的口气。儒家的忠孝节义，在目连戏里宣传得很充分，如仆人益利对傅家主人的忠，罗卜对父母的孝，赛英对罗卜的节，邻居李厚德对傅相的义等。正因为如此，目连戏在表演形式上受到民间欢迎，意识形态上又得到士绅阶层的支持。

民间还常常把“打醮”“庙会”“请菩萨”等活动同目连戏结合在一起。很多地方在闰年或闰月，以及遭到天灾人祸时演出目连戏，演出的规模一般都较大，三天三夜到七天七夜不等，而且往往从太阳落山演到次日太阳出山，俗称“两头红”。有的地方白天唱“平台”（徽剧或京剧），晚上唱目连戏。1979 年，歙县韶坑班还演出过三天三夜的目连戏。

目连戏的演出形式各地根据当地的习俗，也表现出多样化。祁门栗木村在演出目连戏之前，全村人都要“斋戒”，大清扫，并由班主到每户门上张贴“虔诚斋戒”字样的黄表纸，一直到演出“刘氏打狗开荤”时，村人方可动荤。休宁县海阳、万安等地演出目连戏，在戏场中供奉千手观音“莲花台”，周围有跨着龙、凤、狮、鹤的四神像，还设有地藏王神位，场中央竖起“盂兰会”的招魂幡，在城隍庙前还要陈列各式各样的纸扎鬼神像，为的是“超度”孤魂冤鬼，驱赶瘟疫邪气。歙县长标演目连戏，开台时要举行“坐台”，全体演员化装成狮、象、四大金刚、八大罗汉等，出场亮相，走台，然后才演正戏。演到刘氏坐水污池时，观众可用钱币、糖果打彩，叫“打倍富”。出吊死鬼，单日出一个，双日出二个。演“叉鸡婆”的，可以到台下乱跑，到摊子上随抓东西吃。演目连正戏前的“祭猖”，徽州各地都流行。先是由目连班的演员，打扮成红、黄、蓝、白、黑五色鬼脸的五猖神，猖头拿五根写有金、木、水、火、土的桃木牌子，其余的手执钢叉。然后由乡首（斋公或东道主）带领乡民，

① 郑之珍：《新编目连救母劝善戏文》第3出《斋僧斋道》。

打着灯笼火把，高举旗锣统爆，拥簇着五猖至五猖庙或水口祭猖。在游行中，任何人不能与五猖说话。祭猖结束，游行队伍返回戏台口，绕台一周，绕台时猖神将钢叉摇得铮铮作响，并狂吹口哨，以示“赶煞”。这时台上由村里大小头领跪在地下迎接，并念“驱邪逐灾、祈祷平安”的诗文。随后五猖退场，台上跃出由演员装扮的五匹马，进行“跑西门”。然后正式开演目连戏。

在祁门县和黟县，人们把“刘氏婆”“目连母”当作口是心非长舌妇的代名词，成为骂人的“口头禅”。傩和目连戏已经成为明清新安江流域社会生活不可缺少的一部分。

傩戏和目连戏是中国传统的民间戏剧形式，有没有舞台并不十分重要，演员和观众融为一体，同近代戏剧强调舞台艺术的概念有一定的差别。周贻白先生认为戏剧是由诗歌、音乐、舞蹈、绘画、雕塑、建筑等六项艺术融合而成的一门“综合性艺术”，其主要作用是故事表演。他说：

> 表演的意思，是把一个故事的全部情节或部分情节，由演员们装扮剧中人物，用歌唱或说白，以及表情动作，根据规定的情境表演出来。这里面，便和诗歌等六项艺术直接或间接地相互联系，逐渐地相互融合，如诗歌之与唱词或说白，音乐之与歌曲及伴奏，舞蹈之与表情动作，绘画、雕塑之与人物装扮的服装色彩和线条，建筑之与舞台装置，实际上已经成为戏剧本身所具有的各项因素而相互为用了。①

徽剧就是容纳了诗歌、音乐、舞蹈、绘画、雕塑、建筑六项艺术的一门独立的戏剧种类，在中国戏剧史上具有特殊的地位。

中国戏剧的繁荣，往往同声腔的广泛流传和发展分不开。徽剧声腔的形式，是徽剧赖以成立的基础。明正德、嘉靖时期，正当新安各种娱乐活动兴盛之时，当时全国颇有影响的余姚、海盐、弋阳、昆山四大声腔相继流入新安。尤其弋阳腔用金鼓铙钹按节拍，用人声帮腔，贴近普通老百姓而受到徽州群众的欢迎。为了使弋阳腔的唱法更适合新安江流域村镇平民的口味，新安艺人在演出时往往杂入土语，并在剧本中增加大量解释性字句，连唱带白，以“滚”的演唱形式，使声调如诵，通

① 周贻白：《中国戏曲发展史纲要》，上海古籍出版社，1975年，第7页。

俗易懂。同时删除一些晦涩难懂的四六宾白，如净丑间的戏谑语，彼此间的设问对答等。给观众以更多的戏剧性，扩大和增强原作表现生活的能力。这种保持徽语声调，吸收弋阳腔特点，增加“滚”所创造出来的新戏声腔，时称“徽调”或“徽州腔”，成为徽剧声腔特色。

徽州腔的产生约在明嘉靖，至万历而盛行。汤显祖在《宜黄县戏神清源师庙记》中说：

> 此道有南北。南则昆山，之次为海盐，吴浙音也。其体局静好，以拍为节。江以西弋阳，其节以鼓，其调喧。至嘉靖而弋阳之调绝，变为乐平，为徽、青阳。

王骥德《曲律·论腔调》说：

> 世之腔调，每三十年一变。……数十年来，又有弋阳、义乌、青阳、徽州、乐平诸腔之出。

汤显祖的文章作于万历三十年（1602）前后，[1]王骥德的《曲律》作于万历三十八年（1610）前。汤、王两人都明确记载了有别于弋阳、青阳等声腔的徽州腔的存在。万历中期，徽州也印行有标明“徽调”“徽板”的戏曲选本，存世的有《新刊徽板合像滚调乐府官腔摘锦奇音》6卷、《鼎锲徽池雅调南北官腔乐府点板曲响大明春》6卷等。

后来，徽州腔同昆腔也有了交流，使徽调又有了新的创造，一变为四平调。[2]四平调又名二黄平板，是后来四大徽班进京时所唱的主要唱腔。明末清初至乾隆末年，徽州腔凭借徽商的推动和提倡，出现蒸蒸日上的繁荣局面，仅扬州一地就有江春的德音班、春台班，徐尚志老徐班，黄德、汪启源、程谦德的家班。这一时期，徽腔更是兼收并蓄，博采众长，先后吸纳秦腔、吹腔、高拨子、梆子腔、罗罗腔等声腔艺术和剧本优点，形成以徽调为主，融合众长，唱、念、做、打并重的剧种，

① 徐长方笺：《汤显祖诗文集》，上海古籍出版社，1982年。

② 徽州腔同昆腔的交流，使原来的徽调又有了变化，汪效倚认为产生出“昆弋腔”（《徽班与徽商》，《徽学》第1期）；《辞海》“四平腔”条则载：“明嘉靖年间由传入徽州（今安徽歙县）一带的江西弋阳腔演变形成。”此处从《辞海》。

盛行于安徽及江浙一带，在南方广泛流行，对许多剧种产生深远影响。

随着徽班进京，徽班为适合北京人的口味，逐渐结合北京语音演唱，向京腔演变。徽剧的二黄调同汉剧的西皮调结合，最终产生京剧。京剧不仅继承了徽剧的声腔，而且从剧本、脸谱到舞台表演艺术，乃至伴奏音乐，都秉承了徽剧的传统。因此，有人说“徽剧乃京剧之母”。

二、徽派版画的地位与影响

中国传统版画是与雕版印刷术的出现同步发展起来的一门艺术，至少在唐代，版刻插图就已经出现。唐咸通九年（868）刊印的《金刚般若波罗蜜多经》扉页画，卷端绘《祇树给孤独园》图，全图纹饰华丽，布局稳妥，线条纤柔中见劲挺，是雕版技艺已臻成熟的佳作。

十竹斋画谱

唐、五代流传下来的其他版画作品，也都是与佛教相关的宗教宣传品。宋代以后，版画的应用范围扩大到其他领域，诸如《新定三礼图》《宣和博古图》《梅花喜神谱》《经史证类备急本草》等经学、考古美术、医学著作都附有大量的木刻插图。这时的版画只是文字的补充，即所谓“纂图互注”。宋熙宁五年（1072），神宗令画工摹拓吴道子钟馗像镌板，遂使版画脱离书籍单独成为新的艺术品种。

但从唐咸通至明代万历700多年的时间里，版刻插图沿用《祇树给孤独园》图的雕刻印刷技艺，没有大的进步。一直到明代万历年间，新安商人进入出版图书行业，在图书上大量插图，才使得这一情况得以大大改观。著名学者郑振铎在《中国版画史序》中，对徽派版画在中国版画乃至于世界版画史上的地位，有一段非常精彩的评论。他说：中国版画晚唐就已经流行，“迄万历、崇祯之际而光芒万丈，歙人黄、刘诸氏所刊，流丽工致，极见匠意。十竹斋所刊画谱、笺谱则纤纱精雅，旷古无伦，实臻彩色版画最精至美之境。其时欧西木刻画犹在萌芽也”。[①] 世界版画中国之最，中国版画徽州之最，此话一点也不过分。

① 郑振铎：《西谛书话》，三联书店，1983年，第488页。

首先，徽派版画彩色套印，把版刻艺术推向新的高峰。彩色套印是中国印刷史上的一项重大发明，它起源于新安江流域，从赵汸的《春秋集传》到《女范编》《程氏墨苑》《风流绝唱图》，再到《十竹斋书画谱》，就是徽派版画彩色套印发展过程中的实物证明。徽州刻工下杭州，去苏州、常州、金陵、吴兴，北上北京等地从事刻书画事业，把彩色套版印刷传到全国各地，才有吴兴闵凌氏五色版的“千古传颂”。明末胡正言在金陵首创饾版和拱花印刷新工艺，把版刻艺术推向新的高峰，创色彩套印技术新纪元。徽派版画丰富了中华民族艺术宝库，徽派版画以它的细腻、工整、精确的手法，用线的刚柔、强弱、深浅的技艺，体现画面内在精神。人物秀丽，尤重性格描写，享誉海内外。

其次，徽派版画代表了中国传统版画的最高成就。徽派版画是中国版画艺术最为优秀的代表，它以纤丽、秀劲的线条，富丽、精工的构图，绚丽多姿的彩印在中国版画史上占据至高无上的位置。《程氏墨苑》《十竹斋书画谱》《十竹斋笺谱》彩印本的出现，使徽派版画的绘刻技巧达到一个新的高度，所刊花卉、蔬果鲜翠欲滴，晶润如生；禽鸟羽毛和草虫网翼，脉络清晰，一笔不苟；雨后柳枝，风前荷盖，滴露未晞，流传欲掷；枯叶、虫龈，痕迹宛然，虫丝亦袅袅粘牵未断，穷工极巧，功媲造化。笺谱上的各种图画，以没有色彩的凸版压印花瓣脉纹、鼎彝图案与水波云痕，更是胡正言的创造。人物潇洒出尖，水木澹淡恬静，蛱蝶花彩斑斓，欲飞欲止，博古清玩典雅清新，“实已跻彩色版画至高之界”。它所体现的套版水印，是我国在世界印刷史上的第二大贡献。

其三，徽派版画影响了全国版画艺术风格的发展方向。明嘉靖以后，新安刻书业蓬勃发展，刻工队伍陡增，多达数百人，他们的刻印技巧和独特的地方风貌日趋成熟。同时新安书商高瞻远瞩，延请著名画家丁云鹏、吴左千、郑重、黄应澄、汪耕、陈洪绶、肖云从等绘画，请名刻工镌图，使徽派版画出现了崭新局面。由于作品刻技精工细腻，人物个性化，情景交融，风格突出，比之外埠版画，优劣分明，赢得赞誉。当时的版刻印刷界纷纷邀请徽州刻工雕刻版画，使其他地区的版画风格也向徽派版画靠拢。另外，新安地处偏僻，交往不便，于是新安书商、画家、刻工中一部分纷纷向外埠发展，重新开辟市场，使徽派风格传播外地，引向全国，其结果扩大了徽派版画阵地，也影响了各地版画，形成了明末清初以徽派版画为主流的中国传统版画全盛时期。

其四，作为版画形式之一的连环画，最早也是由新安出版商所创造。描写孔子故事的雕版图，最早元代就有，但只有10幅，且情节不连贯。湖北省长阳县图书馆藏万历刻本《圣迹图》有图100幅，虽无刻工署名，但专家据刻工风格鉴定为徽刻。《圣迹图》是我国现存最早的反映人物事迹较全、具有完整故事情节的连环图画，是一部形象化的孔子编年史，它对于后世连环画的形成与发展，都产生了深远的影响。

三、徽派篆刻在文人篆刻史中的地位

徽派篆刻在文人篆刻史中的地位，从以下四方面体现。

第一，确立了文人篆刻艺术体系。文人篆刻作为一门完整的艺术体系，以自篆自刻为基础，有众多的创作队伍，有一大批有影响的篆刻作品，有一定的创作理论。在明嘉靖以前，虽然有朱珪、王冕等个别篆刻合一的文人篆刻艺术实践者，但只是个别现象。创作基础薄弱，缺乏大量的作品，缺乏理论。

明嘉靖以后，涌现出一大批自篆自刻的文人篆刻家，其中新安印人群体人数最多，名气最大。何震以刀代笔，再现秦汉印章中的凿、铸、镂、琢之美，成为明末印坛上的领袖人物。新安印人多，作品也多。明万历二十八年（1600），何震以自刻印成《何雪渔印选》，开印人汇辑自刻印成谱之先河。韩天衡《中国印学年表》著录明隆庆六年（1572）至崇祯十六年（1643）有各种印谱93部，其中新安人参与辑钤、摹刻、自刻印谱45部，占全部印谱的48.9%。明代印坛复古运动点火者之一的歙县罗南斗，辑钤、辑刻了《集古印谱》《印薮》和《秦汉印统》，为复古运动摇旗呐喊。而这三部集古印谱的行世，也为文人篆刻艺术体系确立，为造就千千万万篆刻人才立下大功。

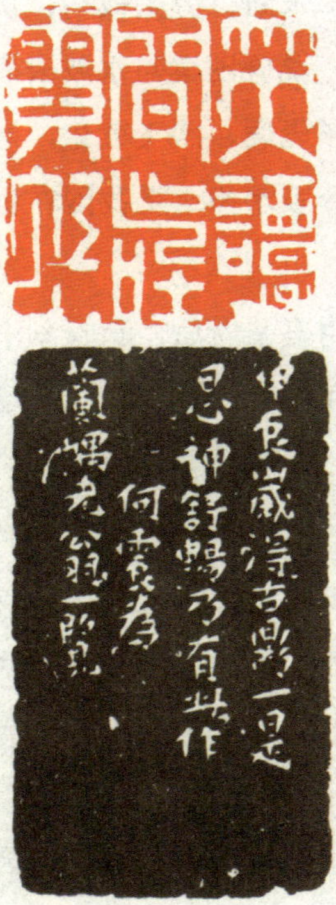

何震“谈谭间气吐虹霓”

新安印人不仅努力创作篆刻作品，还注意把自己的创作经验上升为理论。何震撰写的《续学古编》，除了对印章史、篆法、章法有所探索外，第一次在篆刻著作中对刀法、刀法与笔法的关系进行了阐述，这是前无古人的。徐上达不仅是一位印人，更是一位篆刻理论家，所著《印法参同》有论（理论）、有据（古今印拓）、有实践（自刻印章），叙述详细，通俗明畅，尤其在技法理论上有突破，是明末印学界具有代表性的学术著作。潘茂弘《印章法》提出篆刻时必须有娱悦、饱满的心境和充分、完备的艺术构思，也颇有见解。朱简《印品》《印经》则完善了篆刻理论。

程邃“徐旭龄印”

正是由于徽派篆刻的崛起，才真正确立了文人篆刻艺术的地位，实现了由实用印章向篆刻造型欣赏艺术的转变。

黄士陵“末伎游食之民”

第二，徽派篆刻始终影响着文人篆刻风格的发展演变。明万历年间，休宁人何震集篆刻于一身，是文人篆刻史上划时代人物。苏宣印风典雅雄健、朱简印风生涩刚劲、汪关印风平和清丽、程邃的凝重厚朴、巴慰祖的工致挺秀、黄士陵的光洁挺劲，一直是当时和后人临摹学习的典范，影响着文人篆刻风格的发展演变，新安以外的文人篆刻流派无一不与新安有着千丝万缕的关系。邵潜继承了何震篆法、刀法的多样性，传给许容、童昌龄，形成如皋派。林皋篆刻得汪关平和精髓，成为莆田派的领军人物。丁敬继承了朱简生涩刚劲之风，把朱简的切刀法运用得娴熟自如，开创了浙派。邓石如广收何震、苏宣、汪关、朱简、程邃各家长处，融以自己擅长的篆书入印，形成邓派风格。广东刘庆嵩、李茗柯、易孺、邓尔雅等直接师从黄士陵，开创粤派。

第三，徽派篆刻对篆刻艺术创作的贡献。篆刻的主要表现形式是篆字造型，对于篆字的了解、研究和书写是篆刻艺术区别于实用印章的关键。徽派篆刻以前虽有对篆法的探讨，但深入系统地对篆字造型进行研究却始于徽派篆刻。徽派篆刻家治印，很注重从篆字入手，精研六书（形象、指事、会意、形声、转注、假借），钻透汉字结构，同时扩大入篆字体范围，从金石、碑版、法帖、钟鼎、泉币、砖瓦等篆字造型上吸取营养，构思篆法与章法。休宁人程原曾说：“六书不精义入神，而能驱刀如笔，吾决不信。”[①] 强调篆刻家精通篆字造型的重要性，明万历时朱简以古玺文字仿战国小玺格式篆刻，涉笔成趣，灵活多变。但由于对先秦大篆文字不认识，这一创作形式一直没有得到很好的表现。篆刻家们在用大篆入印，用古玺形式创作

① 程原：《忍草堂印选自叙》，明天启六年钤印本。

时，往往不得要领，影响了印章的审美意趣。清乾隆、嘉庆时期歙县程瑶田以其深湛的考据学功底，解决了这一问题，先秦文字开始被印人们所认识，也为人们认识古玺形式美扫除了障碍，使篆刻艺术创作进入一个新的天地。另外，朱简以草篆入印，程邃印文大小篆混用，苏宣用草书刻写边款，这在篆刻艺术创作中都属独创。

徽派篆刻还开创了冲刀、切刀和边款单刀雕刻技艺，增强了篆刻艺术表现力。篆刻运刀方法明清时有 13 种、12 种、19 种之说，其实概括起来只有 3 种，即冲刀法、切刀法和冲切结合。冲刀法启发于传统的“凿印”，运刀时持用正锋或侧锋向前推进，刻出来的笔画爽利劲健，是篆刻时的常用刀法，其发明权应归于何震。切刀法却始于朱简，他篆刻时改变运刀方式，持刀向下压切，稍微前推，进刀的长度较短，长的笔画需用数刀连接刻成，刻出来的笔画由于线条呈现不规则的弯曲，长的显得苍老，短的显得平实，从而使笔画线条产生一种跌宕起伏的节奏感与韵律感，具涩滞苍莽的金石效果，开启了以刀见长的“刀笔结合”的新风气。这种刀法被后来的丁敬所吸收，又经浙派群体日臻完善推向顶峰，成为篆刻艺术中的主要刀法之一。何震的另一项发明单刀刻边款，兼具笔意刀趣。这种刻法后来被丁敬、吴昌硕等印学大家用来刻印文，极大地提高了篆刻艺术表现力。

在章法处理上，汪关提炼个别汉印和烂铜印形成的笔画粘连效果，开创“并笔”手法。他站在新形式的立场上，在保留基本字廓的前提下，变化白文线条的粗细轻重，并且重新留朱，使之产生整与碎的变化。这种篆刻章法上的并笔手法，是印章方寸之间表现艺术创作魅力的一种特别有效的方式，后来广泛地被篆刻艺术创作者所采用。由何震首倡，汪关发扬光大，在印面笔画接处留“涨墨”点的章法处理，在篆刻艺术创作中也是别具一格。

第四，徽派篆刻对篆刻艺术理论的贡献。除了在创作实践中推动篆刻艺术的勃兴，徽派篆刻家还从理论上展开探索，对文人篆刻艺术的发展具有启迪和指导的作用。

何震以前，文人能篆不善刻，不懂刀法。何震不仅能篆，更善刀法。尤其可贵的是，他把自己对刀法的理解，上升到理论高度，进行归纳，提出了 6 种用刀的害处，对当时的篆刻艺术创作具有指导意义。朱简提出的以刀法表现笔意来评定印章品级的标准，非常实在，也易于掌握，把篆刻艺术中刀法的运用提到了理论高度。徐上达对字的方圆、疏密、主客，笔的动静、巧拙、奇正、丰约、肥瘦、顺逆，刀的中锋偏锋、阴刀阳刀、顺刻逆刻、浅深、工写等矛盾的两个方面，都能辩证地加以剖析。矛盾的双方，既对立又统一，这样就把篆刻技术理论研究引入更高层次。

朱简还首创篆刻艺术批评风气，他在《印品》一书中采取论点与论据（印作）相引证的编排法，文图并存，互为发明。该书评论印作的优劣，论说犀利，颇具胆识，并提出了以“神品、妙品、能品、逸品、外道、庸工”六项篆刻批评的标准，指出“篆病、笔病、刀病、章病、意病”五种篆刻创作上的常见病。还单列“谬印”一章，对当时的一些名家篆刻作品进行有理论依据的批评，开创了篆刻史上印学批评的先河。

四、新安画派是明清文人画的正统继承者

艺术是情感的流露，新安画派表现出来的冷然绝尘的意境，不仅是新安山水远离尘嚣给他们带来的灵感。同时与新安画家处于改朝换代之际，怀遗民苍凉孤傲之情有一定关系。

新安江流域是朱熹的故乡，理学家“义利之辨”和“修身为本”的学说，培育出一大批颇具正义感和民族气节的仁人志士，他们把保持“名节”看成是最高道德规范。当明末清初改朝换代之际，他们或以身殉明，或高举起抗清的大旗，投身于反清复明的火热斗争中，做出了许多可歌可泣的事迹。

作为文人画家的新安画派各位代表人物，同样具有高尚的气节，不与清廷合作。渐江甚至亲身投入到抗清第一线，参与到金声、江天一的抗清斗争中。对于自己的遗民生活，渐江在自己的题画诗多有流露：“序气日凄肃，板屋居安然。山风时出涧，冷韵听柯竿。”[①] 生活孤冷萧索，心境寂寥幽澹，遗民苍凉孤傲之情跃然纸上。他的作品多以峻岭奇松、悬崖峭石、疏流寒柯、老干枯枝入画，正是这种遗民情结的反映，体现出超尘拔俗和凛若冰霜的气质。

查士标有才气，原本家中很富裕，乡里人称“查文学”。清兵入关以后，家庭被战乱所毁，改变了他的生活道路，从此不应科考，专事书画的隐居生活，整日闭门高卧，不见宾客，直到深夜才临池作画。作为遗民，查士标的内心同样是不平静的。他在一首诗中写道：“故乡乱后莫言家，南北浮踪度岁华。别后逢人频问讯，恐经明日又天涯。”他曾劝阻侄子出仕清廷效力，自己更是不与清政府的达官贵人交往。直到晚年，他的心境依然是悲凉的，他在给女婿诗中写道：“残山剩水似梦中，天涯

① 渐江：《秋临板屋图轴跋》。

漂泊一孤篷。欲谈往事无人识，避地如今是老翁。”大明的残山剩水是他一生的牵挂，这种遗民情绪在他的画中表现出一种设境幽僻、意趣荒寒的特色。

孙逸、汪之瑞同渐江、查士标一样，也是对异族的统治极不甘心，不与清王朝合作，隐居作画，终其一生。汤燕生曾描述孙逸隐居时的生活状况，说他住在茅屋之中，庭院中长满草，连路都遮掩住了，屋里唯有床头放了数卷书和倪瓒、黄公望的画轴，每天勉志勤躬，以画画自娱。汪之瑞的生活经历同查士标相似。这种不满现状，甘贫乐苦，愤世嫉俗的情绪，都化诸笔墨，渗透于作品之中。

人们对孙逸画境的评论是荒寂、冷漠、悲愤、苍凉，对汪之瑞的评论是苍凉、悲壮、孤傲，这都是遗民意识的体现。

程邃气节高尚，视忠奸如水火。明王朝亡国的那年十一月，程邃跟随黄道周来到余杭的大涤山中，以讲学为名，组织反清复明的活动。当大局已定，复明已不可能时，程邃深感惭愧，于是自称“朽民”“垢区”，并刻“江东布衣”印章，以示断绝功名，不与清廷合作的态度。程邃的画意境的荒僻、幽寂、静逸、冷峭，同其他新安画派各家一脉相承，烙下遗民的痕迹。

郑旼，本来叫“郑旻”。入清以后，将“日”字移左边，意思是在我的上面再也没有君王了。在生活极其贫困的情况下，坚持不与官场人士交结，朝廷中人主动与其亲近交往，都被他以哭相拒，或者事先避开。家中无米，便写首诗，画幅画换米度日。达贵官人想高价从他手中购画，从不答应。有时画已绘成，当得知要画人是朝中人时，立即毁去也不交换。他的作品意境荒寒，凄厉清绝，流露出一种愤懑郁结的心绪。他的画运笔尖锐、迅疾，正是他那愤世不平心境的体现。

情感表现是中国文艺最本质最明显的特征，在大明既灭，大势已去的情况，新安画派画家更多的是把自己悲愤痛切的情感通过绘画去表现，因此其作品更多地带有感伤的性质，体现出的是一种强烈的故国之思，又无疑是爱国主义的表现。

清初的遗民情结，不仅仅新安画派画家独有，其他画家也具有浓郁的遗民意识。八大山人自己入清不仕，还对仕清的明旧臣予以辛辣嘲讽，他题雪景画，以雪姑鸟（相思鸟）作喻：“大雪小雪笼中鸟，只为旁人唤雪姑。放去收来多少伴，既从姑去又从夫。”① 项圣谟明亡以后，作画从不署清朝纪年而仅署干支。其他如傅山、陈老莲、

① 朱耷：《兰亭诗画册》，香港佳士得拍卖行印刷，2018年。

施润章、石涛等均是这样一批遗民画家。

与新安画派不同的是，其他遗民画家化悲愤为狂放，绘画风格体现出一种桀骜不驯的反传统、反中和的倾向，形成狂、怪、丑等极端的审美意趣。

八大山人笔墨雄肆纵姿，极尽夸张、豪迈之能事，他所画的鱼鸟大多缩颈拱背，白眼向人，怪诞奇丑，透露出一种对清廷仇视和各抗争意识。扬州八怪更是以“怪”名世，标新立异，不合时俗。高其佩以指画画宫娥，信手涂抹，将本是娇美秀艳的宫女画成了五官不分，丑乱怪奇，评者以“嫫母”称之。他正是通过对丑怪的表现，才准确地传达出自己那种对现实不满。

中国文人画发展到清初，产生出三大派别，一派是以“四王”——王时敏、王鉴、王翚、王原祁为代表的“复古派”，盲目崇拜古人，一味摹仿古人。另一派便是以八大山人、石涛、高其佩、扬州八怪等代表的“反传统派”。复古派一味守旧，反传统派则一再标新立异，走向两个极端。只有新安画派既遵循古法，又师法自然创新，走一条“中庸”之道。由此可见，是明清文人画的正统继承者。

第五章　新安文化的比较研究

第一节　新安江上游与中下游文化的异同

梁元帝承圣二年（553）开始，新安江流域被分设为新宁郡和新安郡两个行政区域，行政隶属关系割裂，文化走向呈现不同的发展趋势。从大的历史时期分段来看，梁承圣二年之前，新安江流域上游与中下游，发展水平基本平衡。从梁元帝承圣二年至元代，虽然行政区域分设，但发展水平大体差不多。直至明代徽商崛起，徽州与严州的整体发展开始拉开距离，新安江上游的徽州文化进入快速发展的通道。

一、早期新安江上游与中下游的文化关系

先秦时期，整个新安江流域都处于原始发展阶段。新安江流域处于“吴头楚尾”，当地土著文化以古越文化为起点，天然吸取吴楚文化的营养，形成相对独立的古越土著社会。屯溪西郊奕棋村附近发现的西周至战国早期的墓葬，出土了一大批青铜器、陶器、原始瓷器、玉石件和漆器残件，说明当地的土著越人已经形成族群或族国，土著文化已经形成一定的规模。

由于先秦时期，新安江流域尚未进入中央王朝的视野，被视为荒莽之地，几乎没有留下文献记载的历史。但地处下游的建德地区，相对于上游的徽州盆地，更接近杭州嘉湖平原和绍兴地区的诸侯王国，却流传有一些诸侯国名人到过建德的传说，如关于伍子胥的旧闻。万历《严州府志》记载：“胥村，因伍子胥逃难抵此，遂以名村。”志书编纂者对伍子胥是否到过建德，其实也没有把握，后面加了一笔，“今云逃难于此，疑无所据，或当时退耕之时曾至此地”。[①] 虽然无法确定伍子胥是否到过建德，但有关他的诸多旧闻，在建德流传甚广，如他躬耕过的村子叫胥村，胥村旁的小溪叫胥溪，他出胥溪渡江的渡口叫胥口等。

秦始皇统一天下，在新安江流域设黟、歙二县，新安江流域真正隶属于中央政权的统治由此开始。当时位于新安江下游的建德地区，并不属于歙县管辖，而是归

---

① 万历《严州府志》卷19《拾遗·胥村》。

属于富春县。但在建德县梅城往西80余里的新安江畔，有一座铜官山，秦时就在此设官采铜。《严州图经》记载："铜官山，在县西八十里。旧经载《新安记》云：秦时于此置官采铜，因以名。"[①]万历《严州府志》也记载："铜官山，县西八十里，《新安记》云，秦时于此置铜官采铜，后铜乏，遂废。"《新安记》是梁代新安郡太守萧几所作，萧几既然记下秦时在铜官山设铜官，那么铜官山与新安郡应有关系。

另外，西汉名臣朱买臣隐居严州的传说也在流传。《严州图经》中记载：

> 朱池距城三十里，相传朱买臣读书处，其东有朱太守祠、唐李频文其碑，石今不存而文传。然词颇浅近，又频集不载，为可疑。文谓吴王濞举兵，民不遑居，公逃难至此，挹下涯水饮之曰："水香而善，其地可居。"于是深入大周，得地为蓬荜而居。之后去官，因家于下涯之上，筑室读书，凿池为涤砚所，后人即其姓而名之曰朱池。[②]

唐代寿昌籍诗人李频有诗曰："家临浙水旁，岸对买臣乡。"[③]可见，至少在唐代，朱买臣隐居严州的传闻已非常普遍。在建德朱池与朱买臣有关的历史遗迹有三处：一为朱买臣墓，位于今建德市洋溪街道友村；二为朱太守祠，朱太守祠的前面，昔日有很大一块草坪；三为洗砚池，朱池之名由洗砚池而来。在严州，关于朱买臣"负薪诵读""洗砚朱池"的故事流传甚广。

汉末建安十三年（208），新都郡建立，郡治设在始新县，今淳安县威坪镇。从此至梁承圣二年（553）的300多年中，地处新安江中游的淳安县成为流域的政治文化中心。虽然后来新安江流域被分割为徽州和严州，但这一时期的贤守和名人，一直被两郡人民共同纪念，成为新安文化特色。

贺齐是第一任新都郡太守，《新安志》记载：[④]

> 齐复表分歙为新定、黎阳、休阳，并黟、歙，凡五县。权遂割为新都郡，

---

① 陈公亮撰，罗嘉许点校：《严州图经》卷2《山》，天津古籍出版社，2008年，第264页。
② 陈公亮撰，罗嘉许点校：《严州图经》卷2《古迹》，天津古籍出版社，2008年，第266页。
③ 方韦、李新富：《严州诗词（上）》，天津古籍出版社，2011年，第38页。
④ 罗愿：《新安志》卷9《叙牧守》。

齐为太守，立府于始新，加偏将军。十六年，被命诣行在。及当还郡，权出祖道，作乐舞象，赐齐軿车骏马，住驾使齐就车。齐谢不敢，权使左右扶上车，令吏卒兵骑导引，如在郡之仪。权望之笑曰："人当努力，非积功累勤，此不可得。"去百余步乃旋。

《淳安县志》不仅记载贺齐"讨平山越，建置郡县，皆自齐始，有功兹土甚大，邦人崇祀勿绝云"。[1] 而且将贺齐所筑郡城称之为"贺城"，始终不改。在相关记载中，也不忘贺齐的功绩。如"栅源，在昌期乡。相传贺齐与山越战，树栅于此"。[2] 民间立庙祭祀，并形成纪念贺齐的庙会。相传每年正月十二是贺齐（俗呼贺老爷）出巡日。是日，四乡数以万计的居民赶往县城参加庙会。从正月初五起，先在东、西两庙举行"牵马牌"仪式，宣告贺老爷要出巡了。正月十二日，东庙、西庙的两尊贺齐塑像，分别由 16 人抬着出巡。十八般兵器队、火铳队、香炉队、高跷队、大头和尚戏媒婆队、

贺齐庙

① 光绪《淳安县志》卷6《职官志·治行》。
② 光绪《淳安县志》卷4《故迹》。

土地菩萨队、百子灯队、秋千队、南丝竹吹奏队、青狮队、抬戏队、拉狮队等各种表演队紧跟其后，迤逦里许。先至县前街，接受知县及县衙属员的焚香礼札迎，尔后绕城一周。出巡复位后，上演十天神戏，方告休止。[①]

梁朝文学家任昉，天监六年(507)，出任宁朔将军、新安太守。在郡期间不注意衣着打扮，经常独自一人拄着拐杖，步行到城镇村舍走街串巷，民间有是非官司，随即就地裁决。这样处理政事既清静又省事，官民都感到很便利。次年，任昉在任上去世，终年49岁。家里只有桃花米20石，没有钱财安葬。任昉留下遗言，不许家人把新安的任何一件东西带回京都。下葬时棺材是用杂木做的，平时的旧衣服做装殓。新安郡人都很悲痛，百姓们一起在郡城南（今淳安县威坪镇）给他立了祠堂，每年按时祭祀他。到了明代，严州州学仍有任昉祠，祭祀任昉。[②]关于任昉的事迹，徽州、严州人民世代流传。《淳安县志》记载，县东十里凤凰山巅有凤鸣书舍，相传为任昉寓所，清末仍是任氏聚居地。[③]明代，歙县宁泰乡仁祐里有任公寺，是宋大中祥符元年（1008)，用旧额重建的。万历《歙志》记载：

> 先是寺侧有富资水，梁太守任昉每行春至此，爱之，累日不能反，旁有大石，往往坐钓其上。后人因名其溪为昉溪，村为昉村。大中九年，刺史卢潘以贤守名，宜讳，始改为任公村。而寺旧亦以昉名，僧籍则稍变其音为膀寺。元丰元年，本县始为立任公寺户，而僧籍犹如其故。

对新安江流域最早在中央王朝享有盛名的方储，无论是徽州，还是严州，都视为自己的骄傲。《严州府志》将其列入“乡达”,[④]《徽州府志》将其列入“宦业”,[⑤]对他的事迹极力推崇，甚至神化。唐监察御史张文成称：方储“生平之日，羽驾乘空，仙游之时，蝉脱而去，咸以公为仙化，莫知所归，共建祠堂，以时祭享”。[⑥]所谓“仙化”，

---

①《淳安县志》,汉语大辞典出版社,1990年,第640页。

② 万历《续修严州府志》卷10《治行志·任昉》。

③ 光绪《淳安县志》卷4《故迹》。

④ 万历《续修严州府志》卷10《治行志·任昉》。

⑤ 道光《徽州府志》卷12《人物志二·宦业》。

⑥ 方善祖：《方氏会宗统谱》卷18《碑记·后汉故大匠卿兼洛阳令加拜太常卿黟县侯赠尚书令丹阳方氏之碑》,乾隆十八年刻本。

是对方储的神化。淳安县当地传说，无论大旱，或是洪涝，也不管是官府，还是民间，只要到方储祠去祈祷，无不感应。每年春夏之交，邻近的地区都有瘟疫，唯有淳安没有疾病，都是因为方储护佑的结果。于是，称方储祠为“方仙翁庙”。原淳安县学东南有方储祠，宋政和七年（1117），“邑人方适、方弈与父老状其灵异，列于转运使。转运使为请于朝，赐今额”。[①]“今额”指的是“真应庙”额。[②]方储祠一直是方氏子孙结集的场所，每年仲春三日诞辰，方氏各派子孙共同到“真应庙”行祭拜礼，读祝升歌，大家相聚畅饮，欢洽而散。[③]在淳安茶坡、上方、赋溪等村也都立有真应庙，清康熙十九年（1680）方瑞合有《重修东山黟侯庙记》：

吾族之散处者，概祀黟侯，其神明之道著也。自吾祖琦公迁茶坡，祀侯东北山下，几二百年。山下水通溪，名轩驻溪。侯乘鹤归来处，故溪桥亦名轩驻桥。桥下水汇可二亩，蒹蒲蔚然，丘壑冷然。由桥陟庙，一望平田广坂，树林蓊翳，隔岸云峦稠叠如绣，一伟观也。但庙制草具，久益倾圮。岁时拜奠，少登望之乐。又旁无余室，可庇缁素，考钟伐鼓有缺焉。时兵革稍息，秋禾用登。余与族人谋而新之。长幼一心，欢然俯首。于是敛资若干，运木移石。倡始于某年月日，讫工于某年月日。共计庙堂若干楹，旁翼室若干楹，而庙以成。檐瓦翼如，阶戺砥如，心目爽垲，人神感通，则神明之道益。盖降福穰穰有自来矣。于是徘徊上下，更议结亭于桥畔，蓄衍芙渠，布溉竹木，俾往来观者眼界一新，皆踵事增华责也。康熙庚申岁秋九月记。

在徽州也有真应庙，相传方储曾在歙县柳亭山居住过，于是在柳亭山建真应庙。[④]另据道光《徽州府志》记载：“方世环，字西玉，岩镇人。祖善述，客南昌，因籍焉。世环富而好义，最重本支，回家展墓，凡先世坟茔崩塌者，悉修葺之。邑南蛇坑有方储真应庙，不惮跋涉，修其祠宇。”[⑤]可见，徽州的真应庙不止一个。

---

① 光绪《淳安县志》卷3《坛庙·真应庙》。
② 方善祖：《方氏会宗统谱》卷17《庙额·敕赐黟县侯庙额》，乾隆十八年刻本。
③ 方善祖：《方氏会宗统谱》卷17《庙额·敕赐黟县侯庙额》，乾隆十八年刻本。
④ 道光《徽州府志》卷2《舆地志·山·柳亭山》：“柳亭山，在歙县南百里……汉方储居此，有真应庙祀储。”
⑤ 道光《徽州府志》卷12《人物志·义行一》。

据传，正月初六是方储的诞辰日，在淳安县富山村这一天举行传统庙会，纪念方储。正月初六，村民将方储塑像（方仙翁）从方氏家庙（俗称老殿）中抬出，巡游于村道弄巷，然后供奉在富春堂，直到正月十六将菩萨抬回老殿复位为止，会期长达 11 天。迎送方仙翁出位、归位时，前有仪仗队鸣锣开道，秋千露台载歌载舞；后有数百人摇旗簇拥，沿途鞭炮齐鸣，人声鼎沸。特别是秋千露台，其形式具有器具独特性、表演惊险性、演出欢快性等多种艺术风格，融杂技、舞蹈、歌唱于一身。秋千露台，是一座由四人抬着走动的表演台。木台上装有铁支架，用于固定童男、童女。他们分别扮演一戏剧角色，诸如孙悟空与铁扇公主、杨宗保与穆桂英、许仙与白娘子之类。演员高高地绑扎站立在露台之上，犹如空中仙童、云中仙女，或翻筋斗，或挥宝扇，各施绝技，惊艳绝伦。2009 年，富山秋千露台被列入浙江省非物质文化遗产名录。

程灵洗是海宁（今休宁）人，南朝时期以武功著称的一员名将，在建立陈朝的过程中战功卓著。当时新安江流域及其周边地区政局不稳，海宁、歙县、淳安、鄱阳、宣城等地出了很多盗贼，百姓深受其害。程灵洗向来以勇猛著称乡里，地方官就派他招募年轻勇士，缉捕盗贼，保护乡里。梁武帝太清二年（548）八月，东魏降将侯景勾结京城守将萧正德，举兵谋反，史称“侯景之乱”。程灵洗聚集几百人守卫黟县和歙县，抗拒侯景进攻新安郡。新安郡城（今淳安威坪）被侯景占领以后，太守萧隐也逃到歙县来投靠他，程灵洗便请萧隐主持抗击侯景联盟。因屡建奇功，兵威大振。梁元帝在荆州登上皇位后，授程灵洗为新安太守，掌管新安郡的军事，食邑五百户。随后进军建德，擒贼帅赵桑乾。以功授青州刺史，都督青、冀二州军事，增加食邑至一千户。后投顺陈霸先，在建立陈朝的过程中，以功授南丹阳太守、封遂安县侯，后又屡立战功，授郢州刺史、重安县公，食邑二千户。陈光大元年（567），卒于任上，赠镇西将军、开府仪同三司，谥忠壮。陈太建四年（572），陈宣帝下诏配享高祖庙庭，高祖是陈朝开国皇帝陈霸先的庙号，程灵洗的牌位能够配享其中，也是无限荣耀。宋嘉定年间敕建世忠庙，追封广烈侯。

程灵洗画像

元泰定三年（1326），加封忠烈显惠灵顺善应公。

徽州、严州人民对程灵洗都极为崇拜，《新安志》将其列入“先达”，道光《徽州府志》列入“勋烈”，光绪《严州府志》将其列入“遗爱”，光绪《淳安县志》将其列入“忠义”。光绪《淳安县志》载：

程灵洗，字之涤，新安海宁人，少勇力，步行日二百里，便骑善游。侯景乱，据黟以拒景。景军据新安，新安守湘西乡侯萧隐奔依灵洗。梁元帝授灵洗谯州刺史，复助王僧辩镇防。及陈武帝诛僧辩，灵洗率众来援，武帝军不利，遣使谕降。帝授灵洗兰陵太守。及平徐嗣徽，灵洗有功，除南丹阳守，封遂安县侯。后谥忠壮。次子文灿，鄱阳太守，以子康宁丞青溪，迎养，因家于青溪西隅。①

这一时期，新安江流域的大好山水进入全国一流文学家的视野。南朝宋永初三年（422）秋，谢灵运赴任永嘉郡太守。他沿钱塘江、富春江溯流而上，经桐庐、兰溪，转由婺江到永嘉，写有《初往新安至桐庐口》：②

絺绤虽凄其，授衣尚未至。
感节良以深，怀古亦云思。
不有千里棹，孰申百代意。
远协向子心，遥得许生计。
既及冷风善，又即秋水使。
江山共开旷，云日相照媚。
景夕群物清，对玩咸可喜。

此诗为今存最早的有关新安山水的诗篇之一。

南齐隆昌元年（494），沈约除吏部郎，出为东阳太守。经浙江，溯钱塘江而上，赴东阳上任。过新安江时，写下《新安江至清浅深见底贻京邑同好》：③

---

① 光绪《淳安县志》卷9《人物志·忠义》。
② 道光《徽州府志》卷2《舆地志·水·附载》。
③ 道光《徽州府志》卷2《舆地志·水·附载》。

眷言访舟客，兹川信可珍。洞澈随清浅，皎镜无冬春。千仞写乔树，万丈见游鳞。沧浪有时浊，清济涸无津。岂若乘斯去，俯映石磷磷。纷吾隔嚣滓，宁假濯衣巾。愿以潺湲水，沾君缨上尘。

徐摛是南朝梁代的著名文学家，与庾肩吾齐名，文学史上有“徐庾体”之称。《梁书·徐摛传》记载徐摛：“属文好为新变，不拘旧体。”又载：“遂承间白高祖曰：‘摛年老，又爱泉石，意在一郡，以自怡养。’高祖谓摛欲之，乃诏摛曰：‘新安大好山水，任昉等并经为之，卿为我卧治此郡。’”中大通三年（531），担任新安太守。在任期间，教民礼仪，劝课农桑，不久，当地风俗为之一变。徐摛作为一位文学家，面对新安大好山水，必然会行之于笔，可惜没有流传下来。而高祖对他所说的“新安大好山水”一语，却成了新安历史上影响最为深远的赞誉。从此以后，新安就以“大好山水”的美好名声为世人所瞩目，并引来了无数骚人墨客痴迷其间，发出无尽赞叹。

同时，中原士族开始向新安江流域迁徙。据前述，梁以前迁入新安江流域的中原士族有19姓，其中迁入淳安县的有方、刘、汪、鲍、胡、童、项、王8姓、歙县詹、程、黄、叶、柯、任、闵7姓、遂安余、洪2姓、休宁巴1姓、新安俞1姓。[①]新安江中游占11姓，再一次证明淳安的政治文化中心的地位。

综上所述，可以得出以下几点推断：（1）先秦时期，新安江上游的徽州盆地已经存在非常先进的土著族群或族国，只是没有进入中央王朝的视野。但处于下游的建德地区，离杭嘉湖平原和绍兴地区统治的吴国、越国稍近，流传过有一些诸侯国名人涉足的传说。（2）秦设黟、歙二县期间，新安江流域的历史状况，文献仍不足征。可是新安江下游却有秦末“置官采铜”的记载和西汉名臣朱买臣的传说，证明新安江下游与外界联系更为方便，上游稍显闭塞。（3）孙吴政权在新安江流域设置新都郡，郡治始新县（今淳安县威坪镇），以及众多中原士族移民始新县，奠定淳安成为新安流域政治文化中心的地位。（4）从汉建安十三年（208）新都郡设立，到梁元帝承圣二年（553）新安江流域被分设为新宁郡和新安郡两个行政区域的300多年期间，所产生的人物和事件，被后来行政区划割裂的徽州和严州两地共同拥有。（5）新安大好山水被外界熟知，文学名家对新安江的歌咏，扩大了新安江在全国的知名度。

---

① 见第三章第一节第五目。

二、新宁郡设置至元代徽州与严州的联系

梁元帝承圣二年（553），新安江流域被分设为新宁郡和新安郡两个行政区域。从梁元帝承圣二年（553）至元代，新安文化上吴少微在全国文学地位的奠定、睦州诗派的崛起、新安理学的兴起，是值得关注的三件大事。虽然行政区划割裂，但在徽州地方志书和严州地方志书中，这三件事涉及的人，却是交相记载。如关于吴少微，道光《徽州府志》记载：

吴少微，新安人。举进士，累至晋阳尉，与嘉谟友善同官。先是，文士撰碑颂皆以徐、庾为宗，气调渐劣，少微、嘉谟属词以经典为本，时人钦慕之，文体一变，称为“富吴体”。嘉谟作《双龙泉颂》《千烛谷颂》，少微撰《崇福寺钟铭》，词最高雅，作者推重。并州长史张仁亶待以殊礼，坐必同榻。嘉谟后为寿安尉，预修《三教珠英》，中兴初为左台监察御史卒。少微中兴初调于吏部侍郎，韦嗣立称荐，拜右台监察御史。卧病，闻嘉谟死，哭而赋诗，寻亦卒，有《文集》五卷。少微与嘉谟在晋阳，魏郡谷倚为太原主簿，皆以文词著名，时人谓之北京三杰。倚后流寓客死，文章遗失。[①]

以上文字，道光《徽州府志》注明引自《旧唐书》。随后又有一段小注：“嘉靖《府志》云：‘少微，歙人，徙居休宁县西石舌山，人以少微父子文行知名，为改石舌山为凤凰山，莲池为凤凰池。’”万历《续修严州府志》也载有吴少微传：

吴少微，淳安人，与武功富嘉谟相友善。长安中擢进士第，俱尉晋阳。又有魏郡谷倚者，并富文辞，号北京三杰。时天下文章尚徐庾浮俚，独少微、嘉谟原本经术，雅厚雄迈，人争慕之，号吴富体。预修《三教珠英》，以韦嗣立荐，并为左台监察御史。已而嘉谟死，少微恸之，寻亦卒。有集十卷行于世。少微曾撰《崇福寺钟铭》，为高雅，作者推重。并州长史张仁亶待以殊礼。代仁亶作《九鼎铭》，词亦典。则然其为诗，通庄道，劲沉郁，充扬知。浓云密布，雷电勃兴，令人神惊，瞩驳不可正视。其《开元寺》一篇古意黯然，卓有佳致，至如鼓兴

① 道光《徽州府志》卷11《人物志·文苑》。

干河岳，贞舜毒鬼神。岁晏风落山，天寒水归壑。不惟一洗江左之铅华，可以直追汉魏之阃奥矣。①

《徽州府志》说是歙人，徙居休宁凤凰山；《严州府志》说是淳安人。均引以为骄傲。而关于睦州诗派的代表人物皇甫湜，万历《歙志》载：

皇甫湜，字持正。擢进士第，为陆浑尉，仕至工部郎中。卞急使酒，数忤同省，求分司东都。留守裴度辟为判官。度修福先寺，将立碑，求文于白居易。湜怒曰："近舍湜，而远取居易，请从此辞。"度谢之。湜即请斗酒饮酣，援笔立就。度赠以车马缯彩甚厚。湜大怒曰："自吾为《顾况集序》，未尝许人。今《碑》字三千，字三缣，何遇我薄邪？"度笑曰："不羁之才也。"从而酬之。湜尝为蜂螫指，购小儿敛蜂，捣取其液。一日，命其子录诗，一字误，诟跃呼杖。杖未至，啮其臂血流。湜与李翱、张籍齐名，有《皇甫持正集》。②

万历《歙志》是把皇甫湜当歙县人来记载，是因为淳安曾是歙县东乡。然而道光《徽州府志》明知皇甫湜是淳安人，在考证了歙县与淳安的沿革关系之后，仍然照旧将著录，并说明："皇甫公采入歙志，始于歙令张涛《歙县志》，而歙令靳治荆修邑志及通志仍之，今依旧著录。"③同样将皇甫湜引以为骄傲。

皇甫湜画像

理学家钱时是淳安蜀阜人，祖居地在歙县汝溪。④万历《歙志》不将钱时当作淳安人看，而是视其为歙县汝溪人，为其列传：

① 万历《续修严州府志》卷15《人物志·文苑》。

② 万历《歙志传》卷5《文苑》。

③ 道光《徽州府志》卷11《人物志·文苑》。

④ 程敏政《新安文献志·先贤事略上》载："钱融堂时，字子是，歙县汝溪人，迁淳安蜀阜，师杨慈湖。为时硕儒。仕终史馆。校阅所著，有《周易释传》《尚书演义》《学诗管见》《秦秋大旨》《四书管见》《两汉笔记》《蜀阜集》《冠昏记》《百行冠冕集》，学者称融堂先生。"黄山书社，2004年，第24页。

钱时，字子是，号融堂，汝溪人。幼奇伟不群，读书不为世儒之习。以《易》冠漕司，既而绝意科举，究明理学。江东提刑袁甫作象山书院，招主讲席，学者兴起，政事多所裨益。郡守及绍兴守皆厚礼延请开讲郡庠。其学大抵发明人心，论议宏伟，指擿痛快，闻者皆有得焉。丞相乔行简特荐之朝，且曰："时夙负才识，尤通世务。田里之休戚利病，当世之是非得失，莫不详究而熟知之，不但通诗书、守陈言而已。"授秘阁校勘，诏守臣以时所著书来上。未几，出佐浙东仓幕，太史李心传奏诏史馆检阅。轮对，敷陈剀切，皆圣贤之精微。旋以国史宏纲未毕求去，授江东帅属，归。其书有《周易释传》《尚书演义》《学诗管见》《春秋大旨》《四书管见》《两汉笔记》《蜀阜集》《冠婚记》《百行冠冕集》。[①]

光绪《淳安县志》亦有钱时传：

钱时，字子是，蜀阜人。幼，奇伟不群，读书不为世儒之习，以《易》冠漕司。既而绝意科举，究明理学，游慈湖之门。慈湖喜曰："人心背驰不知其几，惟子是超然有觉，又能启迪其乡人士，吾道其亨乎。"大书"融堂"二字赠之，遂为杨门高弟。提刑袁甫作象山书院，招主讲，席兴起，政事多所裨益。郡守及新安、绍兴守皆厚礼延请开讲郡庠。其学大抵发明人心，论议宏伟，指摘痛快，闻者皆有得焉。乔行简知其贤，特荐之，言：时夙负才识，尤通世务田里之休戚利病，当世之是非得失，莫不详究而熟知之。不但通诗书，守陈言而已。授馆阁校勘。诏守臣录其所著书来上。未几，出佐浙东仓幕。李心传奏为史馆检阅，轮对，敷陈剀切皆圣贤之精微。旋以国史宏编未毕，求去。授江东，帅属归。其书有《周易释传》《尚书演义》《学诗管见》《春秋大旨》《四书管见》《两汉笔记》《蜀阜集》《冠昏记》《百行冠冕集》。

从吴少微、皇甫湜、钱时三人的事例中，可以看出新安江流域文化，即使上游与中下游行政区划被割裂，但文化的整体文脉却始终割裂不了，相互交融，你中有我，我中有你。

---

① 万历《歙志》卷6《传·钱时》。

三、明清时期严州与徽州文化的差距

如果说元代以前新安江流域的徽州与严州，基本保持均衡发展的态势，到了明清时期，徽州开始发力加速，形成博大精深的徽州文化，成为学术界颇为关注的一门专门学问——“徽学”。严州的文化发展脚步放缓，徽州与严州的文化发展拉开了距离，可以从以下的一些数据中看出。

教育与科举。以清代为例，清代除了各自的府县学之外，徽州有书院74所，其中歙县21所，休宁12所，黟县8所，绩溪21所，祁门1所，婺源11所；[①]严州有书院31所，其中建德县4所，淳安县13所，遂安县3所，寿昌县4所，桐庐县5所，分水县2所。[②]徽州书院比严州多一半还不止。徽州、严州两府共考取进士452名，其中徽州府411名，[③]严州府41名。[④]徽州比严州整整多出10倍。

学术。清江藩著《汉学师承记》列清代考据学家42人（另有附记15人），其中徽州占9人：江艮庭、洪亮吉、江永、金榜、戴震、汪中、洪榜、程晋芳、凌廷堪。严州一个也没有；《宋学渊源记》列清代宋学家31人（另有附记8人），徽州占2人：吴慎、施璜。严州无一人。[⑤]

艺术。《清代名人书画家辞典——吉安室书录》[⑥]收录清代擅书者1235人。徽州有20人，其中歙县11人，闵麟嗣、程嗣立、汪宏度、程世淳、黄吕、吴熊、汪廷桂、程邃、汪士慎、程瑶田、方元鹿；休宁县4人，汪由敦、汪谷、查士标、汪梅鼎；黟县3人，王楫、许尚远、黄启兴；徽州（未具名县属）2人，江炳炎、江士铚。严州仅收录2人，其中桐庐1人，徐元礼；严州（未具名县属）1人，魏光辰。

汪士慎绘《竹映湖石》

---

① 道光《徽州府志》卷3《营建志·学校》。
② 光绪《严州府志》卷6《学校·书院》。
③ 光绪《重修安徽通志》卷150～176《选举志》。
④ 光绪《严州府志》卷15《选举·进士》。
⑤ 江藩：《汉学师承记》《宋学渊源记》，上海书店出版社，1983年。
⑥ 梁章钜：《清代名人书画家辞典——吉安室书录》，上海人民美术出版社，2003年。

《清代绘画史》[①]全书有15章，涉及区域绘画流派的有5章："清初苏、松地区绘画""清初徽州地区的绘画""清初金陵地区的绘画""清代中期的扬州画派与'扬州八怪'""'海派'绘画的兴起及成就"，徽州专门有一章。同时，谈到其他地区绘画流派及其他章节中，也经常提到徽州的画家。如"扬州八怪"中的两怪汪士慎、罗聘，"四大画僧"中的弘仁，"金陵四逸"之一的程正揆，"海派三大画师"中的虚谷等，均是徽州人；谈到清代主要年画产地和特点时提到歙县，谈到清代版画专门谈到"徽派版画"和歙县虬村黄氏刻工，谈到清代书画鉴藏家时提到的徽州人有：詹景凤（休宁人）、姚际恒（休宁人）、胡积堂（黟县人）、吴其贞（歙县人）等。而通览整部绘画史，提到近千名画家中，没有一名严州的画家，反差实在有点大。

科技。《中国科学技术人物辞典》共收录明清时期科技人物382人，徽州有28人。其中，歙县15人，方于鲁、方有执、江瓘、孙一奎、吴昆、吴正伦、吴谦、吴澄、汪莱、郑复光、凌廷堪、程国彭、程林、程恩泽、程瑶田；婺源6人，汪应蛟、齐彦槐、江永、余煌、汪绂、董桂科；休宁3人，程大位、汪昂、戴震；祁门2人，汪机、徐春圃；徽州（未具名县属）2人，朱元濬、鲍泰。严州一个都没有。[②]

徽州之所以能够超越严州，文化迅速发展起来，是因为徽州人对区域经济发展形势做出判断，走出大山，行走天下，经营四方。将经商赚来的钱反哺家乡，办教育，促文化，做公益，以亦贾亦儒的文化自觉，将其商业资本转化为精致的文化创造，造就博大精深的徽州文化。而严州仍然停留在农耕经济的老路上，没有经济力量的支撑，文化教育事业的发展自然乏力。

中国传统社会重农轻商，士农工商，商居末位，通常人们对经商都非常轻视甚至于鄙视。但新安江流域的地理环境，光靠农耕无法养家糊口，只能从农田以外去找出路。在中国这样一个以农业为主的大国，封建社会早期要做到使人民丰衣足食，提出以农为本，有其一定的合理性。然而随着历史的发展，长期恪守这一教条，势必难以施行。尤其中国之大，地理环境千差万别，在一定的时期和一定的地区，以农为本无法使人民丰衣足食。新安江流域就是这样一个特殊的地区。

徽州的学者们在坚持民本这一前提下，修正了传统的重农轻商意识，提出"商

---

① 冯克诚：《清代绘画史》，中国文史出版社，2005年。

② 张予一等：《中国科学技术人物辞典》，科学技术文献出版社，1992年。

农并重”的主张。新安理学家郑玉、赵汸的及门弟子程维宗，时逢从元到明的改朝换代，不图仕进，不业农耕，以经商作为自己谋生的手段。由于具有丰富的文化知识，善于把握机会，常常以极小的本钱，就能获得很高的利润，成为一位大富商。他把屯溪作为自己囤积货物的根据地，对屯溪市镇的兴起，起到了很大的作用。

明兵部左侍郎歙县人汪道昆在《虞部陈使君榷政碑》中说得明确：

> 窃闻先王重本抑末，故薄农税而重征商。余则以为不然，直壹视而平施之耳。日中为市，肇自神农，盖与耒耜并兴，交相重矣。耕者什一，文王不以农故而毕蠲；乃若讥而不征，曾不失为单厚。及夫垄断作俑，则以其贱丈夫也者而征之。然而关市之征，不逾什一，要之各得其所。商何负于农？[①]

明末岩寺谢卓鄙视经商。他的母亲叶氏教训他说：“若薄商贾弗为耶？夫儒什一，贾之廉者亦什一。若欲为廉贾，贾不异儒；如徒为贾儒，儒不异贾；贾何负儒哉！”[②] 叶氏从谋生的角度出发，认为儒、商乃出一辙，批驳了轻视商人的观点。当时在徽州地区，这是一种很具代表性的认识。正因为徽州人不轻视商业，不以经商为耻，在观念上获得了极大的思想解放，理直气壮去经商，使新安人经商成为风气。

但在严州，人们的思想意识仍然停留在重农轻商的思维上。光绪《淳安县志》记载：

> 邑依崇峦峻岭中，延袤各几二百里，民鲜逐末，惟勤穑事，因地高卑而丘塍之，虽叠巘岖嵝，泉可引溉。时或愁旱，其滨水污邪，每苦冯夷之汹。凡百树艺随洚洞而逝。嗟嗟，民天沦胥，曷其有所．是在设法以赈助之为亟。[③]

“民鲜逐末，惟勤穑事”，可见淳安人对经商是轻视的。淳安本地的商业，也大多是外籍人在经营。民国二十三年（1934），淳安城镇有商户152家，其中徽商30家。从户数上看，徽商不到20%。但从资产上看，全县城镇商业总资产4.75万元中，

① [明]汪道昆撰，胡益民、余国庆点校：《太函集》卷65《虞部陈使君榷政碑》，黄山书社，2004年，1352页。
② 歙县《谢氏统宗谱》卷4《明处士谢次公行状》，明万历二十九年(1601)刻本。
③ 光绪《淳安县志》卷1《方舆志一·风俗》。

徽商占3.10万元，为总资产的66%。[①]这就是说，徽商的经济实力大大强于本地商人和其他客籍商人。

遂安县的情况同淳安县差不多，明万历时人方承训《复初集》记载：

> ……总角即崛起，欲遐贾振家，凡与父兄弟及知交，即谋务贾，日夕孳孳，弱冠即贾遂安。遂安迩邑也，违歙二百余里，称饶富，便宜治生，公每叹曰：欲远贾获双钱，示歉资斧具，孰如贾迩地，旦暮旋复内顾，俯仰无忧，亦足矣。凡遂安市贾，皆歙人，而遂民市鬻，大率独公肆丛多，公不握利乘，凡□尺帛寸锦，必盈羡奇，不十年，发家数千金，然不翦翦嗜利，专壹督过子孙儒术。[②]

严州府治建德城，扼三江（新安江、兰江、富春江）、跨五州（金、衢、严、徽、杭）、连三省（浙、赣、皖），地理位置十分重要，交通繁忙，商贸兴盛。但建德城的商业店铺却大多是外地人所开，经营绸缎布匹、茶叶、百货的大多是徽州府人，经营南北货、酱坊的大多是宁波、绍兴人，经营水果、杂货、烟、糖坊的大多是金华府人，经营面粉（机面、馒头）的大多是兰溪人，经营照相的是杭州人，做豆腐的多为江西人、江山人，制灯笼的多为萧山人，经营中药的多为宁波、兰溪人。本地人则多数从事经营粮食和猪肉一类农产品。[③]由此可见，建德人对商品经济的不重视。

经济是文化教育事业发展的基础，徽商把自己在外地经商赚来的金钱，反哺家乡，热衷于文化建设，在家乡修造精美住宅，建祠，立坊，修桥，办学，刻书，藏书，建戏班，办文会，培养了一大批精英人才，为后世留下了一笔宝贵的文化遗产，形成新安理学、新安医学、新安画派、徽派朴学、徽派建筑、徽派版画、徽派篆刻、徽剧、徽菜等一系列学术和艺术流派。明清时期的徽州文化，“是商成帮、学成派，并由此而构筑了‘徽学’这座地域文化大厦”。[④]本书在勾勒新安文化概貌时，以新安商人、新安教育、新安学术、新安艺术等语境，阐述整个新安江流域的旅外商贸

---

① 淳安县商会：《民国二十三年淳安城镇商业调查》，淳安县档案局解放前档案第2-25-484卷。转引自方浩然：《徽商在淳安》，徽州地区徽学研究会：《徽学通讯》1988年第1期。

② 方承训：《复初集》卷29《从伯景迪公状》，四库本。

③ 钟森水：《建德经济》，天津古籍出版社，2012年，第15、16页。

④ 张海鹏：《徽学漫议》，《光明日报》2000年3月24日。

和学术、艺术，其实很大一部分是由于徽州文化的加持，才使新安江流域文化显得有血有肉，丰富多彩。同时，新安理学、新安医学、新安画派已经成为徽州文化中特定的流派术语，也是我们在了解新安江流域文化时，要加以区别的。

第二节　新安江与钱塘江的文化联系

当先秦古籍《山海经》记下“浙江出三天子都”以后，新安江与钱塘江之间的文化联系已经捆绑在一起。由浙江派生出来的钱塘江、富春江、新安江，其实就是一条江，你中有我，我中有你。①

一、一江相连的经济联系

由于钱塘江水系的便利，徽州、严州与杭州的经济联系一直很紧密。尤其是南宋建都临安，朝廷的中枢机构如枢密院、中书门下省、尚书省及六部等官衙纷纷建立，由此带来大规模的城市建设。大兴土木所需材料，大多来自附近州县。徽州、严州得近畿之利，物产丰富，自然也就与临安有了更多的联系。南宋初淳熙年间，罗愿称休宁“山出美材，岁联为桴下淛河，往者多取富”，② 与临安的城市建设是有关联的。伴随着大量人口涌入，临安成为全国最大的城市，全盛时人口达百万以上。商业也很繁盛。“自大内和宁门外，新路南北，早间珠玉、珍异及花果、时新海鲜、野味、奇器，天下所无者悉集于此。以至朝天门、清河坊、中瓦前、灞头、官巷口、棚心、众安桥，食物店铺，人烟浩穰”。而“夜市除大内前外，诸处亦然，唯中瓦前尤盛，扑卖奇巧器皿百色物件，与日间无异。其余坊巷市井，买卖关铺，酒楼歌馆，直至四鼓方静，而五鼓朝马将动，其有趁卖早市者，复起开张，无论四时皆然”。③

临安成为当时中国最为繁华的都市，四时八节，商贾云集，勾栏瓦市，偏安一隅的帝都沉浸在醉生梦死中。临安居民需用的物品，多从外地运来。其中一些商品，也来自徽州、严州。吴自牧《梦粱录》就有这样的记载：“严、婺、衢、徽等船，

① 参见第一章第一节《新安江名称的由来》。
② 罗愿：《新安志》卷1《风俗》。
③ 耐得翁：《都城纪胜·井市》，台湾商务印书馆，1986年，文渊阁四库全书影印本。

新安江上的待运木排

多尝通津买卖往来……如杭城柴炭、木植、柑橘、干湿果子等物，多产于此数州耳”。[①]而林木的种植发卖也为山区社会提供了价值可观的经济来源。新安江流域山多田少的自然地理条件，使得新安人纷纷选择从山林经营中去寻求出路，“土人稀作田，多以种杉为业”。[②]绍兴三十年（1160），严州供给南宋朝廷的御用炉木炭就达到5450秤、颗块炭2000秤。[③]自南宋起，林业生产在经济生活中的地位已显著提高，而钱塘江水系的畅达又为木材及林产品的运输贸易提供了极大的便利。有不少新安人便是从贩卖本地林木和林产品走上营商之途的。

新安人往往于冬季入山伐木，待至第二年梅雨季节河水涨泛时，便利用水利之便运载出山，转销各地。由于新安江上游杉木输出量较大，南宋时严州官吏曾把征收徽州山税作为该州的“利孔”，[④]严州税收的很大一部分便出自于对徽州木材的抽

① 吴自牧：《梦粱录》卷12《江河船舰》，台湾商务印书馆，1986年，文渊阁四库全书影印本。

② 罗愿：《新安志》卷2《物产·木果》。

③ 樊光远：《严州收买御炉木炭事宜奏》：“绍兴三十年十二月。本州依例收买今年御炉木炭五千四百五十秤，颗块炭二千秤，均下诸县计置买发。”《全宋文》第195册4298卷，上海辞书出版社，2006年，第16页。

④ 范成大《骖鸾录》载：“休宁山中宜杉，土人稀作田，多以种杉为业。杉又易生之物，故取之难穷。出山时价极贱，抵郡城已抽解不赀，比及严则所征数十倍。严之官吏方曰：‘吾州无利孔，徽歙杉不为州矣。’观此言则商旅之病何时而瘳。”丛书集成初编本。

税。沿及明清时期，由于城镇建设对木材需求量的日益增大，而同期全国森林资源相对愈益缺乏，导致木材价格日益攀升，遂使经营木材商业成为更加有利可图的行业。受此影响，新安江流域的林业生产也较前更为发达，当地山区盛产的木材，被新安商人源源不断地输往浙江售卖，成为众多新安人赖以生存、致富的重要手段。

随着新安商人的崛起，新安人沿着新安江水道和与浙江相连的陆路通道，源源不断地涌入浙江，从事商贸活动。首先从事的便是木业，新安江四季可运输，80%以上的木材由新安江而下，过严州，达杭城，再销往浙江各地。杭州也成为新安江流域木材的主要集散地。宣统年间刊行的《徽商公所征信录》序称："浙之候潮门外徽国文公祠，即徽商木业公所也。乾隆间，创自婺源江扬言先生，其子来喜又于江干购置沙地，上至闸口，下至秋涛宫，共计三千六百九十余亩。"[①]这3690余亩沙地，便是新安商人用来停泊木排，堆运木材的栈场。

浙江是全国重要的盐场之一，新安江流域的盐，依赖于浙江的供应。两浙盐业的经营都需经杭州批验，经营盐业利润丰厚，很多新安商人就是通过经营浙盐业发家的。汪道昆的先世就是盐商，他在《太函集》卷43《明故通议大夫南京户部右侍郎程公行状》中记道："余先大夫，故从公之先大父，以盐策贾浙江，相与莫逆。"《太函集》记载徽商在浙江经营盐业的还有，卷28《朱介夫传》："介夫，故儒生也。姓朱氏，名节，休宁屯溪人。父性以盐策客武林。"卷32《程长公传》："长公……则之浙，贾盐策。"另外，黟县汪廷俊，"以业盐侨寓钱塘，晓达鹾政，为台使所倚重"[②]江玉琦，"少贫，三十岁后，业浙鹾，家渐康"。[③]歙县鲍雯，"连试有司，不得志，以先世治鹾两浙，至是额引告滞，公私逋如猬毛，不得已脱儒冠往武林运策以为门户计……其后渐至赢余。"[④]绩溪章必焕，"壮年随父经商，往来吴越间，以诚信见重于时，后父迈，家居奉养。有休宁朱姓者，业盐策，闻其醇实朴诚，聘委重任，历三十余年，运筹硷鹾，名著两浙。"[⑤]嘉庆《两浙盐法志》卷25《商籍》记载了35名客籍商人，其中徽州人占28名，证明新安商人在两浙盐界占有决定性优势。

---

① 张海鹏、王廷元：《明清徽商资料选编》，黄山书社，1985年，第183页。

② 嘉庆《黟县志》卷7《尚义》。

③《黟县三志》卷7《人物志·尚义传》，同治刊本。

④ 歙县新馆《鲍氏著存堂祠谱》卷7《解占弟行状》，清刊本。

⑤ 绩溪《西关章氏族谱》卷24《家传》，清宣统刊本。

明清时期，除了在城市从事商贸，[①] 新安商人还深入乡镇。杭州塘栖镇，“财货聚集，徽杭大贾视为利薮，发典顿米，贸丝发车者，骈臻辐辏”。[②] 平湖县新带市，“饶鱼米花布之属，徽商□至”；[③] 乌程县乌青镇，“茶叶一业，俱系徽籍人”。[④] 竹桥镇则有休宁人张恒卿在“经理典业”。[⑤] 秀水县濮院镇，休宁人汪应采“往来濮川，权奇赢”。[⑥] 另外，休宁商人程莹，明嘉靖时，即“寓湖州之双林市”；[⑦] 程锁“贾吴兴新市”；[⑧] 歙人毕蕃昌在海宁县澉浦镇“业盐策，遂卜居澉川”[⑨] 其他如乌程县南浔镇、德清县新市镇有新安会馆，[⑩] 长兴县四安镇有新安公所，[⑪] 归安县双林镇有新安义园 [⑫] 等。

新安商人的经营活动注重浙江，一个重要原因就是钱塘江水道便捷，而由浙江通往其他地区的商路四通八达，使浙江成为新安商人奔走四方的立足点。同时，明清时期浙江商品经济高度发达，浙江市场已经形成跨区域的趋势，棉布、丝及丝织品均为全国流通的商品，商品市场兴盛，舞台广阔，任凭新安商人驰骋腾挪。

新安商人在浙江的商贸活动，促进了浙江市镇的兴起。明以前，浙江县以下市镇进行交易的，基本是短距离的农产品及部分手工副业产品。有的商品交易场所只是一些临时的，定期聚散的集、市、墟。明代，随着浙江棉花、棉布、丝及丝织品等经济作物和手工业产品的发展，这些市镇开始发展成为较大规模的工商市镇。明清浙江市镇的兴起，同新安商人的活动分不开。

新安商人以长途贩销的形式互通有无，使江南地区的商品流通渠道畅通，扩大了江南商品市场同国内各大市场的联系。如徽州商人汪某曾把浙江的丝绸产品远销

---

① 关于徽商在浙江城市经商的情况，参见翟屯建：《徽商与明清时期江南经济的发展》，《东南文化》1993年第3期。

② 光绪《塘栖志》卷18《风俗》。

③ 天启《平湖县志》卷1。

④ 民国《乌青镇志》卷23《工商》。

⑤ 储学诛：《南汇县二区旧五团乡志》卷18《遗事》。转引自陈学文：《徽商与明清时期的浙江》，《徽学》1990年总第2期，第55页。

⑥《濮院志》，卷19；转引自陈学文：《徽商与明清时期的浙江》，《徽学》1990年总第2期，第55页。

⑦《休宁率东程氏家谱》卷4《明故处士程公行状》，万历刊本。

⑧ 汪道昆：《太函集》卷61《明处士程长公墓表》，黄山书社，2004，第1265页。

⑨ 道光《澉水镇志》卷9《人物》。

⑩ 同治《南浔镇志》卷10《祠墓》；民国《德清县志》卷3《建置》。

⑪ 朱镇：《长兴志拾遗》卷12《公建》。

⑫ 民国《双林镇志》卷8《公所》。

到四川一带，“徽州姓汪的富商，在苏、杭收买了几千金绫罗绸缎，前往川中去发卖，来到荆州。”[①] 祁门商人张元涣，“筐厥绮纨，通于豫章”，[②] 将浙江丝绸贩运到江西。更有甚者，将浙江丝织品贩到海外。新安商人许本善，“贩缯航海而贾岛中，赢得百倍。”[③] 由于新安商人的纽带作用，促进了江南棉布和丝织品生产，同时也为杭嘉湖地区带来了农村经济产业结构上的变化。

浙江原本是鱼米之乡，宋人曾谓“苏湖熟，天下足”。[④] 明中期以后，伴随着农田改作桑、棉，粮食开始不足。“苏湖熟，天下足”，让位给了“湖广熟，天下足”。[⑤]《广艳异编》卷30载：“天顺甲申岁，浙人卢金蒋，常往来湖、湘间，贩卖货物，变易麻豆。”明末，浙江的粮食已“半仰食于江、楚、庐、安之粟”。[⑥] 造成植棉、桑而不种粮食的原因，在于棉、桑的产值高，比种粮食有利可图。明嘉靖初，湖州“大约良地一亩可得桑八十个，每二十斤为个，计其一岁垦锄壅培之费，不过二两，而其利倍之”。[⑦] 隆庆、万历之际，嘉湖一带桑田，每亩收桑叶多者可达两千斤，可卖银五两。[⑧] 五两银子可买米七至八石，产值超过稻田的两倍。江南棉田的产值未见记载，但参考山东运城棉田的产值“五谷之利，不及其半”。[⑨] 种植棉花的效益大大高于种粮。棉、桑均为商品性经济作物，收获以后必须仰赖商人的购销，才能转变为收入。浙江市镇的勃兴，同农村经济产业结构的改变，互相影响，互为因果。正是由于新安商人的运销活动，才导致或促进了浙江农村产业结构的改变。

二、一脉相承的文化交流

钱塘江上游的新安江流域文化，与钱塘江杭州湾的良渚文化一脉相承。随着人

① 天然痴叟：《石点头》卷8，中国文学珍本丛书。

② 祁门《张氏统宗世谱》卷3《张元涣传》，明嘉靖刊本。

③ 汪道昆：《太函集》卷40《许本善传》，黄山书社，2004年，第852页。

④ 叶绍翁：《四朝见闻录》卷2，台湾商务印书馆，1986年，文渊阁四库全书影印本。

⑤ 李延昰：《南吴旧话录》卷22“梅贞起”条载：“天顺间，湖广大饥，诏募能赈饥者，予以散官．梅即输米八百斛赴楚，续赈倍之。邻人誉之曰：‘君当与缙绅为伍矣。’梅笑曰：‘谚云：湖广熟，天下足。乃天灾流行，数百万生灵遂为沟中瘠，吾一念间有所不忍耳。”转引自[日]寺田隆信：《湖广熟，天下足》，《徽商研究论文集》，安徽人民出版社，1985年，第270页。

⑥ 吴应箕：《楼山堂集》卷10《策十·防江》，崇祯十二年刊本。

⑦ 徐献忠：《吴兴掌故》，同治《湖州府志》卷29《舆地略·风俗》。

⑧ 茅坤：《与甥顾儆韦侍御书》，《乌青文献》卷9；《中国资本主义萌芽问题讨论集》下册，生活·读书·新知三联书店，1957年，第1040页。

⑨《古今图书集成·职方典》卷230《兖州府部》。

类社会的发展，两地人员的交往密切，新安江和钱塘江之间形成更加紧密的联系。其中深入民间的就有汪王信仰，“汪王”指隋末唐初的徽州人汪华。汪华是歙县登源里（今属绩溪县瀛州）人，隋末起兵，先后兼并宣城、余杭、遂安、东阳、鄱阳郡，拥兵十万，建号称“吴王”。汪华在隋末战乱之际，拥有六州，并保障了六州的平安，深受六州老百姓的爱戴，被百姓奉为神，拜为“汪王”，建祠立庙，四时祭祀，千年不辍。杭州有汪王庙，清雍正《浙江通志》载汪王庙，“在吴山大观台之麓”。① 每年有三次庙祭活动，农历正月十八，汪华的生辰祭；二月择日曜日为春祭；八月择日曜日为秋祭。清咸丰年间，汪王庙毁于战火，光绪年间作了重建，至民国时期尚有管理汪王庙的专门委员会。1958 年大炼钢铁时，为了炼铁所需要的木料，将汪王庙拆除，但目前遗址仍在，今遗址处还有“汪王庙税地”刻石。

《宋稗类钞》卷 25“曹泳”条记载这样一件趣事：曹泳担任“浙漕”（浙江转运副使）时，一天邀了一班人在家中闲聊，有人谈起“徽州汪王灵异”的事。曹泳就说，如果以“汪王”作对子，你们看如何对？在座有一位名叫唐永夫的，立刻回答称，

新安江流域祭祀汪华的赛琼碗活动

① 雍正《浙江通志》卷217《祠祀 · 杭州府》，台湾商务印书馆，1986年，文渊阁四库全书影印本。

可对“曹漕”。曹泳觉得非常工整，对唐永夫愈加偏爱。曹泳担任浙江转运副使的时间在南宋绍兴十八年（1148），说明南宋初期汪华信仰在杭州就已经很流行，并成为文人聊天的谈资。

宋元时期，随着浙江经济文化的繁荣兴盛，新安人开始走出大山，移居浙江。借助浙江的文化底蕴，提高自己的文化影响力。这一时期，新安人在浙江编了两部在中国文学史上值得重视的著作。一部是《苕溪渔隐丛话》，另一部是《瀛奎律髓》。

《苕溪渔隐丛话》为南宋绩溪人胡仔所编，是一部综合性的诗话汇编，又是一部诗论著作，为北宋诗话总集。胡仔晚年隐居浙江湖州苕溪，日以渔钓自适，自号苕溪渔隐。《苕溪渔隐丛话》前后集共100卷，编者采撷各家诗话之长，搜集大量自国风、汉、魏、六朝以至南渡之初，近百位诗家名作的内容、艺术技巧、格律、掌故等历史资料，汇集成一部简明而形象的诗歌发展史。

《瀛奎律髓》是元初歙县人方回所编，是一部诗论性著作，在理论上标榜“江西诗派”的主张，并对“江西诗派”进行了全面系统化的总结，首倡“一祖三宗”论，以杜甫为一祖，黄庭坚、陈师道、陈与义为三宗，在中国文学批评史上占有很高的地位。宋末，方回任严州知州，积极兴建学宫，改善民风，扶弱锄强，赏罚必信。至元二年（1336）春，元兵南下，方回奉宋太后及嗣君诏书，举城投降，被任命为嘉议大夫、建德路总管兼府尹。在郡七年，政通民和。后遭罢免，寓居钱塘，徜徉湖山之间，醉心于唐、宋以来律诗的选评，《瀛奎律髓》便是在晚年寓居钱塘时的作品。

进入明清时期，新安商人崛起，大量新安人沿着钱塘江进入浙江经商，形成商业移民热潮。浙江也成为新安人外出经商，流布四方的第一站。很多新安人在浙江留居、占籍。清康熙年间，休宁县月潭村朱明仪迁浙江桐乡，以输财仗义入《桐乡县志·义行传》，所生八子，三子入县志《文苑传》，一子入《孝友传》，成为桐乡县城著姓。清顺治间月潭村朱世寿迁浙江平湖县小南门外居住，乾隆时朱明仪子朱英再迁平湖。朱英孙朱为弼嘉庆十年（1805）进士，累官至漕运总督，以清操著称。朱为弼侄朱善张以附生议叙通判分发河南补用，先后同英军、太平军、捻军作战，以军功累官淮徐扬海道。善张弟善宝由监生报捐州同，咸丰四年（1854）投效江南军营，在同太平军作战中阵亡。朱为弼、朱善张、朱善宝均入清史传。为弼子善骥，道光十五年（1835）举人，累官至福州府海阳同知，也被收入《平湖县志》。新安朱氏在平湖已成为望族。像平湖朱氏这样的徽州移民，在浙江还很多，如从休宁苏田迁到杭州的姚氏，从黟县西递迁到杭州的汪氏等。① 这样一来，新安人同浙江人的血缘也更为亲近。

明万历二十八年（1600），旅居杭州的新安盐商为了培养子弟，方便科考，创建崇文书院。两浙巡盐御史叶永盛亲自“题定商籍，每逢岁科两试，另案录取”。② 诚如汪元功《崇文会录序》所称：“新安、武林一水相原委者，壤封错绣，风俗便安。或托业鹾政与姻娅于兹邦，其子弟所籍，虽曰旅途，犹之乎土著也。”③ 据康熙《紫阳崇文会录》记载，新安盐商子弟的“商籍”生员就达到1600余人。很多新安文人都是通过浙江“商籍”参加科举考试的，其中著名的有赵吉士、徐旭龄、姚际恒、汪由敦、程瑶田、鲍廷博等。④

随着浙江文人学者来到新安江流域，从事文化交流，从而带动新安文化的发展。浙江山阴人王畿是王阳明的得意弟子，终生以发扬光大师门心学为己任，被誉为阳明心学“浙中派”的创始人。他与新安学者汪道昆是朋友，曾专程到歙县拜访汪道昆，汪道昆作《龙溪先生远过里居呈谢二首》记其事。⑤ 他还曾多次来徽州讲学，明嘉靖三十六年（1557）在歙县福田山房和婺源普济山房讲学，嘉靖四十三年（1564）、隆庆四年（1570）年和隆庆五年（1571）在歙县建初山房讲学，万历三年（1575）在歙县斗山书院讲学等。王畿在徽州讲学，宣讲王阳明“致良知”思想，传播王阳明提出的“虽终日做买卖，不害其为圣为贤”⑥ 等儒学的经济伦理，深受商人的欢迎，也被新安人所乐于接受。王畿等学者在新安传播阳明心学，不仅冲击了新安理学主张循序渐进，拘泥儒家章句之学的治学方式，还大大促进了新安人的“重商”观念。汪道昆就说：“大江以南，新都以文物著。其俗不儒则贾，相代若践更。要之，良贾何负闳儒，则其躬行彰彰矣！”⑦ 鲜明地表达了他对商人、儒商关系及其伦理价值的新看法。

---

① 王庆元：《明清徽商与杭州崇文书院考述》，《徽学》第3卷，2004年，第139～141页。

②《紫阳崇文会录》末卷《抄刻钤印清祠宪册》，康熙刻本，安徽省博物馆藏。

③《紫阳崇文会录》首卷。

④ 关于徽商与杭州崇文书院的关系，参见王庆元：《明清徽商与杭州崇文书院考述》，《徽学》第3卷，2004年，第130～142页。

⑤ [明]汪道昆：《太函集》，黄山书社，2004年，第2541～2542页。

⑥ [明]王阳明：《传习录拾遗》第14条，文渊阁四库全书影印本，台湾商务印书馆，1986年。

⑦ [明]汪道昆：《太函集》卷55《诰赠奉直大夫户部员外郎程公暨赠宜人闵氏合葬墓志铭》，黄山书社，2004年，第1146页。

清嘉庆十七年（1812），浙江著名思想家、文学家龚自珍的父亲龚丽正，担任徽州知府一职，龚自珍随父到徽州。在徽州期间，龚自珍向父亲建议重修府志，并协助父亲组建志局，参与修志。创立编志原则，撰写有《与徽州府志局纂修诸子书》《徽州府志氏族表序》等文，提出修志“宜繁不宜简，资料宜多不宜少”的编撰原则，颇有见地。道光《徽州府志》便是在这一原则的指导下编纂而成，至今对现代修志仍有参考价值。修志期间，他广游域内名山胜迹，搜觅自然和人文资料。龚自珍在徽州三年，编有《徽州府志氏族表》，撰有《保甲正名》《地丁正名》；并写下了《黄山铭》等一批记游诗文，赞美新安大好河山。其父在任四年调职，龚自珍也随即离开徽州。龚自珍注重史料的修志原则，不仅促进了新安地区的修志事业，对新安整体文化的推动也起到了促进作用。

三、一条完美的诗歌之路

新安江、富春江、钱塘江沿岸，青山逶迤，风景如画，早在南北朝时期，梁武帝萧衍就曾发出“新安大好山水”的赞叹，谢灵运、沈约、任昉等都曾在这条江上留下脍炙人口的诗篇。唐代以后，更多文人墨客流连新安江上，创作大量描写新安江的诗词。1995 年，朱睦卿就提出开发浙西“唐诗之路”的建议。[①]2019 年 11 月，浙江省政府正式印发实施《浙江省诗路文化带发展规划》，提出以“诗”串文为主线，以“诗”为点睛之笔，着力打造浙东唐诗之路、大运河诗路、钱塘江诗路和瓯江山水诗路“四条诗路”文化带。根据规划，钱塘江诗路以钱塘江－富春江－新安江－兰江－婺江－衢江为主线，包括新安江至安徽黄山市支线、浦阳江支线、义乌江至东阳江支线，覆盖杭州、金华、衢州和海宁市等行政区域，其主线长 400 多公里，是四大诗路中最长的一条。[②]新安江诗路作为新安江流域文化的一个重要组成部分，完全可以与钱塘江诗路做到完美承接。

《新安江诗词选注》书影

笔者曾主编《新安江诗词选注》，从收集到的

① 朱睦卿：《开发浙西“唐诗之路”》，《浙江学刊》1995年第6期。
② 陈立平：《浙江着力打造四条诗路文化带》，中国新闻网2019－11－18。

500多首描写新安江的诗词中，筛选出261首，注释出版。[1] 该书收录的诗词，以描写新安江水为收录重点，同时注重选择歌咏新安江沿岸人文景观和描写沿岸风俗民情的诗作。

新安江山水诗歌创作主要有：南北朝谢灵运的《初往新安至桐庐口》、沈约的《新安江至清浅深见底贻京邑同好》，唐代崔颢的《发锦沙村》、刘长卿的《送杜越江佐觐省往新安江》、权德舆的《新安江路》，宋代梅尧臣德《送潘歙州》、王安石的《寄沈鄱阳》、范成大的《乳滩》，元代方回的《舟行青溪道中入歙十二首并序》，明代赵汸的《峡源瀑布》、祝允明的《清溪涵月》、沈明臣的《吴仲实泛舟放筏溪上七律二首》，清代赵吉士的《古城溪涨观捕鱼有感》、汪由敦的《双溪绝句七首》、金兆燕的《屯溪晚泊》、黄仲则的《新安滩》等。

休宁县六股尖山腰有著名的龙井潭瀑布，从数十丈高的悬崖倾泻而下，为新安江源头第一瀑。元代学者赵汸《峡源瀑布》诗曰：

寒峡隐堂隍，寻源得飞瀑。
悬空下千尺，飞鸟惊不度。
雷激丹岳摧，电穿青山破。
阴崖排积雪，霈雨恒时注。[2]

写出了新安源头第一瀑，千尺飞悬天上来，轰鸣如雷摧山岳毁；流水电般飞纵而下，欲将青山穿破的气势。溅起的水花，就像滂沱大雨，永不停歇。

谢灵运《初往新安至桐庐口》：

絺绤虽凄其，授衣尚未至。
感节良以深，怀古亦云思。
不有千里棹，孰申百代意。
远协向子心，遥得许生计。

① 杨永生、翟屯建：《新安江诗词选注》，中国科技大学出版社，2020年。
② 赵汸：《东山存稿》卷1，清康熙二十年（1681）刻本。

既及冷风善，又即秋水使。
江山共开旷，云日相照媚。
景夕群物清，对玩咸可喜。①

此为今存最早的有关新安江山水的诗篇，谢灵运对自然景物所采取的静观默察的态度，使他诗中对自然景物的表现显现出鲜活的大自然生态意趣。诗中的“江山共开旷，云日相照媚”，体现了对自然景物的独特赏悟，鲜明地展现出新安江水天辉映、空明澄澈的美景，表现出高超的描摹技巧，语言精练，境界自然清新。

《新安江诗词选注》收录的诗词，不仅写新安江山水，还有歌咏新安江沿岸人文景观的。如张乔的《游歙州兴唐寺》、程药的《谒越国公祠》、苏辙的《汪王庙》、潘之恒的《披云亭》等。其中，潘之恒的《披云亭》写道：“碎月环桥夹彩虹，云披水镜画图中。城新不见推陶雅，亭古还谁数魏公？”② 披云亭在歙县县城南西干山披云峰顶，峰下即为练江（新安江支流）。唐贞元末年（804），歙县张友正居披云峰下，负名德，能文章，宣歙副使魏宏简重其才，为建披云亭。此诗为潘之恒在披云亭观景有感而发。前两句写太平桥倒映在波光粼粼的碎月滩里，那十六个桥洞就像一个个圆环，而桥面就像上下两道彩虹；天下的白云将影子覆盖在镜面一样的水中犹如一幅画图。后两句感慨唐代末年，群雄割据，歙州刺史陶雅为保障一州，筑起坚固的城墙，可现在，有谁会说起陶雅筑城墙的功劳？在披云亭上看能见如此美妙的风光，又有谁能记得当初是魏公选址筹建的呢？

方于鲁《三月三日同丰干诸君放筏作》诗曰：

芳辰届元巳，祓濯丰之湄。
迟日澹微波，轻飔一涣之。
曰余从我公，薄言生光仪。
羽觞浮甘醴，安用敩其醨。
风湍有清音，安用竹与丝。

---

① 谢灵运：《谢康乐集》，四库全书本。
② 许承尧《西干志》卷2，稿本，安徽省博物馆藏。

荧荧水沙碧，蔼蔼芳杜滋。
林莽郁萦纡，修岸何逶迤。
附松羡延萝，选石远危矶。
兴瞩神情惬，机忘禽鱼依。
无感昔人游，风流亮在兹。①

农历三月三日上巳节为歙县岩寺民间古老传统节日。此日，岩寺百姓都在丰乐河（新安江支流）水边祭祀，其后，成为水边饮宴、郊外游春的节日。此诗写作者在上巳节跟从汪道昆放筏游丰乐河所见所感，春日微风和煦，水碧如酒，湍响如乐，沙清草滋，山林萦纡，河岸修长。况且，相陪贵客，如藤萝依附松树，远离危险，怎不欣欣然有无穷乐趣！全诗通过景物描写，感慨陪同贵客游玩的风流乐趣。此诗写出了新安江畔的风情民俗，对水文化有拓展。

从新安江上游的屯溪至歙县街口，落差颇大，水流湍急，形成一个个江滩。清乾隆三十八年（1773）秋，黄景仁从杭州出发，溯钱塘、富春江而入新安江。进入新安江以后，江岸山耸岭峻，水石相激，轰然如雷鸣，卷起千堆雪。逆流而上，数人拉纤，沿着凿在山岩崖壁上的纤道，爬伏而行，极尽艰辛。黄景仁为之发出动人心魄的惊呼："一滩复一滩，一滩高十丈。三百六十滩，新安在天上。"

新安江入浙江淳安境后至县城（贺城）一带，山清水秀，清澈见底，景色明秀。因此，新安江在淳安境内，又有青溪之称。唐宋时期，县名就一度称之为青溪县。不少文学家写下诗篇，赞美青溪。吴涟《青溪晚霁》："天晚雨初霁，隔溪闻碓舂。山僧归夜月，幽鸟落长松。风静砧声急，花欹露气重。良宁思沅芷，尊酒话从容。"②诗中有画，画中有诗。梅尧臣《青溪行》："山色碧于溪，扁舟泛落晖。水烟帆界破，沙鹭桨惊飞。岛屿随流曲，渔灯隔岸微。月明何处宿？待访子陵矶。"③抒写作者在傍晚时分见到的新安江景象，意境优美生动。吴华《冬晚步青溪江上》："寒野殊空润，茏葱逐望生。轻帆移霁影，枯树矗霜棚。草冻行无迹，泥疏履有声。江村人未起，

① 方于鲁：《方建元集》卷2《五言古诗》，明万历刻本。
② 光绪《淳安县志》卷15《艺文志·五言律诗》。
③ 光绪《淳安县志》卷15《艺文志·五言律诗》。

处处感鸡鸣。”[1] 描写新安江秋色，色彩丰富，意趣横生。

诗篇中还流露出人与自然协调发展，四季分明，气候温和，动植物资源丰富，生态环境良好。扬之水发源于绩溪县尚田五亩地村东之中降山北麓，上游称扬溪源水，入歙县境内注入练江，然后汇入新安江。明代绩溪人周士先有《扬之水》诗："冥鸿霄路翔，沧江复东注。天风吹波涛，月明秋欲曙。"[2] 诗人通过对鸿雁、江水、云涛、明月等景色的描写，展现了一幅绩溪山水秋景图。明代祁门人李梯《秋兴》诗曰："翠巘寒潭掩映，白凫坠叶争飞。"[3] 写诗人隐居在家乡新安江上游凫溪边，与山水朝暮相对，欣赏着美妙绝伦的秋原山家图。

诗篇中体现出人与自然和谐相处画面，令人向往。岩寺（今属徽州区）是新安江支流丰乐河边最重要的集市，岩寺之东为水口，有凤山，形如飞凤舒翼，丰乐水东注，藉此回澜。凤山水口溪流湍急，风水不利，里人筑桥、塔、台、榭以为砥柱。明方弘静有《岩溪筏游》诗，描写岩寺水口景色：

青阳舒淑景，百卉纷以蕃。
东皋何丽佳，飞甍带长川。
先圣美里仁，况乃偕群贤。
令节值熙时，异彼永和年。
倚槛泛中流，水哉清且涟。
磷磷信见底，皦若明镜牵。
层峤峻可攀，翩然据其巅。
天都去尺五，思抚洪厓肩。
谡谡松下风，蔼蔼原上烟。
剧谈竟日夕，理畅真自全。
嘉会讵云易，染翰志斯篇。[4]

---

① 光绪《淳安县志》卷15《艺文志·五言律诗》。
② 嘉庆《绩溪县志》卷11《艺文志》。
③ 叶露孜、叶彧平：《祁诗合选》卷9《杂体·六言古》，皖黄内资字[2001]第02号。
④ 方弘静：《素园存稿》卷2，四库全书本。

此诗记载了春日上巳节时，诗人与当地群贤在凤山下丰乐河里聚会放筏游乐的情景，大家倚靠着竹筏上的栅栏，在丰乐水中泛游，溪水清澈，微波荡漾，悠闲自得。

明祁门诗人李梯《晚秋》:“旧尊浮佳酭，新味荐莼丝。峰碧云生处，潭澄水落时。石田禾刈早，霜径菊开迟。啸傲东篱下，渊明实我师。”[①] 写诗人隐居凫溪边，秋天，喝着美酒，赏着野菜，门外，云绕碧嶂，清溪清浅，田中割稻，路边赏菊，此种生活，如同陶渊明归田隐居栗里，岂不乐哉！人与自然的和谐跃然纸上。

诗篇还充满了自然对人生的感悟。《庄子·齐物论》称：“天地与我并生，而万物与我为一。”大自然与人是为一体，互相观照。新安江诗词中，很多诗句体现自然对人的感悟。南齐隆昌元年（494），沈约除吏部郎，出为东阳太守，赴东阳途中过新安江，写下《新安江至清浅深见底贻京邑同好》诗：

眷言访舟客，兹川信可珍。
洞澈随清浅，皎镜无冬春。
千仞写乔树，万丈见游鳞。
沧浪有时浊，清济涸无津。
岂若乘斯去，俯映石磷磷。
纷吾隔嚣滓，宁假濯衣巾？
愿以潺湲水，沾君缨上尘。[②]

诗中的前四句诗人通过绘写江水之“深”，衬写出江水之“清”，以至使人感到虽深犹浅，后四句诗人以反问的方式表明，世俗充满了污浊，自己离开京邑，与尘嚣隔绝，不再为世俗所染。与此相反，泛舟同游的好友，还要继续羁留京邑身陷尘嚣之中，自然难免污浊沾身，希望友人用这清洁的江水洗濯一番。从新安江清澈联想到世俗的污浊，这种对人生的感悟，颇令人深省。唐代权德舆《新安江路》：“深潭与浅滩，万转出新安。人远禽鱼净，山深水木寒。啸起青苹末，吟瞩白云端。即事遂幽赏，何心挂儒冠。”[③] 描绘新安江幽谧的意境，表现了一种优游自然、寄迹山

---

① 叶露孜、叶彧平：《祁诗合选》卷9《杂体·六言古》，皖黄内资字[2001]第02号。
② 方韦、李新富：《严州诗词》（上），天津古籍出版社，2011年，第4页。
③ 方韦、李新富：《严州诗词》（上），天津古籍出版社，2011年，第25页。

水的人生情趣；尾句言浅近而意深长，也是一种人生感悟。

元末赵汸《月潭雪中》：

烟雾空濛雪满山，溪行清绝不知寒。
披云钓艇游仙去，激水风轮入画看。
野宿遗黎兵后泣，宵征武士道傍餐。
多愁多病谁知者，强对清尊一破颜。①

月潭在休宁县城西南40里新安江上游。元至正十七年（1357）五月，赵汸游月潭。其时红巾军在徽州攻占已12年，甲第高台，焚毁屠洗一空。诗人因爱好风景雪天溪行，描写溪上风景如画。然而诗人置身于美景之中，却忘不了战争中百姓的苦难。诗作通过景物的对比描写，表达了诗人忧国忧民之心。

新安江是一条溢满诗情的江，新安江诗词是一处有待开发的优秀传统文化宝库。新安江诗融入钱塘江诗，钱塘江诗路才能算一条完整的诗路。

四、一幅完整的山水画卷

新安江、富春江、钱塘江奔腾不息，两岸重峦叠嶂，锦绣山水连绵不绝。除了诗人对三江山水的歌咏赞叹，画家同样拿起画笔，描绘三江两岸美不胜收的画面。

三江绘画作品中，最为出名的当数元代黄公望的《富春山居图》。黄公望擅长山水画，师从赵孟頫，宗法董源、巨然、荆浩、关仝、李成等。水墨、浅绛俱作，以草籀奇字法入画，气势雄秀，笔简而神完，自成一家，名列“元四家”（黄公望、吴镇、倪瓒、王蒙）之首。

富春江两岸山势陡峭，群山如黛，江面狭窄曲折，碧波荡漾，水清见底。任昉诗云：“群峰此峻极，参差百重嶂。清浅既涟漪，激石复奔忙。神物徒有造，终然莫能状。”②黄公望对富春江山水非常酷爱，晚年曾隐居于富春江畔的筲箕泉（今富阳市东郊黄公望森林公园内），构思《富春山居图》。为了画好这幅画，他经常奔波于富春江两岸，观察烟云变幻之奇，领略江山钓滩之胜，并身带纸笔，遇到好景，随时写生，富春

① 赵汸：《东山存稿》卷1，清康熙二十年（1681）刻本。
② 任昉：《严陵濑》，方韦、李新富：《严州诗选（上）》，天津古籍出版社，2011年，第4页。

江边的许多地方都留下他的足迹。深入的观察，真切的体验，丰富的素材，为《富春山居图》的创作打下扎实的基础。

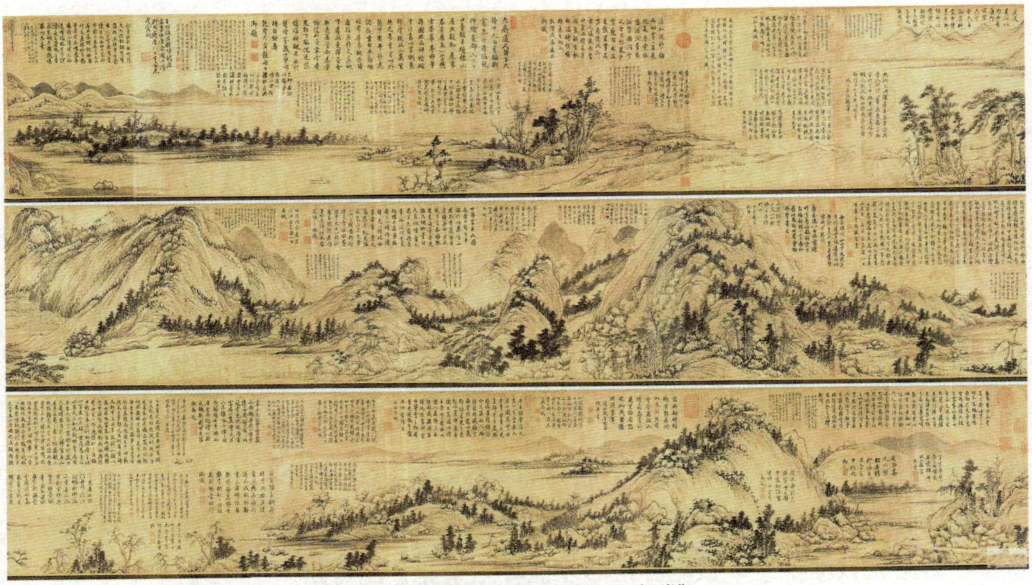

黄公望《富春山居图》前段《无用师卷》

《富春山居图》呈现在我们面前的是富春江一带初秋景色，原画画在六张纸上，六张纸接裱而成一幅约 700 公分的长卷。丘陵起伏，峰回路转，江流沃土，沙町平畴。云烟掩映村舍，水波出没渔舟。近树苍苍，疏密有致，溪山深远，飞泉倒挂。亭台小桥，各得其所，人物飞禽，生动适度。“景随人迁，人随景移”，达到步步可观的艺术效果。黄公望自题云：

> 至正七年，仆归富春山居，无用师偕往。暇日于南楼援笔写成此卷，兴之所至，不觉亹亹布置如许，逐旋填劄，阅三四载，未得完备，盖因留在山中，而云游在外故尔。今特取回行李中，早晚得暇，当为着笔。无用过虑有巧取豪夺者，俾先识卷末，庶使知其成就之难也。十年，青龙在庚寅，歜节前一日，大痴学人书于云间夏氏知止堂。

时至今日，当人们从杭州逆钱塘江而入富阳，满目青山秀水，景色如画，就会自然地联想到《富春山居图》与两岸景致在形质气度上的神合，从心底里赞叹作者认识生活，把握对象的神髓，进而提炼、概括为艺术形象的巨大本领。

明朝末年，《富春山居图》传到收藏家吴洪裕手中，吴洪裕极为喜爱此画，临死前吩咐将此画焚烧殉葬，被吴洪裕的侄子从火中抢救出，但此时画已被烧成一大一小两段。较长的后段称《无用师卷》，较短的前段称《剩山图》。残卷先后被人用重金从吴洪裕后人手中购藏，后段《无用师卷》曾经长期在泰兴人季宦的手上，后归清廷皇室，今藏台北故宫博物院。而它的前段《剩山图》曾被歙县西溪南（今属徽州区）收藏家吴其贞收藏，后归浙江吴湖帆，今藏浙江博物馆。

明末清初，新安画家查士标仿《富春山居图》作《仿黄公望富春胜览图》纸本立轴。山坡近景，木叶瑟瑟，苔绿点地，坡后几幢小屋，是幽静读书之处。几片沙渚之间，小桥连接。中景山坡平地，树丛之中又是几户人家，木桥上一老丈拄杖缓行。浅溪对岸地势渐高，山头隆起，房屋、拱形砖桥、短亭、溪流点缀其中，景色宜人。笔触轻快，用墨精致，墨彩斑斓，构图虽取富春图，但画面更多地采用深远法。该画现藏上海博物馆。

唐寅《钱塘行旅图》

明代中叶，吴门画派画家唐寅作《钱塘行旅图》，又将钱塘江两岸的景物呈现在世人的面前。唐寅名列“明四家”之一，其品性不羁、才华卓绝。绘画好为勾描点染，尤擅山水丹青。他的山水画以工笔齐整细密为主，而又兼具写意游走柔动之风致；构图布局看似随性挥洒，细玩之下则顿觉实有奇巧之意趣；整体设色上多用融合调汇之色，素朗莹润、疏洁清和。精细柔婉的用笔技法、洒脱巧奇的构图布局，以及朗润凝莹的设色表现，交相凝聚，彼此映衬，构成了唐寅山水画精丽雅致、洒脱淡逸的独特风格。《钱塘行旅图》曾著录于《明代沈周、文徵明、唐寅、仇英四大家书画集》。[1] 故宫博物院古书画部金运昌拍卖评介：

① 台湾历史博物馆：《明代沈周、文徵明、唐寅、仇英四大家书画集》，1984年版，第53页。

唐伯虎作画喜用绢素，昔人常谓其书画纸本者十不得一，而纸本画又往往潦草率意，刻意经营者少之又少。此轴之可珍处在于此。观其布局茂密，皴染繁复，点景人马之工细，款题点画之精妙，均不逊绢本；而林木蓊郁，烟水迷茫之致，又非绢本所能有。王季迁先生鉴赏巨擘，山水名家，收于秘籍，良友以也。虽经五百寒暑，纸黯墨渝，然开轴即有雄秀之气扑面而来，识者自可断其为真迹也。①

渐江是新安画派中的代表人物，他经常在新安江畔写生作画，所画新安江两岸之平远，古刹河畔的秋林渡口，练水畔的晓月风帆，有“笔如钢条，墨如海色”的艺术特色。歙县西溪南（今属徽州区）富商吴羲（字伯炎），家中富收藏，尤以倪瓒、黄公望作品为多。渐江数年追求，苦不见倪瓒的真迹。一天终于在吴家看到了倪瓒的真迹，他便称病不归，每日杜门观画，达三个月之久。最后达到了恍然有得，落笔便觉超逸的境地。再看过去的画作，觉得都很肤浅，于是将过去的画取来全部销毁。吴羲家中富有，与弘仁关系要好，弘仁出游及平时生活费用皆由其提供。故渐江为吴羲作画也最多，其中代表作《晓江风便图》就是为吴羲所画。

渐江绘《晓江风便图》局部

《晓江风便图》描绘渐江入新安江一带的实景，左景写新安江对岸晓雾迷蒙，烟峦重叠，远处两帆齐驶，近处一舟挂帆而行，并有人物点缀其间，点出“晓江风便”题意。右景、中景写练江沿岸霞山、将军山，诸山嵌岩峭峙，林木萧疏，溪寒水涸，饶有冬意。从构图上看，它采用平远法构图，画面横向展开，境界辽阔，悠远，壮丽，峻逸幽旷。《晓江风便图》意境清峭，笔墨瘦韧，能够于极瘦削处见腴润，极细弱

---

① 新浪网：2010年06月29日04：08。

处见苍劲。作品格局简约，取势方折，笔墨精谨，没有丝毫张扬霸悍习气。真正实现了取宋人精谨而去其繁缛，融元人意趣而强其筋骨，形成了清逸刚淳的全新风姿。从用笔上看渐江山石画法出自倪瓒的“折带皴”，但用笔更加灵活多变，富有生活气息，表现出自家的风格。从画面情感来看，《晓江风便图》所绘湖面平静，山石秀丽，富有较强的生活气息。《晓江风便图》是送给吴羲赴扬州的赠别之作。自题：“辛丑十一月，伯炎居士将做广陵之装，学人写晓江风便图以送。揆有数月之间，蹊桃切绽，瞻望旋旌。弘仁。”后有石涛、吴羲、程守、许楚等四家长跋。此图是山水手卷，笔墨纯熟老练，现藏安徽省博物院。

《晓江风便图》《富春山居图》《钱塘行旅图》就像一幅完整的钱塘江流域山水画卷。作者都是中国绘画史上的一流画家，是元明清三代中国绘画史上的最杰出的艺术成就，也是中国绘画史上元明清三代的巅峰之作。《晓江风便图》《富春山居图》《钱塘行旅图》将新安江、富春江、钱塘江三江秀丽景色呈现在世人面前，一幅钱塘江从源头到江尾的美丽画卷，仿佛就像一座山水画廊，令世人惊叹不已，更是将新安文化与钱塘文化、浙江文化紧密地连在一起。

第三节　新安文化与长三角文化的关系

明清时期新安商人崛起，在长三角地区留下“无徽不成镇”的民谚。新安商人无论是在客居地经商，抑或入籍当地，都积极参与当地的文化活动，他们以其雄厚的财力投资文化事业，对长三角的文化建设起到积极作用。

一、新安商人对长三角文风的影响

谈到文化事业，首先涉及的就是书。要读书必须有书，要有书必须藏书。宋以来，新安藏书家代不乏人。宋真宗时，歙县岩镇人闵景芳建尊圣阁，“贮书万卷”。[①]明初歙县岩镇方大治“累世积书……里中称万卷方家”。[②]新安商人入籍长三角市镇，

① 向敏中：《闵氏尊圣阁记》，《岩镇志草》亨集《艺文》，清顺治留耕堂藏版。
② 《岩镇志草》亨集《儒行传》，清顺治留耕堂藏版。

同样在侨居地大肆购藏图书，成为长三角藏书家中的主力。据刘尚恒《徽州刻书与藏书》的统计，仅清一代，侨居江南的新安藏书家达54人。[①] 清乾隆年间朝廷开馆编纂《四库全书》，向全国征集民间藏书，捐书最多的藏书家全部都集中在长三角地区。扬州马曰琯丛书楼、桐乡鲍廷博知不足斋、杭州汪启淑开万楼、宁波范懋柱天一阁，是长三角地区民间为四库馆捐书最多的四大家，其中徽商就占了三家。马曰琯是祁门人，寓居扬州，马氏丛书楼，藏书百橱，多达10余万卷，其中不乏孤本、秘本、精本。乾隆三十七年（1772），北京四库全书馆开馆，其子马裕进藏书776种，居全国藏书家之首。乾隆皇帝钦赐《古今图书集成》1部，又赐《平定伊犁金川》诗并《得胜图》，并亲题《鹖冠子》诗以赠。鲍廷博是歙县长塘村人，寓居浙江桐乡。他生于富商之家，一生酷爱读书和购藏古籍，不惜花费巨资搜觅宋元善本珍藏。四库全书开馆，鲍廷博献家藏善本626种，多系宋元旧版。四库全书修成后，乾隆皇帝特别予以褒奖，赐《古今图书集成》1部，发还全部献书，并在所献《唐阙史》等书上题诗。汪启淑是歙县绵潭村人，寓居杭州。汪家世代业盐，资财雄厚，大力收购古印、古书。四库全书开馆时，向朝廷进献珍本书500余种，乾隆皇帝特赐《古今图书集成》1部，在所进《建康实录》《钱塘遗事》上亲题二诗以赐。后又赐《平定伊犁战图》《小金川战图》各1册，并批准在绵潭村建"御书楼"收藏御赐书籍。

休宁西门人汪森，徙居浙江桐乡，建裘杼楼，藏书数万卷。与兄王文桂、弟王文柏皆有名，世称"汪氏三子"。清代浙西词派的形成，汪森起到一定的作用。汪森工诗词，与嘉兴诗人朱彝尊、周篔、沈进为好友，经常在裘杼楼觞咏叙怀。朱彝尊搜集唐宋金元词编写《词综》，汪森、周篔、沈进从旁协助，汪森出力最多。不仅将自己的藏书提供选择，而且汪森自己还"亦往来苕霅间，从故藏书家抄白诸集，相对参论"。[②]《词综》编辑完成以后，由汪森出资刊刻。汪森撰写的《词综序》，是浙西词派的一篇重要词论。在这篇序里，汪森抬高词的文学地位，反对"词为诗余"等轻视词体的偏见，提倡作词句琢字炼，归于淳雅。汪森著有《小方壶存稿》18卷，朱彝尊为之作序。汪文柏也善诗，辑有《杜韩诗》3卷，朱彝尊序称："摭韩杜韵语，以为诗材，正正奇奇，各得其所宜也。"[③]

① 刘尚恒：《徽州刻书与藏书》，广陵书社，2993年，第273～284页。
② 汪森：《词综序》，上海古籍出版社，1978年，第2页。
③ 道光《徽州府志》卷11《人物志·文苑·汪森传附汪文柏》。

“嘉定四先生”，是指明末居住在嘉定的程嘉燧、唐时升、李流芳、娄坚四人，他们各以诗文书画蜚声海内，成就突出。程嘉燧、李流芳两人是徽商后裔，成为新安人在侨居地的翘楚。

程嘉燧，字孟阳，号松园，晚年皈依佛门，法名海能。歙县长翰山（今属徽州区）人。其祖父程溶、父亲程衍寿均为商人，程衍寿原配江氏早卒，后来娶了个嘉定妻子，就是程嘉燧的母亲张儒人，在嘉定生下程嘉燧。程嘉燧精于诗文，他的诗更是名重一时。他对唐宋诗浸淫很深，曾说“余弱冠好唐人诗，学之三十年”。[①] 尤其是律诗，法度谨严、律句精工、典雅少尘。王士禛《渔洋诗话》称誉程嘉燧与陈子龙并为明末七律两大家，给予程诗极高评价。程论诗主张先立人格，再立诗格，反对“前后七子”摹拟之风。程嘉燧绘画师法“元四大家”中的倪瓒、黄公望，画风笔墨枯淡，意境萧然，但气韵沉厚腴润，秀逸雅俊，落笔严谨，具有典型的文人画风格。崇祯末年返回故乡，以新安大好山水作为自己绘画创作对象，成为新安画派早期的领袖人物。

“嘉定四先生”中的另一位李流芳，字长蘅。歙县西溪南（今属徽州区）人，因祖上经商侨居嘉定。李流芳喜爱游历山水，以畅游山林之间为乐。一年之中，有数月客居杭州西湖，并在嘉定修葺了自家园林——檀园，隐居其中。他性格豪爽，乐善好施，交友广泛，平日里常有友人来檀园聚会，畅饮美酒的同时或听曲，或以诗行酒令，或品味艺赏玩，更喜于醉后酣畅淋漓地写诗作画，因此留下了不少佳篇、名画。他博学多艺，精书画、工诗文、善篆刻，名重一时。李流芳的诗歌风格与陶渊明、白居易相近，认为诗应是性情的真实流露，性情是诗歌的生命，他的诗歌作品就是遵循着这一观点创作的。他的文章内容以叙事怀人、山水游记和题画及序为多，文章不长，但都清新自然，风姿各异；笔墨平淡，感情真挚深厚。

李流芳绘画师法元代吴镇和黄公望，并能渗透自己师法大自然的体验，笔墨苍劲腾逸，气韵俊爽。他在美术史上最大的贡献，是编撰了《芥子园画谱》。所传课徒稿 43 幅，被清初名士李渔及其婿沈心友请嘉兴籍画家王概整理，增至 133 页，并附临摹古人各式山水画 40 幅，编成《芥子园画谱》。由于李流芳提倡画家的人品和气节为重，其枯淡幽冷绘画风格，以及鲜明的士人逸品格调，正是明末清初之际遗民画家所要找寻的人生信念和画风。后人把李流芳和他的同乡好友程嘉燧、李永昌

① 程嘉燧：《松园浪淘集自序》，明万历刻本。

等奉为典范并加以推崇，形成了在17世纪的中国画坛独放异彩的新安画派。因此，李流芳被后人尊为新安画派的先驱之一。

在程嘉燧的一生中，他与钱谦益、柳如是的关系，算是一段文坛佳话。柳如是为“秦淮八艳”之首，明末清初文人喜好青楼携妓，遇上诗词歌赋俱佳的才女名妓，更是流连忘返，夜夜笙歌。柳如是与程嘉燧也算是故人，崇祯七年（1634）和崇祯九年（1636）柳如是曾二度往游嘉定，与当地文士游宴酬唱。第二次赴嘉定，甚至曾在程嘉燧宅留宿两夜，可见两人关系非同一般。其时，柳氏17岁，程氏70岁。程嘉燧写有20多首关于柳如是的诗。其中有一首《朝云诗》曰：“邀得佳人秉烛同，清冰寒暎玉壶空。春心省识千金夜，皓齿看生四座风。送喜觥船飞凿落，助情弦管斗玲珑。天魔似欲窥禅悦，乱散诸花丈室中。”[①]

谈到柳如是，又牵扯到另一位寓居杭州的新安商人后裔汪汝谦。汪汝谦，字然明，歙县丛睦坊人，寓居杭州。作为一名商人，汪汝谦不仅有一定的经商才能，更有深厚的文学修养。万历年间，杭州的文人经常在西湖进行雅集酬唱，并在西湖四周建楼台山庄，作为定居和雅集的场所。因慕西湖山水，汪汝谦也在西湖边上的缸儿巷定居下来。西湖雅集以冯梦祯、徐桂、黄汝亨等人为主，尤其冯梦祯的快雪堂更是延纳名流雅士，高僧羽客的聚会之所，汪汝谦也积极参与其中。万历三十八年（1610），汪汝谦与其伯兄汪汝淳等人在西湖边上南屏山净慈寺旁建阁香岩社，延请元净大师居住于此，黄汝亨专门写有《香岩社记》。此后，又为黄汝亨在雷峰塔旁建云岫堂，作为黄汝亨的居室。又相继在岣嵝山上建翠雨阁，在灵鹫山上建准提阁。

天启三年（1623），汪汝谦造了一艘大画舫，画舫六丈多长，一丈多宽，里外布局合理，紧凑而巧妙。船上有廊有台，台上张挂布幔，用来隔绝外界的视线。船舱中可以摆下两桌宴席，另外，专门有藏酒和收放书墨的空间，还辟有睡卧的斗室和安置家僮与歌伎的空间。文学家、画家陈继儒为他的画舫题名为不系园，意思是画舫像一座流动的园林。人在船中坐，船在西湖行。能有幸登上这条船的，都是当时名重一时的文人墨客，名优美姬，为时人羡慕。不系园建成以后，黄汝亨、韩敬、张遂辰、陈继儒、吴孔嘉等名流雅士纷纷前来游赏酬唱。汪汝谦《作不系园》诗云：“年来寄迹在湖山，野衲名流日往还。弦管有时频共载，春风何处不开颜。情痴半

① 程嘉燧：《耦耕堂集·朝云诗》，《续修四库全书》集部1386册。

向花前醉，懒癖应知悟后闲。种种尘缘都谢却，老航一舸水云间。”[①] 形象地表现了不系园上怡然自得的生活乐趣。崇祯元年（1628），汪汝谦又建造了一艘画舫随喜庵。随喜庵建成后，董其昌与陈继儒率先前来游赏酬唱，此后，朱治㦗、朱之俊、张遂辰、吴孔嘉、崔世召、王道焜、邹之麟等名流雅士、韵客公卿均来此集会唱和。入清以后，汪汝谦于西子湖畔补种桃柳，题画作诗，观涛放灯，与李明睿、冯鸩雏、顾林调、张遂辰订孤山五老会，逐渐恢复西湖雅集。

不系园

崇祯十一年（1638）秋，柳如是到杭州拜访汪汝谦，借寓在汪汝谦西湖横山别墅中。汪汝谦推崇柳如是的才华，认为她是女中豪杰，经常邀请柳如是参加西湖名流的文宴雅集。生活上对柳如是更是照顾得无微不至，柳如是的《尺牍》和《湖上草》也是汪汝谦代为出资刊刻。柳如是在给汪汝谦的信札里写道："鹃声雨梦，遂若与先生为隔世游矣。至归途黯瑟，惟有轻浪萍花与断魂杨柳耳。回想先生种种深情，应如铜台高揭，汉水西流，岂止桃花千尺也。"[②] 对汪汝谦的感激之情，跃然纸上。她还将自己的终身大事托付给汪汝谦，请汪汝谦代为物色夫婿。是年（1638）末，钱谦益途经杭州，经汪汝谦牵线，钱谦益与柳如是泛舟西湖，煮酒论诗，分外尽兴，后来钱、柳两人终于喜结连理。

二、汪启淑对"浙派"篆刻的贡献

汪启淑，字慎仪，号讱庵、秀峰，歙县绵潭人。在浙江经营盐业，侨寓钱塘。工诗好古，收藏甚富，尤其嗜好印章，自称"印癖先生"。平生搜罗古玺，以及秦、汉迄至元、明历代印章数万方，又曾在巨珠上刻作篆文，以补诸品未备。相传钱梅溪有汉"杨恽"二字铜印，汪启淑想要，钱梅溪不同意，于是长跪不起，钱不得已，

① 汪汝谦：《不系园集·作不系园》，西湖集览本（光绪刻）。
② 《柳如是尺牍》第7，慕宋阁版。

只好笑而赠之。辑有《集古印存》《汉铜印原》《汉铜印丛》《静乐居印娱》等印谱20余种。他凭借雄厚的财力，广泛结交印坛名人，如林皋、吴麐、丁敬、黄易、黄吕、张燕昌、吴兆杰、董洵、王穀、汪肇龙、桂馥、程瑶田、汪士慎、潘西凤等100余人，邀约篆刻印作，先后收集当时知名的篆刻家作品3000余方，编辑厘定，钤印成《飞鸿堂印谱》5集40卷行世，风行一时，成为乾隆时期印坛名手作品的集中汇展。为了宣传《飞鸿堂印谱》印作的作者，汪启淑又另外编著有《飞鸿堂印人传》(后易名《续印人传》) 8卷，与《飞鸿堂印谱》一同行世。汪启淑以一人之力，钤拓众多的古印谱，又汇辑钤录当代人的篆刻作品，为印人借鉴古代优秀作品和了解当代印人风格提供了条件，繁荣了乾嘉时期篆刻艺术创作。汪启淑虽为徽州人，但他常居杭州，其飞鸿堂作为浙人的聚会场所，客观上为浙派篆刻的兴起起到了促进作用。

汪启淑长期寓居杭州，以印会友，同当时的浙江印人丁敬、张燕昌、蒋元龙、黄易、钱树等均有极深的友情。丁敬乾隆十年（1745）在西湖东皋吟社与汪启淑相识订交，基于对诗文、篆刻的共同爱好，两人结下深厚的友谊。当时汪启淑已经着手辑刻《飞鸿堂印谱》，于是便邀请丁敬参与印谱的厘定和篆刻。丁敬记其事：

> 予生平不喜作闲散章，谓其浪费笔墨，不足以名世。乃自与秀峰共东皋吟社，称诗颂酒，友契于心，深重其好古专笃，藏书百橱，工吟咏。得古印几盈万纽，汇为印存。又集时贤张子盘石、钱君乐父、王君子复辈，不惜重聘，延之家园，相与参订商榷，集名人韵语，镌诸佳石，悉合于古。海内高手大半皆出其门，诚所谓广厦千间，使寒士欢颜，古今艺林中一大观也。予老且衰，跂足拭目以望，复所敢泥古鲜通，以为群贤所笑耶！因刻石以应命。①

对于汪启淑酷嗜金石篆刻，丁敬非常敬重，多次谈到并为其刻印：“吾友秀峰博雅好古，凡秦、汉金石及古人真迹无不搜罗，今以旧作斗印索刻，予应秀峰之请者，盖喜其石之佳也。”② 同样，汪启淑对丁敬的篆刻创作也给予了极高的评价，认为丁敬的篆刻“古拗峭折，直追秦、汉，于主臣、啸民外另树一帜。两浙久沿林鹤田派，

① 丁敬：《“藏之名山，传之其人”印跋》，韩天衡：《历代印学论文选》，西泠印社，1999年，第712页。
② 丁敬：《“古歙汪氏啸雪堂主人珍藏夏、商、周金石文字，秦、汉官私印信，唐、宋、元、明人诸章，历代名人书画尺牍之钤记”印跋》，《“吉金乐石”印跋》。韩天衡：《历代印学论文选》，西泠印社，1999年，第717页。

钝丁力挽颓风，印灯续焰，实有功也”。[1] 汪启淑的评语为以后浙派的兴起，做了舆论先导。乾隆四十七年（1782）董洵著《多野斋印说》，认为：“杭州丁布衣纯丁汇秦、汉、宋、元之法，参以雪渔、修能用刀，自成一家，其一种士气，人不能及。”[2] 当然，在乾隆时期，丁敬的成就还只是他个人的成就。乾隆以后，丁敬的影响力愈来愈大，尤其以追随丁敬印风的杭州人蒋仁、黄易、奚冈为代表的浙江印人在当时的印坛上形成一股势力，丁、蒋、黄、奚被合称为“西泠四家”。之后，陈豫钟、陈鸿寿相继崛起于杭州，合称“西泠六家”。同治年间，又合赵之琛、钱松为“西泠八家”，亦称“浙八家”，成为浙派中坚。

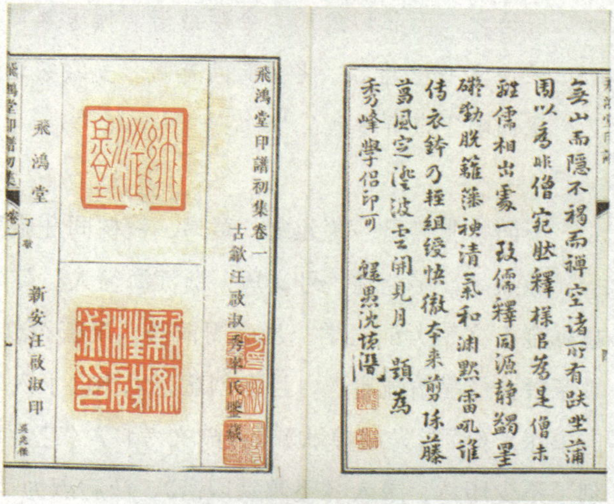

《飞鸿堂印谱》收录的丁敬刻印“飞鸿堂

汪启淑对丁敬的印章极为推崇，丁敬对汪启淑的金石癖也非常敬重。丁敬很少为别人的印谱写序作跋，但为汪启淑的《飞鸿堂印谱》却破例写了一篇《跋》，由于此跋极为少见，对了解丁敬的印学思想也有帮助，兹录如下：

> 印谱之作也，始自宣和王球子弁氏，有《啸堂集古录》。元赵文敏子昂有《印史》，太末吾衍子行有《学古编》，浦城杨遵宗道有《集古印谱》，钱塘叶森景修有《汉唐篆刻图书韵释》。明长洲沈津润卿有刻谱，王常延宗有《集古印谱》，梁溪圣彦远明有《古今印则》，萧山来行学颜叔有《仿宣和印史》，相继作者不一人矣。钱塘汪君秀峰，好学嗜古，手辑国朝名家铁笔，名曰《飞鸿堂印谱》以行。予考私印乃游艺之一端，施于简牍书画，其用至广，讵可苟而已耶？溯自周玺节，汉斗检封，而后急凿缓铸，莫不以铜，间或以玉。自王元章以花乳

---

① 汪启淑：《续印人传》卷2《丁敬传》，江苏广陵古籍刻印社，1998年影印版。
② 韩天衡：《历代印学论文选》，西泠印社，1999年，第304页。

石为之，而私印愈广。今观兹谱，偏旁繁简，辨证殊精，位置疏密，安排颇妙。予愧学书记姓名，将从而问奇焉。爰缀数语题其后。太岁在元黓涒滩涂月，龙泓同学丁敬拜手跋。①

下面将张燕昌、蒋元龙、黄易、钱树同汪启淑的关系作一介绍。

张燕昌，字芑堂，号文鱼，浙江海盐人。乾隆四十二年（1777），以优贡举于乡。嗜好金石文字考证之学，凡商周铜器、汉唐石刻，潜心搜罗，不遗余力。篆刻得丁敬亲授，作品萧疏宕逸，且多创意。以飞白书入印，饶有情趣。著有《金石契》《飞白书录》《续鸳鸯湖棹歌》《石鼓文考释》《芑堂印谱》等。与汪启淑友善，为汪氏刻了不少印章，录入《飞鸿堂印谱》。汪启淑为其作传，收入《续印人传》。

蒋元龙，字乾九，一字云卿，号春雨，浙江秀水人。好学嗜古，工诗文，精鉴赏，究心金石书画。篆刻私淑丁敬，闲暇用钉头随意篆刻，多白文，不假修饰，颇饶古趣。乾隆二十一年（1756），汪启淑在朋友范治堂、魏松涛处闻其名。后在鹤仪堂与其相识，元龙以所制印章相赠，遂成朋友。汪启淑《续印人传》有其传。

黄易，字大易，号小松，又号秋庵，另署秋景庵主。浙江杭州人。工古文词，善书画，长于碑版鉴别，著有《小蓬莱阁金石文字》。篆刻师法秦汉，曾问业丁敬，兼及宋元诸家，风格秀逸。款识以隶为之，古雅有致。有《黄氏秦汉印谱》《秋景庵主印谱》等。其父黄松石以诗名世，与汪启淑为诗友。黄易则以印与汪氏相交，情更深，许为知己。乾隆四十一年（1776），黄易为汪启淑刻“一笑百虑忘”印章，边款曰：“冬心先生名印，乃龙泓、巢林、西唐诸前辈手制，无一印不佳。余为奚九作印，亦不敢率应，赏音难得，固当如是。汪丈讱庵鉴古精博，生平知己也。簿书丛杂中欣然作此，比奚九印如何？冀方家论定焉。”②

汪启淑邀请当时印坛名家到飞鸿堂辑刻《飞鸿堂印谱》，黄易受邀，并在“秦汉规模赖以不坠”和“印癖”两印的边款中记其事。“秦汉规模赖以不坠”款曰：“自秦作小篆，而镌刻之风兴，两汉因之，规模法度固尽在矣。其运腕奏刀，有意无意之间，非后人所能仿佛。故刻印之法萌于秦而盛于汉，讱庵水部抗志希古，集四方名流于家，

① 《飞鸿堂印谱》第3集，江苏广陵古籍刻印社，1997年，第411页。
② 韩天衡：《历代印学论文选》，西泠印社，1999年，第730页。

刻成《飞鸿堂印谱》，而以兹印属余治，愧腕力浅弱，未能付水部雅意也。”“印癖”款曰："讱庵先生喜集古人印信，尤笃嗜近人各家篆刻，延请四方佳士至家，集刻《飞鸿堂印谱》。属余治“印癖”章，余不揣固陋，勉附骥尾，恐不入水部鉴也”。[①] 汪启淑在《续印人传》为黄易立有传。

钱树，字宝庭，号梅簃，浙江杭州人。其父钱湘蓴与汪启淑为朋友，从小见钱树长大。钱树成年后能诗善画，篆刻私淑丁敬，只要能见到丁敬的印章，便拓印装订成册，时时临摹。治印“小心落墨，大胆用刀”，隶书款识亦精。汪启淑《续印人传》称其“年在方刚，其造诣不囿于小成也。”[②]

汪启淑是一个藏印大家，收藏印章数万方，浙江印人在同汪氏的交往中，为他们亲睹历代真迹，临摹古印原件，带来极大的便利。丁敬称“海内高手大半皆出其门”[③] 即是指当时篆刻名家在其处观摹古印而有所得。

特别要提出的是，丁敬在世时，浙派并没有形成，丁敬的成就还仅仅只是他个人的成就。虽然黄易、蒋仁、奚冈对丁敬都有极高的评价，如蒋仁所论："砚林丁居士之印，犹浣花诗，昌黎笔，拔萃出群，不可思议，当其得意，超秦、汉而上之，归、李、文、何未足比拟。”[④] 但由于黄、蒋之辈都是丁敬的弟子，所论分量不足。汪启淑作为当时印坛的召集人，登高一呼，其语可称九鼎。他称丁敬“于主臣、啸民外另树一帜”，又说“两浙久沿林鹤田派，钝丁力挽颓风，印灯续焰，实有功也”。[⑤] 这实际就把丁敬放在了两浙印坛领袖的位置。在黄易和张燕昌传中，又称黄易“问业丁龙泓”，张燕昌“为丁龙泓徵士高弟”；在蒋元龙和钱树传中称两人“私淑丁龙泓”。这样一来，汪启淑实际上已经在自觉或不自觉在为浙派的形成造舆论，并在为浙派树帜纳将，招兵买马了。

三、新安出版商对江南版画的影响

新安商人进入刻书出版业，在刻书方式、方法和雕版印刷技术上都大胆革新。大量刊刻插图，增加阅读兴趣与理解，引诱读者购买，便是新安商人争取图书市场

① 韩天衡：《历代印学论文选》，西泠印社，1999年，第732页、734页。
② 汪启淑：《续印人传》卷8《钱梅簃传》，江苏广陵古籍刻印社，1998年影印版。
③ 丁敬："藏之名山传之其人"印款。韩天衡：《历代印学论文选》，西泠印社，1999年，第712页。
④ 蒋仁："真水元香"印款。见韩天衡：《历代印学论文选》，西泠印社，1999年，第728页。
⑤ 汪启淑：《续印人传》卷2《丁敬传》，江苏广陵古籍刻印社，1998年影印版。

的手段之一。明嘉靖以后，新安刻书业蓬勃发展，刻工队伍陡增，多达数百人，他们的刻印技巧和独特的地方风貌日趋成熟。同时新安书商高瞻远瞩，延请著名画家丁云鹏、吴左千、郑重、黄应澄、汪耕、陈洪绶、肖云从等绘画，请名刻工镌图，使徽派版画出现了崭新局面。徽刻图书，格调新颖，式样翻新，丰富多彩。有的上文下图，有的文中嵌图，有的图文混一，有的图中嵌文，有的双页连图，琳琅满目，美不胜收。但最多的还是单页插图。为了使插图版画更吸引读者。新安出版商还改革印刷和雕版技术。万历三十三年（1605），歙县程大约用四色或五色赋彩印刷《程氏墨苑》，图版精丽动人程度大大超过一般雕版插图。休宁胡正言又在总结前人经验的基础上，将彩色画稿分别用各种颜色勾摹下来分成数块小版雕刻，叠套彩印，创制“饾版”。又特制凹凸版，把纸在版上压印，凸现无色图象，形似浮雕，时称“拱花”。并采用这两种印刷方法,分别于天启七年（1627）和弘光元年（1645）印制了《十竹斋画谱》和《十竹斋笺谱》，把彩色套印木刻画推向新的高峰，形成线条纤丽秀劲、构图富丽精工、彩印绚丽多姿的徽派版画特色。

由于徽派版画刻技精工细腻，人物个性化，情景交融，风格突出，比之外埠版画，优劣分明，赢得赞誉。当时的版刻印刷界纷纷邀请新安刻工雕刻版画，使其他地区的版画风格也向徽派版画靠拢。另外，新安江流域地处偏僻，交往不便，于是新安书商、画家、刻工中一部分纷纷向外埠发展，重新开辟战场，使新安风格传播外地，引向全国，其结果扩大了徽派版画阵地，也影响了各地版画，形成了明末清初以徽派版画为主流的全盛时期。在明末新安商人进军出版业市场，徽派版画大放异彩的时候，江南版画主要有金陵、苏州、杭州、湖州等版画流派，这些版画流派受徽派版画的影响，版画风格纷纷向徽派版画靠拢。由于徽派版画作品刻技精工细腻，人物个性化，情景交融，风格突出，比之外埠版画，优劣分明，赢得赞誉。

明万历以前，参与金陵刻书的刻工主要是苏州、扬州、常州工匠，新安刻工介入后，以其精湛技艺给金陵版图书以全新面貌。同时，新安地区在金陵的学者从事刻书和版画雕刻的人也不少，如戏曲家、学者汪廷讷开设的环翠堂，书画家、诗人、篆刻家胡正言的十竹斋，以及汪云鹏的玩虎轩、郑思鸣的奎壁阁等，他们纷纷从家乡找来刻工，其中有黄镐、黄应组、黄德宠、黄子俊、汪楷等，他们都是新安刻工高手，在金陵一试身手，使雕版刻书和版画业大振。形成金陵版画业的一种新气象。当然这种新气象与金陵本地刻书家，如唐氏的富春堂、文林阁、广庆堂、陈氏的继

汪廷讷南京环翠堂所刻的“堂会”

志斋等创造的业绩同样分不开。金陵作为六朝古都、文化积淀厚、遗存多、也大大地影响新安书画刻书坊主、画家和刻工。

歙县虬村黄氏版画刻工流寓到苏州的，有黄玉林、黄汝耀、黄顺吉、黄真如等。万历三十年（1602），黄玉林曾刻《仙媛纪事》插图。比较著名的版画刻工刘君裕、郭卓然原籍也是新安地区。万历四十三（1615），刘君裕与李青宇合刻姑苏龚绍山刊本《新镌陈眉公先生批评列国志传》插图 120 幅；崇祯五年（1632），为苏州金阊安少云尚友堂刻《二刻拍案惊奇》插图 78 幅，图由刘山金摹绘，崇祯年间，为苏州三多斋书坊刻过《忠义水浒全传》插图，此书 120 回，每回一图。前 100 回抄袭新安刻工黄诚之、刘启先所刻百回本图，后 20 回乃刘君裕自创稿。郭卓然曾刻过金阊叶敬池刊本《醒世恒言》插图 40 幅，剑啸阁刊本《西楼梦传奇》双面图 8 幅等。稍晚的鲍承勋也是由新安地区迁苏的著名刻工，清康熙间为苏州文喜堂刻《秦楼月》插图，康熙二十四年（1685）刻过《怀嵩堂赠言》插图、三十八年（1699）为启贤堂刻《扬州梦》插图。另外，他还为吴门兜率园比丘明闻刻过《过去庄严去刃千佛名经》卷首图。鲍承勋技艺不让晚明诸黄，可视为徽派版画之殿军。

杭州也有不少新安书商、画家、刻工，尤其是刻工，遍及杭州各书坊，杭州刻书版画业几被新安刻工垄断。新安商人的书坊主要有黄凤池的集雅斋、胡文焕的文会堂等。很多徽州刻工祖孙三至四代迁居这里，如歙县虬村黄氏刻工是新安著名的刻书世家，流寓杭州的就不少。除此以外，一些徽州著名刻工如汪忠信、汪士珩、汪成甫、洪国良、刘次泉、刘素明、刘君裕、吴凤台、刘启先、刘应祖、谢茂阳、郑圣卿、刘杲卿、刘希贤等，也来杭州定居，或与黄氏为伍，同刻一书插图、画谱。许多著名的版画插图、画谱刻本，如《青楼韵语》《彩笔情辞》《吴骚合编》《北西厢记》《南琵琶记》《四声猿》《新刻绣像通俗演义隋炀帝艳史》《新刻绣像批评金瓶梅》《古杂剧》《集雅斋画谱》《水浒叶子》《博古叶子》等。他们在杭州绘刻的版画，运用了自己家传的传统手法，其版画与徽派版画风格如出一辙。

湖州的吴兴版画起于明末，其朱墨套印本著称海内外版画和印刷界。书坊主要有闵齐伋、闵昭明、闵光瑜、闵振声、闵齐华、闵绳初、凌濛初、凌汝亨、凌瀛初、凌启康等诸家，附有插图的《红佛记》《牡丹亭记》《邯郸记》《董西厢》《南柯记》《西厢五本》《六幻西厢》《艳异编》《唐诗艳逸品》等10余种图书，绘刻聚精、绚丽无比。图中署款者画家王文衡为苏州人。刻图者有黄应光、黄一彬、郑圣卿、刘升伯，刘杲卿、汪文佐等人，他们都是新安刻工高手。

徽州刻工不论在什么地方镌刻版画，依然都保留着故乡传统手法。歙县虬村黄氏刻工黄一彬刻《青楼韵语》插图，华服盛装，雍容大方；刻王文衡画的凌、闵两家《两厢五本》《六幻西厢》插图，人物乖巧，绰约多姿；刻起凤馆本《元本出相北西厢记》插图，把地面、墙壁等处的图案纹样，刻得繁缛无以复加。既呼应书中情节意境之需要，同时体现出画家对其作品脚本的理解。这些刻工刀法运用，细密纤巧，富丽精工，典雅静穆，充溢着文人书卷气，与传统徽派雕刻手法一脉相承。

新安带着刻工走出本土，把很有地方特色的新安雕版技艺、风格带到江南，给那里的书画刻版业注入艺术营养，同时又充实自己。金陵、杭州、吴兴的刻工直接或间接地受新安刻工名手技艺熏陶，亦采用徽州雕刻手法制作插图或画谱。版画史学者周芜曾说，徽派版画的出现，“使得久负声誉的建安派和金陵派的版画相形见绌。他们的版画风格也影响着杭州、吴兴、苏州版画，特别是杭州，因为与新安地区靠近，交通方便，黄氏木刻家大批流寓杭州，把杭州的版画提高到一个崭新的阶段，使杭州版画与徽派版画得以分庭抗礼”。[①] 这道出了徽派版画与周边金陵、苏州、杭州、湖州等地版画的关系。

四、新安商人对扬州城市文化建设的贡献

扬州盐商腰缠万贯，为了休闲享乐，竞相修建园林。歙县汪玉枢在扬州的九莲庵地，建别墅南园，有“深柳读书堂”“谷雨轩”“风漪阁”诸胜。在新安盐商中，拥有园林别墅之多者，首推江春。江春居扬州南河下街，建随月读书楼和秋声馆，并在徐宁门外购隙地以较射，人称江家箭道，他还增构亭榭池沼、药栏花径，名曰水南花墅；还在东乡建别墅，谓之深庄；北郊构别墅，谓之江园；家与康山比邻，遂构康山草堂；又于重宁寺旁建东园。当时扬州的著名私家园林还有马曰琯的小玲珑山馆、程梦星的筱园、汪廷璋的汪园、郑侠如的休园，以及汪氏南园、洪氏大虹园、黄氏越园、郑氏桃花坞、吴氏别墅、徐氏水竹居等，这些无不推动了长三角地区园林艺术的发展。

园林建成后，四方文人骚客多慕名而来。新安商人又在园中常常举行诗文之会，斗诗衡文。据《扬州画舫录》卷 8 载：

> 扬州诗文之会，以马氏小玲珑山馆、程氏筱园及郑氏休园为最盛。至会期，于园中各设一案，上置笔二、墨一、端砚一、水注一、笺纸四、诗韵一、茶壶一、碗一、果盒茶食盒各一，诗成即发刻。三日内尚可改易重刻，出日遍送城中矣。每会酒肴俱极珍美，一日共诗成矣……诗牌以象牙为之，方半寸，每人分得数十字或百余字，凑集成诗，最难工妙。[②]

正是这些诗文之会，大大激发了文人的诗兴，创作出大量脍炙人口的佳句，构成长三角城市文化中的一大特色。

新安商人马曰琯、马曰璐兄弟在扬州城外有一座园林别墅，名行庵。马氏弟兄不仅是商人，还是文学家和美食家，经常邀客把盏，吟诗作画、畅饮言欢。为此，经常聚会的文友还成立了吟社，先后主持了“秋堂菊宴”“五君咏”等文人雅集。乾隆八年（1743）九月九日，马氏兄弟邀请吟社的成员全祖望、厉鹗、闵华、张四

---

① 周芜：《徽派版画史论集》，安徽人民出版社，1983年，第6页。

② 李斗：《扬州画舫录》卷8《城西录》，中华书局，1997年，第180页。

九日行庵文宴图（局部）

科、程梦星、陈章、王藻、胡期恒、唐建中、方士庶、汪玉枢、王藻、陆钟辉、洪振珂，在行庵举行诗会雅集。会场中间悬挂着画家仇英白描的陶渊明画像，以菊花数枝、白酒几盏作为供奉。诗会以唐代杜牧的《九日齐山登高》中“人世难逢开口笑，菊花须插满头归”的句子为主题。雅集过后不久，善于绘画人物像的吴中名画家叶震初来到扬州，受到马氏兄弟的接待。马氏兄弟请叶震初绘下这日文宴雅集各位诗人的音容笑貌，由方士庶补画场景，此画题名为“九日行庵文宴图”。《九日行庵文宴图》现藏美国克里夫兰艺术博物馆藏。在叶震初笔下，与会诗人的神态栩栩如生，方士庶补画的亭台蕉竹等场景，更是再现了当时的盛况。

乾隆三十一年（1766）十二月十九日，苏轼730岁诞辰，江春在寒香馆召集扬州文化名人聚会赋诗纪念。苏轼像悬挂在寒香馆正中，在扬州的文人学士，钱陈群、曹仁虎、蒋士铨、金农、陈章、郑燮、黄裕、戴震、沈大成、江立、吴烺、金兆燕等都前来参会。大家佩戴白色的绢带，怀着对苏轼的恭敬，在风亭月榭间，卑节虚怀，饮酒赋诗。阮元称这次文会“与玲珑山馆马氏相埒”。[①] 江春亦有《丙戌嘉平十九日，为苏文忠公七百岁生日，同人悬像于小山上人之寒香馆，作诗纪事》：

玉府仙人四目翁，当时亲送蓬莱宫。乃知异人间世出，将为百代文章宗。峨眉孤矢插天起，生日流传在江汜。奎星之精不磨灭，学士风流满青史。碧波清泚供欢娱，杭颖惠琼留西湖。至今过者犹太息。况扬旧部能忘乎？大贤为治力返古。群邪丑正致龃龉，谠论常昭天地间，可怜惇卞沦粪土。堂堂遗像瞻僧寮，跽陈芳酌烹溪毛。岁云徂矣天欲雪，室外北风寒正号。[②]

① 阮元：《江鹤亭、橙里二公合传》，《新安两江先生集》卷首，《扬州文库》第5辑影印清嘉庆九年康山草堂刊本，广陵书社，2015年，第3页。

② 江春：《随月读书楼诗集》，《扬州文库》第5辑《新安两江先生集》，广陵书社，2015年，第19页。

新安盐商拥资巨万，竞尚奢丽，鼓乐笙歌，终年不断。蓄养戏班成为新安商人摆阔气，讲排场，迎来送往的需要。根据《扬州画舫录》的记录，仅乾隆年间，扬州就有江春的德音班、春台班，徐尚志老徐班，黄德、汪启源、程谦德等众多的家班。当时扬州的戏曲舞台，分“雅部”“花部”两大类，“雅部”即昆山腔；“花部”包括京腔、弋阳腔、梆子腔、锣锣腔、二黄调等，统称之为“乱弹”。徽班占据扬州戏坛以后，兼收并蓄，博采众长，四方招聘名角加入，先后吸纳秦腔、吹腔、高拨子、梆子腔、罗罗腔等声腔艺术和剧本优点，形成以徽调为主，融合众长，唱、念、做、打、舞并重的剧种。

蒋士铨是清乾隆时期著名的戏曲家，在担任扬州安定书院山长期间，常年出入江春的康山草堂，诗文唱酬，顾曲品剧，创作了《雪中人》《香祖楼》《临川梦》《四弦秋》等剧作，并请江春为之撰序、题诗或正谱。其中，乾隆三十八年（1773）红雪楼原刊本《四弦秋》署名“鹤亭居士正拍、清容主人填词、梦楼居士题评”，“鹤亭居士”就是江春。另外，《清容外集》12种所收刻本《采樵图》《采石矶》《庐山会》均题为“新安江春鹤亭正谱”。乾隆五十三年（1788），江春在康山草堂设宴会友，席间演戏招待，著名秦腔旦角演员魏长生出演。[①] 江春谙于戏曲音律，且与蒋士铨交谊甚深，由此可见一斑。江春还广蓄名伶，以为消遣交游之用。不惜重金，招聘名角，建立德音、春台两个戏班，供家宴演出，岁需三万金。私人所蓄戏班，荟萃了各地著名优伶，推动了徽剧艺术的发展。后来春台班进京，对京剧的形成和发展起了重大的促进作用。

扬州画派，是指清代乾隆年间活跃在扬州画坛上的革新画派，以“扬州八怪”为代表。这一画派的共同特点是愤世嫉俗，不向权贵献媚，了解民间疾苦。扬州画派的形成与新安商人的支持与赞助密不可分。马曰璐、马曰琯兄弟喜欢结交文人，素来慷慨好客，他的别业小玲珑山馆是专门用来接待安置生活困难文友的寓所，扬州画派中的金农、汪士慎、郑燮、高翔、高凤翰、陈撰等，都是该馆的座上客。

陈撰一直以清客的身份游走于新安盐商之间，先后馆于项絪玉渊堂、程梦星筱园和江春康山草堂。江春不仅负责陈撰的晚年生活，而且在陈撰生前就在杭州为他

① 赵翼著，李解民点校：《檐曝杂记》卷2《梨园色艺》：“年闻有蜀人魏三儿者，尤擅名，所至无不为之靡，王公、大人俱物色恐后。余已出京，不及见。岁戊申，余至扬州，魏三者忽在江鹤亭家。酒间呼之登场，年已将四十，不甚都丽。惟演戏能随事自出新意，不专用旧本，盖其灵慧较胜云。”中华书局，1982年。

构建墓圹。①金农画竹必有题记，并将题记编辑成册。乾隆十五年（1750），江春见后非常欣赏，于是令人抄誊交付刻工刊刻，扉页题“江氏鹤亭古梅斋藏版”。

“扬州八怪”中有“二怪”是新安人。其一是汪士慎，歙县富溪成果里(今属徽州区)人。②以诗书画印名于当时，因家中贫穷，清雍正元年（1723）前往扬州以卖画为生。雍正六年（1728），在画友金农的引荐下结识了马曰琯、马曰璐兄弟。马氏兄弟见汪士慎是徽州老乡，诗书画印俱佳，奉其为上宾，视为兄长，力邀汪士慎入住小玲珑山馆七峰草堂。汪氏当年九月迁居小玲珑山馆，从而有了一个比较稳定的生活环境，其书画创作也进入了鼎盛时期。汪士慎在小玲珑山馆住了9年，慢慢有了积蓄，乾隆二年（1737），终于赚足了钱，于是请马曰琯帮忙，在古城根下买了一处单门独院的旧屋，这才从小玲珑山馆搬出。

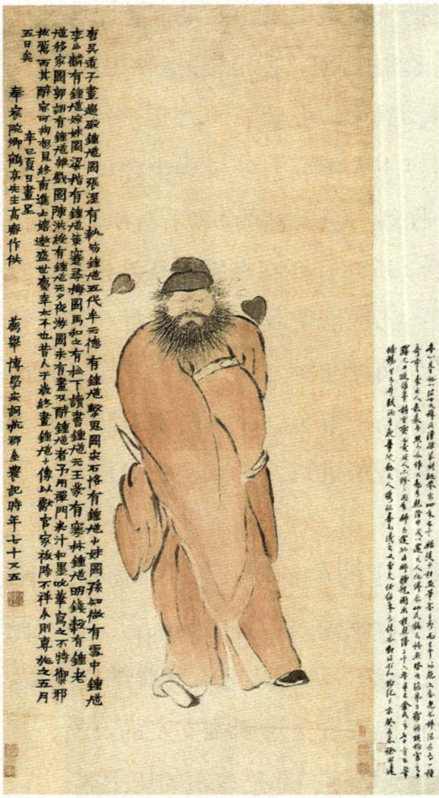

罗聘为歙县盐商江春所绘《钟馗图》

另一位是罗聘，罗聘祖籍歙县呈坎村（今属徽州区），生于扬州。因呈坎近黄山，有天都、莲花两峰，罗聘故以“两峰”为号。父亲、叔父都喜欢金石书画，浓郁的家庭文化氛围，加上扬州盐商的好儒之风，使罗聘从小就受到诗词书画方面的熏陶。由于叔父的关系，经常参加文人雅集，逐渐结识了当时的一些文化名人，如马氏兄弟、郑板桥、闵廉风、陈授衣等。乾隆三十三年（1768），两淮盐行案发，两淮盐政使卢见曾受到牵连伏法。新盐政使尤世拔严查扬州盐商，往日灯红酒绿、莺歌燕舞的扬州变得死寂清冷起来。盐商人人自危，早没有了往日诗情画意的悠

① 杭世骏:《玉几山人小传》:“鹤亭与弟橙里醵金营什一，以为菟裘归老江乡买山之计。甫成，大耄之嗟俄及妇以前死，继子不类。鹤亭为筑寿藏南屏之阳。”《玉几山房吟卷》卷首，民国四明张氏钧园本。

② 关于汪士慎的籍贯，有休宁富溪和歙县富溪两种说法，经尹文:《汪士慎生平旧事考》(《东南大学学报》2003年第3期)一文的考证，汪士慎书画作品中有“成果里人”印章，而根据《歙县志的》记载，成果里在歙县德政乡。可知，汪士慎为歙县人。

哉心情。依赖盐商讨生活的扬州文人无所适从，罗聘离开扬州，远游四方。乾隆三十六年（1771），在饱览了各地风光后，罗聘来到了都城北京。此时的他历经了几年漂泊不定的云游生活，心境已经跟几年前在扬州时大不一样了，他饱尝了世间的曲折坎坷，见识了官场上的虚伪狡诈，体会到人情的冷暖莫测，为谋生所画的花鸟山水已经不足以表达这种情感，于是他用画鬼这种特殊的方式宣泄着自己的情绪，便有了《鬼趣图》的诞生。由此也可见，扬州画派的兴衰，实际上与新安盐商的兴衰有着密切关系。

同时，新安画派中的代表人物渐江、程邃、孙逸、汪之瑞、查士标等，曾长期旅居扬州，受到新安商人的关照，对扬州画派的形成也产生影响。对此，当代学人陈传席认为“扬州八怪”率汰三笔和五笔的粗率画风，正是从查士标的风神散懒、气韵荒寒画风中变来的。[①]

① 陈传席：《黄山画人录序》，黄山书社，1991年。

余　论

在中国历史文化发展过程中，有两个值得注意的现象。一个是中国传统文化中心，随着中原士族南迁，由北向南迁移，江南开始成为中国文化的中心；另一个是中国传统文化由上层精英阶层，向民间基层渗透，礼教在民间基层得到贯彻。横向为由北向南，纵向为由上而下。这一历史文化经纬的交叉点集中在南宋，最终落在新安江流域，使得新安地区成为中原汉文化的沉淀区，“礼下庶人”的典范区，孕育并塑造出新安江流域的人文精神。

第一节　中原汉文化的沉淀区

徽州地处闽浙山地的北缘，属古越族。歙、黟、休宁、绩溪四县处于新安江源头，新安江源头的西北侧，与鄱阳湖水系相邻，祁门县境内的阊江、婺源县的乐安江都属于鄱阳湖水系，但这两个县隶属于徽州。所以地处新安江源头的徽州，又有“吴头楚尾”之说。杜牧诗云“溪山侵越角，风壤尽吴根”，[①] 准确地描写出新安江流域的地理位置。新安江流域属越地，又与吴、楚相接，因此地理位置非常重要。

新安江流域地处崇山峻岭之间，千米以上的高山分布四境，境内丘陵谷地穿插分割，形成大小不一、为数众多、山环水绕的盆地谷地，成为各县的境域。县城大都“即山为城，因溪为隍”。[②] 由于地势高耸，河流自四境奔腾下注，呈悬布之势，“水之东入浙江者二百六十滩，水之西入鄱阳者亦三百六滩”。[③] 而黄仲则诗谓“三百六十滩，新安在天上”，更衬托出新安地区的高耸之势。地理的城垒性与高台性，作为

① 光绪《严州府志》卷3《封域·形胜》。
② 道光《徽州府志》卷2《舆地志·形胜》引罗府教《记徽城》语。
③ 道光《徽州府志》卷2《舆地志·形胜》引钱融堂《记石梁》语。

自然的屏障，给予人们以稳定感，新安文化之得以不受干扰，独立发展，地理屏障是个重要因素。

虽然新安江流域的地理环境给交通带来不便，路途稍显艰难，但却是南北交通中的重要节点，是江南通往江西、福建、湖南、广东的捷径。在北方中原士族往南迁徙的过程中，新安江流域成为必不可少的一站。唐代以前，由京城洛阳前往南方，就有一条主要通道走新安江流域。由洛阳经汝州、许州至陈州，过寿州、庐州，渡江至采石，经宣州、歙州到睦州，过婺州、衢州，再选择西行或南行到福建、江西和岭南各地。北宋嘉祐三年（1058），王安石任江东提刑（宋代的江东专指皖南、赣东及江宁府等地区），巡按各地。王安石从家乡江西临川出发，沿阊江溯流而上，经祁门县，然后顺率水而下，经过休宁县藤溪村（今陈村）、月潭、瑶溪、高枧，到阳湖，进入渐江；经篁墩、雄村到浦口，然后溯练江而上，到歙州郡城，复溯扬之水到绩溪，由绩溪至宣州。

中原士族迁入新安江流域以后，其注重家族血缘伦理的封闭性与新安江流域自然环境的封闭性重合，基本上以家庭为单位，形成一个个同姓而居的自然村落。村与村之间，由于交通阻碍，往往是“鸡犬之声相闻”，却“老死不相往来”。如黟县潜氏村，“门径悉为松萝所翳，每求盐米，晨出夕还，人无知者”。[①] 很多人老死家中，终身未曾外出。一些读书的学子，也是不到考试时间，不与官府打交道。这种情况一直到徽州文化发展相当成熟的明代嘉靖、隆庆时期，依然如故。[②] 村与村，族与族，各自形成一种较为封闭的生活环境。整个新安江流域，就是一个大的封闭整体，明清时期还是“衣冠至百年不变，安土重迁，泥于阴阳”。[③]“有千年祖坟，千人祠宇，千丁乡村，他处无有也”。[④] 这种情况为形成新安近世宗族制度提供了环境便利。

从大的文化地理来分野，长江是中原汉文化同南方越文化的交汇点。新安江流域靠近长江，四面环山，是一个独立的自然地理单元，比起长江沿岸交通四通八达来说，更具隐蔽性和稳定性。故每当中原发生较大的战乱，中原士族纷纷南迁躲

---

① 罗愿：《新安志》卷一《姓氏》，清光绪十四年重刊本。

② 赵吉士说：“吾闻之先大父曰：‘嘉、隆之世，人有终其身未入城郭者。士补博士弟子员，非试不见邑官’。”康熙《徽州府志》卷2《风俗》。

③ 汪舜民：《徽州府志》卷1《风俗》，上海古籍书店，1964年，明弘治十五年影印本。

④ 赵吉士：《徽州府志》卷2《风俗》，清康熙三十八年刻本。

避战乱，新安江流域便成为这些士族最理想的落脚点。同时，新安江流域山清水秀，风景秀丽，也成为中原人民愿意定居的所在。从汉代开始，就有大量的中原士族迁徙新安江流域。至南宋，迁居于此的中原士族已达近百个姓氏，基本上改变了流域人口结构和文化形态，使新安江流域成为中原文化汉文化遗存的典型区域。

或许有人说，上海、苏州、南京、杭州等江南之地也处于长江沿岸，也是汉文化和越文化的交汇点，难道它们不是中原文化汉遗存的典型区域。的确，这些江南之地也处于长江沿岸，但其交通密集，不具备隐蔽性，人员流动性大。因而，各种各样的文化在此融汇，但很难将哪一种原汁原味地保存、沉淀下来。

中原士族迁入徽州时间早，带来中原汉文化。他们一直保存着在中原的谱系，不忘他们一直流着高贵的世家大族血液，对血统的认同尤其重视。这种血统的认同比起姓氏认同，更接近汉唐中原的世家大族制度，与明清时期南方的宗族制度有明显的区别，也异于北方深受蒙古族和满族文化影响下的宗族制度。

汉唐中原文化，以儒家文化为核心，重视“修身齐家治国平天下”的价值观。新安宗族制度是在程朱理学直接影响下形成和发展起来的，对血统认同的同时，更注重文化认同，强调忠孝节义，故对儒家的传统道德极为讲究，以儒学宗旨指导宗族管理。所以，族规家法的制定更接近礼制，讲究循序渐进，温文尔雅，体现儒家中庸之道。

从中国移民史的角度，中原士族南迁，一般以长江流域为迁徙的第一站。大规模的南迁始于晋，盛于唐，继于宋。宋元以后，中原士族又进一步大举往南迁徙至湖南、福建、广东等地。当他们在第一站停留时，由于长江流域地近北方，中原文化易于同化当地土著。尤其在新安江流域这样闭塞的地理环境里，当地人口稀少，更容易反客为主。但当中原士族继续南迁至广东、福建等地时，由于当地的土著势力极为强盛，中原士族始终被当作“客”，遂有“土”“客”之分。一些小姓为了联合对付大姓，往往联宗共姓。

所谓联宗，即只要同姓，不管是否同宗，重构一个始迁祖，合并为一族。民国初年，湖南常德的何姓人士决定联宗，将全郡的何氏合为一支，以战国末年韩王之子横阳君即何氏得姓始祖为始祖，并于民国六年（1917）合修宗谱。同姓联宗还被当作拉拢关系的手段，清初史播臣《愿体集》卷 4（训俗遗归）称 ：

> 联宗一事，颇为近日恶套。以漫不相识之人，一朝得第，认为同宗。凡所缘引，俱现在职位之人。而不必认者，即现在职位之祖若父，亦不与焉。此为联势，非联宗也。世情淡漠，本族弟兄叔侄，尚置不问，何有于泛合者乎。势在而宗联，势去而宗断。

所谓共姓，则不管是姓刘、姓赵、姓王，重新造一个姓，三姓联合，另建一套谱系。如明末福建平和县就有众姓结为“万”姓之例，“乡绅肆虐，百姓苦之，众谋结同心，以万为姓”。[①] 最为典型的是清雍正年间，福建同安县的大小姓械斗。该县大姓陈、李、苏、庄、柯等家族，长期以来恃族大人众，武断乡曲，欺压小姓。众小家族不堪忍受，于是合姓并为一族，改称“齐”姓（取齐心协力之义），进行反抗。上述五大姓亦合姓，改姓“包”氏（取包罗万象之义），对小姓施加镇压。双方相互格斗，死伤惨重。后来，清政府出兵干预，将“包”姓为首的李邦和“齐”姓为首的叶祖传等多人擒拿究办，械斗才平息下去。到了后来，合姓也被称为“联宗”。钱杭在《异姓联宗活动的根据、过程与类型》[②] 一文中，谈到各种异姓联宗的实例，如水、曾两姓联宗，赖、罗、傅三姓联宗，翁、洪、江、方、龚、汪六姓联宗，王、郁、李三姓联宗，曾、丘（邱）两姓联宗，朱、庄、严三姓联宗等。这种联宗共姓制度，已经完全脱离了商周宗法制度和魏唐门阀世族制度以血缘为纽带，以血统为核心的宗法制轨道。

南方的一些省份如湖南、福建、广东、四川等地，更有溺毙（沉潭）、活埋、丢开 [③] 等一些更为野蛮的惩罚处死方式。如益阳孙氏规定，对忤逆不孝、流入匪类的族人，“筑、溺两便”，即活埋，或沉潭。[④]《宁乡熊氏祠规》采用的惩罚方式是责、跪、枷三种，其中枷号的时间可长达 3 个月。对于犯有忤逆、劫杀等重罪的族人，则请官府处死。较为特别的是，该族对佛教极其憎恶，谁“吃斋茹素”，就要受到长期枷号的处罚；若出家当了和尚，不仅本人枷号 3 个月，其父兄也要受到责罚，而且一定要“反佛”还俗，否则，就由族长处死。该族还向官府申请，要来竹板、木枷等

① 江日升：《台湾外纪》卷6，载《笔记小说大观》第4辑。

② 钱杭：《异姓联宗活动的根据、过程与类型》，《中华文史论丛》2001年总第65期。

③ 丢开：一种惩罚处死方式。将受罚者锁在木板上，抛入江河，任其漂流，使受罚者最后不是活活饿死，就是被激浪吞没。

④《映雪堂孙氏续修族谱》卷首下《家法补略》，光绪二十七年版。

刑具，并让祠壮穿上官府发给的号褂，使该族的祠堂似乎不再是一个安放神灵、祭祀祖宗的场所，更像一个杀气腾腾的行刑场地。

同样，在北方，由于经过元代蒙古族和清代满族少数民族统治，蒙古族文化习尚和满族文化习尚对北方汉族地区的影响要比对南方的影响大得多，北方的宗族也不再是纯正汉唐时期中原士族，其文化习尚已带有少数民族色彩。如山西平定石氏宗族的首领被称作总管、经理人，而不是族长、宗子、房长。在处理族众关系时，北方宗族的手段也是极为残酷。陈忠实的小说《白鹿原》反映北方白鹿村的族长处罚赌博者，先令人用干枣刺刷子把他们的手打得鲜血淋淋，再逼他们把手插进大滚水锅里；对于大烟鬼，则首先斥责他们败家子行为，然后给他们灌以发出恶臭的大粪。河北交河李氏在谱例公然订立："凡族中不遵守法律、败坏伦常或做贼、放火、任意邪行者，合族公议，立刻处死。伊家眷属不得阻挠。"①就是儒学正宗的孔氏家族，也有处死族众的规定。如建宁孔氏族规规定，族众中有"反大常"（指弑父母、反朝廷等）者，"处死不必禀呈"。②临川孔氏族规也规定，族人"初犯窃盗，重责八十，革出，永不许复入；再犯，加罪；三犯淹死。犯大盗，即淹死"。③背离了程朱等理学家们所设计的尊祖敬宗和睦族的本意。这种野蛮族规也是同以儒学宗旨不相符的。以儒为宗的宗族制度，在家法族规中是不轻言"处死"的。

新安宗族制度是在程朱理学直接影响下形成和发展起来的，对血统的认同，更注重从忠孝节义方面去强调，故对儒家的传统道德极为讲究，以儒学宗旨指导宗族管理。宗族礼仪成为程朱理学践履伦理道德的工具，他们用一整套"礼"来规范人们的行为。朱熹著有《家礼》，制定了通礼和婚冠丧祭的礼节。康熙《徽州府志》载："婚冠丧祭多遵文公家礼。"④对于触犯封建礼教的行为，新安宗族的惩罚手段也比较文雅，根据笔者对100余部新安族谱的考察，⑤其惩罚方法通常是集众训诫、扣发胙肉和族丁饼、罚银，重一些的罚跪示众、杖责、不给入谱、逐出宗祠，更严重的则"呈公究治"，尚未发现有"处死"的规定。对此，笔者也广泛地询问过一些地方上

① 《交河李氏八修族谱》，民国二十六年（1937）版。

② 《曲阜孔府档案史料选编》，齐鲁书社，1988年，第1115页。

③ 《曲阜孔府档案史料选编》，齐鲁书社，1988年，第1099页。

④ 康熙《徽州府志》卷2《风俗》。

⑤ 翟屯建：《黄山市博物馆藏家谱提要》，《徽州社会科学》1996年第3、4期，1997年第1、2、3、4期，1998年第1期。

的老人，文献中没有“处死”的规定，但在宗族惩罚实践中会不会有处死的实例呢？老人们都说，没有见过也没有听说过祠堂里处死过人。原祁门一中高级教师叶露孜（生于20世纪30年代），对地方文化有相当研究，很干脆地对我说：“徽州是礼仪之邦，程朱故里，是讲理性的。族人犯了错，通常是以教育为主，绝对不会有‘处死’的行为。”正因为新安是“礼仪之邦”，具有深厚的文化底蕴，其中有些惩罚手段也颇具文化色彩，如罚戏。谁犯了错，谁就得请戏班子来村里演出，所有的费用都由犯错者出。这样，既达到了惩罚的目的，又使全村的人得到了娱乐的欢愉。祁门县彭龙村“光庆堂”内西墙上有一块禁碑，内容是：“严禁本祠及敬典祠、仁忠殿、关帝庙毋许堆放物件，祠首广场亦毋得晒谷、晒衣及堆树料、匠工造作等事。如违罚戏，全部谨遵。道光十七年孟秋□月□日公具。”这是一块维护祠堂环境的禁碑，而违者就是罚戏。其他如赌博、乱砍林木等亦有罚戏的规定。所以，新安宗族中的族规家法更接近儒家中庸之道。

新安宗族族规在处理族中犯规者，就中和得多了。如歙县潭渡黄氏家训规定：“至若不务生理，或搬斗是非，或酗酒、赌博，或诓骗、奸盗，或党恶、匿名一应违于理法之事，当集众诫之，如屡诫不悛，呈公究治，不可姑容。”① 同其他地区的宗族制度相比，徽州宗族更注重道德教育，通过宣讲乡约、祠堂读谱、置祠建坊、树碑立传，诱使人们遵从“三从四德”，去“贞”，去“烈”，去割股和药，去殉“道”。这种温情式的宗族管理，更能激发族人的血统认同，增强凝聚力，达到睦族的效果。

第二节 “礼下庶人”的典范区

中国素称礼仪之邦，儒家思想历来被视为正统，历代规章制度的设置，都是以儒家倡导的“礼”为支柱。在儒家学说里，礼是约束人的情欲，养成个人良好道德的手段。由此，礼也是调整社会关系、形成社会秩序的主要途径，其如同自然规律对自然界一样，是人类社会的“天道”。如《左传·昭公二十五年》所言：“夫礼，

① 雍正《潭渡孝里黄氏族谱》卷4。

天之经也，地之义也，民之行也。”正因为如此，儒家不管持性善论的孟子，还是持性恶论的荀子，都把礼教视为达成社会和谐的主要手段。汉代，董仲舒提出独尊儒术，深化了“礼”是“天道”的思想，提出“礼者，继天地，体阴阳，而慎主客，序尊卑贵贱大小之位，而差外内远近新故之级者也”。[①] 同时他还汲取了其他诸子的法治观念，使儒家学说更能适应统治阶级的需要，从而使儒家之“礼”，成为适合的统治工具。随着礼教的普及，统治阶级和文人学者也都沾沾自喜地自称为“礼义之邦”。[②] 然而，由于等级制度的森严，基层平民没有享受礼教的资格，所谓“礼不下庶人，刑不上大夫”。[③]

宋明以后，庶民阶层崛起，儒家思想向民间基层渗透，礼教也在庶民老百姓中间扎根。家庭是礼教的执行单位，为了使礼教能够渗透到民间基层，作为新儒学的代表人物朱熹，设计了一套近世宗族制度和礼仪规矩，专门写了一部指导民众日常礼仪规范的著作《家礼》，涵盖人生各个阶段所遵从的礼节。明清时期，随着民间基层宗族制度的形成，促进民间社会转型，新安江流域成为“礼下庶人”的典范。礼教通过各种家训、家规在民间广泛流行。

新安宗族制度是在程朱理学直接影响下形成和发展起来的，对儒家的传统道德极为讲究，在处理人与人的关系上非常注重礼教，有一整套“礼仪”规范人们的行为。朱熹通过《家礼》《古今家祭礼》等著作，从理论的高度论证了宗法制度是“天理之自然”，为家族制度的存在提供了理论上的根据。“三纲五常”是封建宗法制度的统治思想和道德规范的主要内容，对于它的产生，朱熹认为：“宇宙之间一理而已，天得之而为天，地得之而为地，而凡生于天地之间者，又各得之以为性，其张之为三纲，其纪之为五常，盖皆此理之流行，无所适而不存。”[④] 这样，伦理纲常成了绝对真理。朱熹十分强调礼教对维系与巩固家族制度的重要性，认为一个人不仅要在思想上认同三纲五常、三从四德等伦理道德，更应该在日常的生活中主动践行。在《家礼》中，他对于家族中冠、婚、丧、祭等四项主要活动，以及人们起居、言语、出行等日常

---

① 董仲舒：《春秋繁露·奉本》，台湾商务印书馆，1986年，文渊阁四库全书景印本。

② 房玄龄等：《晋书》卷114《载记第十四》：“西戎荒俗，非礼义之邦。羁縻之道，服而赦之，示以中国之威，导以王化之法，勿极武穷兵，过深残掠。”卷115《载记第十五》：“卿，秦之人也。吾，卿之君也。起众应贼，何名实相违之甚……不图中州礼义之邦，而卿门风若斯。”文渊阁四库全书景印本，台湾商务印书馆，1986年。

③ 陈戍国点校：《礼记·曲礼上第一》，《周礼·仪礼·礼记》，岳麓书社，1989年，第286页。

④《朱子全书》，上海古籍出版社、安徽教育出版社，2002年，第3376页。

生活细节，都提出了明确的规定。如婚礼，要按照议婚、纳采、纳币、亲迎、见舅姑、庙见等程序依次进行；长者去世，则应该有沐浴、设灵、铭旌、小殓、大殓、成服、迁柩、发引、下棺、成坟等具体环节。为使少年儿童从小就受到良好的教育，养成自觉遵守礼仪、循规蹈矩的习惯，朱熹专门编写了《蒙童须知》一文，其中如"凡为人子弟，须是低声下气、语言详缓""于长上之前，必轻嚼缓咽，不可闻饮食之声""凡侍长者之侧，必正立拱手"等等，既细致入微，又表述简明，很合适儿童学习。

祠堂是近代宗法制度的主要特征，程颐在设想重建宗法制度时，曾把立家庙作为重要内容。朱熹则借助历史上人们祭祀乡贤名士的"祠堂"一词，把家庙改称祠堂，作为一个祭祀祖先、团聚族人的中心。为保证祭祀活动的延续和吸引族众，他又提出设置族田作为物质基础。此外，朱熹还特别强调家长、族长在家庭和家族中的地位，维护他们至高无上的权威。唯有这样，整个家族的秩序才会得到维护。

朱熹如此热心于宗法建设，有着重要的社会原因。随着经济的发展，宋代以后，庄田制完全瓦解，租佃关系普遍化，农业经营方式个体化和细小化，更多的农户成为国家的编户。农民对地主的人身依附关系相对松弛，使得地主阶级需要寻找一种新的办法来加强对农民的控制。而宗法制度恰好能满足这样的现实需要，它不仅使地主对农民的剥削关系披上颇具温情的血缘面纱，还往往能积极缴纳赋税，无须督察，帮助政府顺利实现对农民的经济索取。族内的公产也能在一定程度上赈济贫穷，起到缓和阶级矛盾的作用。同时，由于商品经济的发展，社会面临礼制崩坏的局面，统治阶层试图采取加强"礼治"的措施，以礼入法，通过法律和行政手段来强化礼制建设，而民间家礼的建设就是一个不可忽视的阵地。庶人阶层的崛起，也使宋代统治阶层看到了民间家礼的重要性，积极推进"礼下庶人"，成为统治者管理百姓的一个有力工具。

宋代统治阶层很多人都具有"家国一体"的政治观念，在他们看来，家庭、家族既是国家的基本组成单位，又是国家的缩影；治家的目的是更好地治国。朱熹在《家礼》序言中明确指出："庶几古人所以修身齐家之要，谨终追远之心，犹可以复见；而于国家所以崇化导民之意，抑或有小补云。"可见，朱熹推行家礼，实际上是想通过修身齐家的方式，帮助国家达到崇化导民的最终目的，其学说自然而然地得到统治阶级的赞赏和提倡。

新安宗族礼仪十分重视血统的传延与继承，把祖先作为宗族、家族血统的象征，形成敬祖、祭祖习俗。新安地区祭祖活动，冬至祭始祖，立春祭先祖，秋季祭祢祖。此外，还有忌日祭、生日祭、墓祭等。凡遇春节、清明、端午、中元、中秋、冬至等年节及重大活动，均举行祭祖仪式，其中以农历腊月祭最为隆重。

宋以后的新安江流域，奉行朱熹所制《家礼》，婚冠丧祭都遵此而行。直至民国，新安地区的礼节仍依此为据。《茗洲吴氏家典》一书就是根据《家礼》，结合本宗族的情况，规定冠婚丧祭的礼节，作为子孙后代遵行的法典。如《休宁范氏族谱》“祀礼”中具体规定：祭祀尤当严谨，不能窃窃私语、交头接耳、东张西望、搔痒伸腰、耸肩打呵欠，跪拜时必须等声音寂静后才能起身，拜后也不准立刻抖衣拂去身上的灰尘，违者要受到惩罚。在明清时期的新安地区，这种礼仪规范很严，表面上看似彬彬有礼，其实包含着严格的尊卑长幼等级。

明清时期，新安地区是一个宗族社会，宗族是独立于乡里和保甲农村基层政权之外，成为新安地区乡村事务管理的最基层组织形式，形成乡村治理的特色。宗族聚族而居，儿童从小生活在亲属关系网中，其知识和观念不仅来自于父母亲，也来自族中其他长辈，每个长辈都有责任对他进行指导和教诲。尤为重要的是，由于文化发达，商业兴盛，新安教育的普及程度较高，而教育机构大多由宗族兴办，有的宗族还置有专供教育费用的学田。年龄稍长之后，男孩就开始参加宗族内的一些礼仪和祭祀活动。每个族中子弟都在宗族的日常生活、仪礼活动和学校教育中，掌握做人的规范，懂得各种礼节，形成特定的思维模式。清雍正歙县《潭渡孝里黄氏族谱》卷4《家训·教养》对子弟的礼仪教育写得就很具体，结合家族特点，将礼教具体化，教育族人如何做人、做事，各项规范要求明确，可操作、能监督。《家训·教养》内容涉及遵守礼仪，长幼有序，热情礼貌；不得游手好闲，玩物丧志；待人要忠厚，不得跋扈乡里；不能有坏心术，不读邪书、不交坏人，不作违法之事；勤俭持家，不得沉溺酒色，沾染酗酒赌博、搬斗是非、诓骗奸盗等不良习气；科举入仕以后，要体恤百姓，为民做主，在族内也不能恃贵自尊，要带头倡行尊祖睦族。

为了和强化族众的宗族信仰，各宗族在宗祠按期举行的祭祖仪式，以及祖宗坟墓的祭扫仪式，都特别隆重，以培养族众对祖先的崇拜观念。与祖先崇拜相伴随的是对鬼神的信仰，宗族通过举办迎神赛会和唱戏活动，向族众灌输鬼神观念和六道轮回等有助于劝人去恶行善、恪守本分的意识。清康熙年间，侨居扬州的歙县岑山渡人程庭写有一部《春帆纪程》，其中记载当年程庭返归岑山渡时，曾于三月初八日在村中观看《目连救母》院本。《目连救母》院本全称为《新编目连救母劝善戏文》，是由明万历年间徽州祁门人郑之珍编撰而成。剧本广泛吸收民间传说和故事，极富乡土气息，令长期寓居繁华都市的程庭颇感“俚俗堪为捧腹”。观众在唱、做、念、打之间，在筋斗、跳索、蹬坛等杂技的表演之中，观众不仅得到了耳目上的娱悦，而且，道德的说教也在潜移默化。诚如黟县的一副戏台对联所述的那样：“班本演目连，入地狱，升天堂，无非劝善；戏能移风俗，儆奸邪，教忠孝，尽是良箴。”

传统社会中的官僚机器在县级以下比较薄弱，无法实施强有力的控制，社会治安的责任在很大程度上由宗族担当。族长根据族规家法行使司法权。许多族长是报请官府批准，具有准官僚的身份。宗规家法不论是否报官批准，在宗族内都具有法律效力。官府也乐意利用宗族组织实施统治，一旦族长将不服管教的族人呈官，一般都要按照族长的意愿惩治，因而族长有极大的司法权。清乾隆《重修古歙东门许氏宗谱》卷 8《家规》指出：

> 凡我族人，事之有不平，情或出于不得已，请众于祠，备述颠末。自鼠牙雀角已至财产账目，族长正、副剖析是非，直为处分，各得其平，退无后言。无箠楚之苦，无犯罪之罚，夫复何故而擅兴词讼乎？①

由于族长都是绅衿土豪，加上新安俗重长上的文化氛围和权威导向人格，敢于不服从族长判决的人很少。有的宗族明确规定“戒争讼”：“好争非君子之道，争之不已，则必致讼，讼岂盛德事哉？皆无实之辞，甚足以坏人心术，且至费财破家，何益之有？故或有外侮，亦宜静以制动。若以非理讼人，尤为不可。”②甚至强制规定：“不许竟烦官府，力逞刁奸。如强项不服，祠正、副奉宗规呈治，毋玷清门。”③

宗族礼治还具有保障性职能，一个族人如果受到外族成员的不公正对待或伤害，宗族有责任为他讨取公正。同时，宗族一般禁止族人议论朝政和本县父母官，监督族人按期完税，以使本宗族受到官府保护，或至少不遭受官府刁难。对内，新安宗

---

① 卞利：《明清徽州族规家法选编》，黄山书社，2014年，第149页。

② 清道光婺源县《龙池王氏宗谱》卷首《家法》，见卞利：《明清徽州族规家法选编》，黄山书社，2014年，第226页。

③ 明万历婺源《萧江全谱》之《附录》卷5《贞教第七》，卞利：《明清徽州族规家法选编》，黄山书社，2014年，第289页。

族在注重礼教的同时，注意恤族，对族内的贫寒之家从经济上给予救济，从族产中贷本给族人经商。尤其是投资教育，各族在家规族法上都列有兴办族学、资助族中贫困子弟读书的条文；对乡试、殿试的路费也有补贴的规定，对入学、获得功名考试登科者都有奖励。宗族并有义务保护弱者，禁止“强凌弱，众暴寡，富吞贫，恃尊凌卑”现象的发生。

总之，私下调解和官府判决是解决不同宗族间的矛盾的两条途径，而以前者为多。在宗族和文会共同努力、互相协作下，新安地区成为“礼下庶人”乡村治理的标杆。

第三节　新安人文精神的塑造

《周易·贲卦》说：“观乎天文以察时变，观乎人文以化成天下。”这里所说的“文”，指的是规律、法则、道理，人文就是做人的道理，是人类价值和精神表现。新安文化的形成，与新安人密不可分，以人促文，以文化人，相互推动，形成新安人文精神。新安文化处在中国历史文化交汇点上，是中原汉文化由北向南推进的沉淀区，是中华礼教由上层社会向民间基层转移的典范区。在沉淀中原汉文化和践行儒家礼教的过程中，新安人也在不断地塑造自身的人文精神，推进新安文化的发展。

包容、探索、和谐，构成新安人文精神三大核心。

一、兼收并蓄的包容精神

新安文化的形成有以下三个方面的因素：一是地理环境的促进，二是移民运动的推动，三是汉文化包容性，其中汉文化包容性起到决定性的作用。

包容性一直是中国传统文化中的精髓。《周易·泰卦·九二》：“包荒，用冯河，不遐遗。”意思是包容八荒，徒步涉河，不遗失偏远之地的朋友，不结党营私，这是中正的行为准则。《尚书·周书·君陈》：“必有忍，其乃有济。有容，德乃大。”意思是有耐心，事业才能成功；有包容万物的襟怀，德行才算伟大。笔者在《徽州文化史（先秦至元代卷）》的结论中提出：

文化融合是一个互相的、双向进行的过程，不同文化之间的接触、碰撞，引起不同民族之间的互相采借、接纳。文化融合亦是一个选择的过程，弱势文化总是要被强势文化所同化，问题是要看强势文化对弱势文化包容性如何，只有包容性强的文化才能产生出更具生命力、更先进、更有活力的新文化。汉文化的包容性，促进了与越文化的融合，从而产生出新质的徽州文化，并在明清时期迎来它辉煌灿烂的高峰。①

徽州文化是新安江流域文化的中坚与核心，这一结论同样适合新安江流域文化。这种包容性，在新安文化发展过程中，贯穿始终，成为新安文化特色。如徽剧声腔就是在广泛吸收了弋阳腔、昆腔、秦腔等唱腔优点的基础上形成的，在表演上继承了目连戏翻台子、跳圈、串火、飞叉、滚打、变脸等武打和杂耍技巧。新安画派对米友仁、倪瓒、黄公望画风的汲取，徽派版画熔诗文、书法、印章和图画为一炉，都是包容性的体现。在艺术形式上，也是互相交融。版画用线描手法勾勒黄山峰峦岩石质感和黄山松的遒劲，同新安画派重写实，不轻点染，简洁清晰的画风相近。在内容上，彼此借鉴。“三雕”艺术中的各种戏文内容，渲染突出了新安戏曲氛围，推进了新安戏曲艺术的发展。

因此，兼收并蓄的包容精神体现了新安文化的博大气象，是新安文化得以发展的源泉。

二、实事求是的探索精神

“实事求是”一词，源于《汉书·河间献王传》“修学好古，实事求是”，意思是要博学求知，努力探索规律，追求真理。“求是”的真谛就是不懈求索，勇得时代风气之先。新安文化的发展过程中，新安人一直遵循实事求是的原则，勇做时代的开路先锋。

清代思想家戴震，发出“体民之情，遂民之欲”的呼喊，戴震对后儒理学的审视和批判，是中国社会由古代迈入近代的前夜，迸发出的世纪曙光。戴震代表新兴平民阶层对理想和谐社会的憧憬和追求，上承孔孟“大同世界”的美好理想，让后来许多站在时代变革门槛上的资产阶级革命家为之振奋。

五四新文化运动的领袖人物之一的胡适，站在中西文化的制高点上，对中国封

① 翟屯建：《徽州文化史(先秦至元代卷)》，安徽人民出版社，2015年，第349页。

建社会的衰朽腐烂深恶痛绝，他要“重新估定一切价值”，义无反顾地推进白话文革命，为了民主和自由，为了中国文化的新生，不懈奋斗了一生。

伟大的人民教育家陶行知，毕生奉献于国民教育事业，而这正是抓住一个民族发展的根本——人的文化素质的提高。新安历史的繁荣，前提是新安教育的兴盛。陶行知一生致力平民教育，其生活教育理论的创立，教学做合一的实践，至今仍有启迪作用。

戴震、胡适、陶行知等新安人，都是不懈求索，勇得时代风气的典范。

具体来说，实事求是的探索精神也是新安人治学的指南，它强调做学问必须以真实的材料为依据，从其中得出真实的结论来。南宋学者休宁程大昌为《元和郡县图志》作序，认为编写志书不要因为前人有记载就是对的，而应该博览群书，互相考证，这一思想对后世方志编纂有很大影响。徽派朴学的经学研究，采用的也是一种实证的求知方法，实事求是的治学方法。当后人接触古代典籍时，由于语言文字的变迁和书简的讹误，有的地方已难以理解，必须通过文字、音韵，以及校勘的方法来通晓它；必须根据事实的考核和例证的归纳，提取可信的材料，得出科学可靠的结论。戴震研究地理，相当仔细，段玉裁曾见过他画的地图，用白纸红格，计算里数，极少差误。程瑶田提倡“用实物以整理史料”，也是实事求是的体现，走出了传统史料学同博物考古相结合的新路。

综上，实事求是的探索精神体现了新安人的思辨能力，是新安文化得以不断创新发展的动力。

三、儒雅中庸的和谐精神

新安文化是宋以后中国儒家文化在民间社会最完整的体现和典范，它将中国儒雅中庸的和谐精神表现得淋漓尽致。

“中庸”是儒家思想的核心。所谓“中庸”，就是不偏不倚。《中庸》还提倡“天人合一”，即天道与人道合一，理性与情感合一等。

新安文化充满了“中庸”思想。比如新安商人，明万历《歙志》有一段“廉贾”的议论，很有意思。说的是清廉的官吏，可以做得长久；虽然只靠有限的俸禄，但时间积久，长期积累下来，也富裕了。如果是贪官，一旦被抓，前功尽弃，而且还有可能连性命都丢掉。以此推论，不贪心的商人平稳经营，可以长期守业，时间一长，也就富有了，所以说“廉贾归富”。后人将“廉贾”解释为不贪眼前小利而谋长远厚利的商贾，这就是“中庸”之道。

“薄利多销”是新安商人的重要经营手段之一，自己少赚些，让消费者不吃亏，这也是“中庸”思想在商业领域的一种表现。如，新安商人孙从理在吴兴县经营典当业，取息仅一分。由于息低，顾客盈门。“薄利多销”在新安商人中，不是个别现象，而是一种普遍的经营方式。《休宁县志》记风俗时就指出，商人“居贾则息微”，薄利促进多销，利润自然滚滚而来。另外，所谓“以诚待人”“以信接物”“以义为利”，讲的都是儒商道德。

在处理宗族与宗族之间的关系上，南方如广东、福建、湖南等地，宗族间经常发生械斗，一斗起来，几村甚至几十个村落互相殴斗，场景极为惨烈。但在新安宗族在“中庸”思想的指导下，和睦相处，很少发生械斗。就是宗族间有了矛盾，也是协调处理，互相谦让。

在艺术上，也是讲究温文尔雅，中庸平和。即使翻天覆地的改朝换代之际，文人思潮也是“哀”多于“怒”，“悲”多于“愤”，“隐”多于“叛”。新安画派的苍凉、冷漠、幽寂的意境，醇正简明的笔法，成为中国文人画发展的一大高峰，是儒家思想在绘画艺术上的典型表现。刘海粟曾说：“就人品艺品而言，黄山画派代表人物均高于扬州八怪、金陵八家。”就是从儒家正统的角度来评价的。徽派篆刻也以雅逸隽秀、平和光洁作为追求目标，也是以儒雅为宗旨。徽派版画线条纤丽秀劲，一丝不苟；构图富丽精工，繁而不密；印刷绚丽多姿，精美绝伦。这一特色，内蕴的精神境界，给人以恬静和安乐。郑振铎曾说，徽派版画给人的感受是“温柔敦厚”，一点“剑拔弩张”之气也没有，这其实也是儒雅中庸的一种表现。

由上述可见，儒雅中庸的和谐精神，使得新安江流域社会平稳安定，是新安文化不断发展的基础。

参考文献

一、史志谱牒

司马迁 :《史记》，中华书局，1959 年。

班固 :《汉书》，中华书局，1962 年。

范晔 :《后汉书》，中华书局，1965 年。

陈寿 :《裴松之 :《三国志》，中华书局，1959 年。

房玄龄等 :《晋书》，中华书局，1974 年。

沈约 :《宋书》，中华书局，1974 年。

姚思廉 :《梁书》，中华书局，1973。

姚思廉 :《陈书》，中华书局，1982 年。

李延寿 :《南史》，中华书局，1975 年。

魏徵等 :《隋书》，中华书局，1973 年。

刘昫 :《旧唐书》，中华书局，1975 年。

欧阳修等 :《新唐书》，中华书局，1975 年。

陆游 :《南唐书》，中华书局，1985 年。

脱脱等 :《宋史》，中华书局，1977 年。

刘迎胜 :《元史》，中华书局，1976 年。

柯劭忞 :《新元史》，中华书局，1977 年。

司马光 :《资治通鉴》，中华书局，1956 年。

李焘 :《续资治通鉴长编》，中华书局，1979 年。

程敏政 :《何庆善等点校 :《新安文献志》，黄山书社，2005 年。

李吉甫 :《元和郡县志》，中华书局，1983 年。

王存 :《元丰九域志》，中华书局，1984。

尹继吾等 :《乾隆江南通志》，清乾隆元年刻本。

罗愿 :《新安志》，清光绪十四年重刊本。

汪舜民：《徽州府志》，古籍书店，明弘治十五年影印本，1964 年。

汪尚宁：《徽州府志》，明嘉靖四十五年刻。

马步蟾：《徽州府志》，清道光七年刻。

赵吉士：《徽州府志》，清康熙三十八年刻。

谢陛：《歙志》，明万历十七年刻。

蒋灿：《婺源县志》，清康熙三十三年刻。

江峰青：《重修婺源县志》，民国十四年刻。

汪晋徵：《休宁县志》，清康熙三十二年刻。

方崇鼎：《休宁县志》，清道光三年刻。

张瑗：《祁门县志》，清康熙二十二年刻。

刘大櫆：《歙县志》，清乾隆二十六年刻。

许承尧：《歙县志》，民国二十六年铅印。

席存泰：《绩溪县志》，清嘉庆十五年刻。

窦士范：《黟县志》，清顺治十二年刻。

程寿保、舒斯笏：《黟县四志》，民国十二年刻。

杨守仁、徐楚：《严州府志》，明万历六年刻。日本藏中国罕见地方志丛刊，书目文献出版社影印，1990 年。

吕昌期：《任风厚：《严州府志》，清光绪九年刻本。

陈公亮：《严州图经》（严州史话 · 附录），天津古籍出版社，2008 年。

俞观旭、孙诒谋：《建德县志》，清光绪十八年刻。

应德广：《建德县志》，清乾隆十九年刻。

姚鸣鸾、余坤：《淳安县志》，明嘉靖三年刻《天一阁藏明代方志选刊》，中华书局影印，1965 年。

刘世宁、李诗：《淳安县志》，清光绪四年刻。

陈焕、李任：《寿昌县志》，民国十九年铅印。

罗柏麓：《姚桓：《遂安县志》，民国十九年铅印。

何警吾：《徽州地区简志》，黄山书社，2010 年。

翟屯建：《黄山市志》，黄山书社，2010 年。

胡武林：《歙县志》，黄山书社，2010 年。

舒育玲：《黟县志》，黄山书社，2012 年。

汪顺生：《休宁县志》，黄山书社，2012 年。

葛天顺：《绩溪县志》，黄山书社，1998 年。

鲍屯生：《黄山市屯溪区志》，黄山书社，2012 年。

建德县志编纂委员会：《建德县志》，浙江人民出版社，1986 年。

孙平：《淳安县志》，汉语大辞典出版社，1990 年。

淳安县文化志编委会：《淳安县文化志》，浙江工商大学出版社，2016 年。

戴廷明、程尚宽、朱万曙等：《新安名族志》，黄山书社，2004 年。

曹嗣轩、胡中生等：《休宁名族志》，黄山书社，2007 年。

施璜等：《紫阳书院志》，清咸丰三年重刻。

鲁点：《齐云山志》，明万历二十七年刻。

舒应鸾：《京兆舒氏统宗谱》，明成化刻。

方良永：《方氏谱系》，明正德刻。

方善祖：《方氏会宗统谱》，清乾隆十八年刻。

程国熙：《新安伊川程氏宗谱》，祁门胜一堂，清同治七年木活字。

黄寅：《金溪程氏支谱》，婺源衍庆堂，清光绪十二年木活字。

戴秉彝：《星江马源戴氏支谱》，婺源肇庆堂，民国十六年木活字。

许见心：《新安歙北许村许氏东支世谱》，明隆庆三年刻。

施化龙：《施氏宗谱》，浮梁萃涣堂，民国六年木活字。

张彦宪、张阳辉：《张氏统宗世谱》，明嘉靖十四年木刻。

张元泮等：《星源甲道张氏宗谱》，清乾隆三十年木活字。

余瑗：《余氏会通谱》，明正德元年刻。

吕仕道：《吕龙光重刊：《新安大阜吕氏宗谱》，明万历五年修，民国二十四年德本堂木活字重刊。

许璞、许汉：《许氏统宗世谱》，明嘉靖十八年刻。

张习孔、张士麟：《新安张氏统宗谱》，清顺治十六年刻。

吴兆元：《吴肯堂：《吴氏忠孝城南支谱》，清乾隆二十四年稿。

李冬华：《严田李氏宗谱》，民国十一年木活字。

许可复、许风翔：《新安歙北许氏东支世谱》，明隆庆六年刻。

朱世恩：《朱氏统宗世谱》，明嘉靖三十四年刻。
郑岳修：《奇峰郑氏本宗谱》，明嘉靖四十五年刊。
范涞修：《休宁范氏族谱》，明万历二十八年刻。
方祖善、方大成：《歙淳方氏柳山真应庙会宗统谱》，清乾隆十八年木活字。
朱国贞、朱鸣润：《高峰朱氏宗谱》，民国十三年木活字。
吴仪章：《凤山茂峰吴氏族谱》，清光绪九年刻。
姜德立等：《新定姜氏宗谱》，清咸丰七年刻。

二、论　著

袁康、吴平：《越绝书》，上海古籍出版社，1985 年。
佚名、袁珂校注：《山海经》，上海古籍出版社，1980 年。
郦道元：《水经注》，四部备要。
王溥：《唐会要》，影印文渊阁四库全书，台湾商务印书馆，1986 年。
李昉等：《太平御览》，四部丛刊三编。
乐史：《太平寰宇记》，影印文渊阁四库全书，台湾商务印书馆，1986 年。
李昉等：《太平广记》，中华书局，1961 年。
程大昌：《演繁露》，影印文渊阁四库全书，台湾商务印书馆，1986 年。
朱熹：《朱文公文集》，影印文渊阁四库全书，台湾商务印书馆，1986 年。
王钦若等：《册府元龟》，中华书局，1960 年。
赵翼：《陔余丛考》，中华书局，2006 年。
曹寅等：《全唐诗》，中华书局，1960 年。
方岳：《秋崖集》，影印文渊阁四库全书，台湾商务印书馆，1986 年。
方回：《桐江续集》，影印文渊阁四库全书，台湾商务印书馆，1986 年。
陈栎：《定宇集》，影印文渊阁四库全书，台湾商务印书馆，1986 年。
赵汸：《东山存稿》，影印文渊阁四库全书，台湾商务印书馆，1986 年。
舒頔：《贞素斋集》，影印文渊阁四库全书，台湾商务印书馆，1986 年。

汪克宽：《环谷集》，影印文渊阁四库全书，台湾商务印书馆，1986年。
唐元：《筠轩集》，影印文渊阁四库全书，台湾商务印书馆，1986年。
姚之骃：《元明事类钞》，上海古籍出版社，1993年。
陆友：《墨史》，影印文渊阁四库全书，台湾商务印书馆，1986年。
黄庭坚：《山谷集》，影印文渊阁四库全书，台湾商务印书馆，1986年。
倪涛：《六艺之一录》，影印文渊阁四库全书，台湾商务印书馆，1986年。
朱同：《覆瓿集》，影印文渊阁四库全书，台湾商务印书馆，1986年。
程敏政：《篁墩文集》，上海古籍出版社，1991年。
赵吉士著，周晓光等点校：《寄园寄所寄》，黄山书社，2008年。
黄宗羲、全祖望：《宋元学案》，中华书局，1986年。
程瞳：《新安学系录》，清康熙三十五年绿荫园重刻。
傅岩著，陈春秀校点：《歙纪》黄山书社，2007年。
沈德符：《万历野获编》，中华书局，1997年。
李斗：《扬州画舫录》，中华书局，1997年。
黄仲则：《两当轩文集》，上海古籍出版社，1983年。
吴逸：《古歙山川图》，清乾隆二十二年刻。
周亮工：《印人传》，广陵古籍刻印社，1998年。
汪启淑：《续印人传》，广陵古籍刻印社，1998年。
许承尧著，李明回等点校：《歙事闲谭》，黄山书社，2001年。
吴觉农：《皖浙新安江流域之茶叶》，民国二十三年铅印。
李国梁：《屯溪土墩墓发掘报告》，安徽人民出版社，2006年。
叶显恩：《明清徽州农村社会与佃仆制》，安徽人民出版社，1984年。
刘淼辑译：《徽州社会经济史研究译文集》，黄山书社，1987年。
李琳琦：《徽州教育》，安徽人民出版社，2005年。
周晓光：《新安理学》，安徽人民出版社，2005年。
郭因、俞宏理、胡迟：《新安画派》，安徽人民出版社，2005年。
刘尚恒：《徽州刻书与藏书》，广陵书社，2003年。
张秉伦等：《安徽科学技术史稿》，安徽科学技术出版社，1990年。
张秉伦、胡华凯：《徽州科技》，安徽人民出版社，2005年。

罗嘉许：《严陵山水》，天津古籍出版社，2009 年。

方韦：《严州史话》，天津古籍出版社，2008 年。

方韦、李新富：《严州诗词（上下）》，天津古籍出版社，2011 年。

钟森水：《建德经济》，天津古籍出版社，2011 年。

罗道平、尧志刚：《建德文物》，天津古籍出版社，2011 年。

浙江科学技术学会：《钱塘江河源河口考察报告》，铅印。1985 年。

翟屯建、周晓光、卞利：《徽州文化史》，安徽人民出版社，2015 年。

安徽省博物馆：《明清徽州社会经济资料丛编》，中国社会科学出版社，1988 年。

曹家齐：《唐宋时期南方地区交通研究》，华夏文化艺术出版社，2005 年。

杨正泰：《明代驿站考》，上海古籍出版社，2006 年。

陈琪：《徽州古道研究》，安徽师范大学出版社，2016 年。

黄宾虹：《黄宾虹文集》，上海书画出版社，1999 年。

韩结根：《明代徽州文学研究》，复旦大学出版社，2006 年。

李培业：《算法纂要校释》，安徽教育出版社，1986 年。

胡适：《胡适哲学思想资料选》，华东师范大学出版社，1981 年。

张海鹏、王廷元：《明清徽商资料选编》，黄山书社，1985 年。

王振忠：《千山夕照：王振忠论明清社会与文化》，广西师范大学出版社，2009 年。

梁启超著，朱维铮校注：《梁启超论清学史二种》，复旦大学出版社，1985 年。

雷绍锋：《中国学术流变史》，湖北人民出版社，2000 年。

郑振铎：《西谛书话》，三联书店，1983 年。

江藩：《汉学师承记》，《宋学渊源记》，上海书店出版社，1983 年。

梁章钜：《清代名人书画家辞典 · 吉安室书录》，上海人民美术出版社，2003 年。

冯克诚：《清代绘画史》，中国文史出版社，2005 年。

张予一等：《中国科学技术人物辞典》，科学技术文献出版社，1992 年。

杨永生、翟屯建：《新安江诗词选注》，中国科技大学出版社，2020 年。

周芜：《徽派版画史论集》，安徽人民出版社，1983 年。

后 记

淳安县地处新安江流域中游，是新安江流域的中心地段，又是古新安郡治所在地，一谈起淳安县的历史文化，淳安人往往以新安文化相称。2010 年以后，随着文旅产业的不断发展，淳安县委、县政府一直想打响新安文化这块牌子。2017 年 5 月 17 日，中共淳安县委党史研究室（地方志研究室）朱华民主任，邀请我与安徽省中国徽州文化博物馆姚煜波、朱平一起到淳安，就如何弘扬新安文化进行座谈，想听听我们的意见。

座谈中，我提出徽州自古以来也称新安，诸如新安理学、新安医学、新安画派都已形成固定概念。淳安想要打响的新安文化品牌，其实是淳安文化，名称同徽州文化混淆，很难超过徽州文化，做不大，学术价值和利用价值都不高。朱主任听了我的建议，深以为然。觉得既然要做大新安文化，可不可以把新安文化的范围扩大到整个新安江流域，并将衢州、金华一起纳入进来。这样，就同杭州市的钱塘江文化紧密联系起来，肯定会有影响力。受到朱主任话语的启发，我提出做新安江流域文化没问题，衢州、金华就算了，不然概念不准确，逻辑也不顺。听了我的建议，朱主任立马拍板，就做新安江流域文化。参照《徽州文化全书》的模式，列 20 个专题，编一套《新安文化丛书》。委托我来牵头，拿出方案，物色作者。当时我并没有答应，心中也没有底。

回到屯溪以后，朱主任三天两头给我发微信、打电话，问我考虑的怎么样了。编一套 20 本头的新安江流域文化丛书是非常大的文化工程，不仅仅涉及作者队伍，还包括考察调研、会议会务、出版印刷等，需要一笔很大的经费保障。朱主任告诉我，经费没问题，由他来解决。我觉得很奇怪，朱主任只是县里的一个部门领导，为什么对此事这么上心。朱主任告诉我一个他的梦想：淳安到黄山的高速公路很快就要建成通车，他想建议县委、县政府在原新安郡治威坪镇建一个新安文化博物馆，围绕新安文化博物馆打造一个文旅产业园。千岛湖是杭州市一级饮用水源地，工业很难发展，文旅产业是今后淳安县经济发展的方向。只要新安文化博物馆和新安文化产业园办起来，一定会带动淳安县的经济腾飞。编这套《新安文化丛书》，就是为新安文化博物馆做理论准备。我被朱主任的胸怀和抱负所感动，决定帮帮他，义不容辞的当起了课题召集人。

考虑到新安江上游的徽学已经成为一门显学，成果丰硕，肯定会在新安文化中占大头，于是我先向徽学界的一些资深学者请教，并邀约他们加盟新安江流域文化研究。王振忠、卞利、周晓光、刘伯山、徐彬等一批徽学界的资深教授，以及黄山市本土的一批专家学者听了我的介绍，都觉得这是一件好事，将徽州一府六县的徽州文化区域范围扩大到整个新安江流域，不仅对徽学研究是个促进，对流域文化研究也是创新。当前学术界的流域文化研究也很热，长江文化、黄河文化、珠江文化、淮河文化研究都有不少成果。

有了这批专家学者的加盟，我对开展课题研究有了信心。6 月 6 日再次赴淳安，与朱主任就课题开展的一些具体事情进行协商。为了保证课题的学术性，我建议尽快召开一次新安文化研讨会，就新安文化体系构建、新安文化研究的重要意义、新安文化的总体概念、新安文化研究的主要对象、新安文化研究的方法展开讨论。

8 月 22 日“新安文化研讨会”在淳安召开，王振忠、卞利、周晓光、刘伯山、徐彬以及徽州本土的一些专家教授都参加了研讨会。参会代表一致认为，新安江是中国文化地理南北交汇中一条重要的河流，新安江流域产生的徽州文化已经受到国内外学者的关注，但徽州文化只是新安江流域文化中的一部分，对整个新安江流域文化展开一体化研究非常必要。会议以后，新安文化研究课题进入实施阶段，先是要求作者在 2017 年底以前拿出自己承担专题的篇目大纲。2018 年 1 月 21 日《新安文化丛书》篇目座谈会在淳安召开，编撰工作正式启动。

作为召集人，《新安文化概论》的撰写自然落在我的身上。《概论》的重点是建立新安文化体系，明确新安文化的概念，探索新安文化的起源，划分新安文化的发展阶段，找出新安文化的特点，归纳新安文化的影响与历史贡献。徽州文化属于行政地域文化，新安文化属于水系流域文化，行政地域文化呈现“块状”，流域文化呈现“线状”。从“山”的堡垒性、封闭性，到“水”的流动性、开放性，新安文化呈现一种新的状态。我力求以新安江流域史的整体观来考察新安文化的产生与发展，探寻同水系不同行政区域间（徽州、严州）在流域文化中的差异，开展新安江文化与钱塘江文化、长三角文化的比较研究，以大流域文化思维统领课题研究。

在具体的撰写过程中，令我不安的是，新安江流域上游的徽学已经成为显学，相对资料积累较多，我对徽州文化也算是比较熟悉，可资参考的徽学成果也多，写起来相对容易。但对新安江中下游严州文化的研究很少，可以借鉴和参考的研究成果也少，可资利用的资料更少。虽然《新安文化概论》已经尽可能的从新安江流域史的整体观来考察新安文化，但中下游的严州文化仍然是弱项，还存在着很多不足。课题不可能无休止的做下去，这些不足也只能在今后的研究中弥补。

无论是整套《新安文化丛书》还是我的这本《新安文化概论》，得到中共淳安县委、县政府、县委宣传部和县政协的大力支持。尤其是得到具体承办单位中共淳安县委党史研究室（地方志研究室）的热情帮助，他们在资料提供、考察调研、会议会务等各个方面都给予了充分保障。朱华民主任为这套丛书动尽脑筋、费劲心血，程中青副主任亲自联系、精心安排，研究室各位同志热情接待，非常暖心，在此表示衷心的感谢！

翟屯建

2023 年 4 月于黄山市滨江华庭无我斋